RUDOLF STEINER

The Life and Works of Rudolf Steiner
— The Unfinished Manuscript

シュタイナー伝

［未定稿］

Rudolf Steiner
1861—1925

河西善治
KASAI Yoshiharu

Kasai Yoshiharu
1946—2009

ぱる出版

装幀――――工藤強勝＋原田和大

刊行に寄せて

一橋大学教授　深澤英隆

本書は、著述家であり、シュタイナー研究家であった、故河西善治氏の遺稿をまとめたものである。ルードルフ・シュタイナー（一八六一～一九二五）は、言うまでもなく著名な神秘思想家であり、また教育や芸術、医療など、さまざまな領域でのオルタナティヴな実践家としても知られている。河西氏の遺稿は、そのシュタイナーの生涯を、歴史的背景と思想形成との関連に重きをおきながら描こうとの構想のもとに成立したものであった。

まことに残念なことに、その企図は、河西氏の急逝により未定稿のかたちで残されることとなった。原稿はワープロ原稿のかたちで遺されており、本書はそのデータをもとに、一部データの破損と思われる箇所、明らかに削除・修正が予定されていたと思われる細部等をのぞいて、遺された原稿を可能な限りありのままに活字化したものである。

二〇一三年三月

目　次

シュタイナー伝

〈未定稿〉

あらゆる芸術作品のなかでも最も完全なものである、真の政治的な自由の建設

（フリードリヒ・シラー『美的教育のための書簡』第二信）

序　章　父ヨハン──自由への鉄路

勇　気

ルドルフ・シュタイナーは、一八六一年二月二十七日、ハプスブルク家が統治していたオーストリア帝国の辺境の地クロアチアの村クラリエヴェック（Donji Kraljevec）に、ドイツ人の両親の息子として生まれた。父親はオーストリア南部鉄道のクラリエヴェック駅の駅長兼通信士だった。

このころの鉄道はほとんどが単線で、上りの汽車と下りの汽車が行き交う時は、どちらかの汽車をどこかの駅の引き込み線で待たせてから、反対方向からの汽車を通過させねばならなかった。線路の脇には通信用の電線を張るための柱が等間隔に立てられ、主な駅には通信士が常駐し列車の安全運行を管理していた。

通信士は隣の駅だけでなく、その間にある線路番の番小屋にも列車通過の合図を送らねばならなかった。番小屋には呼び鈴があり、通信士の合図で鳴るようになっていた。鈴が三度鋭く鳴ると、待機していた線路番は番小屋を出て踏切に向かい、往来止めの柵を閉め、列車の通過を見守った。

通信士や線路番は二十四時間、交替で勤務していた。とくに線路番は、通過する機関車の炭水車から石炭が落ちてきた当たったり、疾走しながら通過する急行列車からブドウ酒のビンが飛んできたりして、怪我することもあった。また子鹿など多くの動物が汽車の犠牲になった。

ヨーロッパでは最初、ドイツの医師ゼンメリングによって考案された電気化学式電信やイギリスのホイートストンとクックによる指示式電信が用いられていたが、父親のヨハンが業務に就くころには、アメリカのモールスによって開発された通信機が使われるようになっていた。この通信士になるには、「トン・ツー」というモールス符号の打電の速さと正確さ、その読み取りの能力が要求された。ヨハンも、正式採用になるまでの間、かなりの訓練をつんだことだろう。モールス通信機は、従来のものに比べて取り扱いやすく、通信速度も速く、なによりも通信記録が残ることが強みで、またたくまに世界中に浸透していった。そして、この有線電信が無線通信となり、グリエルモ・マルコニーによって英仏海峡を越えて通信に成功するのは十九世紀末の一八九九年のことである。

ドイツ人を中心にハンガリー人・チェコ人・クロアチア人など十二の民族の雑居するこの帝国内では、諸民族を皇帝の下に統べるために、中央官庁の出先機関では共通の制服を着用させ、鉄道員たちもまた、ウィーンと同じ濃紺の制服を身につけており、ドイツ語を公用語としていた。

この、オスマン帝国と境界を接し「野蛮人」と蔑まれ、ハンガリー人からは従属した地方とみなされていたクロアチアは、産業も持たず、未耕作の土地が広がり、首都ザグレブでさえ人口はわずか一万五千人から三万人を数えるにすぎなかった。また国内にはウィーンとブタペストからの文化的民族的独立をめざすイリリア運動が台頭してきており、政情も不安定だった。

一八四一年の統計によれば、オーストリアの人口の七〇パーセントは農民が占めており、ハンガリーではそれは九〇パーセントにも達していた。イギリスの三四、フランスの四四、プロイセンの六六パーセントに比べてみても、オーストリアの後進性が示されている。

シュタイナーは両親について次のように書いている。

「わたしの両親の故郷は低地オーストリアである。父は低地オーストリアの森林地帯にある僻村ゲラースに生まれ、母は同じ地方にあるホルンで生まれた。父はホーヨース伯爵に使える猟師になった。伯爵家はホルンに所領があり、ここで父と母は知り合ったのである。父はその後、猟師をやめ、オーストリア南部鉄道に電信技師として就職した。

父は最初、シュタイアーマルク州の南部の小駅に勤務し、その後ハンガリーとクロアチア国境沿いの村クラリエヴェックに転勤した。この時期に父と母は結婚した。彼女の旧牲はプリィエといい、ホルンの旧家の出である。」

父の名はヨハン、母の名はフランチェスカと言い、一八二九年と三四年に生まれている。ヨハンが生まれたこの一八二九年という年は、ドナウ蒸気船会社が設立された年で、翌三〇年には、イギリスより七〇年遅れて、産業革命が始まった。

ゲラースは、ウィーンの北東約一〇〇キロの所にあり、その森はフリードリヒ・シラーの処女作『群盗』（一七八一年）の盗賊団の拠点となったチェコのボヘミアの森へと繋がっていた。ホルンはゲラースの南約一六キロの所にある。

この猟師は原ドイツ人を表わす職業であり、シラーは、こう書いている。「我が〈どいつ〉（Teuschland）が未だ森深く、荒涼として、卑湿であったころ、〈どいつジン〉（Teutsche）は猟師であって、その毛皮を彼の肩に纏っていた野獣のように粗野であった」と。（「人間の動物的性質と精神的性質の関連について」一七八〇年）

『群盗』が発表された一七八一年（ヨハンの祖父の時代でもあった）は、カントの『純粋理性批判』が刊行された年でもあり、フランス革命の八年前であった。

カントは『啓蒙とは何か』（一七八四年）の冒頭にこう書いている。

「啓蒙とは人間が自ら招いた未成年状態から抜け出ることである。未成年状態とは、他人の指導なしには自分の悟性を用いる能力がないことである。この未成年状態の原因が悟性の欠如にではなく、他人の指導がなくとも自分の悟性を用いる決意と勇気の欠如にあるなら、未成年状態の責任は本人にある。したがって啓蒙の標語は、「あえて賢くあれ！」「自分自身の悟性を用いる勇気をもて！」である。

自然はこれほど多くの人間を他人の指導からとっくに解放しているのに（自然によって成年となっている人たち）、なぜ彼らは生涯をとおして未成年状態でいたいと思い、またなぜ他人が彼らの後見人を気取りやすいのか。怠惰と臆病こそがその原因である。」

しかしこの「啓蒙」は容易いことではない。

この年オーストリアでは、専制啓蒙君主として名高いヨーゼフⅡ世（マリア・テレジアの息子）の詔勅によって農奴制が廃止され、賃金労働制が導入された。以後、農民は領主の許可をまたずに結婚したり、領地を立ち去ったり、子供を都市へやって働かせたり、勉学させたりできるようになった。

さらに同帝は、寛容の勅令によって、あらゆる宗教の自由な信仰を認め、ユダヤ教徒に対する歴史的制約をも除いた。また国内教会に対するローマ教皇の干渉を排除し、教皇の回勅も政府の事前許可なしに配布することを禁止し、翌八二年には修道院の解散を命じ、修道院を破壊した。

また翌八三年の婚姻法で、婚姻は世俗法によって確認される民事契約であるとし、教会の干渉を排し、教皇ピウス六世の異議申し立てをも退けた。こうした解放は、とくに低地オーストリアなどドイツ人の州で進み、ボヘミアやモラヴィア、シュレージエンなどと比べると、個人の地位もそれほど抑圧されていなかった。

シュタイナーは、「私の父は徹底して善意の人であったが、若いころには激情にかられる面も備えていた……。父は〈自由思想家〉（Freigeist）であり、決して教会へ行こうとしなかった」と書いている。

シラー『群盗』

シラーは、十四歳から二十一歳までの青春時代を、暴君で名高いカール大公の設立した、牢獄のような兵学校の寄宿舎で過ごすが、自由を求める精神は、十八歳から処女作『群盗』に着手させ、在学中にこれを完成させ、二十二歳でそこを卒業して、シュトゥトガルトの連隊付軍医となるが、すぐにこれを匿名で自費出版する。表紙にはラテン語で「in Tiramos（暴虐者に反抗して）」と刷りこまれた。

ちょうどこの年は、レッシングの死後一年、ゲーテの『ゲッツ』が発表されてから十年目にあたっていた。『ゲッツ』は空前の好評を博したが、それは読み物としてであった。それに対してシラーの『群盗』は、翌年一月十三日、マンハイムの国民劇場で、舞台劇として初演され、観客から嵐のような喝采をあびた。この時の様子を劇場の公式記録はこう伝えている。

「全劇場はまるで狂人病院と化してしまったように見えた。観覧席には異様に光り輝く目や、握り占められた拳や、足踏みや、変にかすれた叫声や……！　一面識もない観客同士が泣きじゃくりながら抱き合った。女たちの多くはもう少しで卒倒しそうになりながらよろよろしながら出て行った。

それは正に一つの混沌状態というより他に言葉もなかった。そしてこの混沌たる物のなかから一つの新しい創造物が生まれ出るのだ。」

シラーはこの自作の上演を見るために、無断でマンハイムに出かけたため、怒った領主から二週間の謹慎を言い渡される。このことから、シラーは官職を捨て、シュトゥトガルトを脱出し、その後は、苦難のさすらい暮らしが続く。

シラーは、この『群盗』の、王子の身分でありながら、世直しのために大学時代の旧友たちを糾合して、盗賊団の首領になった主人公のカールにこう言わせている。

「教会はきみたちに、自由を与えようとしている。してみると、きみたちは今すでに囚人なのだ。反吐が出そうだよ、愚劣な文章のインキによごれた今の時代には。

何のざまだ！　何のざまだ！　このだれ切った、去勢された一世紀は。前の時代の仕事を反芻したり、古代の英雄を、下手な注釈本で苦しめたり、悲劇に書いて瀆《けが》したりする。ものを生み出す力なぞ、とうの昔に涸れ果てちまった。

その上、奴らは、持って生まれた健全な心を、黴のはえた因襲のなかに閉じ籠めちまう。健康のために飲むんだとでも言わなけりゃ、コップひとつ空にする勇気がないのだ――靴磨がきにさえお世辞を使って、殿様におとりなしを頼むくせに、相手が弱いと見てとれば、罪もないやつをこっぴどい目にあわせる……。鵞鳥いっぴき絞めるのを見て、気を失ってぶっ倒れるかと思やあ、商売敵が破産して取引所を出てゆく姿に、手をたたいて喜ぶのだ。真心こめて、おれは奴らの手を握る。「どうか、もう一日だけ。」無駄なこった！　犬といっしょに、牢屋へはいれだ！　嘆願！　誓約！　涙！　呪われろ、畜生め！

法律が大人物をつくったためしはないが、自由は、巨人傑物をはぐくむ。

おれを、吾が党の士の先頭に立たせろ、ドイツの国は共和国となれ、ローマもスパルタも、その前に出ては、尼寺同然の姿となれ。」


ゲーテはこの『群盗』について、エッカーマンとの対話（一八二七年一月十七日）で、こう言っている。

「わしがもし今、神であり、まさに世界を創造せんとしていて、その瞬間に、わしの創る世界のなかでシラーが『群盗』を書くという予感がしたら、世界なんか創造するのは、もう御免こうむりたいね。

君はこの話をどう思うかね？

いくらシラーが気にくわないにしても、これではひどすぎて、今さら何ともいいようがないがね。」

そしてエッカーマンが、「そういう毛嫌いは、ふしぎに現代の若い者たち、ことに学生たちには、まるっきり見あたりません。シラーの『群盗』とか、シラーの『フィエスコ』が上演されると、劇場はほとんど学生ばかりで満員御礼になってしまいます」と言うと、ゲーテはこう言った。

「それは、五十年前も今も変わらないようだね。五十年後もやはり同じだろう。若い人の書いた作品は、やはり若い人にいちばん受けるものだ。だから、世界の文化やよい趣味がいくら進歩したからといって、若者たちが、昔のような粗野な時期を脱却したであろう、などと考えたら大まちがいだ！　たとえ、世界が全体として、いくら進歩したところで、若者は、やはりいつの時代にも、最初の地点から出発して、個人として世界文化の進化の過程を追って経験していく以外にないのだ。私は、こうしたことに、いらいらするようなことも、もうなくなったよ。ところで、私はそれについて、ずっと以前こんな詩を作ってみたことがある。

ヨハネの祭の火を絶やすな、
たのしみをゆめ絶やすな！
箒は掃けばいつもすりへり
子供はあとからあとから生れでる。

「あなた御自身他人の思想か体験かをもととしてお書きになったことはございませんか」と聞かれた、晩年のゲアハルト・ハウプトマンは、こう答えている。

「まったくその通りです。劇文学では、たしかに歴史劇のあるものより偉大なものはありますまい。ですから他から暗示された主題だって立派に偉大な作品を作る動機になるわけでしょう。もっともその時は作者がその主題を自身の体験とし得るほど深くその主題を感得しているかどうかが前提条件ですが、——そう、そういえばあなたはどう思います？　シラーは史劇を書くとき、自分自身がヴィルヘルム・テル、カール・モール、マリア・シュツァルトであるように思って書いたのではありませんか。とにかく我々は歴史を知って見ると、——それも学校で習ったようにでなく、その内的な関係と心理的な細部とに徹して——また過去の人間を追想してその生活を自分の生活としてみると、数百年も以前の未知の人物でさえ内的には我々に身近くなり、時としてそういう人物の運命の方がかえってすぐ隣の人の運命よりより深く我々を感動させ、我々を苛立たせたりするではありませんか。だからこそ、我々はナポレオンがとっくに死んだと知りつつナポレオンに同情を寄せたり、時として歴史の像に夢魔のごとくなやまされたりするのですよ。

いやそういえば、我々が現に生きているこの現在、我々が現に読みつゝある本、我々が見つゝある絵、聞きつゝある音楽——この凡ても、結局は我々固有の精神財に変わるのではないでしょうか。

とにかく、こうしてかつては誰かが体験し、感受した思想、感情がいつしか我々の魂自体からもり上がり始めるのですね。しかもその時は、それが我々自身の内面からもり上がるだけに、我々自身の型にはまり、我々自身の色に染まっています。つまりその時はもう我々自身の最も固有の体験になっているのですね。そしてこういう体験こそまさしく芸術作品の発するもとですから。創作家たるものは常にこの体験を忠実に守って、それにそむかないようにする。」

さらにゲーテは、シラーの自由については、こう語っている。(『エッカーマンとの対話』一八二七年一月十八日)

「シラーのすべての作品には、自由の理念が一貫して流れている。そしてこの理念は、シラーが教養をたかめ、以前の彼自身とは別人のように変わるにつれ、ちがった姿をとるようになった。彼を苦しめ、詩作に影響したのは、青年時代では自然的自由であり、後年には精神的自由であった。

自由とは不思議なものだ。足るを知り、分に安んじることを知ってさえいれば、誰だってたやすく充分な自由を手に入れられるのだ。

誰でも健康にくらせて、自分の職にいそしむだけの自由さえあれば、それで十分なのだ。それだけの自由なら誰だって手に入れるのはたやすいことだよ。それから、われわれは、自分たちが充たされなければならない一定の制約条件のもとでだけ自由だということだ。

ところで、こうした自然的自由が、青年時代にシラーをあれほど苦しめたのは、もちろん一部は彼の精神の資質によるのだが、大部分は、彼が士官学校で受けなければならなかった圧迫によるものだった。

しかし、のちに彼が成熟期に達して自然的自由にめぐまれるに至ったとき、彼は精神的自由の追求に移っていったのだよ。そして、この理念が彼を殺したのだ、といっても過言ではなかろう。つまり、彼は、この理念のために、自分の肉体に対して、あまりに体力を無視した要求を課したのだからね。」

ヴィルヘルム・テル

そしてシラーは、完成した最後の作品『ヴィルヘルム・テル』で、チュディのスイス年代記を題材にして、その猟師のテルを主人公としたスイス民衆の自由への闘いを描いている。そのテルは、全編の中心をなしているあの有名なリンゴ射撃が行われることになるアルトフ村の広場を通り過ぎようとする時、息子ヴァルターの質問に応えて、スイス人の自由を優しく語りかける。

「ヴァルター　（バンベルクを指さし）父ちゃん、ほんとうかい?、あの山じゃ、斧でひと打ちすると、木が血を流すって。

テル　だれがそんなこと言った?

ヴァルター　牛飼いの親方だよ——、あそこの木には魔法がかかってて、木を傷つけると、その人の手が、墓からにょきにょきと生えてくるんだって。

テル　木に魔法がかかっているってのは、ほんとうさ。——向こうに万年雪や天までとどきそうな白い、尖った山のてっぺんが見えるだろう?

ヴァルター　ありゃ、氷河さ、夜になると、ごろごろ音を立て、雪崩を落としてよこすやつだね。

テル　そうだ。そういう雪崩がかさなって、アルトフの村なんか、とうに重い雪の下に埋めてしまったろうよ。もしも向こうの高いところにある森が、防壁がわりになって防いでくれなかったらの話だが。
ヴァルター（しばらく考えこんでから）父ちゃん、山のない国って、あるの？
テル　この山地から、河についてずんずん下りて行くと、広々した平らな国に出る。谷間の流れがざあざあと泡だつことはなく、どの川も、静かにゆったりと流れているところだ。そこでは、どこを向いても、広々とした見晴らしがひらけ、穀物は、はるかにつづく美しい畑で育ち、まるで庭園のように見える国なのだ。
ヴァルター　なら父ちゃん、いったいどうして、みんな、さっさとそんなすてきな国へ下りていかないの？　こんなところでびくびくと辛い思いなんかしてないで。
テル　その国の、きれいで気持ちのいいことは、天国のようだ。けれど畑を耕している人たちは、自分の手にかけた地の幸を味わうことがない。
ヴァルター　その人たちは、父ちゃんみたいに、親からもらった土地にだれの指図も受けずに暮らしてはいないの？
テル　畑は、僧正さまや王さまのものなんだよ。
ヴァルター　でも、森で猟をするのは勝手なんだろ？
テル　けだものも、鳥も、ご領主のものさ。
ヴァルター　河で魚を採るのは、勝手なんだろ？
テル　河も、海も、塩も、王さまのものさ。
ヴァルター　みんなで奉ってる王さまって、いったいどんな人？

テル　ひとりでみんなを、守ったり養ったりなさる方さ。
ヴァルター　そこのひとたちは、勇気を出して自分を護ることが、できないんだね？
テル　向こうじゃ、隣り同士でも信用するわけにいかないのだ。
ヴァルター　父ちゃん、国が広くても、それじゃ窮屈だ。そんならぼくは、雪崩におびえながら暮らすほうがましだ。
テル　そうだとも坊や、後ろにひかえているのが、悪人どもだというのよりゃ、氷の山のほうが、むろんましさ。」

この『ヴィルヘルム・テル』がベルリンの国民劇場で上演され大反響を呼び起こした一八〇四年は、ちょうどヨハンの父（ルドルフの祖父）の幼年時代にあたる。猟師であったであろう祖父もこのテルの話を耳にし、それを息子のヨハンに語り聞かせたことだろう。

自由の木

そして一八三〇年の七月、フランスでは、フランス革命（一七八九年）とナポレオン戦争（一八〇四－一四年）後にオーストリア宰相メッテルニヒを盟主に成立したウィーン体制（一八一五年）の反動政治に対して勃発した革命――自らこの革命を体験した画家ドラクロアは、政府軍の屍を踏み越えて進む自由の女神の右手に三色旗がはためいている、あの有名な「民衆を導く自由の女神」を描いた――を合図に、ベルギーの独立革命、イタリアのモデナ・パルマ教皇領での反乱、ポーランドでの革命と、自由と独立を求める運動がヨーロッパ各地に広がった。ドイツでも、再びひるがえったこの三色旗を見て、自由主義文学者ベルネはこう書いた。「あの三色旗がきらめいてぼくを迎えたとき、まったく言葉にいえないほどぼくは興奮してしまった。心臓は胸苦しいほど高なり、涙のみがしめつけられたぼくの胸を軽くしてくれた」と。

詩人のハイネも、「市民よ、武器をとれ」と、ドイツ民衆に決起を呼びかける。西南ドイツ諸邦で暴動が起きるが、ハイネは、「今は自由思想に対する大狩猟時代である」という言葉を残して、一八三一年五月、パリに亡命する。この年の七月、ゲーテが『ファウスト』第二部を完成させ、十一月、ヘーゲルが死去する。翌年ドイツでは、バイエルン領ファルツのハンバッハに約三万人の自由主義者たちが集まり、「ドイツの君主たちよ、のろわれてあれ」と叫び、ドイツの統一と君主制の廃止を要求し、さらに翌年には、フランクフルトで急進派の暴動が起き、ドイツ諸邦の君主を恐怖に陥れたが、反動派はこれを武力で鎮圧する。

このことから、一八三五年十二月十日、オーストリアに主導されたドイツ連邦会議は、次のような、ハイネと青年ドイツ派の著書の印刷出版を禁止する決議をする。

「近時ドイツ国において愈々《いよいよ》(青年)文学派なるものが形成されるに至り、この派の努力なるものが、全読者階級に近づき得べき軟文学的著作をもって大胆不敵なる仕方でキリスト教を攻撃し、既成社会の諸関係を貶黜《へんちゅつ》し、一切の規律と徳義心とを破壊せんとするものたるは公然たり。よって、これら頽廃的なる、一切の法秩序の礎性を根底より破壊せんとする努力が、あらゆる連邦政府の協力によって即時阻止されるべきこと緊要なりと思料し、ドイツ連邦会議は次の決定に一致せり。

ドイツの各国政府は主としてハインリヒ・ハイネ、カール・グッツコウ、ハインリヒ・ラウベ、ルドルフ・ヴィーンバルク、テオドール・ムントが所属する有名な文学派の著述の著者・出版者・

印刷人および配布者に対して、銘々の州の刑法と警察令を峻烈に適用し、かつ彼らの著述の普及を、それが書籍販売、貸出図書館によるにせよ、はた又その他の方法によるにせよ、各政府任意の法律手段によって取り締まるべき義務を有す。」

だが西ヨーロッパの自由主義は、厳しい検閲体制の網の目を潜って、オーストリアのジャーナリストや文筆家、学生などの知識層に確実に浸透していった。

この時代の雰囲気について、一八三二年に南ドイツのバーデン地方マンハイム市近郊の村ハイデルハイムにルター派の牧師の子として生まれた心理学者のヴィルヘルム・ヴントは、次のように述懐している。

「一八三八年と一八四〇年のあいだの頃、ちょうど小学校一年を無事終了した日に、私はわが家の玄関先に座っていた。そのとき眼前の中央広場を賑やかな人々の行列がやってきた。その先導者たちは一本の巨木を引きずっていき、広場の真ん中にそれを立てると、誰かが私に、その木は「自由の木」なのだと言った。私はこの言葉に明確な概念を結びつけることができなかったけれども、日の暮れるとともに向かいに住む村長の邸宅前に大群衆が大声を出しながら集まり、突然邸宅から赤い炎が立ち上がったとき、次第にこの言葉の意味がおぼろげながらわかってきた。

これは正真正銘の村の革命であった。」

この「自由の木」は、その名のとおり、王政を打倒し自由を獲得したフランスの民衆が、それを死守する意志のシンボルとして立てたものである。

一七九二年四月、フランスの革命の炎は、プロイセンとオーストリアの反動派の攻勢によって風前の灯火だった。そのため国民議会は、七月十一日、有名な「祖国は危機にあり」宣言を発し、国民の愛国心に訴えた。これを受けて各地で集会が行われた。その時、新たな革命のシンボルとして登場したのが「自由の木」なのである。会場中央に設けられ祖国の祭壇の上には「自由の木」が植えられ、木の頂きには、これも自由の象徴である三色のボンネット帽が被せられている。議会代表者が献納して宣誓を誓うのは、十字架や聖職者ではなく、「自由の木」の前だった。ミサや司祭の演説もなく、人々は「ラ・マルセイエーズ」を唱和し、行進した。

フランスでは、中世以来、春になると豊饒を祈って「五月」と呼ばれた木を植える風習があった。そして、革命を経過することによって、豊饒という古い生活共同体の価値は新しい社会的・個人的な価値（自由）へと発展していったのである。こうして「自由の木」はフランス全土の都市や村に植樹され、その数は六万本に達したという。そしてこれはフランスだけに止まらず、たちまちヨーロッパ全域に広がった。

鉄　道

ちょうどこのころイギリスでは「鉄道狂時代」と呼ばれた鉄道への投資熱が沸騰していた。一八四六年には二七二もの鉄道新会社を設立する法案が議会を通過した。

こうしたなかオーストリアでの鉄道建設が、ユダヤ人のロスチャイルド資本によって始まる。まず最初、一八三六年、〈皇帝フェルディナント北部鉄道〉の建設が始まり、四八年までにウィーンからメーレン、ベーメンの産業地帯をつなぎ、それはチェコのプラハやポーランドのクラクフまで伸びた。

そして、急速に建設されていった鉄道網は、一八三四年のドイツ関税同盟の成立とともに、ウィーン体制によって分裂が固定化されていたドイツの諸邦をつなぎ止める役割を果たした。

この時代鉄道は、進歩的な思想家たち、とくにサン＝シモン主義者にとって、人々の交流によってフランス革命の「自由・平等・友愛（博愛）」の理念を実現する手段と考えられた。

「鉄道や汽船で皆で一緒にする旅行と、多数の労働者が工場に集まることが、自由と平等の感情とその習慣づけを異常なほどに促進する。鉄道は、驚くばかりに真に博愛的で社交的な関係樹立のために働き、平等のために、民主主義のアジ演説家の過激な言辞以上のことを果たすであろう。鉄道には、社会のあらゆる階層が集まり、相異なる運命、社会的地位、性格、態度、習慣、衣服からなる、いわばモザイクがここで形成されることになるので、上述のすべてが、やがて可能となるだろう。かくして、場所間の距離が縮小するばかりでなく、人間の隔たりも同程度になくなることだろう。大人と子供、富者と貧者を共に運ぶのは、同じ列車、同じ力である。したがって鉄道は、平等と博愛の倦《う》むことなき教師として、いつまでも働き続けることだろう。」（ペクール『社会経済』一八三八年）

まさに鉄道は自由への鉄路であり、「鉄道のレールに打ちこむ一本一本の釘は、同時にまた、メッテルニヒ体制の棺桶に打ちこむ釘でもあった」と謳われた。

また、ヨハンのような新しい市民層にとっては、書物によって知識と教養を得ることが、市民としての義務であり、美徳であると考えられた。近代的な学問や価値を重んじた彼らは、教会にはもはや唯一絶対の権威を見出さなかった。

そして、この、切り通し、鉄道堤、トンネルによって大地をえぐり、目もくらむような高架橋によって、従来の馬車とは比べものにならないスピードで驀進《ばくしん》する鉄道線路は、それまで人類が見たこともない別世界の景色を出現させた。そしてそれは風景だけではなく、旅行者の知覚をも変えさせた。

ハイネは鉄道の登場を火薬と印刷術発明以来の「神意による出来事」と名づけた。モールスが、一八四四年五月二十二日、ワシントンの国会議事堂からボルチモアへ送った最初の電文は、旧約聖書から採った「これは神のなせるわざなり」という言葉だった。

しかし、これは同時に、言いようのない不安を呼び起こした。ハイネは、パリからルアンとオルレアン間に鉄道が開通した一八四三年に、「どうなりゆくものか、見通しも見当もつかないような恐ろしさ、前代未聞のことが起こった場合に、いつも見舞われるあの不気味な恐怖」について次のように書き留めている。

「目下、なんという変化が、われわれの物の見方や考え方に起ころうとしていることか！　時間と空間という基本概念すら当てにならなくなった。鉄道により空間は殺され、われわれに残るは時間のみ……今では二十五分でオルレアンに、そして同じ時間でルアンに行けるのだ。この二つの路線がベルギーとドイツへ伸びて、かの地の鉄道と結びつきでもしたら、出来するのはなんだろうか。すべての地方の山や森が、パリに押し寄せてくるような気がする。ドイツの菩提樹の香りが、そして門前には北海のどよめく音が、既にしているように思われる。」

しかし電信は、これまでの馬車よりも、また新たに登場した鉄道よりも早く情報を伝達した。それは、現代のインターネット革命よりも、人々の概念と知覚に大きな変化をもたらした。この時代の鉄道が人々に与えたもろもろの影響について、技術、経済、法律、医学など、多方面にわたって分析したヴォルフガング・ベルブシュ（『鉄道旅行の歴史』）は、こう書いている。

「蒸気力は、外的自然から独立して、自然に抗して自己主張する強い力――自然の威力に対抗する人口のエネルギー――と見なされている。

疲れを知らず、しかも無限に増強できる蒸気力は、抵抗する自然（つまり、空間的距離）が、今や新しい機械による運動装置の鉄道により、簡単に踏破されてしまい——当時よく使われた比喩ではあるが——鉄道は発射体の威力を振るって、自然を貫通するのである。時間と空間の抹殺とは、それまで独裁的に力を振るってきた自然空間に鉄道が侵入するさまを表現する、十九世紀初頭の共通表現(トポス)である。運動は、この運動空間である自然の条件にはもはや左右されず、自分の新たな空間性を自分で作り出す機械の力に依存することになる。」

一八四八年革命

そして一八四八年二月、三度、パリで革命が起きる。革命派は臨時政府を組織し、フランス第二共和制が成立する。メッテルニヒは「ああ、万事休す」と呼ぶ。これに刺激を受けたドイツでは三月から翌年にかけて各地で革命運動が勃発する。オーストリアでも、コシュートに指導されたハンガリー人の反抗に端を発し、ウィーンで市民や学生・労働者・農民が武装蜂起し、メッテルニヒの罷免を要求する。メッテルニヒは三九年間の帝国宰相の地位に別れを告げ、イギリスに亡命した。これに感動したヨハン・シュトラウス(子)は「ラ・マルセイエーズ」を演奏して祝った。

このウィーン革命によって農民解放法案が成立し、ヨーゼフII世が始めた農民解放が完全に実現し、農民は土地への束縛から解放された。だがその後反革命軍が反撃し、ウィーンの革命軍は崩壊し、反動体制が復活する。弱冠十八歳のフランツ=ヨーゼフI世が帝位につき、新絶対主義国家が再生する。

この時、ウィーン大学で教鞭をとっており、のちに『人智学』という著作を書き、若きシュタイナーの師の一人となるロベルト・ツィンマーマンは、「三月に倒れた者たちへ」という燃えるような詩を書いた。

新帝は新奇なものを嫌い、汽車など新時代を告げる文明の利器を決して使用せず、馬車しか利用しようとしなかったし、王宮での生活でも電気を用いず、燭台で通した。しかしメッテルニヒの退場したウィーン体制はもはやこれまでのような強力な統一的な力を持ちえなくなり、時代は確実に近代へと移っていった。

ヨハン十九歳の時だった。ヨハンがこの革命に興奮し、その帰趨に積極的な関心を持ち、これを契機に猟師をやめることを決意したのだろう。その後ヨハンは鉄道の電信技師になるのであるが、この電信（もちろん有線）は十九世紀初頭には技術としては確立されていたが、実際には用いられずにいた。

この、電信で列車の運行計画を連絡するという技術を最初に実用化したのはアメリカの電信会社で、一八五一年のことだった。ヨーロッパ各国もすぐにこれを取り入れる。実用化のきっかけはトンネル通過の際の危険防止にあった。それまでの鉄道の運行は、繋がっている車両の一つ一つに、一人から二、三人の男が乗り、線路上の障害物や対抗列車の接近を監視していた。その後、各区間ごとに電信機が配備され、機関士は遠く離れた電信局から送られてくる信号の指示によって列車の発進を行なうようになり、運転者としての誇りは消失した。

この電信技術は当時の最先端技術だった。それゆえ、猟師から電信技師への転身は簡単なものではなかった。ヨハンが電信技師になるためには、先端的な自然科学の知識や教養を身につけ、自らを近代的市民として形成し、さらに電信技師の試験に合格しなければならなかったのである。それがどれほどの困難をともなったものであったかはうかがい知ることはできないが、それを可能にする環境があったことだけは確かである。

そしてヨハンは、最初の勤務地として、南部鉄道のシュタイアーマルク州南部の小駅に赴くのである。

南部鉄道が、ゼンメリング峠の難工事を完成して、ウィーン南駅からシュタイアーマルク州の州都グラーツを経てスロベニアのリュブリャーナ、さらにイタリアのトリエステに至るまでの路線が開通したのは、一八五四年のことだった。

だからヨハンがグラーツ下方の小駅に赴任したのはそれ以降のことになる。ここには数年いたのであろう。そしてシュタイナーは、「その後クラリエヴェックに転勤した。この時期に父と母は結婚した」と言っているから、この最初の勤務地ではヨハンは独り身だったのだろう。

そして、生活にも余裕が出てきたヨハンは、クラリエヴェックに移るさいにフランチェスカを呼び寄せたのである。この当時、ハンガリーではオーストリア人は特権階級であり、二人が暮らした家（数年前に復元されている）も、当時の労働者のアパートとは比べものにならない恵まれた一軒家であり、子供を育てるのに十分なものだった。

しかしこのクラリエヴェックは、ウィーンからも、また生まれ故郷からも一五〇キロも離れており、ドイツ人の子育ての地としては不適切だった。

第1章　幼・少年時代

転換期

シュタイナーが生まれた一八六一年、オーストリアでは、前年のイタリア戦争の敗北から皇帝フランツ・ヨーゼフによる新絶対主義体制が崩壊し、自由主義者の圧力のなか立憲体制が模索されていた。クロアチア王国もハンガリーに対する歴史的権利の追認を迫り、政情は不安定だった。

隣国のドイツではこの年にヴィルヘルムI世がプロイセン王に即位し、翌年、ビスマルクが宰相に就任した。就任後の演説でビスマルクは、「ドイツはプロイセンの自由主義ではなく、その実力に期待している。……現在の大問題は言論や多数決によって決せられるべきものではない。それはまさに鉄と血とによって決せられるべきである」と宣し、ドイツ統一への野心を明らかにした。

この時代の意義について、クロポトキン（一八四二―一九二一）は次のように言っている。

「十九世紀前半の科学史を読むと、フランス革命敗退後、ヨーロッパにどんなに深く暗雲がたれこめていたかがわかるであろう。

この雲幕は、突如、五〇年代の末に切り開かれた。このとき、西方では自由主義運動が起こり、ガリバルディの決起、イタリアの解放、アメリカにおける奴隷制度廃止（南北戦争）、イギリスにおける自由主義的改革などがもたらされ、それから数年後には、ロシアで農奴制と笞刑が廃止された。その同じ運動は、哲学ではシェリングやヘーゲルの権威失墜を惹起させ、ニヒリズムという名で呼ばれた、精神的隷従といっさいの権威への跪拝とに対する大胆な否定を生み出した。

そして科学の地平線が拡大し、教養ある人士の世界の水準が高まった一八五六年から六二年にいたるわずか五、六年の短期間のうちに、グローヴ、ジュール、ベルトレー、ヘルムホルツ、メンデレーエフの実績、ダーウィン、クロード・ベルナール、スペンサー、モレショット、フォークトの諸著、人類の起源に関するライエル、ベイン、ミル、ビュルヌフの諸著作など、これらの業績が一時に開花した結果、当時の学者たちの基本的見解に一大変革が生じ、科学は一度に新しい道へと邁進することになった。人知の全部門は、驚くべき速さで整備されるようになった。」（『近代科学とアナーキズム』）

この中世から近代への移行がはっきりと示された時代に、シュタイナーはこの世に生を享けたのである。

自然と機械

こうした情勢のなか、シュタイナーの両親は、異郷の地で子供をドイツ人として教育することの困難さを感じ、「内地」への転勤を望んだ。シュタイナーが一歳半になった時、ヨハンの転勤に伴って一家は首都ウィーン近郊のメートリングに移る。この転勤は、異郷での長い勤務が評価されたためであろう。

しかしここには半年しか居られなかった。生活費や子育て、何もかにも違う生活環境の変化に対応できなかったのであろう。

　この後ヨハンはシュタイアーマルク州にほど近い低地オーストリアにある南部鉄道のゼンメリング線入り口のグロックニッツ駅の一つ手前のポットシャッハ駅の管理を任され、一家はここに移り、シュタイナーは二歳から八歳までをここで過ごすことになる。

　この、標高約一〇〇〇メートルのゼンメリング峠を越えて行く全長四一・八キロにおよぶ鉄道は、世界初のアルプス越え鉄道として名高く、周囲の自然環境と調和するように作られており、とくに古代ローマの石橋を模した二重アーチのカルテリン橋梁は有名である。このゼンメリングの景勝は現在のオーストリア紙幣にも印刷されている。

　このゼンメリング越えについて、一八七三年にウィーン万博のためこの地を訪れた岩倉米欧使節団の一員久米邦武はこう記している。

「(イタリアから) オーストリアに入ってからの鉄道は、常に険しい山岳を越えながら走り、珍しい風景もたいへん多かったが、このセンメリング越えの景色は、とりわけ人目をそばだてるもので、壮大な鉄道建設の様子が窺える。今日の鉄路の旅の景色としてもここが第一であろう。

　このあたりの地形は、みな奇岩怪石からできている山岳が折り重なっており、谷底にひとすじの平地が帯のようにくねっている。だから山上から見渡すだけでもすばらしい。列車はあっというまにトンネルに突入し、くらやみの中を八分走って出ると、トンネルの出口はセンメリング駅である。五分間停車ののち発車した。ここから名高い険しい山道になる。(……)

　線路は時にコンパスで円を描くように進むかと思うと、時には弓なりのカーブを描いて走って行くが、下を見れば底知れぬ谷であり、見上げれば限りない峰続きである。曲がりくねって山を越えて行くかと思うと、直線で盆地を横切って行くこともある。深い谷にぶつかれば三段、四段とアーチの柱を積み上げて石橋を渡してあるので、雲を渡る懸け橋かと思うようである。たちまちトンネルに入り、真っ暗になるかと思うと、たちまち夜が明けたように明るくなる。三つの洞門を通過するときは、空の光がちらちらするので、「霊犀ノ燃ルカト」いぶかしい思いがした。山上に屹立している古城はまるで天の柱が折れたのかと思うようである。（……）

このセメリング山塊はシュタイアーマルク州とニーダー・オーステルライヒ州との境であって、ここから山地が次第に広がり、平野に出会う。しかし、しばらくは山の名残が長々と尾を引いていた。グログニッツ駅に着いた。ここからは平野がウィーンまで続いているそうである。半時間ほどで（ウィーネル）ノイエシュタットに着いた。新しい町で木造家屋が多い。」（『特命全権大使欧米回覧実記』）

シュタイナーもこの景色を見ながらクラリエヴェックからメートリングへ移った。そしてシュタイナーの幼児期の記憶はここから始まる。シュタイナーはこのゼンメリング近郊の美しさを次のように表現している。

「私の幼年時代はすばらしい自然の景観に取り囲まれていた。低地オーストリアとシュタイアーマルク州の境界をなすゼメリング、シュネーベルク、ヴェクセル、ラクスアルペといった山々へと眺望が開けていた。シュネーベルク山頂のむきだしの岩塊が昇ってくる太陽の光を受けて照り映え、それに続いて光が山頂から我々の小さな駅の方に射してくると、それが素晴らしい夏の朝の挨拶であった。ヴェクセルの灰色の山の背はこれとは対照的に、厳粛な感じを醸し出していた。こうした風景の中の至る所から、緑の草地が親しげに微笑みかけ、そのために山はいっそう高く聳え立っているように見えた。遠方には嵩厳な山々が君臨し、近くには優美な自然が拡がっていた。」

シュタイナーが感動したこの美しい景観は一五〇年経った今も保たれており、ゼンメリング鉄道全体が世界遺産に登録されている。また、このころの駅の様子をシュタイナーは次のように書いている。

「しかしこの小さな駅では、あらゆる人々が鉄道の運行に興味を抱いていた。当時この地方では汽車はかなり長い間隔でしか往来しなかった。しかし汽車が到着すると、単調な村の暮らしへの刺激を求めて、暇な村人たちが駅に集まってきた。学校の教師、神父、農場の会計係、時には村長も姿を見せた。」

このゼンメリング鉄道は、この山岳地帯で産する鉄鉱石を工業都市ウィーナー・ノイシュタットに搬出するために作られたため、当初はもっぱら貨物の輸送に利用され、現地の人々にとってはまだ生活の道具ではなく、ウィーンからの定期列車の到着は日常のなかでは「事件」でさえあった。

またウィーンからわずか一〇〇キロのこのアルプス東端のゼンメリングは、ウィーンの人々にとって手軽な山岳地帯で、ここには南部鉄道直営の巨大なホテルもあり、夏には避暑やアルプス登山の観光客で賑わった。音楽家たちもこの時代の雰囲気に敏感に反応し、ランナー（「蒸気機関車」）やヨハン・シュトラウス（父、「鉄道は楽し」）や息子たちは、競って鉄道を題材にしたワルツやポルカを作曲した。

シュタイナーが三歳になった年、ゼンメリング鉄道は開通一〇周年を迎えることになるが、これを記念してヨハン・シュトラウス（子）は、車掌の笛で始まる「観光列車」を作曲した。この鉄道賛歌は、汽車の進入と発車、合図のベルの音、電信のカチカチと鳴る機械的な音とともに、シュタイナーの最初の幼児期の記憶となったのである。幼いルドルフを寝かしつける時、母フランチェスカはこの歌を耳元でやさしく口ずさんだことだろう。

この幼き日の体験についてシュタイナーはこう述懐している。

「私がこうした環境の中で幼年時代を送ったことは、私の人生にとって重大な意味をもっていると思われる。なぜなら、私の関心は人間生活における機械の存在に強く惹き付けられたからである。機械に対する興味が、優雅でしかも雄大な自然に寄せる子供の関心をしばしば曇らせんばかりであった。しかしこの機械の支配下にある汽車もまた、常に彼方の自然の懐深くに姿を消してゆくのを私は見たのである。」

この汽車の登場の場面を、ゲアハルト・ハウプトマンは『線路番ティール』（一八八七年）でこう描写している。

「レールが合して一つになっていた地平線の黒い一点が、大きくなり出してきた。一秒一秒と大きくなりながらも、その点は同じ場所に立ち止まっているように見えた。突然にそれは動き出して、近づいてきた。レールには震動とざわめきとが伝わり、調子のよい軋《きし》る音と鈍いがたがたいう響とが伝わって来たが、それは次第に大きくなってきて、ついには驀進してくる騎兵隊の蹄の音に似たものになった。

喘ぐ音と轟々たる響とが、断続して遠くから空中を伝わりながら、大きくなっていった。それから突然に静寂が破られた。狂うような怒号と凶暴さとが空間を満たし、線路はたわみ、大地は顫《ふる》えた――激しい気圧――塵芥と蒸気と煙との雲、そして鼻息の激しい黒い怪物は通り過ぎていった。轟々とした響は、増してきたときと同じように、次第に死滅していった。霞は晴れ渡った。汽車は縮小して一点となり、遠くへと姿を消した。そして昔ながらの神々しい沈黙がこの森の隅に立ち籠めた。」

カント以降のドイツ哲学において、それがヘーゲルのように意識的なものであれ、シェリングやハルトマンのように無意識的なものであれ、機械は自然の強制からの解放（自由の発展）であった。しかし幼いルドルフにはもはやハイネの驚きや恐怖はなく、機械は有機的な自然と敵対しそれを殺すものではなく、両者は融合するものであるという新しい知覚が芽生えている。

没落する帝国

では父親の方はどうだったのだろうか。シュタイナーは父についてはこう言っている。

「父にとって鉄道の勤務は、果たさねばならぬ義務でしかなく、情熱をこめて遂行できる仕事ではなかった。私がまだ少年だったころ、父は時によると三日三晩、ぶっ続けに勤務に服さねばならなかった。それからやっと、二十四時間の間、仕事から解放されるのである。かくて人生は彼にとって何ら潤いのあるものではなく、ただ灰色を意味していた。」

シラーは、ヨハンがまだ生まれていない時、いまだ大工業については何事も知らず、マニファクチャーをいくらか知っているにすぎないドイツにおいて、「全体のうちの一つ一つの小部分だけに永遠にしばられながら、人間自身も部分としてしか自己を形成しない。みずからがまわす車輪の単調な騒音だけを永遠に耳にしながら、人間はけっしてかれの本性の調和を発展させない。そして自然のままに人間性を打ち出すかわりに、人間はたんにその業務の、その知識の押型となっている」（『美的教育についての書簡』）と書いている。

技術の進歩だけでは人間に自由はもたらされない。それゆえヨハンが「政治情勢の変化を研究することを好み、熱烈な関心を抱いて時局の推移を見守っていた」のは当然のことであろう。封建的な領主と猟師の仕事から解放され、時代の先端を行く仕事に就き、いったんは自由を獲得したかに見えたヨハンであったが、ふたたび賃金労働の鎖につながれてしまった。それゆえヨハンの脳裏を、武装した学生と労働者たちがウィーンから皇帝一族を追放したあの革命の光景がよぎったとしても、何ら不思議ではない。

そのためヨハンは、息子が早く読み書きを学ぶことができるように配慮した。自分よりもましな人生を歩ませたかったのである。学齢期に達したシュタイナーは村の小学校に入るが、この学校の教師は、老齢で学校運営に苦痛を感じていたため、授業は惨憺たるものだった。このため父親は、自分でシュタイナーの勉強をみることになった。

シュタイナーは、「父が仕事をしている間、私は何時間も事務室で父の傍らに坐り、書いたり読んだりさせられた」が、そうしたことには少しも興味が持てなかった。むしろ、父の書くものに興味を抱き、父のやることを真似ようとした。「この方法で私は多くの事を学んだ」が、これとは対照的に、シュタイナーは実際的な生活には子供らしいやり方で習熟するようになった。鉄道業務がどのように行われているか、そしてすべてのことが、この業務とどのように関わっているかという問題がシュタイナーの注意を惹きつけた。このような小さな駅では、電信士は、本来の業務以外に、切符売りから荷物の預かりなどすべてを一人で処理しなければならなかった。

たとえば、シュタイナーはちょっとしたインクのにじみ方に興味を惹かれたが、それは、そこに見られる自然法則のせいであった。こうしてシュタイナーの自然現象を認識しようという意欲は、どんどん強いものになっていった。

シュタイナーの少し若い同時代人であるアルバート・アインシュタイン（一八七九－一九五五）もまた、死の直前に書き残した『自伝ノート』に幼児期の体験を次のように記している。

「このような驚きを、私は四、五歳の子供のころ、父が磁気コンパスを見せてくれたときに体験した。磁気コンパスがそのように一定の動きをするということは、無意識の概念世界になじみうるような種類のできごと（「直接触れること」に関連した作用）にはまったく適合しなかった。私が今でも覚えているのは――覚えていると思っているだけかもしれないが――この体験が後にまで残る深い印象を私に植えつけたことだ。そのようなものの背後には、深く隠された何かがあるにちがいなかった。」

幼いシュタイナーもこの「隠された」何かを見つけようとした。シュタイナーは書いている。

「私はよく水車小屋の中に入ってみた。私は水車を熱心に〈研究〉していたのである。こうして私は〈自然の内部〉へ潜入したのだ。水車小屋よりももっと近くに紡績工場が建っていた。この工場で使用される原料は、汽車で工場に到着し、できあがった製品は駅から発送された。工場の中へと消えてゆくもの、工場から再び出て来るもののすべてを私は見知っていた。しかし、工場の〈内部〉を覗くことは堅く禁じられており、決して許されなかった。それは私が当時いかに突破したく思っても不可能な〈認識の限界〉であった。」

そしてシュタイナーが五歳になった一八六六年、ドイツの二大雄邦であるオーストリアとプロイセンとの間で戦争が勃発する。後装式の銃や鋼鉄製の大砲など、新兵器を装備したプロイセン軍は、クラウゼヴィッツの『戦争論』を駆使した陸軍参謀総長モルトケの采配もあって、たった七日間で、いとも簡単にオーストリア軍を撃破した。

勝利したプロイセンは北ドイツ連邦を結成し、南部の他の邦国もプロイセンと攻守同盟を締結した。オーストリアはドイツ連邦から締め出された。その結果、敗れたオーストリアは、帝国内のナショナリズムを押さえるためにハンガリーに自治権を与え、翌年、オーストリア＝ハンガリー二重帝国となった。

これを機に、オーストリア議会で優勢を誇っていた自由党は憲法の民主的改革を要求し、十二月法令によって、法の前の平等、信仰と良心の自由、所有権の不可侵、集会・結社の自由など国民の基本権が確認された。

一八六八年、新憲法の下で最初の自由党内閣が成立し、以降十年間、多くの自由主義的改革が実施される。この十年間はシュタイナーの幼年時代から少年時代にあたり、シュタイナーはこの自由の風を受けて成長するのである。

改革の第一はカトリック教会の権限の縮小であって、五月法により結婚・教育への教会の関与が排除された。ついでポトツキ内閣のもとで、一八五五年のローマ教皇庁との協約も解消された。さらにアドルフ＝アウエルスペルク内閣のもとでは、新しい選挙法が施行され、帝国議会の議員は従来のように州議会で選出されず、地主・商工会議所・都市・農村の四部門から直接選挙によって選ばれるように改正された。しかしこれも財産資格による制限のため、有権者は全人口の六パーセントにすぎなかった。

幾何学体験

「私が八歳（一八六九年）の時、私の一家はハンガリーの小さな村ノイデルフルに移った。この村は低地オーストリアとの国境に直に接していた。私の父の勤務することになった駅は村の一方の端に位置していた。国境の川までは三十分ほどかかり、そこからさらに三十分でウィーナー・ノイシュタットに行くことができた。

ポットシャッハではすぐに見えたアルプス山地は、今度ははるか後景に退いてしまった。ノイデルフルから徒歩で三十分の所に、鉄分と炭酸水を含んだ泉の湧く小村ザウアーブルンがあった。」シュタイナー一家はこの駅舎の一階に住んでいた。シュタイナーの同級生の証言によると、父親は物静かで分別のある人物で、灰色の髭をたくわえていた。母親は痩せてはいたが背が高く顔色はやや黄みがかっていた、という。シュタイナーには二人の兄弟、妹と弟がおり、この同級生はシュタイナーの父に補習をしてもらっていた。そのためシュタイナーもこの同級生を見下すような態度をとっていた、という。

この国境の川とはドナウ河の支流ライタ川のことで、この川は十二世紀以来ドイツ（オーストリア）とハンガリーの国境だったが、第一次世界大戦後、ドイツ系住民が圧倒的に多かったノイデルフルやザウアーブルンなどライタ川東岸の地域は民族自決の原則に従ってブルゲンラントと名づけられ、一州としてオーストリアに編入された。

ノイデルフルの駅はウィーナー・ノイシュタットからハンガリーのショプロンを経てジェールに至る路線の二つ目にあり、次がザウアーブルンである。ドイツ人の居住地域とはいえ、このハンガリーの村は二重帝国後のオーストリア人にとっては居ごこちのよいものではなかった。ハンガリー語はドイツ語と対等になり、ここではハンガリー語を使わねばならなかった。

このノイデルフルという呼び名もオーストリア帝国時代のもので、シュタイナー一家が移り住んだ当時は、駅舎からドイツ語の看板は外されてハンガリー語のものと取り代えられていた。ノイデルフルはライタ・セント・ミクロス（Laiha-Szent-Miklös）、ザウアーブルンはサヴァンユクト（Savanyükút）だった。シュタイナーは書いている。

「私はノイデルフルに移住後、すぐこの地の小学校に入った。小学校には教室が一つしかなく、このたった一つの教室の中で五クラスの少年少女が同時に授業を受けた。全部の授業を補助教員一人が見なければならなかった。「正教員」はごく稀にしか学校に姿を現わさなかった。学校教育の重点は、ハンガリーの歴史に置かれていた。」

こうした悪条件にもかかわらず、シュタイナーがかなり早い時期に読むことができるようになったのは、補助教員の及ぼしたある影響からだったという。シュタイナーは言う。

「ノイデルフルの小学校に入って間もなく、私は彼の部屋で幾何学の本を見つけた。私は彼ととても仲が良かったので、私がその本をしばらくの間借り出すのは何の造作もないことであった。私はこの本に熱中した。何週間もの間、私の心は、三角形、多角形の合同や相似形の問題で占められ、平行線は一体どこで交わるのか、という問題に頭を悩ました。ピタゴラスの定理は私を魅了した。

外的感覚の影響を受けずに、純粋に内面的に直観された形態を心の中で形成することができるという経験は、私に非常な満足をもたらした。心の中で純粋に事物を把握できること、このことが私に内面的な幸福をもたらしたのである。思うに私は、幾何学に接することによって初めて幸福というものを知ったのだ。」

ここで最初にはっきりさせておかなければならないのは、この「純粋に内面的に直観された形態を心の中で形成することができる経験」は、三角形や多角形といった《外界》を徹底的に観、考えた（能動的な）結果であるということである。それはけっして天啓のようなオカルト体験ではないのである。

シュタイナーの最初の評伝の著者であるヨハネス・ヘムレーベンは「たった九歳の少年に、そのような体験が可能だとは、信じられないかもしれない」と書いているが、これはそんなに驚くにはあたらない。なぜならば、この話は、まだラテン語を知らなかった十二歳のパスカルが、推理力だけで、ユークリッド幾何学第一巻の第三十二命題（三角形の内角の和は二直角に等しい）までを理解した、という有名な逸話を想い起こさせるからである。

またゲーテの『ヴィルヘルム・マイスターの遍歴時代』最終章の「マカーリエの文庫から」の箴言のなかに、シュタイナーの記述とよく似た箇所がある。

「幾何学を知らない者、幾何学に無縁の者は、哲学の門に入ってはならぬ、という言葉は、哲学者となるには数学者でなければならぬ、というような意味ではあるまい。」

この場合幾何学は、それがユークリッドに見られるような、またわれわれがそれを初心者にやり始めさせるような、それの最初の原理において考えられている。それなら、幾何学は哲学への最も完全な予備、いや、その手引きである。

「目に見える一つの点には目に見えぬ一つの点が先行しなくてはならぬということ、線が鉛筆で紙の上に引かれる前に、すでに二点間の最短距離が直線として考えられねばならぬということ、こういうことを子供が理解しはじめるとき、子供は一種の誇りを、ある愉悦を感じる。これは理由のないことではない。というのは、あらゆる思考の源泉がその子供に開かれ、理念と実現、潜勢と顕現とが彼に明らかになったのだから。哲学者はなんの新しいものをも開いて見せてくれないのだが、幾何学をやる者は、幾何学の方面から、あらゆる思考の基本が開けたのである。」

もちろんこうした経験は、シュタイナー自身も言っているように、「ほとんど無意識的に芽生えた」「子供らしく、おぼつかない経験」であり、その当時、このようにはっきりと意識していたわけではない。しかしこれによって「思考の基本が開かれた」のである。

こうした精神世界と人間の思考との関わりについて長年研究してきたフランスの著名な数学者・物理学者・天文学者アンリ・ポアンカレ（一八四五－一九一二）が、一九〇八年にパリの心理学会で行なった「数学における発明」（L'invention Mathematique）と題した有名な講演の冒頭で次のように言っているのは、シュタイナーの問題意識とも完全に一致する。

「数学における創造がどのようにしてなされるかという問題は、心理学者にとって、つねに大きな関心事であった。人間のこころは、数学的創造をなしつつあるとき、外的世界からはなにものも摂取せず、こころ自身が活動しているのである。したがって、幾何学を考える過程を研究すれば、人間精神の本質に達することができるかもしれない。このことは、古来からとりあげられてきた問題である。」

エネルギー保存の法則を提唱したヘルムホルツ（一八二一－九四）もまた、ベルリン大学で行われた学究生活五〇周年（一八九一年）の祝賀会のスピーチで、幼年期の経験について次のように語っている。

「この世の中で、最も完全な記憶の補助手段は、諸現象の法則を知ることである。このことを私は最初、幾何学で知るようになった。幼年時代の積木遊びから、空間状態の相互関係を、私は直観によって熟知していた。もし規則的な形をした物を、かくかくの方向に向けると、それらは互いに相並んで揃うであろうということを、大して考えることもなくよく知っていた。

私が幾何を学問として習うようになったとき、習わねばならなかったすべての事柄は、私にとって、もともと、すっかり分かり切った、知れたものであったので、先生たちを驚かしたものである。

私の追想の及ぶ限りでは、そうした事は、私が八歳まで通ったポツダムの師範の付属小学校時代にもう折りにふれて現われたのである。」

さらにアルバート・アインシュタイン（一八七九－一九五五）も、死の直前に書き残した『自伝ノート』で、パスカルと同じ十二歳のときに、シュタイナーと同じような体験をしたと告白している。

「それは、学年の初めに手にした、ユークリッド平面幾何学の小さな本にあった。そこにでていた命題のなかには、たとえば三角形の三垂線は一点で交わるというものがあった。この命題は、――けっして自明なことではなかったものの――いかなる疑いもさしはさめないほど確実に証明することができた。その明晰さと確実さは、私に筆舌につくしがたい感銘を与えた。公理を証明せずに受け入れなければならないからといって、私は不安にはならなかった。ともかく、その正当さが疑問の余地がないと思える定理を証明の根拠とすることができたならば、私は十分に満足なのであった。

たとえば私が思い出すのは、この聖なる幾何の小さな本が手に入る前に、叔父の一人がピタゴラスの定理を教えてくれたことだ。私はさんざん努力した末に、この定理を三角形の相似を使って〈証明〉するのに成功したが、その際にも、直角三角形の各辺の比は鋭角の一つによって完全に規定されるはずであるということは〈自明〉なように思われた。そもそもこれと同じように〈自明〉だと感じられないものだけが、証明を必要とするのだと私には思われた。また、幾何学が扱う対象は〈見たり触れたりできる〉感覚的知覚の対象と性質を異にしているとは思えなかった。この単純な理解のしかたは、おそらく有名なカントの〈アプリオリな総合判断〉が可能かどうかに関する問題提起の根底にもあるのかもしれないが、幾何学的概念と〈剛い棒、線分など〉との関連が無意識的にあったことに基づいている。」

読者は、このアインシュタインの言葉と前出のシュタイナーのそれとの酷似に驚かれることだろう。アインシュタインの文はシュタイナーの自伝の三十数年後に書かれている。だがアインシュタインの蔵書を保管しているヘブライ大学の文庫の目録にシュタイナーの著作はない。

エドムント・フッサールは、『幾何学の起源』（一九三六年）でこう書いている。

「数学は前提としての成果から新しい成果への生き生きとした前進運動という存在様式をもっており、この新しい成果の存在意味のなかに前提の存在意味が一緒に入り込んでくる（そして同様のことがさらにくり返される）ということに注意すれば、幾何学もまた、その総体的意味が最初から企てとしてあり、ついでそれが動的に充実を得ていくようなものでありえなかったことは明らかである。

前段階としてより原初的な意味形成が必然的に先行していたのであり、この意味形成は疑いもなく、首尾よい実現の明証のうちで初めて現われたに相違ない。

しかし今や問題が生じてくる。このような企てと首尾よい実現とは、それにしても、純粋に発見者の主観のなかで展開するのであって、この場合は、本源的に現存する意味もまた、その全内容とともに、もっぱら、いわば彼の精神的空間のうちにある。しかし幾何学的存在は心的存在でもなく、人格的意識の領域における個人的なものの存在でもなくて、それは「どのようなひと」（現実的および可能的な幾何学者、または幾何学を解するひと）にとっても客観的に現存するものの存在である。それどころか、幾何学的実在はその原初的創設以来、われわれが確信するように、すべての人間、まずはあらゆる民族、あらゆる時代の現実的および潜在的数学者にとって接近可能な、独自な超時間的な現存を、しかもそのあらゆる特殊な形態においてもっている。そして予め与えられている形態にもとづいてだれかによって新しく生み出された形態は、すべて、すぐに同じ客観性を受け取る。これはわれわれが認めるように、「理念的」客観性である。

われわれの問題はまさに、幾何学において主題的な理念的対象性に関わっている。そもそも幾何学の理念性は、最初の創見者の心の意識空間内の形象であったその本源的な人格的内部的起源からいかにしてその理念的客観性へと到り着くのだろうか。言語を介してであるということは、まえもって見通しがつく、それは言語のなかでいわば言語的身体を受け取るのである。

しかしながら、言語的身体化が、たんに内部主観的でしかない形象から、どのようにして客観的形象をつくり出すのだろうか。というのも、この客観的形象は、たとえば、幾何学的概念あるいは事態として、実際すべての人の理解できるものとして現存し、今後とも永久に、すでに言語表現の中で幾何学的言説、幾何学的命題として、その理念的な幾何学的意味において妥当するのである。

建物の設計、土地や道のりなどの測量の技術もまた、われわれはつねに前提してよいわけだが、それまでまだ幾何学というものを知らず、それを発見した人とみなされるべき哲学者にとってすでにそこに豊かに形成されてあらかじめ与えられているはずである。哲学者として、かれは実際上かぎりある環境（部屋、都市、地域など、時間的には日とか月などのような周期的な出来事）から理論的な世界観や世界認識へと移行することによって、有限な範囲で既知および未知である空間と時間を、開かれた無限性の地平のなかにある有限性としてもっている。しかしかれは、だからといって、幾何学的空間や数学的空間、さらにはこれらの有限なものを素材として新たな種類の精神的所産になるべきものをまだもっているわけではないし、またそれぞれを空間時間性のなかにあるこの所産の多様な有限な諸形態をもっているとはいえ、まだ幾何学的、運動学的形態をもっているわけでもない。〈これら有限なものは〉あきらかに実践〈から〉生じ、完全化をもとめて考案された形成物〈として〉新たな種類の実践のための基盤にすぎず、類似した名で呼ばれる新たな種類の形象がこの実践から生じてくるのである。

はじめから明白なことだが、この新たな種類のものは、ある理念化をおこなう精神的行為から、ある「純粋な」思考から生じてくる産物であろう。その思考は、この事実的人間性と人間的環境との前述の普遍的前所与性（アプリオリ）のうちに、その素材をもつのであり、そこから「理念的対象性」を創造するのである。」

シュタイナーもまた、「感官の知覚する物体や事象は空間中に存在している。しかし、こうした空間が人間の外部に存在するのとちょうど同じように、人間の内部にも、精神的な存在や精神的事象の舞台となる一種の心の空間が存在する。私は思考を、人間が物体に関して作り上げるイメージのようなものとみなすことはできなかった。私にとって思考とは、この心という舞台の上で演じられる精神的世界の顕現に他ならなかった。幾何学は、人間自身によって生み出されたように見えるが、しかし、人間から全く独立した意味を持つ認識であるように思われた」と書いている。

考える葦

シュタイナーは、この幾何学体験について、次のように言っている。

「幾何学との触れ合いの中に、私はその後おもむろに私の内部で発展していった物の見方の、最初の萌芽を認めずにはいられない。この見方はすでに幼年期においてほとんど無意識に私の裡に芽生え、およそ二十歳ころに、一つの確固とした完全に意識化された姿を取った。」

この「完全に意識化された姿」とは、シュタイナーは二十歳代の半ば（一八八六年）に『自然と我々の理想』という小論を書き、パンフレット化して、親しい人々に配布しているが、それを示唆しているのであろう。そのなかに次のような一節がある。

「もし自然が、我々人間をよちよち歩きの赤子よろしく、手引き紐で導き、保護したり世話したりするならば、神聖な自由は一体、どこにあるのか？

そうではないのだ。もし我々が幸福になろうとするなら、自然は我々に対して、このようなことはすべて拒まねばならないのだ。かくて初めて、すべてのものが人間の創造物となり得るのである。自然よ、人間が日々新たに創造を楽しむことができるように、我々自身の創り出すものを日毎に破壊せよ！　我々は自然からは何一つ求めようとはせぬ。すべてを自分自身に求めるのだ！

しかしながら、このような自由は夢想にすぎない。我々は自由だと自惚れてはいても、実際は、自然の鉄の必然性に従属している。我々の抱懐する最も崇高な思想といえども、我々の内部を盲目のままに支配している自然の産物にすぎないのだ――このように反論を加える人もいよう。しかし、自己自身を認識する存在は不自由ではありえない、という事実を我々はやはり認めるべきであろう！　確かに、法則の網の目が事物を覆っている。そして、それが必然性を産み出している。しかし我々は、認識活動によって、事物から自然の法則性を抽出する能力を所有している。これでもなお、我々は自然法則に意気地なく従うだけの奴隷にすぎないのか？」

この高調した文面から、若きシュタイナーの心臓の鼓動の高まりがひしひしと伝わってくる。この文章は、「幾何学は哲学への最も完全な手引きである」とゲーテが言ったことをはっきりと証明している。そしてこの文章は、パスカルの『パンセ』のあまりに有名な一節の翻案なのである。パスカルは書いている。

「思考が人間の偉大さをつくる。

人間は一本の葦にすぎない、自然の中でもいちばん弱いものだ。だが、それは考える葦である。これを押しつぶすには、全宇宙はなにも武装する必要はない。一吹きの蒸気、一滴の水でも、これを殺すに十分である。しかし、宇宙が人間を押しつぶしても、人間はなお、殺すものより尊いであろう。人間は、自分が死ぬこと、宇宙が自分よりもまさっていることを知っているからである。宇宙はそんなことを何も知らない。

だから、わたしたちの尊厳のすべては、考えることのうちにある。まさにここから、わたしたちは立ち上がらなければならないのであって、空間や時間からではない。

〈考える葦〉——わたしの尊厳の拠り所となるのは、この空間ではない。そうではなく、わたしが、自分の思考を正しくみちびくことができるからである。いくら多くの土地を所有したところで、わたしにはなんのプラスにもならないであろう。空間的に見れば、宇宙はわたしを一点のように包みこみ、呑みこんでしまう。思考によって、わたしは宇宙を包みこむ。」

しかしだからといって、シュタイナーの前出の経験がまったくの作り話だったと言いたいわけではない。私がここでヘルムホルツやアインシュタイン、パスカルを引用することによって言いたかったのは、むしろこうした幼少期の経験はこうした天才たちにとっては共通のものとしてあると思われるからである。

また私が、シュタイナーが自伝中でこの幾何学体験を「霊的体験」と結びつけ、それへの前段階であるかのように記述している箇所をあえて無視したのは、こうした精神的経験からはけっして「霊的体験」は生じないからである。事実はむしろ逆で、この「自然と我々の理想」の前に書かれた処女論文「原子論の概念についての唯一の批評」（一八八一年）や「ゲーテ自然科学論集解説」（一八八三年）を見てみても、こうした「霊的内容」は一切ないだけではなく、逆にそうしたものを全面否定している。シュタイナーはこの時期を「人智学の基礎を築いた時代」と呼んでいる。

さらに、この時期から神智学協会加入することになる一九〇三年までの間においても、いわゆるオカルト文書といわれるものを一つも書いていないし、シュタイナーは、キリスト教や心霊術、神智学を全面否定している。そしてシュタイナーが死の一年半前から書き始めその死によって中断した自伝において、この幼少期の幾何学経験の意味の重要さを強調したのは、アインシュタインの相対性理論の成功を受けてのことだったと思われるからである。

またシュタイナーは、「私にとって礼拝は最初から、単なる形式ではなく、深遠な体験であった。私は家庭環境とは関わりなく生きていた」と書いているが、「父親は、決して教会に行こうとしなかった」家庭の少年が、この時代、子供の将来に期待し勉学一切の面倒を見ていた父親の意向を無視して、教会に通うなどということはまったくありえないことである。

フッサールが言うように思考の本質は前進（進化）であって、こうした宗教への退行はあり得ないのである。

しかし自伝をこのような形で書かざるをえなかったのは、シュタイナー自身が冒頭に書いているように、「私の育成してきた人智学が公に議論される際、私自身の人生の歩みについての指摘や批評が、こうした議論の中に紛れ込む傾向が、しばらく以前から現われている。そして私の実人生の歩みを詮索して、私の精神的な歩みには変化が認められるとしたうえで、その原因について、あれこれ憶測しようとする人々がいる。このような傾向を憂慮した私の友人たちは、私自らの手で私の生涯について語るよう勧めてくれたからである」。そして、ちょうどこの年は、キリスト者共同体が設立された年だったので、それを配慮したのである。

そしてシュタイナーは、「私がこのような記録を書くことを決心したのは、一つには、私の人生と私の行動との関連について述べられている多くの偏見を、客観的な記述によって正す義務があると思うからである」と言っている。

この「指摘や批評」「詮索」「偏見」といった抽象的な表現では、事情を知らない者には何のことか良くわからない。これは、ようするに、「お前は『自由の哲学』以前と神智学以降とでは、言ってることもやっていることもまったく正反対ではないか」という批判のことである。

そして、残された「客観的な記述（資料）」を年代順に並べてみれば、正反対ということは認めざるをえない。しかし、たらいの水と一緒に赤子まで流してはならない。本書の目的は、こうした暴露にあるのではなく、この問題を人智学者たちが避け、それがためにかえって深遠であるかのように振る舞い、シュタイナーを、一般社会の中で「？」付きのひそひそ話に貶めている現状を憂慮し、この背反を正面から取り上げることによって、シュタイナーの思想の現代における（また未来においても）有用性を明らかにすることにある。

反宗教

このハンガリーの小村では、居住者の多数はドイツ人であるとはいえ、公式にはハンガリー語を使用しなければならなかった。

資本主義が急速に浸透し始めたこの時代、この村でもユダヤ人の工場主や商人たちが村の経済を牛耳っていた。彼らはフリーメーソンの支部を作っていた。村人たちは、いつもうつむきかげんに歩いている彼らを「猫かぶり」と呼んで、気味悪がっていた。まだ「反ユダヤ主義」という言葉は生まれていなかったが、シュタイナーは、子供心に、彼らに嫌悪を感じていた。

そして、このユダヤ人たちに立ち向かっていたのが村の教会の司祭だった。この司祭の説教は、「キリスト教徒の皆さん、こうした真理の敵が誰であるかに気付いて下さい。それはたとえば、フリーメーソン会員やユダヤ人なのです」という文句によってクライマックスに達した。シュタイナーは、「私には、こうしたことを語る神父の威勢のよさがとても気に入った」と言っている。またシュタイナーは、「私はこのフリーメーソンの支部とはいかなる関わりも持たなかった」とも書いている。

このフリーメーソンとの関係については、シラーの『見霊者』（Der Geisterseher）にも、「彼（主人公の公子）はその一家同様にプロテスタントであった――それは生まれによるもので――彼の吟味の結果ではなかった。彼は一度もフリーメーソン団員（Freimaurer）にはならなかった」、という同様の記述が見られる。

シュタイナーはこの牧師から、その後の精神的発展の方向にとって重大な意味を持つことになる一つの強烈な体験を与えられる。それは天文学だった。それはこういうことだった。

「彼はある時学校にやって来て、教師用の小さな個室に〈早熟な〉生徒たちを呼び集め、彼の作成した図表を拡げ、その図によってコペルニクスの宇宙論を説明した。その時彼は、地球の公転、地軸の回転、地軸の傾斜、夏と冬、地球上のさまざまな気候帯について極めて具体的に語ってくれた。私はこの話にすっかり惹き付けられ、その後何日間も、話の内容を図に描いたものだ。さらにその後、司祭から日食と月食に関する特別講義を受け、当時もそれ以後も、私の全知識欲はこの方面に向けられたのだった。」

このコペルニクスの宇宙論とは、聖書の説く天動説を否定し地動説を唱えた有名な『天体の回転について』（一五四三年）のことである。しかし、このコペルニクスやガリレオの説がローマ教会の禁書目録から解放されたのはじつに、父ヨハンが生まれる四年前の一八二五年のことだった。

この時代を代表する哲学者ルドルフ・ヘルマン・ロッツェ（一八一七―八一）は次のように述べている。「天文学が広大な宇宙についてしだいに増大する知見をもたらしたことによって、人間生活が営まれる偉大な劇場は神聖な存在と直接結び付いているのだという考え方は霧散霧消させられてしまった。それと同じように、機械論的科学のさらなる発展は、似たような仕方で秩序の崩壊をもたらし、小さな世界、すなわち人間というミクロコスモスを脅かしはじめている。」（『ミクロコスモス』）

シュタイナーがノイデルフルに移る前年には、全ドイツのあらゆる方面から嘲笑されたとはいえ、ベルリンでルター派が「いつわりの科学」に抗議する集会を行なっている。

マルチン・ルターは、「地球は回転し天空と太陽と月は動かない、ということを明らかにしようとする成り上がりの占星師に人々は耳を傾ける。だれでも聡明そうに見せかけるためには、何か新しい理論、もとより最上等の意見を工夫せねばならぬものだが、この馬鹿者は天文学全体を転覆しようと企てるのだ。だが、聖書（『ヨシュア記』第十章第十二説）によれば、ヨシュアは静止せよと太陽に命じたけれども地球に命じはしなかった」と言った。

かなり進歩的な司祭だったのだろう。この司祭の講義によって、少年シュタイナーは、父が教会に行かない理由をはっきりと理解し、この新時代の世界観をわがものとしたのである。

こうした回心と言ってもよい経験は、一般に、少年をどのような方向へ向かわせるのだろうか？　それについてアインシュタインはこう告白している。

「宗教は、どの子供にも伝統的な画一教育によって植えつけられるものである。そのようなわけで私も、――まったく無信仰の（ユダヤ人の）両親をもつ子供であるのに――深い信仰心をもつようになったが、それもすでに十二歳のときに突然、終わりを迎えた。通俗科学書を読んでいくうちに、やがて聖書の話の多くが真実ではありえないと確信したためだった。その結果、若者たちを国家が故意にうそをついてだましているのだという印象とあいまって、まったくの熱狂的な無神論者となってしまった。

少年の日に宗教的楽園はこうして失われたが、これは明らかに、私を〈自分だけ〉という足枷、すなわち願望、希望、原始的な感情に支配されている存在から解放するための最初の試みであった。大きな永遠の謎のように、われわれの前に立ちはだかるが、少なくとも部分的には、われわれの観察や思考で理解できるものであった。このような世界を考察することが、一つの解放を約束していた。私はやがて、私が評価し尊敬するようになっていた多くの人々が、この世界に献身的に取り組むことに、内的な自由と安心を見いだしていたのだと気づいた。われわれに与えられた可能性の枠内で、この個人を超えた世界を思考して把握することが、なかば意識的に、なかば無意識的に最高目標として私の念頭に浮かんでいた。同じような見解をもつ人たちは、現在の人であれ、過去の人であれ、彼らによって得られた認識とともに、かけがえのない友であった。この楽園への道は、宗教的楽園への道ほど安穏で魅力的ではなかったが、信頼に足るものであるとわかった。私は、この道を選んだことをけっして悔いなかった。」

シュタイナーにとっても事情は同じであったろう。ゲーテも自伝『詩と真実』に、六歳の時、一七五五年十一月一日、リスボン市を襲った大地震から信仰への最初の懐疑が生じたと書いている。

「このすべてをくりかえし聞かされた少年の心は、少なからずゆるがされた。信仰箇条の第一条の説明によって、賢明で慈悲深いものと教えられてきた天地の創造者にして保持者たる神が、正しい者も不正な者もひとしく破滅の淵に投じることによって、万物の父たる実を示さなかったのである。ましてや、哲学者や神学者でさえ、この現象をいかに解すべきかについて一致することができなかったのであるから、いよいよもってそれは困難なことであった。」

ヴォルテール、ルソー、カントらが楽天説の是非について議論を戦わせた。そしてこれを契機に幼いゲーテに哲学思想の萌芽が生じたとされている。

菩提樹の下の散歩

一八七〇年、プロイセンとフランスの間に戦争が勃発し、ここでもモルトケはナポレオンⅢ世の軍を打ち破り、翌七一年一月、パリが陥落し、プロイセンが勝利を納める。だが三月、民衆が蜂起し、パリ・コンミューンの成立が宣言される。モルトケとフランス新政府はこれを圧殺する。この革命の騒乱のなか一月十八日、パリのベルサイユ宮殿鏡の間で、プロイセン王ヴィルヘルムI世の戴冠式が挙行され、神聖ローマ帝国を継承すると称したドイツ帝国（第二帝政）が成立する。オーストリアはこれから排除される。

これは政治的関心の高かったシュタイナーの父親にとってもショックだった。シュタイナーはこう書いている。

「勤務のない夕刻には、父と彼（別の駅の駅員）は政治談義に耽った。それは駅の脇にある、二本のみごとな菩提樹の巨木の下のテーブルで行なわれた。このテーブルの周囲に私の家族とその駅員が集まった。母は編み物や繕い物をし、弟と妹は駆け回った。私はしばしばテーブルのそばに坐って、いつ果てるとも知れない父たちの政治談義に聞き入った。」

ドイツ人は菩提樹の木を神聖な木として、ゲルマン人の女神フリッガに捧げた。フリッガはギリシアの愛の女神ヴィーナスにあたる。この木は村の外れや丘の上、泉のほとりなどに植えられ、そのこんもりとした枝を天に向かって広げ、豊かな芳香と快い木陰を人々に与えた。古老たちはこの木の下で色々な相談をし、若者たちは遊びのために集い、ダンスに興じた。

この政治談義にはときには村の名士が加わることもあった。ウィーナー・ノイシュタットから来ていた医者もその一人で、シュタイナーはこの人物から初めてレッシング、ゲーテ、シラーといったドイツ文学の巨匠たちの名前と作品を知ることになる。

「非ユダヤ的ユダヤ人」（ドイッチャー）としてドイツ文学に親しんでいた家庭に生まれた音楽家のブルーノ・ワルターは、シュタイナーと同じ年頃の思い出をこう書いている。

「九歳か十歳だったと思うが――子供用の本を卒業して、両親の本棚にある書物に移った。そのガラス戸のなかには、ゲーテ、シラーそれにレッシング、ハイネ、ハウフ、リュッケルトなどがあった。シラーの『オルレアンの少女』が私の読んだ最初の戯曲だったと思う。華麗で荘重に躍動する詩句にすっかり魅せられて、よくヨハンナ（主人公ジャンヌ・ダルクのこと）の独白*を大声で朗誦したものだし、この作品の結末には、ほとんどこらえられないほど感動を覚えたものである。

（*ヨハンナ　この国を滅してなろうか。誉れの国、
永遠《とわ》に廻る日の照る中の一番
美しい国、神様が御自分の瞳のように
いとおしむ国々の中の楽園に、
よその国の軛《くびき》を負わしてなろうか。
――むかし異教徒の刀もここで挫けた。ここには
ありがたい十字架が最初に立った。
ここにはルイ聖王様のお骨《こつ》が息《やす》んでいる。
エルサレムを平らげる軍《いくさ》もここを出で立った。）

生き生きとした人間であるかぎり、歴史や物語や戯曲によって身近になった人物と、幼少の頃からいっしょに生活していることは疑いないであろう――重要な行動や感情の担い手たち、また興味ぶかい歴史上の人物や伝説上の人物ひとりひとりの位置に自分を移しいれ、その会話や情熱の行為が、いつしか自分のものになるであろう。私が読書によって知ったすべての重要な人物や事件についても、事情はおなじだった。

しかしなににもまして本質的に高い次元で私とかかわりがあったのは、戯曲の登場人物であった。私は自分が、気高い心を持ちながら絶望しているあのマックス・ピコローミニ（シラーの『ヴァレンシュタイン三部作』のなかの登場人物）になったように感じ、かと思うと政治的手腕にたけたオ

クターヴィオの身になって、ピコローミニの問いに答えた。そのほかにも、私はいろいろな人物になった。」

シュタイナーにとってこうした環境は望むべくもなかった。シュタイナーは述懐している。

「ウィーナー・ノイシュタットの医者のおかげで、全く新しい世界が私の視野に入って来たのである。彼は好んで私を相手にした。彼は菩提樹の下でしばらく休息すると、傍らに私を呼び寄せ、私を連れてプラットホームの上をあちこち歩き回りながら、講義口調に陥ることなく、情熱をこめてドイツ文学について語った。彼はその際、美と醜に関するあらゆる思想を繰り広げてみせた。

長身瘦躯の医者が、右手に持った雨傘をゆすりながら颯爽と歩み、その傍らでは十歳の私が彼の話にすっかり傾倒しきって耳を傾けている、というこの光景は、私の生涯を通して鮮烈な記憶として残り続けた。」

自伝には続けて「菩提樹の下」という言葉が出てくるが、これは明らかに、シラーの初期の対話形式の随筆「菩提樹の下の散歩」と「青年と老人」からの影響であろう。そしてこの時の対話の内容は、「美と醜に関するあらゆる思想」からもわかるように、主にシラーについてであったのであろう。

「菩提樹の下の散歩」は訳者野島正城（一九四九年『菩提樹の下の散歩』）によると、こうなっている。

「シラーは少年のころより痛切に体験してきた矛盾する二つの心の動きを、相反する世界観を抱く二人の青年に代表させている。熱狂家にして楽天家エードゥウィンは人生を楽しむ積極的なシュトルム・ウント・ドラング人の気質を代表し、世界を愛の賛歌と観ずる彼は即ち、若きシラーの一面であり、シュトゥトガルトで交わった仲間の人生への肯定的な態度の影響である。これに対して、憂愁家のウォルマールは肉体に拘束される精神の不自由と死の力について思索し、ハムレット的、ウェルテル的な気持ちで人生を重荷と観じている。この相反する方向は若きシラーの心底に深く萌して、絶えず交互に彼の心を捕らえてはなさなかった傾向であった。」

「青年と老人」、これには「学ばざる者の論」という副題がついているが、その対話はこうなっている。

「アルマール　お前はしきりに希望とか努力というが、それでは、お前の悦楽はどこにあるのだね？お前の逆説からすれば、悦楽の豊富なのは不幸であるわけだね。

ゼリム　悦楽の豊富が長くつづくのなら、そりゃ勿論不幸です。考えてもごらんなさい。世にも麗しい乙女の腕に抱かれて無上の歓喜にもっとも近いとき、僕は一番憐れむべきなのです。この感情は人間の最高の特権で、動物と本質的に異なるところはここにあると僕は思うんです。僕は悦楽を希望し且つ予感し、そして幸福です。動物は享楽するときだけが楽しいのです。

アルマール　それ、そこにお前の矛盾があるよ。お前は目的を追求して、その到達を怖れているのだ。

ゼリム　そんなこと、僕は怖れやしません。ですが、目的に達すると魂は燃えなくなり、創造力(Imagination)の羽搏は目標を前にしてとまり、魅力は消失して、連想の噴出は外部から迫る現実に席をゆずります。そうなると魂は憐むべき状態となり、幸福には最も縁がとおくなります。アルマール、ボクはそれも怖れやしません。というのは、あらたな崇高な目標がふたたび僕をさし招いて、僕の進路は永遠だからです。希望の高いことと豊富なことによって僕は、神性をもとめて犇《ひし》めきあう精神者たちの雑沓の中に這入りこむでしょう。

アルマール　ちょっと待ってくれ、熱狂家！　さあそれで、わしが思っていたとおりだ。希望の目標に達すると魅力は消えるとお前はいうが、それでは、お前は実体のない幻影を追求していたのだ。

ゼリム　けれども、道は消えてはいません。私の創造者が僕に創造力が燃え立つような心をあたえたので、幻影でも認めます！　罪に汚れた手で、この霊妙な混沌からヴェールを取り去る厚かましい者は、災いなるかなです！　彼はこの情けない特権にかけては年齢に似合わぬ冴えを見せますが、さて彼には、楽園は菜園にかわってしまいます。

アルマール　さよなら、夢想家よ！　またこの次に話をするとしよう。それまではお前が高翔するうち沼に墜落しなかったなら、わしの言葉に答えてくれるだろう。わしは庭に行って、いつもの優しい陽差しを娯《たの》しもうよ。

ゼリム　僕は楽園を予感して、それを見つけだせないのを咽び泣きましょう。あなたには、悦んで笑うことはあっても、悦びのために泣くようなことはもうないのです。」

これは「菩提樹の下の散歩」と同様に短い哲学的な対話であり、「菩提樹の下の散歩」の悲観論者ウォルマールはアルマールとなって登場する。しかしその宿命論には鋭角がけずられて、もはや静謐をねがう一老人となっている。しかしゼリムには、エードウィンの楽天的な性質にもっと積極的行動性が加わり、その心は行動への憧憬に燃えて、人生の最高の価値を不断の努力のうちに見出そうとする（野島正城による）。

ウィナー・ノイシュタットの医師は、幼いシュタイナーにこのゼリムのように生きることを諭したのであろう。

シラー生誕百年

ちょうどこの時、ウィーンでは、シラー生誕百年（一八五九年）を記念してリングシュトラーセにシラーの立像を立てる計画が進行していた。この時代のドイツにおいてシラーはゲーテよりも国民的人気があった。シュタイナーが生まれた一八六一年、デンマークの童話作家アンデルセンは、シラー生誕百年を記念した「ドレスデン・シラー記念帳」のために、一篇の美しい童話を書いている。

「ドイツのヴュルテンベルクの国に、アカシアの並み木が国道ぞいに美しく花咲き、秋にはリンゴやナシの木が熟した実をたわわに実らせるあたりにマールバハという小さな町があります。

秋も末のころでした。ぶどうの葉は赤く色づき、しぐれが降り、風もしだいに寒くなってきました。貧しい人たちにとっては、いちばんありがたくない季節でした。日は日一日と暗くなりました。まして、古い小さな家のなかはなおさら暗くなりました。さて、こうした家々のなかに、破風《はふ》を往来にむけた、窓の低い、見たところいかにもみすぼらしい一軒の家がありました。その家に住んでいる家族は、家におとらず貧しい人たちでしたが、心がけのよい働き者でした。その上、心の宝庫は神さまを敬う気持ちでいっぱいでした。神さまは近いうちに、この家族にもうひとり子供をお授けになろうとしていました。いよいよその時になりました。お母さんは陣痛に苦しんでねていました。その時、教会の塔から鐘の音が、低く、そしておごそかに、ひびいてきました。ちょうどお祈りの時間でした。鐘の音はお祈りをしているお母さんの心を、慎み深い信仰で満たし、その心はいちずに神さまの方へ高まっていきました。と同時に、小さいむすこが生まれましたので、お母さんは、限りないよろこびにひたりました。塔の上の鐘は、お母さんのよろこびを町や野の上に鳴りひびかせているように思われました。赤ちゃんの澄んだ二つの目はお母さんの方を見ていました。髪の毛はまるで金のように光っていました。こうして、この子は十一月のある暗い日に、鐘の音とともにこの世に迎えられたのです。お母さんもお父さんも赤ちゃんにキスして、それから、聖書にこう書き入れました。「一七五九年十一月十日、神さまより男の子さずかる。」その後さらに、この子が洗礼をうけて「ヨハン・クリストフ・フリードリヒ」という名をもらったことを書き加えました。

……。

あの古い教会の鐘は、そのまま忘れられてしまいました。いつかは溶鉱炉のなかにはいることでしょう。こんどはそこで何になるでしょう？　さあ、それはなんとも言えません。また、少年の胸のなかの鐘がどうなるか、それはなおさら、だれにも言えないことでした。でも、少年の胸のなかには、いつも鳴りひびいている鐘があったのです。それはいつかは広い世界へ鳴りわたるにちがいありません。

この国の都に、大きなお祝いがありました。何千というあかりがかがやき、花火が空高く打ち上げられました。この時のはなやかな光景が今もって人びとの記憶に生きているのは、涙と悲しみのうちに人知れずよその国へのがれようとした青年のおかげです。青年は自分の生まれた国を、お母さんを、すべての愛する人たちを、見すてていかねばなりませんでした。さもなければ、つまらない日々の流れのうちに、うずもれてしまったことでしょう。

さて、この青年はどうなったのでしょう。古い鐘はどうなったでしょう。そうです、鐘は遠い所へいきましたよ。あの高い塔の上で鳴っても、とうてい聞こえないほど遠い所へ、いってしまったのです。では、青年のほうは？　そう、青年の胸のなかの鐘は、青年の足が踏んだこともない、青年の目が見たこともない、遠いところまでひびいていきました。それは世界の海をこえて世界じゅうにひびいていきました。今もなおひびいているのです。ではまず、鐘の話のほうから聞くことにしましょう。それはマールバハから運び出され、古銅として売られました。そして、バイエルンの国で溶鉱炉のなかへ投げこまれることになりました……。この鐘が塔から落ちてから、多くの年月がたちました。今度いよいよ溶かされて、名誉の記念碑の大きな鋳型に流しこまれることになりました。その記念碑は、ドイツの国と国民の偉大さをあらわす像でした……。その人の名は、昔お父さんが聖書に書き入れた名、ヨハン・クリストフ・フリードリヒでした。

鋳型のなかへ、まっかに灼熱した銅が流れこみました。あの古い教会の鐘が――そうです、だれもその鐘のふるさとのことや、消え去った響きのことなど、思い出す人なんかいませんでした。古い鐘は型のなかへ流れこんで、銅像の頭となり、胸となりました。やがて除幕式もすんで、今ではシュトゥットガルトの旧王宮の前に立っています。その広場を、この銅像の主は、かつて世の圧迫に苦しみながらも、たたかいと努力うちに元気に歩きまわっていたのでした。この人こそ、マールバハの少年、カール学校の生徒、逃亡者、そして、スイスの解放者ウィルヘルム・テルをうたい、神霊をうけたオルレアンの乙女をうたった、ドイツの偉大な不朽の詩人だったのです。

うるわしく晴れた日でした。王国の都シュトゥットガルトでは、塔や屋根に旗がひるがえり、方々の教会の鐘がお祝いのよろこびを鳴らしていました。ただ一つだけ、鳴らない鐘がありました。そのかわり、それは明るい太陽の光をうけて、名誉の銅像の顔と胸からかがやき出ていました。その日は、その鐘がマールバハの塔から、苦しんでいるお母さんによろこびと慰めとを鳴りひびかせてあげたあの日から――貧しい家に生まれた貧しい男の子は、のちに富んだ人となり、世界はその人の宝を祝福するようになりましたが、その男の子が生まれたその日から、ちょうど百年たっていました。その人こそ婦人の気高い心をうたった詩人、偉大なものの荘厳なものの歓びと、ヨハン・クリストフ・フリードリヒ・シラーその人でした。」

少年の日、シュタイナーも、「精神的恩人」と呼ぶウィーナー・ノイシュタットの医者から、こうした語りを受けていたのだろう。このことから、少年の最初の読書の本として、シラーの『群盗』や『ウィリアム・テル』が選ばれたことは想像に難くない。この『群盗』はフランス革命の予言の書でもあった。

「おう、何という愚か者だろう、このおれは、世界を暴君の行いによって洗い清め、法律を無法によって正そうなどと誤り信ずるとは！　おれは、かくのごときものを復讐とよび正義と名づけた――おれは不遜にも、おう、天の摂理よ、おまえの欠けた刃を磨ぎすまし、おまえの偏頗な党派心を常道へ戻そうと企てた――だが――おう、何というおさない虚栄心だろう――こうしておれは、恐ろしい人生の断崖に立ち、歯を打ち合わせ声をあげて泣きさけびながら、ようやくにして悟ったのだ、おれのような人間が二人とあれば、この道徳の世界の建設は、根こそぎ崩壊するだろうと。赦せ――神よ、赦せ、おまえに先廻りしようとした、一人の子供を。復讐は、おまえ一人のする業だ。おまえには、人間の手は入り用でない。もとより過去をとり戻すことは、今となってはおれの力に及びがたい――破壊されたものは、今でも破壊されたままだ――おれの覆したものは、永遠に立ち上がるときがない――だが、おれの手にもまだ何物かが残ってはいないか、傷つけられ法律をつぐない、虐げられた秩序を恢復する何物かが。それには、一つの犠牲が要る――社会の秩序の犯すべからざる尊厳を、全人類のまえにくり展げて見せるためには、一つの犠牲が必要だ――その生贄こそ、ほかならぬおれだ。おまえはそのために、命を捨てなければならんのだ。」

「自由な共和国」。シュタイナーは、この後ウィーン時代に、オーストリア社会民主党の創立メンバーであるヴィクトル・アドラーと出会うことになる。

第2章　実科学校

受　験

十一歳になると、シュタイナーは、ドイツ人の子供としてドイツ語による教育を受けさせたいという父親の意向で、村（ノイデルフル）の小学校から町（ウィーナー・ノイシュタット）の小学校に移るための十分な学力があるかどうかをみるために、その小学校の編入試験を受けさせられ、優秀な成績で合格する。これをみた父親は、将来のことを考え、直ちに実科学校に入学させたいと思うようになり、数日後、シュタイナーに実科学校の入学試験を受けさせるが、これも合格し、入学を許可される。一八七二年十月のことである。

オーストリアでは、一八六九年に自由党内閣によって全国小学校法が制定され、六歳から十四歳までの八年間が義務教育期間となっていた。しかし実際には小学校の最後の三年間はおまけのようなもので、通学義務を免除される子供たちも多かった。だから、都市の自営業者の子弟たちの多くは、十二歳になると、職業教育が受けられる実科学校に進学した。シュタイナーの父もこれに倣ったのである。教育への教会の干渉もなくなり、彼ら新興の市民階層にとっては、教育こそが社会での成功を約束してくれるものだった。

しかし少年にとって、往復三時間かかったこの通学はかなりの負担だった。それは、小学校法では「二時間以内の通学区に五年平均で四〇名以上の児童がいて、学校が設置されない場合、児童が四キロメートル以上離れた学校に通わなければならないときには、一つの小学校を設置しなければならない」となっていたが、実科学校はこの適用外だったからである。

シュタイナーは、毎日ノイデルフルからウィーナー・ノイシュタットまで汽車で通学することになった。行きは定時に乗車できたが、帰りは学校の終了時間と汽車の発車時間までだいぶ間があった。そのため、停まっている車両の座席に座り、発車時間まで読書や宿題をした。シュタイナーは教科書やノートが詰まった黒皮のカバンを持って通学していた。これは七年間変わらなかった。

しかしいつも都合よく帰れるわけではなかった。一年時に二人掛けの机でシュタイナーの左側に座っていた級友はこう証言している。「ドイツ語の授業の時、私とシュタイナーは朗読箇所をほったらかしていた。シュタイナーにとってこの授業は退屈だった。教授は私たち二人に居残りを命じた。」二人の態度に怒り心頭だった教授は、「読みなさい！　童話を読むんだ」とわめき、読本を机に叩きつけた。そして、「こんちくしょう！　今日は一時間居残りだ。罰として百回書き取りなさい」と叫んだ。それに対してシュタイナーは、「汽車の時間に間に合わなくなります。そうすると家で待っている父に心配をかけます」と言い、居残りを拒絶したという。

居残らなければならなかった時は、徒歩で帰らねばならなかった。シュタイナーは言う。「ウィーナー・ノイシュタットからノイデルフルへの道は、夏には素晴らしく快適だったが、冬には難路となった。町の端から村への一歩を踏み入れるや否や、除雪されていない野道となり、そこを三十分も歩かねばならなかった。私は膝まで届く雪をかきわけて進み、雪ダルマのようになって家に辿り着いたものだ。」

この級友はシュタイナーの父から補習を受けていた。ある時シュタイナーは、この未来の化学者である友人に、まるで審問官きどりで、「君、このビーカーの使い方知っているかね」と尋ねたり、また、「ぼくはいままでどおり君の数学の課題を助けてやるよ」と見下すように言った、という。シュタイナーは書いている。

「私は十五歳の時以来、私と同学年もしくは年下の生徒に対して、補習授業を行なっていた。どの教師も、私には喜んで補習授業の口を斡旋してくれた。私は「できる生徒」とみなされていたからである。この副業によって私は、両親が乏しい収入のうちから、私の教育のために捻出せねばならぬ学費の負担を、幾分かでも軽減することができた。」

ウィーン万博

年が変わって一八七三年春、ウィーンは、フランツ・ヨーゼフ皇帝の治世二十五周年を記念してプラーター公園で開催される万国博覧会の準備が佳境に入り、ひさかたぶりの活況を呈していた。

一八七一年の普仏戦争の勝利によるドイツ第二帝政の成立によって、ヨーロッパの資金はパリからウィーンの証券取引所へと流れこみ、〈泡沫会社氾濫時代〉を現出し、労働者の賃金もうなぎ昇りに上がっていた。発明と投機が熱病のごとく人々の心を摑み、「骨を折らずに一挙に金持ちとなる法」といった標語が人々の眼を釘づけにしていた。社会学者のジンメルは、「この〈泡沫会社氾濫時代〉は経済的な脱線、不確実および傲慢な唯物主義の恐るべき象徴である」と評している。万博はこのバブル経済の恩恵によって実現された。

五月一日の開会式は、メインパビリオンの工業館の中央に建てられた高さ八四メートルの円形ドーム内で行われ、中央には皇帝夫妻が座り、ハプスブルク家の面々をはじめ、ドイツ皇帝、ロシア皇帝、イタリア王など各国要人が並んだなか、ヨハン・シュトラウス指揮のもと、皇帝賛歌が厳かに鳴りひびいた。

万国旗のはためく会場には、機械館や芸術館、音楽館など大小二〇〇のパビリオンが建てられた。円形ドームの中央から西側にはパビリオンが南北に分かれて櫛の歯型に、まずドイツ連邦、そしてベルギー、オランダ、……フランス、イギリス、アメリカ合衆国の順に、それに対して東側にはオーストリア、ハンガリー、ロシア、……スウェーデン、ノルウェー、ルーマニア、ペルシア、トルコの順に並び、この万博に国として初めて出品することになった日本のパビリオンはトルコと向き合っていた。

東側の入口にはドナウ河の蒸気船の模型が飾られ、主催国オーストリアの出品物が陳列され、紡織機、綜絖機、大幅のレース織機、機関車、客車などが並び、そのなかでも人々の目を驚かせたのは、植字から印刷・折りまでを一貫して行うことのできる印刷機だった。この万博を主導した自由党内閣は万博の中心テーマとして〈教育〉を掲げていた。ロシアは農業機械、水車や風車の回転部分を出品していた。

西側のドイツ連邦の出品では農業機械がたいへん多く、灌水用装置など、さまざまなものが出ていた。バーデンからの出品も、プロイセンに次いでいたが、一番多いのはザクセン出品の機械だった。ベルリン出品の織機は特に巨大で、巧妙な装置だった。エッセンのクルップ社の一、〇〇〇ポンド砲は、この博覧会最大の巨砲で、場外の別棟に展示されていた。イタリア、ベルギーなど他の欧州諸国もすぐれた工業製品を展示していた。

この当時の世界最高水準の工業製品の展示は、実科学校にとってもまたとない実物授業のチャンスだった。生徒たちは教師に引率されて見学したことだろう。学校生活を始めたばかりのシュタイナーにとっても、この体験は大きな驚きであったろう。

入場者数はウィーンの人口の一〇倍以上の七二五万人におよんだ。しかし、万博が始まった一週間後、ウィーン証券取引所で株価が大暴落し、幾つもの銀行や証券会社、鉄道会社がつぶれ、大不況が到来し、下層階級がその犠牲となり貧窮化した。そして、それに追い打ちをかけるように、市中にペストが発生し、二千人の死者を出し、ウィーンはパニックに陥った。鉄道は次々と国有化されていった。この不況は四年の長きに及んだ。しかし南部鉄道だけは、一番儲かっていたためこの難を逃れ、第一次世界大戦による帝国崩壊まで私鉄であり続けた。

一八七四年四月六日の夜から七日にかけて、このノイデルフルで秘密裏に《オーストリアにおける社会民主労働者党》（のちの社会民主党）の結成大会が開かれた。これは当初ウィーン近郊のバーデンで予定されていたが、当局によって禁止されたため、この地に移された。

大会では綱領が採択され、「二十歳以上のすべての国民に普通平等直接選挙権を与えること、出版・結社・集会および団結の完全な自由、教会の国家からの分離および学校の教会からの分離、小学校における義務教育および一切の公的教育機関における無償教育、常備軍に代えて人民軍の設置、裁判官の独立、人民による裁判官の選挙、標準労働時間の制定、工場と産業上の仕事場とにおける婦人労働の制限と児童労働の廃止、一切の間接税を廃止し、単一の直接累進所得税および相続税の創設、自由な協同組合制度を国家が助成し、自由な労働者協同組合と生産者協同組合とに対して民主主義的保証の下に国家的信用を与えること」という要求が掲げられた。

翌日、オーストリア官憲がノイデルフルを捜索する。駅長のヨハンも官憲の尋問を受けたことだろう。

実科学校

シュタイナーにとって、学校の授業や課題は、最初のうちはあまり関心を呼び覚ますものはなかった。最初の二年間は授業についていくのがやっとだった。二年目の後半になってやっとうまくいくようになり、優秀生と呼ばれるようになった。シュタイナーはこの学校で、自分が模範と仰ぎ、人間的に模倣することができるような人物に出会う。『子供の教育』における〈権威と信従〉の時期である。

そのような人物として最初に出会ったのは校長だった。彼が年報に書いた論文「運動の作用として見た引力」に非常な興味を覚える。この論文には高等数学の知識が前提されていたため理解するのはむずかしかったが、何とか意味を汲み取っていくと、かって司祭から学んだ宇宙論からこの論文に至る、一本の思想の橋が心のなかに形成された。この校長は『自然の全現象の根本原因としての物質の一般運動』という本も書いていた。

次に出会ったのは、数学と物理を担当していた教師だった。彼の授業は際立った整合性と明快さを備えていた。彼の講義を聴くのは思考にとって最高に快い経験だった。この教師のデータを処理する厳密さは、シュタイナーの数学的思考の模範となった。この教師の薫陶のおかげで、校長の著作がシュタイナーの心に惹き起こした謎の解明により近づくことができた。

第三学年になって、理想の教師として出会ったのは幾何作画の教師で、彼の授業もまた模範的な明晰さと整合性に貫かれていた。円や三角形の作図は楽しい作業だった。

シュタイナーは、彼らから学んだ知識の背後から、自然現象の謎が立ち現われてくるのを感じた。こうして実科学校の第三学年と第四学年が過ぎていった。

ハイネ体験――文学と哲学へのめざめ

一八七六年、シュタイナーが第五学年に進学したこの年、シラー生誕百年を機に、ウィーンのリングシュトラーセにシラーの立像が建てられる。シュタイナーもさっそく見に行ったことだろう。その時シュタイナーは、父がギムナジウム（人文高等学校）ではなく、実科学校に入れたことを恨めしく思った。いかにシラーを始めとするドイツ文学や哲学に関心を持ったとしても、ギムナジウムからウィーン大学に進学しないことには、それらの研究者への道は開けないからである。しかもそのギムナジウムは、官僚や大学教授、企業経営者、医者、弁護士、新聞発行人、作家といった社会影響力の強い職業に就くことを目的としたユダヤ人の子弟たちで溢れていた。

シュタイナーより十五歳年下で、つつましいユダヤ家庭に育ったワルターは、父親の言うとおりに、最初はギムナジウムに進学したが、「自分は大学に入りたくない、大学入学資格もいらない、自分は音楽家になりたい」と宣言して、ギムナジウムを五年生の時に辞めてしまった。そして実科学校に転入し、母親の従兄弟がギムナジウムの教師だったので、個人教授を受けながら、音楽に専念することにした。しかしワルターは次のように書いている。

「私は自分の損失に、たびたび苦しい思いをした。精神の普遍的な発展のためには――人文高等学校で受ける、しかるべき基礎をふまえた――人文主義的な教養がどうしても必要だという気持ちが、ますます強まっていったからである。私は若い者にありがちな短気から途中でやめた体系的な学校教育の、一般的な補償を求めて、大人になってからまじめに努力したこともあると思う——しかし、短気な自分に対する良心の呵責は、消えることがなかった。そのことは当然、この弁明書に書かれるべきことだと思うので、後悔の念にかられながらここに告白しておきたい。」

実科学校に通いながらギムナジウムの教程を勉強するというのは、シュタイナーも同じだった。しかしシュタイナーは、それを独習せざるをえなかった。そして、大変な時間がかかり、変則的な形ではあったが、規定どおりのギムナジウムの過程を終了した。

一八三〇年の革命の敗北後、ドイツの国民・自由派の市民たちは、反動政治への対抗文化として、ルター、グーテンベルク、デューラー、シラー、ゲーテ、ベートーヴェンといった偉大な文化的業績を遺した人々の記念碑を次々と建立していった。シラーと並ぶドイツの国民的作家ゲーテの記念像は、ゲーテ生誕の地フランクフルトに、一八四四年建立されている。一八五七年には、ワイマールの国民劇場前の広場に、ゲーテとシラーが手を携えた銅像が建立されている。これによって、長年のフランス文化への劣等感を払拭し、ドイツの文化とネーションが自覚され、民族的アイデンティティが確立され、国家への帰属を感情化した。これらの偉人は民族の偉大な本質の具現化であった。

しかしウィーンではまだゲーテの記念像はなかった。それは、メッテルニヒが、「宗教的信条の面で物議をかもさなかったわけではない一人の人間に死後あまりに大きな名誉を与えすぎることを恐れ」、ワイマール大公妃らのゲーテ協会設立の要請を危険視し、拒否していたからである。またこの時代、ドイツ圏ではゲーテよりシラーの方が国民的人気が高かった。

この年のある日、シュタイナーは級友の一人、ヨーゼフ・ケックからハイネを教えられる。

「ある時、体操の時間に彼と私は一緒になった。彼が体操し、私は何もすることがない時、彼は私の横に一冊の本を置いてくれた。それはハイネの『ロマン派』と『ドイツにおける哲学の歴史』(『ドイツの宗教と哲学の歴史のために』)だった。私は少しページを繰ってみた。これが私がその本を読むきっかけとなった。私はその本から多くの刺激を受けた。」

この級友は周囲から変人扱いされていた。それは、一八六一年の憲法改正によって出版の自由が拡大されたとはいえ、それまでドイツ圏では禁書とされていたハイネに親しんでいたからである。

ハインリヒ・ハイネ（一七九七－一八五六年）は、ライン河畔の商工業都市デュッセルドルフに中流のユダヤ人の家庭の長男として生まれる。一七九五年から一八〇一年までナポレオン軍の占領下にあったライン地方は、封建ドイツの圧政からもっとも早く解放された地域だった。ハイネはこの自由の風を全身に受けて幼年時代を過ごすが、ちょうど精神的成長が始まったころ、ウィーン会議の結果、ライン地方は再びプロイセンの支配下に置かれる。

このあとハイネは、一八一六年から一八年まで、ハンブルクの伯父のところに寄宿し商売を学ぶが、まったくものにならず、伯父の補助を得て、一九年から二〇年までボン大学で学ぶ。そのあと、二一年から二三年まで、ゲッチンゲン大学、ベルリン大学と渡り歩いた。その間、一八二一年十二月、第一詩集を出版する。このあと再びゲッチンゲン大学に戻り法律を学び、弁護士の資格を得る。

一八二五年六月、ハイネはプロテスタントの洗礼を受ける。一八二七年十一月、ミュンヘンに出向き、大学教授の職を得ようとするが失敗する。この間、『帰郷』、『紀行』などの詩集を刊行する。

シュタイナーが受けた大きな刺激とは次のようなものだった。

パリに亡命していたハイネは、この亡命の地で、ドイツ精神とフランス精神との間の対立を比較し、両者の間にある垣根を取り除こうとして努力していた。まずは、雑誌『両世界評論』に発表した『ドイツの宗教と哲学の歴史のために』（一八三四年）である。冒頭でハイネはこう言っている。

「夜の幽霊は死刑執行人の剣を見るとこわがると言われている。――もしも幽霊にカントの『純粋理性批判』を差し出したら、彼らはどんなにおどろくことであろう！　この本はドイツで理神論の首を切った剣なのだ。

フランスの諸君よ、正直に言うと、諸君はわれわれドイツ人と比べると、おとなしくておだやかだ。諸君はせいぜい一人の王を殺すことができるのだ。しかもその王は、諸君がその首をはねないうちに、すでにもう頭（理性）を失っていたのだ。そして王の首をはねるときに、地球全体がふるえるほど、諸君は太鼓をたたいたり、叫んだり、足踏みをしなければならなかったのだ。

この人の外的生活とこの人の破壊的で世界を粉砕する思想とのあいだの奇妙な対照！

思想界の偉大な破壊者であるイマヌエル・カントはテロリズムの点でマクシミリアン・ロベスピエールをはるかに凌駕しているとはいえ、彼は多くの点でロベスピエールと類似点をもっている。この二人は性来コーヒーや砂糖をはかり売りするように定められていた。ところが運命は彼らがほかのものをはかることを希望し、ロベスピエールの秤皿には国王をのせ、カントの秤皿には神をのせたのである……。

この著書は一七八一年にあらわれ、やっと一七八九年になって一般に知られた。」

カントは、客観（物・対象あるいは自然）が主観（心・表象あるいは認識）に何らかの影響を与えることによって物の認識が成立するという従来の説に対して、かえって主観こそ客観を作り出すものであるというコペルニクス的転換を行なった。カントは故郷のケーニヒスベルクから一歩も出ることなくこの世界（認識）の転換を成し遂げた。

ハイネがここで言いたかったのは、『純粋理性批判』による認識の転換が先行していたからこそ、フランス革命が起きたということである。しかしフランス革命は、このことを意識していなかったがゆえに、その後のナポレオンの独裁を許し、またそれに反発した革命と、さらには旧体制の復活という社会的混乱の悪循環に陥ってしまったのである。ハイネはここで、「現実変革」という名の下のテロリズムによっては、新しい社会の建設どころか、さらなる悪を出現させてしまうと警告しているのである。

こうした「現実変革のための理念」を訴えるハイネは、シラー学徒と言ってよいだろう。

次は『ロマン派』である。この『ロマン派』は、副題に「ドイツにおける文学の実状、スタール夫人以後のドイツについて」とあるように、スタール夫人によって広められた、ドイツ精神＝ドイツロマン派という誤解を解くために、一八三三年、雑誌『文学のヨーロッパ』に発表したものである。

「ドイツロマン派とは、中世の詩歌や絵画や建築に、芸術と生活に具体的にあらわれている、中世文学の再生以外の何ものでもなかった。

ロマン的芸術は、伝統的な象徴の世界へ、というよりは、比喩の世界に逃避した。

人びとは、フィヒテの理想主義やシェリングの自然哲学がロマン派に影響したと、いろいろ妄想する。それどころか、ロマン派はそうした哲学から発したとさえ言う。けれども、ぼくにはせいぜいフィヒテとかシェリングとかの若干の思想の断片の影響しかみられない。まとまった一つの哲学の影響など、まったくみられない。当時イエーナで講義をしていたシェリング氏は、しかしおそらく個人的にはロマン派に大きな影響を与えたであろう。」

ロマン派の拠点はアウグスト・ヴィルヘルムおよびフリードリヒの両シュレーゲルがいたイエーナであり、ハイネはそのイエーナ時代にシュレーゲルに学んだことがあった。

ドイツロマン派は、その名のとおり、社会生活に対する関心が欠如しているため、社会を捨象して、いきなり自然のなかに没入してしまう。その代表者のシェリングは、神秘家たちが、世界を創造したのは神の想像力の作用であると考えたように、人間の精神的な創作物に理想的な現実性を付与することができるのは、神の想像力に似た、人間の内奥の力であると考えた。

ハイネはまたドイツの人々にフランスの状態を知らせるために、アウグスブルクの『アルゲマイネ・ツァイトゥング』に「フランスの状態」を寄稿する。

ユダヤ人だったハイネはフランス政府より年金（亡命者扶助金）を受けていたため、フランスと手を結び、ドイツの没落を謀っているとされ、非難の矢面に立っていた。プロイセンの著名な歴史学者トライチュケは、「祖国なきユダヤ民族は、恥と道徳から成り立つわれわれすべての観念を解体、破壊する。そして、妄想にとらわれた中世の民衆が誤ってユダヤ人を、井戸に毒を投げ込んだ犯人に仕立てあげたとすれば、いまや、この昔の告発を文学の領域で更新してしかるべき時である」とハイネを攻撃していた。

カントとレッシングは、認識論と芸術批評によって、十七世紀の宗教的ドグマを破壊し、ドイツ思想の基礎を確立した。

シュタイナーはこのハイネ体験によって、ドイツ哲学や文学への道筋を見つけることができた。ではハイネは、ドイツ文学の巨匠たち、ゲーテやシラー、レッシングについてどう言っているのだろうか。

自由の闘士、シラー

ハイネは『ファウスト』の作者ゲーテやゲーテ主義者をどのように見ていたのだろうか。ハイネは言う。

「ゲーテ派は、次のような誤りに陥っている。すなわち芸術そのものを最高のものだと公言し、当然優位にある第一の現実世界の要求に背を向けているのである。

シラーは、ゲーテよりはるかにいっそうその第一の世界と結びついていた。この点でわれわれは、シラーを讃えねばならぬ。時代の精神が、彼フリードリヒ・シラーをいきいきととらえた。シラーは、時代精神と格闘した。彼は、時代精神に服してそれに従って闘争を開始した。シラーは時代精神の旗手となった。

シラーは革命の偉大な理念のために筆をとった。シラーは精神の牢獄（バスティーユ）を打ち破った。彼は自由の神殿、しかもあらゆる国民を唯一の同胞教会のように収容すべき、まったく大きな殿堂の建立をはじめたのだ。彼は、世界主義者だった。

シラーは歴史に全身を打ちこみ、人類の社会的進歩のために夢中になって世界史をうたっているのだが、ゲーテはむしろ、個人的感情に、あるいは芸術に、あるいは自然に沈潜している。

博物学がついに汎神論者ゲーテにとっての枢要な研究テーマとなり、文学ばかりではなく科学の労作でも研究の成果をわれわれに示した。彼の不偏不党主義も、やはりその汎神論的世界観の結果だった。

しかし、まさにそこに誤りがあるのだ。いっさいのものが神ではなくて、神がいっさいである。

神はいっさいのものに同じ程度であらわれるのではない。というよりも、神はさまざまのもののなかに、さまざまな程度であらわれる。

そしてどんなものでも神性をいっそう高度に獲得しようとする本能を内部に持つ。これが自然界における進歩の偉大な原則である。

神は多かれ少なかれ、事物のなかにあらわれる。この不断のあらわれのなかに神は生きている。神は運動のなかに、行為のなかに、時間のなかに存在する。神の神聖な息は、歴史のページのなかにいぶいている。歴史こそ、神の固有の書物である。それを感知したのがフリードリヒ・シラーであった。

ゲーテの傑作は、美しい影像が庭園を飾るように、わが祖国ドイツを飾っている。だが、それは要するに彫像なのだ。人びとはそれにほれこむことはできる。けれどもそれは、何も生みはしない。ゲーテの文学はシラーの文学のように行為をひき出さない。行為は言葉の子であるが、ゲーテの美しい言葉は石女《うまずめ》である。」

シラーは『美的教育のための書簡』（一七九五年）にこう書いている。

「私は別の世紀に生きたいとも思わず、別の世紀のために働きたかったとも思いません。私たちは国家の市民であると同時に、時代の市民でもあります。自分の生活圏の道徳や習慣に従わないことは不穏当であるばかりか、許されないことであるとすれば、自分の活動を選択するときに、世紀の欲求と趣味に発言権を許すことは、同様の義務でなければならないと思います。」

シュタイナーの父ヨハンも、ウィーン革命によって、封建的束縛から解放され、この自然的自由を獲得した。しかしその自由にも、新たな壁が立ちはだかっていることを、幼いながらもルドルフは、ヨハンの態度から感じていた。ルドルフの脳裏にも、シラーの精神的自由の旗がなびいていた。

レッシング

そして十五歳ころになると、シュタイナーはウィーナー・ノイシュタットの例の医師と以前にもまして親しくなり、しばしば彼の住居を訪れるようになり、個人教授のようにしてレッシング（一七二九―八一）の著作について学んだ。それにはハイネの本が役にたった。ハイネは『ロマン派』でレッシングについてこう書いている。

「ルター以後のドイツはゴットホルト・エライム・レッシングほど偉大な、りっぱな人物はうみださなかった。ルターとレッシングとは、われわれドイツ人のほこりでありよろこびである。

ルターと同じようにレッシングの仕事も、あるきまったことをやったというだけではなくて、ドイツ人民を心のそこからふるい立たせ、批判と論争とで有益な精神運動をひきおこしたことである。

レッシングは彼の時代への生きた批判者であった。レッシングの一生は論争そのものであった。

レッシングは、ドイツの演劇を外国の支配から解放した文学上のアルミニウスであった。レッシングは、それ自身がギリシャ劇の模倣だったに相違ないフランス演劇を模倣することのくだらなさ、ばからしさ、愚かしさをわれわれに教えてくれた。

しかも、批評のみならず、みずから芸術作品を書いて、彼は近代ドイツの独創的な文学の創始者となった。精神のあらゆる側面を、レッシングは情熱をこめ、おのれを捨てて追求した。美術、神学、考古学、文学、劇評、歴史のそれぞれに同じ熱意をこめ、同じ目的のために執筆した。すべてに通ずる偉大な社会思想、進歩的なヒューマニズム、理性の宗教が、レッシングのどんな著作にもみなぎっている。彼は、理性の宗教の予言者ヨハネであった。」

レッシングはプロイセンに隣接するザクセン公国カーメンツ市に生まれた。十七歳の秋、市から奨学金を受け、当時「世界の縮図」と唄われたライプチヒに出て大学に入る。しかし神学の研究をそっち除けに、劇場に入り浸り、奔放な抒情詩に耽って暮らし、従兄弟の発行する雑誌『自由思想家』を手伝う。そして十九歳になるとベルリンに移り、義父が主筆を務めていた『ベルリン新聞』に入り、「欧州随一の批評家」への第一歩を踏み出す。

レッシングは、最も健全なる理性を重んじて、哲学の主たる任務は混沌を明らかにして概念の純正を復するにありとした。この意味において彼は真正のかつよき意味の啓蒙哲学者と呼ばれる。著書としては『ラオコーン、絵画と詩歌との限界について』や『ハンブルク演劇論』『賢者ナータン』『人類の教育』などが有名である。

シュタイナーはこの時代に読んだレッシングの本として、とくに『ミンナ・フォン・バルンヘルム』を挙げているが、この作品はドイツ演劇史上最初の傑作と言われ、ハンブルクで初めて上演された一七六七年九月三十日はドイツ国民劇誕生の日とされている。

レッシングは、七年戦争を背景に、プロイセンのフォン・テルハイム少佐と、敵方であるザクセンのミンナ・フォン・バルンヘルム嬢との恋を描いたこの作品で、戦争に勝ったプロイセンの武力も愛情には抗することができないことを象徴的に示し、「プロイセンはヨーロッパのなかでもっとも奴隷の国だ」と告発した。国葬になった彼の墓誌銘には「詩人にして思索家」と刻まれている。

ライプツィヒに遊学中のゲーテは、この公演を観て大いに感銘を受け、『ミンナ』が出版されるとすぐ（同年十一月）に、自ら発案し、友人の家庭でこれの私演を試みたという。バクーニン（『神と国家』一八七一年）もこう言っている。

「いっさいの俗権ないし人間的権威は、教権ないし神の権威から直接に由来する。ところで権威とは、まさに自由の否定にほかならない。それゆえに、神ないしより正確には神というフィクションは、地上におけるいっさいの隷従の認容であり、その知的道徳的根源なのだ。したがって、天上にましまず主人という不吉なフィクションを抹殺しないかぎり、人間の自由は完全なものとはなりえないのである。」

この「神に代えて人間の自由を！」はシュタイナーの座右の銘になった。

カント

ハイネのカント論によって刺激を受けたシュタイナーは、カントをもっとよく知りたいと思い、当時、最もポピラーな哲学史としてレクラム文庫にもなっていたアルベルト・シュヴェーグラー著『哲学史概説』（邦訳、岩波文庫『西洋哲学史』）を読む。なるべくそれぞれの哲学者自身の言葉でその学説を簡潔に語らせているこの本は、十五歳の初学者にはとって格好の入門書だった。

ヘーゲル中央派に属するシュヴェーグラー（一八一九－五七）は、シラーと同じマーバハの出身で、シラーよりさらに若く三十七歳で亡くなっている。本書は、一九五〇年、ヘルマン・グロックナーによって増補版が出されているが、グロックナーは自著『ヨーロッパの哲学』でシュタイナーを登場させている。

話を戻すと、シュタイナーは、「書店のショーウィンドウの中にレクラム文庫版のカントの『純粋理性批判』を見つけ、購入し、授業中に教師の目を盗み、一ページごとに切り離したそのページを教科書の間にはさみ、夢中になって読んだ。多くのページは二十回以上も読んだ」という。

このカントとの出会いによって、幾何学体験や天文学によって生じたシュタイナーの精神世界への関心は、さらに「事物の本質を洞察するにあたって、人間理性は何を為し得るのか」「人間の思考と自然の創造行為がいかなる関係にあるか」というふうに高められて行く。

シュヴェーグラーは、カントの『純粋理性批判』を次のように概説している。

「純粋理性の批判とは、われわれが純粋理性によってもっている全所有物の組織的に配列された目録である、とカントは言っている。これらの所有物はどんなものであろうか。認識の成立にわれわれがもたらすものは何であろうか。カントはこれを見出すために、われわれの理論的理性の二つの主要な段階、あらゆる認識の二つの主な要因、すなわち感性と悟性とをくまなく調べる。第一にわれわれの感性または直観能力のア・プリオリな所有物は何であろうか。第二に、われわれの悟性のア・プリオリな所有物は何であろうか。第一の問題を解決するのが先験的感性論（die transzendentale Ästhetik、ここのÄsthetikという言葉はもちろん今日用いられているような意味でなく、語源的な意味で、「感性のア・プリオリな諸原理の学」と解されねばならない）であり、第二の問題を研究するのが先験的論理学（その第一門、先験的分析論において）である。

あらかじめ説明しておくと、感性と悟性とはあらゆる認識作用の二つの要因であって、カントの言葉によれば、われわれには知られていないがおそらく共通の根から生えた認識の二つの幹である。感性はわれわれの認識能力の受容性（Rezeptivität）であり、悟性はその自発性（Spontaneität）である。それのみがわれわれに直観を供給するところの感性によってわれわれに対象が与えられ、概念を形成する悟性によって対象が思考される。直観のない概念は空虚であり、概念のない直観は盲目である。直観と概念とは、われわれの知的活動の相互に補いあう二つの構成要素である。

ところでわれわれの感性的認識のア・プリオリな、すなわち「本源的に心のうちにあらかじめ存在している」原理はどのようなものであろうか。そして思考的認識のそれはどのようなものであろうか。

第一の問題に答えるのが、

Ａ　先験的感性論である。

この答えを先に与えれば、われわれの感性的認識のア・プリオリな原理、感性的直観に本源的に具わっている形式は、空間と時間とである。空間は、それによって対象がわれわれの外部並びに対象相互の外および側に存在するものとしてわれわれに与えられるところの、外官の形式であり、時間は、それによってわれわれ自身の心生活の状態が対象となるところの、内官の形式である。感覚の質量に属するあらゆるものを捨象しても、外官のすべての質量がそのうちに配列される普遍的な形式の空間が残り、内官の質量に属するあらゆるものを捨象しても、心の動きを容れていた時間が残る。空間および時間は外官および内官の最高の形式である。これらの形式がア・プリオリに人間の心にあることを、カントはまずこれらの概念から直接に証明し、これを形而上学的究明と名づけている。

次に、これらの概念をア・プリオリなものと前提しなければ、疑うことのできない妥当性をもっている或る種の科学がまったく不可能になることを示すことによって、間接的にも証明し、これを先験的究明と呼んでいる。

a　形而上学的究明においては、（a）空間と時間とはア・プリオリに与えられていること、（b）にもかかわらずこれらの概念は感性（したがって感性論）に属して、悟性（したがって論理学）には属しないこと、すなわち、それらは直観であって概念ではないことが示されねばならない。

（a）空間および時間がア・プリオリであることは、どんな経験でもそれがなされうるためには、すでに空間と時間とを前提していることから明らかである。わたしはあるものをわたしの外部にあるものとして知覚するが、このわたしの外部ということは空間を前提している。さらに、わたしは二つの感覚を同時的か継起的にもっているが、このことは時間を前提している。

（b）だからといって空間および時間はやはり概念ではなく直観の形式であり、しかもそれ自身が直観である。なぜなら普遍的な概念は常にそのもとに個物を包摂しているにすぎず、それらを部分として自己のうちに含んではいないが、個々の空間および時間はこれに反して普遍的な空間および時間のうちに含まれているからである。

b　先験的究明においてカントは、或る種の一般的に認められている科学が、空間と時間の先天性の想定からのみ理解されることを示すことによって、間接的な証明を行っている。純粋数学は、空間および時間が経験的でない純粋直観であるときにのみ可能である。だからカントは先験的感性論の問題を、純粋数学はいかにして可能であるか、という問いに総括する。純粋数学の諸命題は普遍的、必然的である。普遍的で必然的な命題はしかし経験から生ずることはできない。それはア・プリオリな根拠をもたねばならない。したがつて数学がそこからその命題を汲むところの空間と時間とはア・ポステリオリに与えられるのではなく、純粋な直観としてア・プリオリに与えられていなければならない。したがってア・プリオリな根拠に基づいている一つの科学が現に存在しており、ア・プリオリな認識の存在を一般に否定しようとする者は、同時に数学の可能性をも否定しなければならなくなる。ところで数学の基礎がア・プリオリな直観である以上、ア・プリオリな概念もまた存在し、これとさきの純粋直観とが結合して真の（しかしたんに内在的な）形而上学が建設される、と推定することができよう。

以上が先験的感性論の積極的な帰結である。この積極的な方面はしかし、それと密接にむすびついている消極的な方面がある。われわれ人間は、時間と空間を普遍的直観としてもつ感性を通じてのみ直観、すなわち直接に認識することができる。ところで、空間と時間という直観は客観的な関係ではなくて、主観的な形式にすぎないから、われわれの直観にはすべて主観的なものがまじっている。すなわち、われわれは物をありのままに認識するのではなくて、時間と空間という主観的媒質を通して物がわれわれに現象する姿を認識するにすぎない。これが、われわれは物自体（Ding an sich）をでなく、現象（Erscheinung）を認識するにすぎない、というカントの命題の意味である。

しかし、といってすべての物は空間と時間とのうちにあるという命題を掲げようとするならば、それは行きすぎであろう。すべての物はわれわれにとってのみ時空のうちにあるのであり、しかも外官のあらゆる現象は空間、時間のうちにあるが、内官のあらゆる現象は時間のうちにのみあるのである。これによってカントはけっして、感覚の世界がたんなる仮象であることを承認しようとしたのではない。かれの言うところによれば、かれは時間、空間の先験的観念性を主張しはするが、その経験的実在性を否定するものではない。すなわち、われわれは外部に物が存在するということは、われわれ自身およびわれわれの内的状態が存在しているのと同じ程度に確かなのであって、ただそれらは、空間と時間とから独立してそれ自らがあるとおりに現れるのではないと言うだけである。

先験的感性論は空間および時間の究明をもって終わっている。すなわち感性におけるア・プリオリなものは見出されたのである。しかし人間の精神は感性の受容的な態度のみで満足するものではない。それは対象を受け入れるだけではなく、それを概念によって思考し悟性の形式のうちで把握しようとすることによって、受け入れられた対象に自己の自発的活動をも加えるのである。このようなア・プリオリな概念あるいは思考形式――それは時間と空間という形式が直観能力のうちでそうであるように、「悟性のうちに本源的に」かつ「あらかじめ存在している」ものである――の研究が、（先験的論理学の第一門をなしている）先験的分析論の対象である。」

カントは人間のこの能力を先天的（ア＝プリオリ）形式と呼んでいる。この先天的な形式によって対象や経験が構成される。これが先天的総合判断（真理）である。

またシュタイナーは、「そのような（カントの）思考と宗教学の調和をうちたてようとし」「教義学、象徴論、典礼論、教会史を夢中になって耽読した」と書いているが、「カントに対してはまったく無批判であった」シュタイナーがそのような態度を取ることなどありえない。なぜならばカントにとって、「霊魂のような問題のある多くの概念は経験を機会として目立たぬ曖昧な推論によって生み出され、その後他の人へ受け継がれて増殖するが、その際その経験そのものは意識されず、また、概念をその経験の上に作り上げた推論も意識されない、と。このような概念は、搾取された概念と名づけることができる」（『視霊者の夢』）からである。

ヘルバルト哲学

そしてシュタイナーは五学年になる。このころになると、ようやく不況を脱し、ウィーンの工場数も増え始め、景気も回復してきた。卒業間近のシュタイナーとっては朗報だった。

シュタイナーは、「当時の私はカントに対してはまったく無批判であった。しかしカントに拠っては、これ以上先に進むことはできなかった」と書いている。この言葉は哲学をかじり始めたばかりの者としてはなかなかであるが、これはケルナーへあてたシラーの手紙、「カントは私には、決して越えることのできない山ではありません。そして私はきっと、これから一層かれに深入りするようになるだろうと思われます」を意識してのことだろう。

シュタイナーは、フィヒテ、シェリング、ヘーゲルの「我々の認識した外界の事物の表象はたんに我々の観念たるに止まり、外物それ自体を客観的に映し出したものではない。それゆえ我々の認識する世界は主観的な観念にすぎない」という観念論に反対して実在論を唱えたヘルバルトの哲学に接近していく。自然科学を学ぶ実科学校の生徒としては当然のことであろう。そのきっかけをシュタイナーはこう書いている。

「私は、この教師の授業には普通とはどこか違った点があるのを感じていた。それで、それをつきとめようとした。たとえば、彼が詩的イメージの本質について語る時、彼の意見の背後には何かが潜んでいる、という感じを私は抱いた。しばらくたって後、私はそれが何であるかをつきとめた。彼はヘルバルト哲学の信奉者だったのである。彼自身はそのことについて一言も漏らさなかった。しかし私にはわかったのである。私はヘルバルト哲学の立場で書かれた『哲学入門』と『心理学』を購入した。」

こうした類推ができた背景には、この当時のシュタイナーが哲学についてのある程度の基本的な知識を持っていたことを示している。そのヨハン・フリードリヒ・ヘルバルト（一七七六―一八四一）であるが、彼は、最初カントを熱心に研究し、イエナ大学でフィヒテに就いて学んだ。一八〇二年ゲッチンゲン大学で学位を取得。そして一八〇九年、ケーニヒスベルクからカントの居た講座に招かれ、二十有余年そこに勤続し学長や総長に選出される。一八三三年ゲッチンゲン大学に招聘され、ベルリン大学のヘーゲル派と対峙し一方の覇を唱えた。著書に『一般教育学』、『形而上学の主要点』、『論理学の主要点』、『心理学教科書』、『経験、形而上学、数学に基づける科学としての心理学』などがある。

シュヴェーグラーは「カント」の項で次のように書いている。

「現象の背後にかくれている物自体について、カントは批判の第一版では、自我と物自体とが同一の思考的な実体であることはありえないことではない、と言っている。カントが憶測としてもらしたこの思想こそ、最近の哲学のあらゆる発展の源となったものである。自我は外来の物自体によってではなく、純粋に自分自身によって触発されるという思想は、後フィヒテの体系の根本観念となっている。しかしカントはその批判の第二版では右の文章を削除している。」

ヘルバルトがイエナ大学でフィヒテに学び始めた時（一七九四年）、シラーはイエナでは講義をしていなかったが、シラーは『ホーレン』誌上に「カリアス書簡」や「美的教育についての書簡」を発表している。また、シラーの講義録は学生間で読み継がれていた。さらにヘルバルトは、当時イエナに住んでいた母を介してシラーと個人的な交際があり、シラーを訪ねたこともあった。シラーの詩「婦人の品位」に作曲さえもしている。哲学や教育思想にもシラーの影響が見られる。しかし、「ヘルバルトはこれらの先駆者にはなんら言及していない」（ハーバード・リード）。

シラーは「カリアス書簡」の第二信（二月八日）でこう書いている。

「とにかくここでは、わたしはむしろカント学徒として語りましょう。なぜならついにはわたしの理論もまた、この非難を免れるということは不可能だからです。君を私の理論へ導くために、ここに二つの道があります。

一つは甚だしく興味があり、かつ容易なもの、すなわち経験によるところのものです。他は甚だしく興味を欠くもの、すなわち理性によるところのものです。私は後者を選びましょう。というのは、それを一度踏破するならば、それに従って前者はおのずから容易になるからです。

われわれの（現象としての）自然に対する関係は、受動的であるか、能動的であるか、あるいは受動的であると同時に能動的であるのどちらかです。

もしわれわれが自然の作用を単に感受するならば、受動的です。

もしわれわれがそれを規定するならば、能動的であって、もし我々がそれを表象するならば、受動的であると同時に能動的です。

現象を表象するには二つの仕方があります。すなわちわれわれが、意図的に認識に向けられているか、――この場合われわれは現象を beobachten する――あるいはわれわれが物それ自身からそれの表象に誘われるか、この場合われわれは現象を単に betrachten するにすぎない――のどちらかです。

現象の観照においては、われわれはそれの印象を受容するのですから、受動的です。しかしわれわれは、この印象をわれわれの諸理性形式の下に服させる場合は、能動的です（この命題は論理学から要請されます）。

すなわちすべての現象は、われわれの表象において表象力の形式的制約に従わねばなりません

（なぜならまさにそのことによって、現象ははじめて現象となるからです）。現象は形式をわれわれの主観から受け取らなければなりません。あらゆる現象は多様なものであり、素材です。この多様なものの結合の仕方がその形式です。多様なものを与えるものは感性であり、結合を与えるものは（もっとも広い意味で言う）理性です。なぜなら理性とは結合の能力を指して言うからです。

したがってもしも、感性に対して多様なものが与えられると、理性はそれに対して自己の形式を与えようとする。すなわち多様なものを自らの法則に従って結合しようとします。

理性の形式とは、理性が自己の結合能力を現わす場合によるところの仕方です。この結合能力の現われ方には主なるものが二つある。したがって、理性の主なる形式もそれと同様に二つある。すなわち理性は表象と表象とを結合して認識たらしめる（理論理性）か、あるいは表象と意思とを結合して行為たらしめる（実践理性）かのどちらかです。

純粋な自己規定一般が実践理性の形式なのです。それゆえ理性的存在者が行為する場合、純粋な自己規定を示そうとすれば、純粋理性から行為しなければなりません。単なる自然的存在者が行為する場合、純粋な自己規定を示すためには、純粋自然から行為しなければなりません。なぜなら、理性的存在者の自己とは理性であり、自然的存在者の自己とは自然だからです。したがって実践理性が或る自然的存在者を観照するとき、その自然的存在者が自己によって規定されていることを発見するならば、理性はこの自然的存在者に（あたかも理論理性が同じ場合において、直観に対して理性の類似を認めるように）自由の類似を、簡単に言えば、自由を認めるのです。しかしこの自由は、単に理性から対象に貸し与えられているにすぎないから——と言うのは超感性的なもの以外の何物も自由ではありえず、自由そのものは感性の世界には決して入り込みえないから、簡単に言えば、この場合重要なことは、或る対象は自由であるように見えればよいのであって、実際に自由なのではないから――或る対象が実践理性の形式に対してもっている類似は、実際においての自由ではなく、単なる現象における自由、もしくは、現象における自律です。」

その「ヘルバルト」の項には次のように書かれている。

「ヘルバルトは、カント哲学の独自の、いろいろな点で注目すべき発展を試みている。

ヘルバルトの哲学がほかの大部分の体系とちがっている点は、それが理念を原理としないで、カントのように、主観的経験を批判的に吟味し修整することを課題としている点である。それは同じく批判主義ではあるが、カントの結論とはまったく異なった独自の結論をもったものである。したがって、その原則から言って、哲学史上孤立した地位を占めており、以前の諸体系のほとんどすべてを真の哲学の諸契機とは見ないで、誤った試みと見ている。とくにそれはカント以降のドイツ哲学、中でもシェリングの自然哲学と敵対関係に立ち、そのうちにただ幻想と夢想としか見ることができなかった。むしろ対極をなしているヘーゲル派とは触れるところがある。」

この「カントの結論とはまったく異なった（ヘルバルトの）独自の結論」とは、そのフィヒテやシェリング、ヘーゲルといったカントの後継者たちが観念論と言われるのに対して、ヘルバルトは、唯物論でもない、認識の第三の道、〈実在論〉を主張したことにある。

シュヴェーグラーは、ヘルバルトをパルメニデスに擬しているが、そのパルメニデスの有名な詩片について出隆は次のように書いている。

「この問題の断片五に就いては、我々はバーネットと共に、依然としてツェルラーの解釈を正当と信じざるを得ない。すなわち彼は、あの句を〝Denken und Sein ist dasselbe〟（思考とその対象とは同一である）と読んではいけないと注意し、却って〝denn dasselbe kann gedacht werden und sein〟（何故なら同じものが思考されまた存在し得るから）と訳すべきであると言い、そして更にこの直訳の意味は〝nur das, was sein kann, lasst sich denken〟（ただ有り得るもののみが思考される）というにあると付言している。すなわち要するに、この句は「有るもの」（断片四の命題を以てすれば、それは有る、そしてそれが有らぬということは決してないと言われたところの有るもの）のみがまさしく思考されるとし、真の思考は必然的に「有るもの」をのみ思考すると主張したものである。

彼の詩の断片六以下は、殊に断片八に見える彼の「有るもの」に就いての説明の仕方は、却って益々実在論的な解釈を強要しているし、また彼の思想的位置から見ても人並みに実在論的な思想家であったとするのが穏当と思える。

すでに極めて抽象的・概念的に物を考えることを知っていたプラトンにおいてさえ、対象のない思考自体とか自らにその対象（存在）を生産する純粋思考の活動とかは考えられないので、思考といえば常に何ものかに就いての思考（対象的思考）であった。さればこそプラトンの超感覚的思考にもそれに対して独立に或る実在（所謂イデア）がなくてはならなかったのである。

そのようにパルメニデスにおいても、思考といい思想というのは常に何ものかに就いての思考であり思想であったと信じられる。」

ヘルバルトは、空間の直観性や非概念性を主張するカントを批判した。このヘルバルトのカント批判は哲学史認識論史における金字塔といってもよい。

さてそのヘルバルト哲学であるが、シュヴェーグラー（岩波文庫『西洋哲学史』）は、「カント哲学を継ぎかつ補った人々のうちで、本当に進歩をもたらすことによって哲学上画期的な、卓越した地位を占めているのは、フィヒテとヘルバルトの二人だけである」と言っている。「ヘルバルト哲学の意義は主として形而上学と心理学にある」というシュヴェーグラーは、その内容を、『哲学入門』によって、次のように簡潔にまとめている（少し長いが、シュタイナーの哲学的思索の発展を考える上でもっとも重要な箇所なので、詳細に引用する）。

「ヘルバルトによれば、哲学の基礎および出発点は、事物にかんする普通の見方、経験的知識である。哲学の体系というものは、或る思想家が自分に提出された一定の諸問題をそれによって解こうと努める一つの試みにすぎない。哲学で提出さるべきすべての問題は、ひたすら与えられたものと関係をもたなければならず、与えられたもの自身によって提出されているはずである。なぜなら人間にとっては、確実性の本来のあり場所は、経験以外にないからである。哲学的思考はすべてここからはじめられねばならない。思考は経験的な諸概念に身をまかせなければならない。思考がこれらを導くのではなくて、これらが思考を導かなければならない。したがって経験があくまで哲学の対象であり根底であって、与えられていないものは思考の対象となることはできず、経験の限界を越える知識を確立することは不可能である。

経験的材料が哲学の基礎ではあるが、それはそのままではまだ哲学の外にある。そこで哲学の最初の行為すなわち始まりは何か、という問題がおこる。思考はまず、研究の困難をはっきり意識するために、経験から身をもぎはなさねばならない。したがって、そのうちで思考が与えられたものを越えるところの哲学のはじまりは、疑いをもって熟慮すること、懐疑である。懐疑には高い懐疑と低い懐疑とがある。低い懐疑は、事物がわれわれに現れるとおりの性質をもっていることを疑うにすぎないが、高い懐疑は、現象形態からさらに進んで、一般に或るものが存在するかどうかを問題とする。例えばそれは、時間内の継起を疑い、自然物の目的にかなった諸形式を見ては、合目的性が知覚されたものであるか、それとも思考によって付け加えられたものであるか、等々のことを問題とする。このようにして次第に、形而上学の内容そのものをなしている諸問題が明らかになってくるのである。したがって懐疑の結果は消極的なものではなくて積極的なものである。疑うとは、哲学の素材である経験的諸概念を思考することにほかならない。そうした思考によって懐疑は、経験的諸概念が与えられたものと関係はもっていても、思考することのできる、論理的不合理を免れた内容をもってはいない、ということを認識するようになる。

形而上学とは、ヘルバルトによれば、経験の把捉性《はそくせい》（Begreiflichkeit、著者注「経験のレベルを越えて理解（概念化）すること」）にかんする学である。われわれがこれまでに獲得した認識は二重である。一方においてわれわれは、哲学の唯一の基礎が経験であるという考えをあくまで変えないが、他方において、この信頼は疑いによってゆるがされた。そこでこの疑いはまず、形而上学の諸問題の特定の知識に変えられねばならない。われわれには経験によって、思考されえないさまざまな概念が押しつけられている。普通の悟性がそれを思考しているのはたしかであるが、このような思考はぼんやりした混乱した思考であって、相反する諸特徴を区別し比較することはしないものである。これに反して鋭敏な思考、論理的な分析は、経験的諸概念（例えば空間、時間、成、運動、等々）のうちにいろいろな矛盾、すなわち相反して否定しあう諸特徴を見出す。ではどうしたらよいか。これらの概念は与えられたものであり、そしてわれわれは与えられたものから離れることはできないのであるから、われわれはこれらの概念を棄て去るわけにはいかない。といってまた、それらは思考できないもの、論理的に扱うことのできないものであるから、そのままもっているわけにもいかない。残された唯一の逃れ道は、これらを修整することである。経験的概念の修整（Umarbeitung der Erfahrungsbegriffe）、それらから矛盾を除去すること、これが思弁（Spekulation）に特有な行為である。懐疑はいっそう規定された諸問題、それによって矛盾の理由が示され、したがって形而上学によってその解決がはかられなければならぬ諸問題を明るみへもち出した。そのもっとも重要なものは、内属、変化、および自我の問題である。

　ヘルバルトとヘーゲルとの関係は、この点においてとくに明瞭である。思考規定や経験的概念が矛盾した本性をもっているという点では、二人は一致している。しかしここから二人の道はわかれる。内的に矛盾しているということは、これらの概念だけでなくあらゆる事物の本性である。例えば成は本質的に存在と非存在との統一である、とヘーゲルは言う。ヘルバルトはこれに反して、矛盾の原理が妥当性をもつかぎり、そんなことは不可能である、もし経験的諸概念が内的な矛盾を含んでいるとすれば、それは客観的世界の罪ではなく、表象する主観の罪であり、主観はその誤った理解を概念の修整と矛盾の除去とによって矯正しなければならない、と言うのである。したがってヘルバルトは、ヘーゲル哲学を経験論として非難している。なぜならかれによれば、ヘーゲル哲学は矛盾した経験的諸概念をそのまま経験から取りあげており、それらの矛盾した本性を見抜いているにもかかわらず、それらが経験的に与えられているという理由で、それらを是認されたものと見なし、それらのために論理学を作りなおしさえしているからである。ヘーゲルとヘルバルトとの関係は、ヘラクレイトスとパルメニデスとの関係に似ている。」

「以上の考えから出発してヘルバルトがその「実在」（das Reale）に到達する仕方は次のごとくである。

あらゆる経験的概念のうちに矛盾を発見するということは——とかれは言っている——絶対的な懐疑論、真理に対する絶望へ導くおそれがないこともない。しかしここですぐに気づくことは、もしあらゆる「実在」の存在が否定されたら、仮象も感覚も表象も思考も廃棄されてしまうだろうということである。したがってわれわれは仮象があるだけ存在への指示があると想定することができる。もちろんわれわれは、与えられたものを真に存在するもの、絶対的に存在するものと考えることはできない。それは独立にあるものでなく、他のものに即してか、他のものの中にか、あるいは他のものによってあるものにすぎない。真に存在するものは、あらゆる相対性、あらゆる依存性を排除する絶対的な存在であり、われわれがはじめて定立しなければならないのではなくて、ただ認めさえすればよいところの絶対的定立（absolute Position）である。このような存在が或るものに帰せられるかぎり、そのものは実在性をもつのである。したがって真に存在するものは常に、存在するものと考えられる或る質（eine Qualität）、或るものである。そこでこの定立されたものが、絶対的な定立という概念にふくまれている諸条件にかなうためには、「実在」の本質は次のようなものと考えられねばならない。

a、それは絶対に積極的なもの、あるいは肯定的なものである。言いかえれば、絶対性をふたたび廃棄するような否定あるいは制限をもっていない。

b、それは絶対に単純なものである。すなわち多数性や内的な対立をもっていない。

c、それは量の概念によって規定することのできないものである。言いかえれば、それは定量、可分的なもの、時間と空間とのうちに拡がりをもったものではなく、したがって連続量、連続体ではない。

しかしあくまでも忘れてならないことは、このような存在すなわち絶対的な実在は、たんに考えられたものではなく、独立な、自分自身に基づいたもの、したがって思考によってただ承認さるべきものである、ということである。

　このような存在の概念が、ヘルバルトの全形而上学の根底にあるのである。」

「形而上学と直接の関連をもっているのは、自然科学と心理学である。わたしはここに心理学だけを述べたいと思う。自我はまず第一に一つの形而上学的問題であり、その点から言えば諸表象をもった物というカテゴリーに属する。それは多くの性質、変化する状態、力、能力、活動などをもつ一つの実在であり、したがって矛盾を含んでいる。しかし自我は次に心理学的な問題であって、ここでは主観と客観との同一性のうちにある矛盾が考察される。主観は自分自身を定立するから自己にとって客観である。しかしこの定立された客観は、定立する主観にほかならない。したがって自我は、フィヒテが言っているように、主観＝客観であり、そのようなものとして甚だしい矛盾にみちている。なぜなら主観と客観とは、けっして矛盾なしにこれを同一と称することはできないからである。しかし何といっても自我を与えられている以上、われわれはそれを拒むことはできないのであって、われわれはその矛盾を取り去らなければならない。このことは、自我を表象するものと考え、さまざまの感覚、思想等々を変化する仮象という一つの共通な概念のもとに一括することによって行われる。したがってこの問題の解決は、内属の問題の解決と似ている。内属の問題において物が表象の数だけの「実在」の複合と考えられたように、このばあい自我も同じように見られるのである。したがってわれわれが自我と呼びならわしているものは魂（Seele）にほかならない。それゆえ唯一なもの、絶対的に存在するものとしての自我は、単純、永遠、不滅、不朽であり、そしてこれらの規定のうちには永久の存続が含まれている。このような立場からヘルバルトは、魂に或る種の力や能力を帰している普通の心理学を反駁している。ヘルバルトによれば、魂のうちに起ることは自己保存以外のなにものでもなく、この自己保存は他の諸実在と対立することによってのみ多様な姿をとり変化することができるのである。したがって、変化する諸状態の原因は他の諸「実在」であり、これらが魂という単一体とかわるがわる衝突することによって感覚、表象、感情の外観上無限の多様を生み出すのである。

このような自己保存説がヘルバルトの心理学全体の根底にあるのである。それによれば、普通の心理学が感情、思考、意欲と呼んでいるものは魂の自己保存における種差にすぎない。それらは内的な「実在」の本来の状態ではなくて、諸「実在」間の関係、同時にいくつかの方面から生じて互いの間で廃棄しあったり促進しあったり変形しあったりする諸関係にすぎない。魂のその他の存在にたいするこのような諸関係の総和が意識である。しかしさまざまな対象へのさまざまな関係、したがってそれに対応するさまざまな表象は、すべてが同じ強度をもっているのではなく、或るものが他を押しのけたり、強めたり、ぼんやりさせたりするのであって、静力学の理論によって計算することのできる平衡関係をなしている。しかし抑圧された諸表象はまったく消失するのではなく、いわば意識の入口にあってふたたび現れる機会を待ちうけており、類縁した諸表象と結合して、合一された力をもって進みでるのである。このような（ヘルバルトによって見事に描かれている）諸表象の運動は、力学の法則によって計算することのできるものであるが、これがヘルバルトの有名な経験的心理学への数学の適用である。」

この時代のシュタイナーは、「機械的な現象だけで、自然の全貌を説明し、さらに、この地上に存在するいっさい有機的・知的・社会的生活を説明することができるのである。今日、われわれが人間の習俗・慣習・信仰・制度についての歴史を書くにあたっても、もはやヘーゲルの形而上学的定式に訴えることも必要でなく、カントの〈先験的概念〉にも、〈物自体〉にも、上からの霊感（啓示）にも依拠する必要はないのである」とクロポトキンも言っているように、機械論的世界観に完全に浸かっていた。

この機械論とは、最初はフランスの化学者ラボアジェやドイツの化学者リービヒによって主張され、さらにドイツの物理学者マイヤーによって発見されたエネルギー保存の法則で最終的に確立された世界観で、一切の物質的な変化、すなわち一切の自然現象は、何か神秘的不可思議な活動によって動かされているのではなく、純粋に機械的かつ自然の法則によって変化し、この物質的変化は、ただ形の変化のみであって、熱が運動に変じようとも、エネルギーの分量に生滅があるわけではなく、原因と結果との関係は、等量のエネルギーの変化に外ならないというものである。

心理的自由

最終学年（七年次）のことである。作文の授業での出来ごとをシュタイナーは、次のように記している。

「かくて、この教師と私の間で、作文を通しての一種のかくれんぼが始まった。私はヘルバルト哲学の影響をうけた彼の見解を理解し始めた。他方、彼は、ヘルバルト哲学に由来するさまざまな観念を私の作文中に発見するようになった。ただし、私も彼も、自分たちがヘルバルト哲学に依拠しているとは一言も言わなかった。かくて、私と彼の間に一種の暗黙の了解が成立した。」

「しかしある時、こういう状況に照らしてみればいささか慎重を欠くやり方で、私は私の作文を結んだ。私はそこで、人間の性格特徴について述べていたのだが、その最後を、「こうした人間は心理的自由を有している」と結んだのである。教師は私たちの作文を訂正して返却し、その際に論評を加えた。私の作文の番になると、彼は口元を皮肉に歪めて、「君はここで心理的自由について述べていますが、そんなものは全然存在しませんよ」と言った。それに対して私は、「教授、それは間違いだと思います。〈心理的自由〉は確かに存在します。通常な意識における〈先験的自由〉が存在しないだけです」と応酬した。」

この教授の名はヨーゼフ・マイアーといい、ドイツ文学を担当し、一八七八年に「論理と心理学の立脚点に関する図解学（Bilderlehre）」という題の哲学の論文を発表していた。この教授は、多くの哲学論文を借り出していたシュタイナーに対して、返却を求め、こう言ったという。「君は占有するために家に持ち帰っているが、私は君に、それらを読まないように忠告する。なぜなら君は今でもそれらを絶対に理解していないからだ！」と。

またこの作文とは、マイアーの論文についての長い論評だが、マイアーはそれを、まったく無理解で、「ただ食い散らかしているだけだ」と酷評した。この自由をめぐる教師との応酬は、当時のシュタイナーの認識論的関心とその水準を知る上できわめて重要なものである。

教師は、ヘルバルトの言葉、「実在論的見解は少しも観念論的見解を混入してはならない。宿命論や先験的自由のそよ風も教育者の領域に吹き込ませてはならない」を、ただ表面的に「自由はない」と理解した。

これに対してシュタイナーの自由論は、ヘルバルトと同じように、「カントは私には、決して越えることのできない山ではない」（ケルナー宛て一七九一年三月五日付）とカントの実践理性における先験的自由の超克をめざしたシラーの『人間の美的教育について』の次の言葉に依っているからである。シラーはこの書簡集の第十九信の注でこう言っている。

「私が自由と言っているのは、英知として考えられる人間に必然的に属していて、彼に与えることも奪うこともできないような自由ではなく、人間の混合的な本性（素材衝動＝感性的衝動と形式的衝動＝理性的衝動）に基づいている第二の自由、すなわち人間が一般的にただ理性的に行動することによって、人間は第一の自由を証明し、素材の制限のもとで理性的に行動し、理性的法則のもとで素材的に行動することによって、人間は第二の自由を証明します。この第二の自由はまさに、第一の自由の自然な可能性ということによって証明できる。」

シラーにとって、第二の「感性と理性の調和としての自由」、すなわち「現象化する自由」こそ、人間にとって真の自由であり、カントの言う第一の自由（「現象化しない自由」）は、理性の感性に対する強制であり、暴力なのである。シラーは第十七信でこう言っている。

「人間の二つの根本衝動（感覚と概念）のいずれかがもっぱら支配するときは、それは人間にとっては強制または暴力の状態であります。そして自由とは、その二つの本性の協力作用のなかにのみあるのです。感情によって一面的に支配されたり、または感性的に緊張した人間は、それ故に形式によって解放されて、自由のなかに置かれます。」

シュタイナーはこれを「心理的自由」と理解したのである。

またリュプセンが独習用に書いた教科書を手に入れ、分析幾何学、三角法、微積分をマスターした。このことにより校長の本をよりよく理解することができた。

そして物理の授業に加えて化学の授業が始まると、シュタイナーの前に、以前からの謎に加えてさらに新しい幾つかの認識の謎が生まれてきた。化学の教師は一風変わっていて、生徒たちは教授ではなく「博士」という称号で呼んでいた。

そのころシュタイナーは古本屋でロティックの『世界史』を見つけ、歴史について大いに関心をそそられる。この本をとおしてヨハネス・フォン・ミュラーやタキトウス（『ゲルマニア』）を知る。これらに比べると歴史の授業は味気ないものだった。地理の授業では、教師の書いた「氷河期とその原因」という論文を読み、氷河期の問題に強い関心を抱く。

またシュタイナーは優秀生だったので同学年や年下の生徒に対して補習授業を行なっていた。これによって、それまでの知識が活性化され、心理学に実践的に関与することとなった。このことから人間の精神発達上のさまざまな障害に気づくようになった。

そして最終学年おいて初めて、シュタイナーを惹きつける歴史の教師が現われる。彼は、オーストリア自由主義運動の進歩的理念に傾倒しており、彼の授業は、人生に対する彼の情熱に裏打ちされて迫力に満ちていた。シュタイナーはロティックの本から得た知識を脳裏に浮かべつつ、この授業を聴き、両者はうまい具合に補い合い、有意義に近代史を学ぶことができた。

当時、シュタイナーの家においてはロシア・トルコ戦争（一八七七－八年）が論議の的となっており、父親は交代の駅員とこの問題についてよく議論をしていた。父親はロシアを、駅員はハンガリーを支持し、対立していた。

シュタイナーも父親のハンガリー嫌いの影響を強く受けていた。最初の同級生がシュタイナーと一緒に汽車でザウアーブルーンに行った時の話をしている。駅に着いたので二人が降車すると、そこはまったくハンガリーだったのでドイツ語での駅名表示はなかった。改札係が二人に切符を渡すように言うと、シュタイナーだけが激しく抵抗し、切符を手離そうとしなかった。それを見ていたマジャール人の駅長が激怒してやって来て、今にもシュタイナーに殴りかからんばかりだった。それに対してシュタイナーは、「フン族！」と悪たれをつきながらも、機転を働かせてこの駅長を適当にあしらい、何とか暴力ざたにならずにすました、という。

　こうしてシュタイナーのノイデルフル、ウィーナー・ノイシュタット時代は終わりを告げる。

第3章　ウィーンの青春——政治と哲学

ウィーン

一八七九年夏、十八歳になったシュタイナーはウィーンの工科大学に入学が決まる。一八一五年に創立されたこの大学は、プラハ、グラーツに次ぐ、ドイツ圏三番目の工科大学で、ドイツの科学と工業がめざましい興隆を見せていたこの時代、シュタイナーはウィーンで学生生活を送ることになる。ウィーンの大学はハンガリーやアルプス地方からの学生が多かった。

シュタイナー家はウィーン郊外のインツエルドルフに移る。父の勤める駅はこの村から離れた辺鄙な所にあり、周囲の自然も見栄えしなかったが、自宅から通学でき、しかも奨学金ももらえ、家庭教師もできるというのは、貧しい地方学生が多いなか、恵まれていた。

三十年前のウィーン革命の時代、ウィーン大学では、約二七〇〇人の聴講生のうち奨学金をもらえたのはたった十人に一人でしかなかった。学生の多くは、温かい食事を一日に一度もとれず、パンと水だけという有り様で、暗く湿った火の気のない地下室に住める学生はまだましな方で、なかには冬は町外れの納屋や干し草のなかにもぐりこみ、夏は星の下で寝る学生もいた。

この年の三月十四日、アインシュタインが南ドイツのウルムに生まれる。この二年前の一八七七年、ドイツ物理学会の君主的存在で、ベルリン大学総長に就任したヘルムホルツは、その記念講演で次のように述べた。

「大抵の外国人にとって、ドイツ大学生の無監督な自由は、初めは、若干のすぐに認められるこの自由の弊害だけがひどく目につくので、驚異の的となっている。彼らは、どうして青年が、大して損ねられることもなく、そのように放任せられ得るのか、理解できないのである。ドイツ人にとっては、その大学時代については、あたかも人生の黄金時代のように、いつまでも追想される。わが国の文学や詩の中には、こうした気持の息吹が溢れている。それに反して、他のヨーロッパ諸国の文学には、それに類したものは暗示さえもされていないのが見出される。ドイツの学生にだけ、その時代に対する、このような十分な喜びが恵まれている。その時代において彼は、初めて若々しい自己の責任感を享け、何よりもほかの利害のための仕事からまだ解放されて、人類が今までに知識、理解の点で獲得し得たもののうち、最も優れた高貴なものを追求するという使命のために、専念する生活が許されている。その生活において彼は、多数の同じ努力を傾けている仲間とともに互いに切磋琢磨し、また独創的頭脳者の思想の働き方を習得させる教授者たちと、日々精神的な交わりをも続けるのである。」

「私が自分の大学時代を追想し、生理学者ヨハンネス・ミュラーのような人が、われわれに与えた感化を思うとき、私はこの最後に挙げた点を、非常に高く評価せざるを得ない。一度、一人または若干の第一流の人物と接触すると、その人の精神的尺度は、生涯変わってくるものである。同時にそうした接触は、人生の提供し得る最も重要なものである。」

このころのウィーンの様子を久米邦武はこう描写している。

「ウィーンはドナウ川の西岸にあり、人口は八三万四、二八四人である。その繁華なことはベルリンに匹敵し、壮麗さではパリに次ぐ。市域は平地で市内の起伏は少ない。気候は温暖で草木はよく茂っている。

この都市はパリと繁栄を競ってきた一、〇〇〇年の古都で、起源はたいへん古い。ローマ帝国が衰えるとピピンがフランク王国を起こし、フォンテーヌブローの城を築き、そしてシャルルマーニュがドイツを征服しウィーンを占領してその都としたが、その子孫の代から内訌が相次ぎ、一〇世紀からはオーストリアの都となった。これがウィーン市の起源である。

内郭（皇帝や貴族の住居地域）を囲んでいた五角形の城壁は、内郭・外郭をはっきりと隔てていて市民生活にとって不便なので、パリのブールヴァール・デ・イタリアンなどの例にならって、一八五七年皇帝の命令で取り崩し、そのあとを平地にしてしまった。さらに城壁の周囲にあった空堀も埋めてしまい、幅五七メートルの環状道路にした。リングシュトラーセと言って、いまなお修築中である。

この大通りには両側の歩道、馬車道、重車両用、それに真ん中の軽車両の合わせて五本の道が取ってある。それぞれの間には並木が植えてある。ベルリンのウンターデンリンデンと同様である。馬車鉄道の線路が敷いてあるのはアメリカの大都市と同じである。このリングシュトラーセが市内第一の大通りで、両側の建物はみな壮麗であり、雄大な町並みを見せている。

しかし、石の舗装はまだ未完成で、乾くと埃が舞い上がり、雨の後では泥濘となる。夜はガス灯が灯されて華やかに明るい。電柱は鉄で美しく作られている。リングシュトラーセの内部の地域は、繁華街で、街路は全部花崗岩で舗装されている。

オーストリアは軍事については得意と言えないが、その文化について言えば、ヨーロッパのなかでも実に盛んな国である。政治・法律・科学・機械技術などの学術にすぐれ、医学などに至っては比類ないほどである。」

六五年に完成したリングは全長六・五キロメートルにおよび、六九年には国立オペラ劇場が、七九年にはフォティーフ教会が完成した。また周辺の再開発用地には、一階が重厚な仕上げがほどこされた店舗、二階から上は住居というアパートメント・ハウスが続々と建設されていた。二階は貴族の館と呼ばれた豪華な装飾がほどこされた広々とした居住空間で、上の階に行くにしたがって一戸当たりの面積は小さくなり、装飾も簡素になっていた。ここの居住者は商業関係者や弁護士、商人、高級官僚、会社役員、医師、官吏、会社員などだった。

一八八三年には帝国議会とウィーン市庁舎が、八五年にはウィーン大学が、八八年にはブルク劇場が、九一年には美術史博物館が造られる。これらの建物の多くは、ギリシア神殿風の古典様式や中世寺院を思わせるゴチック様式、あるいはイタリア風のルネッサンス様式を模したもので、くすんだバロックの街を、燦然と輝く近代都市へと甦らせた。

保守反動の時代

そして、この一八七九年という年は、十月にドイツとオーストリアの同盟が縁結され、両国にとって節目の年となった。

同じ十月ドイツでは、前年の五月と六月に起きたヴィルヘルムⅠ世狙撃事件を理由に、社会主義者の伸長に危機感を持っていた宰相ビスマルクが、社会主義者鎮圧法を議会通過させ、ドイツ社会主義労働者党（のちの社会民主党）を非合法化した。社労党は一八七五年のゴータでの合同を契機に、七七年の選挙でそれまでの六倍、九パーセントを越える得票を受け、党員も十倍に増えていった。だが老練なビスマルクは、ムチとともに、アメ（社会保障政策）を実施することによって、労働者階級の不満を押さえた。

オーストリアでも、恐慌以来、自由党は民族主義者や新保守派にその地盤を奪われ、十年間続いたその内閣が崩壊する。その後を受けてボヘミア出身のターフェが首相に就任する。彼はスラブ民族に好意的な政策を行い、特に言語令を発布して、チェコ語にドイツ語と同等の権利を与えた。これによってチェコ人とドイツ人の民族的抗争が一層深まった。

そしてカトリック保守派のターフェ内閣は労働運動を厳しく弾圧し、それへの反発から過激なアナーキズムが台頭する。ターフェもまた、ビスマルクに倣って、一方で労働者保護法を制定し、他方ではアナーキスト取締法や陪審例外規定などで弾圧を加えた。この結果、保革の対立が激化し、教養ある自由主義的な市民層は後退していった。

ドイツ民族主義

こうしたなかでシュタイナーは学生生活を始めることになるが、工科大学の専攻科目は、昼間は学費を稼ぐために実科学校の生徒に補習授業を行うため、欠席しても後から講義内容を補うことができる数学、自然史、科学の聴講届けを提出した。そして、この大学生活でシュタイナーもまた、ヘルムホルツが言うような、「第一流の人物と接触」し、「人生の提供し得る最も重要な」影響を受けるのである。

一人目は工科大学でドイツ文学の講義を行なっていたゲーテ学者、カール・ユリウス・シュレーアー(一八二五－一九〇〇)である。前年の一月、シュレーアーの「ゲーテとマリアンネ・ヴィレマー」と題された講演のあと、ウィーン・ゲーテ協会の創立が宣言されている。ドイツ圏最初のゲーテ協会の誕生だった。会長には文部大臣が就任したが、シュレーアーは副会長として、この会の実質的運営にあたった。

シュタイナーはシュレーアーについて、「彼自身の運命は、オーストリア・ハンガリー帝国におけるドイツ人の運命と密接に関係していた。彼は若いころからすでに、ドイツ民族に対する圧迫を感じていた。彼の父の詩にみられる志操は、ハンガリーにおいて優勢な政治的潮流とは相容れないものであった。それゆえ、こうした詩は、時には匿名のままハンガリー外のドイツ語圏で出版されねばならなかった。ドイツ民族に対するシュレーアーの傾倒と愛情は、とどまる所を知らなかった。彼は、オーストリア各地のドイツ語方言を調査するために、各地を旅行して回った。シュレーアーは、それらの地域のドイツ人の特徴を知ろうとした。ツィプサー方言、ゴッチェー方言、ヘランツェ語といった各言語の辞典と文法書がシュレーアーの手によって作成された。シュレーアーにとって、こうした研究は、単なる学問的課題にとどまるものではなかった。彼は全霊をあげて民族精神の啓示に耳を傾け、そして、言葉と著作を通して、民族の特性を、時の流れの中でそうしたものを喪ってしまった人々の意識の裡に、再び甦らせようとした」と書いている。

シュタイナーにとってこのことは、自身の体験、すなわち出自やノイデルフルでの息苦しさと重なって共鳴したことだろう。シュレーアーはゲーテについてもこう言っている。

「ゲーテのうちに人間性の一つの頂点を認めるとき、少なからず驚かされるのは、彼の本質のなかに、インド・ゲルマン民族を他のタイプの人間から際立たせるかの諸特徴がとくに明瞭に現れていることである。すなわち、アーリア人の創造的精神はその言語の概念語のなかで、機械的に接合されているのではなく内奥の生命力を賦与されている生産的な自然の事物を追創造する。それは、その基幹語に性を賦与し、そうすることにより、記号としながらそれらに生気を与える。それは、その種々の神話のなかで、自然全体を神化し、神々をふたたび人間化する。これらすべては、ゲーテの精神がそこから成長してきた精神に全くふさわしい。それらが向けられているのは、生命、生命あるものである。」

シュタイナーはシュレーアーの講義とその人格から多大な感銘を受けることになる。

次の人物はウィーン大学哲学科教授のロベルト・ツィンマーマン（一八二四－九八）で、この当時のウィーン大学には、他大学生でも、聴講生としてはもちろん、実習にも参加できる制度があった。

ツィンマーマンは、オーストリアのヘルバルト学派ではもっとも才能豊かな人物で、倫理学や美学に広い影響力を及ぼしていた。ツィンマーマンの父親はプラハのカトリック系ギムナジウムの教師で、ツィンマーマン親子は、一八四〇年代中ごろに、ドイツ民族主義運動に加わる。チェコの民族文化主義の高まるなか、それに反発してロベルトが書いた詩は、プラハ中に広まった。

それは次のようなものだった。

「チェコ人につくか、ドイツ人につくか
　どちらかはっきり決めろという

一緒に仲良くやれるのに
どちらもまったくその気がない
よし　それなら俺さまは
わが同胞のドイツの味方」

ツィンマーマンはその後、一八四四年から四八年にかけてウィーンで大学生活を送る。天文学が専攻で、四六年には学位を取得するが、その後の関心は哲学へ移り、ライプニッツやヘルバルトを研究した。ウィーン革命のさいには、「三月に倒れた者たちへ」という燃えるような詩を書いた。その後、オルミュツ大学、プラハ大学で教授を務め、六一年からウィーン大学に招かれる。

ツィンマーマンは、改正された憲法の下、教育や学問の自由を熱心に唱導し、その促進に努める。一八七四年に、フランツ・ブレンターノをウィーン大学に招聘したのもツィンマーマンである。一八八六年にはウィーン大学学長になっている。

またツィンマーマンは、一八七〇年からその死の八九年までの間、ロンドンの文芸評論誌『アシニーアム』にドイツ語出版物についての年間報告書を書き続けた。この報告書は、文学や哲学の新しい情報を詳しく分かりやすく伝えたが、他の研究者とは違って、「ドイツ」の範囲には、オーストリア・ハンガリー帝国も含めていた。

過激派

こうした師たちの強い影響もあって、シュタイナーは、ウィーン大学に本拠を置く〈大学ドイツ語閲覧室〉という学生組合の工科大学支部に加入する。

一八七〇年に設立されたこの団体は、元々ユダヤ系の学生たちによって作られた非政治的なものだったが、年を経るにしたがって、ユダヤ系が排除され、シュタイナーが入った年には、激しい闘争の後、ドイツ民族主義派が主導権を握った。彼らドイツ民族主義派は、反カトリック（反オーストリア）反ユダヤを唱え、ハプスブルク王朝を解体し、オーストリアをドイツ帝国に合併することを主張する、ゲオルク・フォン・シェーネラーの主張に賛同していた。

シュタイナーは、新入生でありながら、この大学閲覧室の図書委員に選ばれた。よほど目立っていたのだろう。翌年には議長に選出される。シュタイナーはこの時の情勢をこう回顧している。

「議長はやっかいな職務であった。なぜなら、そのために私はさまざまな相異なる党派的立場に直面することになり、しかも、どの立場にも相対的な正しさを認めざるをえなかったからである。さまざまな党派の会員たちが私の所に押しかけてきて、その誰もが、自分の党だけが正しい、ということを私に説得しようとした。」

それでもシュタイナーは、級友たちと当時の政治的・文化的諸問題について徹底的に議論した。

またウィーン大学には、同じ年に、アルトゥール・シュニッツラー（一八六二－一九三一）とテオドール・ヘルツル（一八六〇－一九〇四）が入学している。グスタフ・マーラーも聴講生として在籍していた。シュニッツラーとヘルツルは共にユダヤ人だが、ヘルツルは大学ドイツ語閲覧室に、シュニッツラーはそれに対抗するオーストリア・ドイツ読書室に加盟した。ヘルツルの演説家としての才は、シュニッツラーを驚かせた。シュニッツラーは、「私は〈あなたにお目にかかった最初の時〉をいまでも覚えています。あなたは演説をなさっていましたが、シャープでした、とてもシャープでした！……あなたは皮肉っぽく微笑していました。もし私があのように喋り、微笑することができさえしたら、と自分で思いました」と書いている。ヘルツルは、翌年、民族主義的な、決闘を認める学生組合アルビアに加盟する。ヘルツルは、派のシンボルの青いアルプキャップを被って、F・V・C（Floriat Vivat Crescat 栄えよ、生きよ、成長せよ）と刻まれた象牙の握りのついたステッキを持って、同志の学生たちと構内を示威行進していた。

これに対して、シュニッツラーの加盟したオーストリア・ドイツ読書室は、七七年に、親王朝的な学生たちによって設立された。この派は、少数派だったが、黒＝黄をシンボルカラーとして、大学ドイツ語閲覧室と激しく対立していた。両派は、時事問題がテーマの集会や会合のたびに口角泡を飛ばして互いの立場をぶつけ合い、互いにカフェ・シュタインドルやセントラルをたまり場に仲間を募っていた。

自由愛好者だったヘルツルは、ユダヤ人でありながら、外部の不寛容と同族支配とが、「肉体的にも精神的にも（ユダヤ人）を歪《いびつ》にしてきた。……彼らは人種の改良を阻止された。……西洋人種といわゆる東洋人種（ユダヤ人種）との一個の共通な国家宗教に基づく異種交配、これが非常に望ましい解決案である」と主張していた。

しかしこの「ユダヤ人問題」が歴史の導火線になった。

このころになると、子弟を積極的に大学に入らせ、企業経営者や大学教授、医師、法律家、高級官吏などへ大量進出していたユダヤ人ブルジョワ階級に対する反感が高まり、ウィーン市議会議員カール・ルエガーのような、声高に「ユダヤ資本反対」のスローガンを下層の中産階級に訴えるものも現われ、「反ユダヤ主義」という言葉がはっきりと人々の口端に上るようになった。ルエーガーは、のちに民族主義政党・キリスト教社会党を組織し、一八九五年にはウィーン市長になっている。

このルエガーついて、シュタイナーと同じ年にウィーン大学医学部に進み、大学ドイツ語閲覧室の会員でもありルエガーとも親しかった、印象主義と象徴主義の作家シュニッツラーは、その扇動政治家の内面をみごとに暴き出して、こう書いている。

「ルエガーが反ユダヤ主義者として最も過激だった時期においてさえも、個人的に多くのユダヤ人にたいしてある種の特別な好意を持ち続け、これを全然隠さなかったことをもって彼の長所に数える人びとがいたし、今でもいる。私にはまさしくこの点が常にルエガーの道徳的ないかがわしさの最も強い証拠と思われた。それとも、一方における政治的な党派としての立場の求めるところと、他方における私的な人間としての確信、経験、共感、との間の厳密な区別は、本当にそう呼ばれるほどに厳密なものなのだろうか。私はまったく正反対に、他ならぬ心理的潔癖感の持ち主にとってこそそのような区別を実行したり、ましてやそれを喜んだりすることは本質的にできないことなのだと、信じる。」

こうした激高した情勢のなか、相対主義的な立場をとっていたシュタイナーは議長を解任されてしまう。「半年たつと、彼らは今度は全員が私に反対する投票をした。」シュタイナーにとって、ドイツ民族主義において問題であったのは〈理想主義的なドイツ〉であって、感覚的経験的な実体としての〈ドイツ人〉ではなかった。だから、ワーグナーが扇動する反ユダヤ主義をめぐって齟齬が生じたのである。

大学ドイツ語閲覧室は、その後、その主張と行動をますます過激化させたため、その年（一八八一年）、「その規約上の活動領域を逸脱したため」として、当局によって解散させられてしまう。

一八八三年、ワーグナー死去。大学ドイツ語閲覧室での仲間の一人ヘルマン・バールは反ユダヤ的な学生儀式の音頭取りをするが、警察の介入をまねく。大学ドイツ語閲覧室はバールを支持するが、ヘルツルはユダヤ人だという個人的理由と政治的理由から大学ドイツ語閲覧室を退会する。誰も止めるものはいなかった。このときの屈辱をヘルツルは日記にこう記している。「この〈前途有望な若者〉がその〈自信たっぷりな〉表面の背後に、どれだけの惨めさ、苦痛、絶望をひそかに抱えているかがわかっていない。疑惑、絶望！　エレガントな疑惑、香水を振りかけた絶望！」。

このあとヘルツルは自由を求めてフランスに渡るが、そこにも絶望し、オーストリアに戻り、ジャーナリストになるが、「追放」への怒りから、シオニズム運動の創始者となる。歴史の皮肉である。

話をシュタイナーに戻すと、一八八一年の一月十三日、シュタイナーは、実科学校時代にハイネを教えてくれた友人、ヨーゼフ・ケックとハイネをめぐって論争になり、次のような強い言葉でケックを批判している。

「ハイネを、街角にたむろする文学的不良少年であり、祖国を軽蔑し、感情を歪めるものを、頭の中から叩き出しなさい。そしてゲーテの『ファウスト』を読みなさい。『ファウスト』には、2×2＝4というような、ありきたりな日常性以上のものを得ようと努力しているすべての考え感じる人々のための養分があるのです……。

さあ友よ、この作品を私は研究しました。私は心から、最も深い内的な確信をもって言います。あなたが『ファウスト』から新しいエネルギーと新しい理想を求める生活への勇気を得て、ハインリヒ・ハイネと手を切り、彼によって分別を失わされることはなくなる、ということを。

私もハイネが書いたいくつかの美しい作品を知っています――これがハイネによって書かれたのが悔やまれますが――。それよりも、魅力的で気高いミュラーやリュカート、ウーラントの作品を見てください――このドイツの高貴な心を！

ドイツ人であるハイネ——フランスで名声を得た軽蔑に値する人間——は、落ちぶれから名声を得ようと切望し、そのために軽薄な、そして高貴な感情を傷つけた詩を謳って、たぶん、そのことによって共感を得たのです。彼はドイツの詩人としてだけではなく、人民の指導者として見られることを信じこませようとしたのです。ドイツではハイネは、時にはしゃれた思いつきも見られるが、街角にたむろする不良少年なのです。

私がこのような厳しい言葉であなたが表明した間違い——ハインリヒ・ハイネを高く評価したこと——を指摘するのを許してください。だが、もし私が考えていることと別のことを言ったとしたら、それに何の意味があるのでしょうか。それは友人の高貴な魂に対する向き合い方なのでしょうか？　私はあなたにはっきりと、もしシラーが生きていたら、ハイネの詩が鳴り響いた時、私とまったく同じように批判しただろう、と確たる信念をもって告白します。あなたはプラトンも勉強しました、たぶん『国家』も！　時間があればもう一度それを読み返してください。

たぶんあなたは、別の見方を得るでしょう。放浪したいなどという気持ちなど何の役に立つのでしょう？　もう一度打ち明けて言うなら！　あなたは小説の主人公ではない、彼も何をするか分かっていなかったのです。なぜなら詩人（ハイネ）も何をするつもりか分からなかったのですから

……（手紙の残りは欠けている。）」

シュタイナーがこの手紙にシェリングの言葉を書いたのは、シェリングに傾倒していたこの友人と、「秘密の能力」のあり方について論争していたからである。「彼は、自分はある秘密の天分によって、詩人となるべき使命を帯びた人間なのだ、と思っていた。自分の魂の中には大きな富が匿されている、と彼は信じていた」（シュタイナー）からである。そしてこれがシュタイナーの答えだった。

またシュタイナーは、「彼は、他者、特に女性たちとの関係では、女性と現実に関係を結ぶよりも、むしろこうした関係の夢想に耽る傾向があった。時には、現実に女性との交際が生じかけたこともあったが、彼はそれを実現させることができなかった。そのくせ私との会話の中では、まるでそれが現実のことであるように、親しみと感激をこめて、自分の夢想を繰り広げるのだった。しかし、そうした夢想は常に費え去り、彼が惨めな気分に陥ることは避け難かった」とも書いている。

シュタイナーはこのことについて、手紙にこう書いている。「あなたは充分シアーネ（女性）を受け入れたのだから。彼女はあなたの内部で生き続け、そのイメージはあなたに充分で、それをあなたは友人たちと分けることもできる。イメージで満足し、肉体を必要としないものが本当の愛である、我慢するのだ。そこには嘆きも悲しみもない。」

これはケックが、自分を若きハイネに擬しているからである。ハイネは第一詩集『若き悩み』に収録されている処女作「夢想」（Traumbilder）で、叔父ザロモンの娘たちへの悲恋を題材にした、ロマン派的な幻想を描いている。

シュタイナーは『自伝』第四章で、この友人との関係についてこう書いている。「私はこの友人を愛していた。そしてこの愛ゆえに、彼と一緒にいる時は絶えず、〈私たちは雲の中を動いている、足は大地に触れていない〉という感情に捉えられていたにもかかわらず、私は彼の夢想に付き合った。人生の確固たる基盤を、認識の中に求めようとして絶えず克苦していた私にとって、これは奇妙な経験であった。私は、この友人と向かい合っている時には、いわば、私自身の本性から抜け出て、他人の皮膚の内側に入り込まねばならなかったのである。」

しかしこの手紙（全集にはケックへの手紙はもう一通収録されている）を読むかぎりでは、これはきわめて直情的〈この意味ではシュニッツラーが言う〈心理的潔癖感の持ち主〉である〉で、とても「私自身の本性から抜け出た」ものとは思えない。

また手紙のなかに、ハイネを罵倒する言葉として何度も出てくる、「街角にたむろする文学的不良少年」とはだれを指してのことなのだろうか。それは、シュニッツラーの日記の次の記述から容易に推測できるだろう。

「私はある哲学の学生、かつてのギムナジウムの学友フリッツ・ヴァーレの兄弟と口角泡をとばす議論に及んだ。そのなかで私は、どういう論拠によってかはもう記憶にないが、大学ドイツ語閲覧室の立場を代弁した。その際にしかし私にとって大事だったのは、自分の政治的信念の勝利よりはむしろ私の弁論能力それ自体と、おそらくはまた私たちと一緒に夜更けの通りを家に向かってぶらぶらと歩いていた若いご婦人方の間で成功を収めることだった。そのなかの一人はわがブロンドのフェンヒェンの愛称のある従姉だった。」

シュタイナーのようなオーストリアの異郷〈今ではハンガリー〉で生まれ、僻地を転々としてきた田舎学生にとって、こうした高名な医者で大学教授でもある父親の庇護のもとに自由奔放な学生生活を送っているシュニッツラーのような「ウィーン子」は、我慢がならなかったのだろう。しかもユダヤ人である。

またシュタイナーは、別の友人ルドルフ・ローンシュペルガーへの手紙〈一八八一年八月二十六日付け〉にこう書いている。

「シラーはたぶん、確かにとても頭が切れるが、とくに豊かでなく、専門的な講壇哲学によってケーニヒスベルクの体系〈カントのこと〉以外を知らなかったヘーゲルやシェリングよりも、もっと思想豊かで深みのある哲学者の一人です。彼は学派追随者の恣意に迎合しなかっただけではなく、真一文字に人類の本能的かつ永遠の課題に取り組んだのです。まさにこれが天才の特性なのです。」

この時代のシュタイナーが「強烈な刺激を受けた」というシラーの『美的教育についての書簡』の第一信にはこう書かれている。

「私は学問的な形式を用いるのに慣れていませんが、そのために学問的な形式を濫用して、立派な趣味をけがす危険に陥ることもほとんどありますまい。私の思想は、豊かな世界体験や読書から得たと言うよりは、むしろもっぱら自分との対話から得たものであり、その思想の来歴を否定することはできませんが、種々の欠点を示すとしても、それは特定の学派の影響によるものではなく、権威や強力な他者に支えてもらうよりは、むしろ自分の弱点によって倒れてしまうことでしょう。

（カントの）理念を学術的な形式から解放してみれば、それらは日常平凡な理性の昔ながらの声であり、道徳的な本能に基づく現象であることが分かります。道徳的な本能とは、人間が一人前になって明るい洞察力を身につけるまで、賢明な自然が後見人として人間に与えているものでありま す。しかしながらこの学術的な形式こそ、知性には真理を明らかに示すものでありながら、感情にたいしては真理を隠すものであります。」

シラーは、この「自分との対話」によって、現実の一切の体験を思想化した。そして、その獲得された理念が彼の人格を形成し、彼の人格はまたその理念の体現にもなったのである。シュヴェーグラーの『西洋哲学史』の校閲者の一人であり、自著『ヨーロッパの哲学』にゲーテ、シラー、シュタイナーを登場させたヘルマン・グロックナーは、「ヘーゲル」の項の「先駆者シラー」で、シラーとヘーゲルとの関係について次のように書いている。

「「精神のたどる道」に関していえば、精神は三つの段階、すなわち、〈自然意識〉、〈自己意識〉そして〈理性〉を遍歴する。ヘーゲルの場合、精神は理性的精神の段階において自覚的に自然と「和解する」——フィヒテの場合には、自我と非我の間に口をあけている「永遠なる深遠」（プラトンの「分離」）は完全にうめられることはなかった——またシェリングのいう自然との「同一性」は、合理的に定立された区別を、あまりにも早く「すべての牛が黒くみえる」「夜」のなかに沈めてしまったのである。

この三つの段階は、すでに一七九五年にシラーによって認識論的にも歴史哲学的にも考え出されていた。シラーの場合、この三段階は個々の人間に対しても全人類に対しても拘束力をもっており、またどんな具体的対象的な認識行為の中においてもこれらが三つの「契機」をなしていることが立証されうる、という。」

「自然はいかなる場合にも合一せしめ、悟性はいかなる場合にも分離せしめる。しかし理性は再びそれを合一せしめる。したがって、哲学的に思索しはじめていない人間の方がまだ探求を終えていない哲学者よりも、真理に近いところにいるのだ。」

「認識における感性（直観）のいとなみは「自然的」である。つまり、主観と客観とは直接的な直観（アイステーシス）の中にあって分離しておらず、自然的感覚は自分のなす認識行為に向かって反省的な目を向けることもなく、対象について考えられたことと対象自体とは分離されていない。このような分離はすべて悟性の仕業である。悟性は自我と非我とを分離し、そして、この分離とともに、両者の間に意識的に橋をかけ、両者を介するといういつはてるとも知れない課題が生ずるのである。しかし理性は悟性のいとなみと直観のいとなみとの〈合理的‐非合理的統合〉を、ただそうあって欲しいというだけでなく、実際にそれを実現することによって、自我と非我との分裂を再び一体となすのである。しかしこのように再び一体とするということは、悟性が区別という悟性の役割を十分はたしたあとでなければ行われてはならない。

（シラー引用、省略）

以上のべたシラーのすべての言葉は、ほとんど一語一語そのままヘーゲルの『精神現象学』の中にとり入れられ、『精神現象学』の指導的根本理念となり、『精神現象学』を実に画期的なものにしている。したがって『精神現象学』の主題の源がシラーの思想の中にあり、ヘーゲルはただ、シラーが『人間の美的教育についての書簡』の中で独創的に論じている問題をとりあげて、それを徹底的に追究しようとしたにすぎないのだと主張しても過言とはいえないほどである。『精神現象学』はこのシラーの思想をモデルとし、それを自由に構成することによって、意識－諸現象の進行を叙述している。」

反ワーグナー主義

シュタイナーも逆の立場から、「高邁な理想主義に生きる」「ブロンドの巻き毛と真面目な碧い眼を持つ、典型的なドイツ人」学生との関係において、同じような体験をしていた。

「折しも、私の周囲では〈ワーグナー論争〉が激しい勢いで繰り広げられていた。

長い散歩の途中で、また、一杯のコーヒーを前にして坐り続けながら、彼は、ワーグナーによって初めて真の音楽が誕生した、ワーグナー以前の音楽はすべてこの「真の音楽の発見者」の露払いにすぎない、という彼の「証明」とやらを、熱心な言葉を用いて述べたてた。彼のこうした意見に対抗して、私も自分の思うところを歯に衣着せずに述べた。ワーグナーの野蛮さは、すべての真の音楽理解への道を閉ざすものである、と私は主張した。

時として、論争が特に激烈になることがあった。私はある日、友人の奇妙な癖に気づいた。つまり、彼は、私たちのほとんど毎日の散歩を、ある狭い横町の方角へと導き、その通りを私とワグナーを論じながら、何度も行ったり来りする、という事実に気づいたのである。私は論争に没頭していたので、なぜ彼がこうした行動に出るのか察知するまでにしばらく時間がかかった。

彼の奇妙な行動の原因は、私たちが散歩する時、この通りに面したある家の窓辺に、可愛らしい少女が坐っていた、という点にあったのである。しかし、少女に対する彼の関係は、少女がほとんど毎日窓辺に坐っているのを眺め、少女が通りに向ける視線が、彼に向けられていることを意識する程度のものでしかなかった。

最初のうちは私は、ふだんでも熱狂的な彼のワーグナー崇拝が、この小路に来るとさらに激しく燃え上がるのを不思議に思っただけであった。」

このころのウィーンの街灯はガス灯で薄暗く人の顔もはっきりとは見えなかった。小路ではなおさらである。このガス灯は、劇場や図書館のような公共施設に用いられたが、明るさが一定しなかったり、上部の温度が高くなり、酸欠にもなる恐れがあった。そのため、ウィーンのような大都市では各家庭にまで配されていたが、食堂や居間、寝室には用いられず、そこには灯油ランプが使用されていた。ウィーンの街灯が、太陽光に似たアーク灯になるのは一八八三年からである。

「私たちは連れ立ってコンサートやオペラを訪れた。私たちの意見はいつも食い違った。「表現豊かな音楽」が彼を陶酔させている時、私は手足に鉛が詰め込まれたかのような気分に陥っていた。

当時の私の反ワーグナー主義は、この友人との交際の中ではいっそう過激な形で表明されたといえよう。しかし、そうではなくとも、反ワーグナー主義はこのころの私の精神生活において、大きな位置を占めていた。私は何とかして、ワーグナーとは無関係の音楽に親しもうとしていた。私の「純粋な音楽」への好みは、年を経るにつれて増大した。「表現としての音楽」の「野蛮さ」に対する嫌悪は強まる一方であった。しかも私は、もっぱらワーグナー主義者ばかりによって周囲を取り囲まれるという不運を甘受せねばならなかった。

ある友人のお供をして観に行った『トリスタン』の上演は私には「死ぬほど退屈」であった。」

この「ある友人」とは、シュタイナーと同年であり、グスタフ・マーラーと共にアントン・ブルックナーの個人学生として学んでいた、過激なワーグナー主義者フリードリヒ・エックシュタインであろう。エックシュタインはワーグナーやバイロイトとも直接の交流があった。のちに羊皮紙製造業者として成功するエックシュタインは、ブルックナーとマーラーのパトロンになる。

エックシュタインはシュタイナーについてこう回顧している。

「シュタイナーはまるっきり邪心を持った神学生という印象だった。私はすでにシュレーアーが奉じたゲーテ協会の集まりでよく彼と会っていた。（エックシュタインのグループは一八七八年以来カフェ・グリンシュタドールを根城にしていた。）我々はゲーテの象徴について議論していた……。

グリンシュタドールに集った他のメンバーは、ほとんどシュタイナーを支持しなかった。彼とヘルマン・バールは重苦しい雰囲気のなか互いの立場を了解し合うことができただけだった。我々にとって、両者が激しく衝突し、互いに罵詈雑言を花火のように発射し合うさまは、まさに傾聴に値する楽しい見物だった。

ある時バールは、はっきりと「ルドルフ・シュタイナーは私の思想について行くことができない。なぜなら彼は、そのまま生き残った原始的な観念にこり固まって化石化しているからだ」と、言った。「まったく反対だ！」とシュタイナーは応酬し、「私にとっては、特にヘルマン・バールが理解しているような、簡単なことではない。私はまだ少しも学んでいないので、完全にその時代に身を置いてみて考える必要があるだけだ」と言った。高笑いにはこうした好戦的な言葉が付随していた。すべての概念について当意即妙なバールに対して、彼の反対者は仮借のない反応を示していたように思われる。」

この「新旧」の対立は、ハイネの言葉からの影響であろう。ハイネは書いている。

「ゲーテの揺籃にはじまり、かれの柩で終わる芸術時代の終わりに関するわたしの旧い予言は、まさに現実に近づいているように見える。いまの芸術は滅びなければならない。というのはその原理は、老衰したアンシャン・レジームの中に、神聖ローマ帝国的過去の中になお根ざしているからである。

しかし新しい時代は新しい芸術を生むであろう。その芸術は新しい時代に感激的に共鳴し、色褪せた過去から自己の象徴を借りる必要もなく、今までの技法とは異なった新しい技法を創造さえもするであろう。」

シュタイナーにとっても彼らとの交流は、特に思い出深いものだったのであろう。自伝では過ぎ去ったこの懐かしい日々についてこう書いている。（自伝第十三章）

「私の外面的生活はこのころ特に社交的だった。私は以前からの友人たちとよく一緒に時を過ごした……。ウィーンのミカエル広場にある有名なカフェーで、果てしなく議論に耽ったことが今でも時に思い出される。このことは、第一次大戦後に旧オーストリア帝国が崩壊した折りに特に鮮明に思い出された。

時代の上昇期に生まれる思想は高邁であるが、没落の中から生まれてしかも没落を阻止しようとする思想も、その悲劇性においてこれに劣るものではない。こうした悲劇的な思想が、当時の最良のオーストリア人やウィーン子の心情をかきたてていた。

私は、ゲーテ時代への没頭によって心に育んだ信念を語ったが、それはこうした理想主義者たちの間ではしばしば不満を惹き起こした。私から見れば、西欧の文化的発展の頂点はゲーテ時代に到達されたのである。」

シュタイナーはこの文章を一九二四年三月（死の一年前）に書いている。エックシュタインは前出の文（『ブルックナーの思い出』一九二五年）を、シュタイナーの死の直前、その許に送っている。エックシュタインはシュタイナーのこの回顧録を読んでいたのであろう。この文章を含むエックシュタインの回顧録は、『名状しがたき旧き日々・七〇年代の徒弟‐遍歴時代からの思い出』と題されて、一九三六年に出版されている。

ワーグナーの『トリスタンとイゾルデ』

第二幕第三場　イゾルデに
「トリスタンがこれから赴くところに、
イゾルデ、そなたもついて来てくれますか？

トリスタンの意中にあるのは、
陽の光の射さない
暗い
夜の国
死の床でみごもった
この身を、
息たえながら
この昼の世界に送り出した
柞葉《ははそば》の
母の住む国。
私を生んだとき
母の愛の隠れ家だった
摩訶不思議の夜の国。（das Wunderreich der Nacht）」
第三幕第一場　トリスタンが従者のクルヴェナールに
「わたしがいたのは別の場所だ。
しかしどこにいたかを
おまえに言うわけにはいかない。
わたしは太陽を見なかった、
国も人も目にしなかった。

しかし自分が見たものを
おまえに言うわけにはいかない。
わたしがいたのは
この身にとっては常住の地で、
わたしは遠からずそこに帰って行く――
果てもなく広がる
常夜の国、(die Weltennacht)
そこでわたしたちに
ゆだねられた知はただひとつ、
神聖な(göttlich ewiges)
永遠《とわ》の忘却!(Urvergessen!)」
第三幕第三場最終場面でイゾルデが
「大波が打ち寄せ、
高鳴る響きは鳴りわたり、
世界の息吹が吹きかよう
万有のうちに(in wehendem All)
溺れ――
沈む――
われ知らぬ――(unbewußt――)

至高の快楽《けらく》！（höchste Lust!）」

「私は、幼・少年時代から、あらゆる機会を利用して音楽理解を深めるべく努力してきた。思考に対する私の態度が自ずとそうさせたのである。思考は、自己自身の活動を通して内容を生み出した。思考の内容は思考の表現する認識結果のみによって示されるのではなかった。このことは明らかに、純粋な音のシステムそのものとしての音楽を聴く体験と一脈通じ合う。音の世界そのものが、現実のある本質的顕現なのである。当時、ワーグナーの信奉者たちがさまざまな方法で主張していたように、音楽が音のシステム以上の何ごとかを「表現する」という考え方は、私には極めて「非音楽的」であると思われた。」

このシュタイナーの音楽論は、当時の音楽界を牛耳っていたウィーン大学教授エードゥアルト・ハンスリック（一八二二―一九〇四）の『音楽美論――音楽美学の修正のために』（一八五四年）によっている。ツィンマーマンの美学もハンスリックの影響を受けている。

プラハ生まれでチェコ人の父親とユダヤ人の母親を持つハンスリックは、イタリア・オペラとフランスの管弦楽を好み、ワーグナーが大嫌いで、ワーグナーは音楽を堕落させると批判していた。反対に、ブラームスの音楽には、自分のヘルバルト的形式重視の理想像を見出していた。こわもてのハンスリックが演奏会の後に『新自由新聞』に載せるフュトン形式の音楽批評は、まさに天の声で、音楽家たちを緊張させた。

ハンスリックの『音楽美論』は、「音楽を文学とか思想、感情などから解放し、音楽独自の美に帰らせようとした、音楽美学史上画期的な著作であ」り、「彼は標題音楽に類するものはいっさい認めなかった。音楽は音という〈響きつつ進んで行く形式〉から成り立っていて、この形式の連続から音楽美が生まれるという。作曲家が表現しようとしているのは、内なる響きであって人間感情ではない」（W・M・ジョンストン『ウィーン精神』）のである。

シュレーアーが担当していた「弁論と作文の演習」で、シュタイナーは、ジーベンビュルゲン（現在のルーマニアのジビウ）出身の若者と出会った。

「彼はその時、ペシミズムについて講演した。この講演には、ショーペンハウエル直伝のペシミズムが漲っていた。さらにそこに、この若者特有の厭世的気分が加味されていた。私は、反対弁論をやりたいと申し出た。私は激しい言葉遣いでペシミズムを「反駁」した。私はその時ショーペンハウエルを「偏狭な天才」と呼び、「もしペシミズムについて、さきの講演者の意見が正しいとするならば、私は人間であるよりもむしろ、私の足に踏みつけられている木の床になりたい」と述べて私の主張を締め括った。この言葉は、長い間、仲間の間で私をからかう文句として使われたものだ。しかしこのことがきっかけとなって、若いペシミストと私は親交を結んだ。」

このショーペンハウエルの流行の背後には、一八四八年の革命の敗北があった。シュタイナーはこの友人について、「ジーベルビュンゲンのザクセン人たちはルーマニア人やマジャール人（ハンガリー人）に混じって生活していた。それは零落の中にあっても——彼ら自身は零落を認めようとしないが——けなげにも自分たちを守っていこうとする高貴な民族であった。彼らは東方に押し流されて、なお数百年前のドイツ人の生活の記憶を保ち続け、己の出自に忠実であり続けようとする人々であった。」「子供のころ私は、ハンガリー西部の国境で（この）ドイツ人たちが、この粗野で誇り高い意志を訓致しようとして、いかに骨折ってきたかを見てきた」と書いている。

その結果、シュタイナーは、学生の議論を越えて、現実の政治にも関心を広げていき、帝国議会での論戦を傍聴したりした。そこではドイツ民族主義者やハンガリー人、ルーマニア人、チェコ人、ポーランド人などがそれぞれの立場から主張を激突させていた。

この騒ぎのなか、七七年にウィーン音楽院を卒業したグスタフ・マーラー（一八六〇－一九一一）が、ウィーン大学の聴講生として在籍していた。マーラーは、ワーグナー主義者ブルックナーから大きな影響を受け、彼から「和声学」を、ハンスリックから「音楽形式」を学んでいた。一八八一年、マーラーは、音楽院の学生と卒業生に与えられる褒賞「ベートーベン賞」に『嘆きの歌』で応募するが、審査員の反ワーグナー派のハンスリックとブラームスによって落とされてしまう。マーラーはこの他に、哲学や歴史学などを学び、とくにゲーテの『ファウスト』やショーペンハウエルを熟読した。

さらに、この一八八一年、ライプツィッヒとベルリンで数学の研究をしていたエドムント・フッサール（一八五九－一九三八）が、それを完成させるためにウィーン大学に移ってきている。フッサールは八四年から八六年にかけてブレンターノの講義を聴講する。彼ら三人は、教室や王宮図書館のどこかで出会ったことだろう。

ハイネの『ロマン派』（「ドイツにおける文学の実状、スタール夫人以後のドイツについて」）は、ハイネが一八三三年に亡命先のパリで雑誌『文学のヨーロッパ』に発表したものである。この時代、ユダヤ人だったハイネはフランス政府より年金（亡命者扶助金）を受けていたため、フランスと手を結び、ドイツの没落を謀っているとされ、非難の矢面に立っていた。

当時のドイツを代表するプロイセンの歴史学者トライチュケは、「祖国なきユダヤ民族は、恥と道徳から成り立つわれわれすべての観念を解体、破壊する。そして、妄想にとらわれた中世の民衆が誤ってユダヤ人を、井戸に毒を投げ込んだ犯人に仕立てあげたとすれば、いまや、この昔の告発を文学の領域で更新してしかるべき時である」と攻撃していた。では、ハイネはゲーテの『ファウスト』についてどう言っているのだろうか。

「『ファウスト』は、いろんな形で刊行され、注釈され、ドイツ人の世俗の聖書となった。それにしてもゲーテが素材を民間伝承から取ったということ、それこそゲーテの無意識の洞察力、すなわち手近な正しいものをつかみ取ることのできるゲーテの天才を証明するものである。

その本には、こんな話がくわしく書かれている。博学の大魔術師ヨハネス・ファウスト博士はありとあらゆる学問を究めたのだが、とどのつまり書物を一擲、悪魔と盟を結んで、あらゆる地上の快楽を味わうことができたけれども、自分の霊魂をも地獄の破滅におとし入れねばならなかった、という話である。

中世の民衆は偉大な精神が働くのを見ると、きまって、それは悪魔と盟を結んだためだとしたものだ。

だが、ドクトル・ファウストについては、もっとずっと特殊なことが語られ、歌われている。ファウストは事物の認識ばかりではなく、もっとも現実的な享楽をも悪魔から要求したのだ。この伝説のファウストとが、印刷術を発明したといわれるが、この人物が生きていたのは、ようやく厳格な教会の権威に反対の声がおこり、独立した学問的研究がはじまった時代である。――やがて、ファウストとともに中世の信仰の時代は終わり、近代の批判的科学時代が始まる。

通説のようにファウストが生きていたころに宗教改革が始まったということ、ファウストそのひとが信仰に対して知識の勝利をもたらした技術、すなわち印刷術を発明したということは、まさしく意味深長だ。この技術はしかし、人びとからカトリック的な心の平静を奪って、人びとを疑問と革命へ突き落とした。

——それは、結局、悪魔の暴力に引きこまれたのだ、などと、ぼく以外のひとなら言うかもしれない。だが、違う。あの信仰、すなわちカトリック的キリスト教が長いあいだ欺いてわれわれから奪っていたさまざまの快楽を、知識や理性による事物の認識が、つまり科学が、ついにわれわれに与えてくれるのだ。人間は天国ならず地上の平等をも当然授かっているということを、われわれは知っている。哲学が説いている政治的な親善は、キリスト教が与えてくれた純粋に精神的な親善よりわれわれに有益である。

知識は言葉となる。言葉は行為となる。われわれは生きているあいだにこの世で幸福になりうるのだ。

ところで、このことはドイツ国民が長いあいだ深く予感していたことだ。なぜなら、ドイツ国民こそあの博学なドクトル・ファウストだからだ。ドイツ国民は、精神によって最後には精神の不十分さを知り、物質的享楽を求め、肉にその権利を返す精神主義者なのだ。

——しかし、神を精神の代表とし、悪魔を肉の代表とみなすカトリック的文学の雰囲気にまきこまれて、いまだに人びとは、肉の復権を背神と呼んだり、悪魔との結託と呼んだりしている。

けれども、ドイツ国民に、あの詩編『ファウスト』が意味ふかく予言したことが実現をみるには、まだかなりの時を要するだろう。精神によって精神の簒奪を洞察し、肉の復権を請求するまでにはかなりの時を要するだろう。それをおこなうのは、宗教改革の偉大な娘、革命にほかならない。」

シュタイナーにとって、このドイツ国民文学最高峰のゲーテ『ファウスト』についてのハイネの解釈は、「しゃれた思いつき」であり、「（自分を）ドイツの詩人としてだけではなく、人民の指導者として見られることを信じこませようとする」ことだった。シュタイナーはこの手紙のなかで、(「これがハイネによって書かれたのが悔やまれる」としながらも)、それを是認して、こう書いている。

「レーナウが「ゲーテは『ファウスト』の意図を全く誤解していたかもしれない」と言ったように、『ファウスト』はゲーテの初期の未熟な作品と信じられていました。悪魔はファウストを連れさらねばならなかった、と。しかしこれは正しくありません。ゲーテはそのことを正しく見ていたのです。聖書などに不満を持っている十六世紀のファウストならば、悪魔にさらわれねばならないでしょう。それは疑いのないことです。しかし十九世紀のファウストは、悪魔にさらわれる必要もないし、さらわれてはいけないのです。なぜなら、〈絶えず努力する者は、それを解決できるからである〉と。」

シュタイナーは、同じ年の別の友人への手紙で、「目的なき行為はない」と書いている。

ウィーン・続

シュタイナーはまた「シェリング、ヘーゲルと格闘した」と言っている。

しかし「フィヒテの『知識学』に拠り所を求め」「『知識学』に一ページづつ取り組み、それを書き変えた」シュタイナーが、自我や知的直観をめぐってまったく正反対の立場にあるシェリングを評価することなどありえないのである。

シェリングは『人間的自由の本質』のなかでこう言っている。

「人間は、根源的な創造において、すでに示されたように、ひとつの未決定な存在者である。――(このことは、神話的に、この生に先行した、無垢のまた原初的至福の状態として、言い表わされるかもしれない〕――、ただ人間自身だけが、自分を決定することができるのである。しかしこの決定は、時間のうちに入ることはできない。この決定は、一切の時間のそとにあり、したがって最初の創造と符合する〔そうはいっても、最初の創造とは異なったひとつの所業として、である〕。人間は、時間のうちで生まれるのではあるが、しかし、創造の原初〔中心〕のうちへと、創り出されているのである。人間の生が時間のうちで規定されるゆえんの所業は、それ自身は、時間に属さず、永遠に属する。つまり、その所業は、時間上でも、生に先行するのではなく、時間を貫きとおして〔時間には捉えられずに〕、本性上永遠的な所業として、生に先行する。この所業をとおして、人間の生は、創造の原初にまで届いているのである。したがって、人間は、この所業をとおして、また創造されたもののそとにあって、自由であり、それ自身永遠的な開始なのである。」

「一度、創造において、啓示に対する根拠の反作用によって、悪というものが一般的に刺戟されたのちは、人間は、永遠から、自己を我執性と自我癖のうちで捉えた。」

「あらゆる事物の叡知的本質、とりわけて人間のそれは、この観念論にしたがえば、一切の因果関係のそとにあるとともに、一切の時間のそともしくはうえにある。」

「自我性と我意という暗闇の原理。」

「人間の人格性や自我性は、けっして、完全な顕勢にまで、高まることはできない。」

「活動的な自我性をもたない善は、それ自身、非活動的な善である。」

ヘーゲルも「あらゆる発展は潜在的素質の顕現化である」と言っているが、シェリングを批判してこう言っている。

「初めに在る通りの知、つまり無媒介な精神は、精神のないもの、感覚的意識である。本来の知に成るためには、言いかえれば、学の純粋な概念そのものであるような、学の場を生み出すためには、知は永い道程を通りぬけねばならない。ピストルからでも発射されるように、いきなり絶対知で始め、他の諸々の立場には全く目をくれないと言明して、そういう立場をすでに片づけてしまっているとするような霊感、などではない。」(『精神現象学』序論)

フォイエルバッハは、シェリングとヘーゲルを比較してこう言っている(一八四二年「哲学改革のための暫定的命題」)。

「シェリングとヘーゲルとは反対である。ヘーゲルは独立、自己活動という男性的原理、要するに理性的原理を代表し、シェリングは受容性、感受性という女性的原理を代表している。要するにシェリングは唯物論の原理を代表している。ヘーゲルには直観が、シェリングには思考力、規定力が欠けている。シェリングはただ普遍的なもののなかでのみ思想家である。だが肝心なところにくると、特殊的なもの、規定されたもののなかでは、かれは夢遊病におちいる。シェリングにおける合理主義は見せかけにすぎず、非合理主義が真相である。ヘーゲルは不合理な原理に反する抽象的な現存と実在に達するにすぎず、シェリングは合理的な原理に反する、神秘的で空想的現存と実在に達するにすぎない。ヘーゲルは思考する人を欺き、シェリングは思考しない人を欺く。シェリングは夢の中の実在哲学であり、新しい実在哲学であるという自負、幻想をいだいた古い哲学である。」

ロマン派に対するゲーテとシラーの立場は次のようなものだった(ハインリヒ・フォス『近親者の見たゲーテとシラー』)。

シュレーゲルについてゲーテはこう言った。

「シュレーゲルは事物に対する見解が日が変わるように変えて行けると思っている。ホーマーである日ディオメデスが英雄かと思うと、他の日にはアキレスが代わっているように、変わるのである。一つの意見が他の意見より短いか長いかは、夏の日が冬よりも長いことと同じことになってしまっている。」

「彼は（中略）現在行われている、ロマンチックとクラッシックの間の区別を非難した。何となれば、優れているものは、それがどんな種類だろうと、みなクラッシックになってしまうのである。彼はそれよりも造形的なものとロマンチックなものとの区別をつけようとした。造形的作品は観者の想像力に、一つの纏まった形式を展開せしめるが、ロマンチックな作品は多く不明瞭なものを暗示し、想像力に勝手な幻想を混入し得る余地を与える。前者は規律的な想像力に、後者は奔放な、屢々無規律な幻想に委ねられる。」

「シラーは言う。「ティーク（ロマン派の暁将）は才気煥発であるが、結論から言えば有益というよりも有害である」と。」

「最近私はシュレーゲルの詩はよく分からないとシラーに訴えた時、彼は笑って、こう言っただけであった。

「こうした奇形には用心するがよい。自然と自然の単純な言葉を尊び給え。」

彼は美しい、真実の言葉をもって結んだ。

「自然は時折その権利を主張する。」

本当だ。幻想家が感情を押し退け、それをして気狂いじみた理想の中、ホーマー、ソフォクレス、シェークスピア、ゲーテが——再び明星となって現われ、東洋の賢者達をキリストの発祥地に導いて行くであろう。」

そしてシュタイナーはフィヒテのその他の論文に進み、「『学者の使命』と『学者の本質』に特に興味を待った。これらの論文の中には、私自身がそれに倣いたいと思うような、ある種の理想が表明されていた」と言っている。

「いかなる哲学を有するかは、その人がいかなる人間であるかということに懸かっている」と断言するフィヒテは、イエナ大学に招聘されたさいに、「起こって人類の破滅を救おうとせず、佇《たたず》みてこれを嘆き悲しむは女々しい。……実行せよ、実行せよ、これこそ生を受けたる我らの目的だ」（『学者の使命』）と言明した。シュタイナーが「倣いたい」と思ったのもこれだった。

レッシングも、「書物は私を学者にしてくれるが、けっして人間にはしてくれないだろう。」「他人の経験を書物から獲得した場合は学識と呼ばれる。自身の経験は知恵である。後者の最小量も価値において、前者の数百万にまさる。」「私は学者ではない。学者になるつもりは一度もなかった。また夢の中のことにせよ、学者になりたいとは思わない。私がいささか努力して目指したのは、いざという時に学術書が使える、ということに尽きる」と語っている。

シュタイナーはまた人生と学問に対する姿勢を、大学二年から三年にかけての夏休みのある日に友人に宛てた手紙にはっきりと書いている。

「私は人間の姿をした動物のごとくただ漫然と生きている人間では断じてありません。そうではなく、私は完全に定められた目的、理念的な目的、真理の認識を追求しているのです。学者は、健全な精神に嫌悪をいだく、文飾屋やペダンチストでいっぱいです。文飾屋が真実を横領している、こうした社会状態はまさに悪なのです。」

ここにはこの時代を風靡していたロッツェの目的論的世界論の影響がはっきりと見てとることができる。

哲学の復活

そしてシュタイナーに哲学への関心がめばえたこの一八七〇年代の中葉以降は、これらの唯物論に対する哲学の反転攻勢がはっきりと現われてきた時代で、ルドルフ・ロッツエやエドゥアルト・フォン・ハルトマンらの自然科学的形而上学派とヨハネス・フォルケルトやフリードリヒ・テオドアー・フィッシャーらの新カント派が登場していた。

ロッツエとハルトマンはこの時代を代表する哲学者であり、その哲学は観念論（理想主義）の本流から分かれた支流とでもいうべきもので、ロッツエはヘーゲルやフィヒテ等の観念論的世界観を、ライプニッツやヘルバルトあるいは物理学者の実在論と調和させて、目的論的観念論を唱え、哲学を復活させた。この復活は〈ロッツエ・ルネッサンス〉と呼ばれている。二人は自然科学に対する宏博にして透徹な知識によって、自然科学の成果をその哲学説中に採用し、統一的世界観に対する科学的理論の意義の限界を規定し、それによって唯物論を攻撃した。

ロッツエの主著は『ミクロコスモス、自然史と人類史論』（全三巻、一八五六年－六四年）であるが、彼は自然科学的思潮と理想主義（観念論）とを総合し、一方において世界の機械論的自然観を執るとともに、他方においてこの機械論的自然過程は神がその最高理想（精神的実在）、すなわち善を実現せんがための手段にすぎないとしている。

シュタイナーもまたこの時代について、「当時の私は、哲学を通して真理を探求することが自分の義務であると思っていた。私は数学と自然科学を学ぶことに決めていたが、もしこうした学問の成果を、より堅固な哲学的基盤の上に位置づけることができないなら、私はこうした学問に、いかなる関心も見出しえないであろうと考えていた」と語っている。シュタイナーは、この哲学復興時代の代表的著作としてロッツエの『ミクロコスモス』とハルトマンの『無意識の哲学』、フォルケルトの『夢ーファンタジー』（一八七五年）を挙げている。

しかし哲学の復活といっても、大学の哲学教室が学生であふれるというわけではなかった。ゲッティンゲン大学のヘルバルトの後継者ロッツエでさえ、その聴講生のなかにはヴィンデルバント、オイケン、ファンケンベルクらがおり、特にヴィンデルバントへの影響はよく知られているが、その宗教哲学の聴講生の数は（もぐりの聴講生を入れて）四十人余、形而上学は三十五人、論理学は六十人余にすぎず、ドイツの他の有名教授と比べても少なかった。

こうした時代状況を象徴するエピソードが残されている。一八七四年、のちにロッツエに師事することになるファンケンベルクが、最初エルランゲン大学に入学しようとして宣誓式に出席し宣誓簿に「哲学学生」と書き入れた時に、総長だった化学者のゴールップ・ベザネッツが、「本当か？　哲学の学生として入るのか？　哲学は遠の昔に死んでしまっているではないか」と不機嫌な顔をして驚き叫んだ、というのである。それゆえ、工科大学への進学が決まっていたシュタイナーが場違いの哲学への道を歩むことはどれほど無謀なことだったかが想像できよう。

しかし一縷《る》の望みはあった。当代一の哲学者だったロッツエも、自然科学（医学）からの転身者であるし、ハルトマンもまた、もともと軍人の家系に生まれ自らも軍務についていたが、まったくの独学で、弱冠二十七歳の時、耳慣れない『無意識の哲学』というタイトルの本を上梓し、時代の寵児となっていた。シュタイナーにもチャンスがあった。

こうした哲学的問題への関心がめばえたといっても、まだ少年であり、実際的生活を無視することはできなかった。シュタイナーは、手先の器用さから製本技術を習得したり、さくらんぼ摘み、庭仕事、採種用じゃがいもの準備、畑の手入れ、じゃがいもの収穫などの仕事を他の兄弟たちと一緒にやった。

ロッツェは『ミクロコスモス』第七篇「歴史論」で次のように言っている。

「人類が一定の文化と呼ばれる段階に達した後は、彼らは文化そのものの衝動力（インプルス）によってさらに一段高い段階に推し進められ、その実現すべくすでに覚醒された目的意識に従って、なお充足されない欲望の充足を求めるのである。歴史は、人類（民衆）の一般的精神の発達によって自然的（本能的）に進歩して行くものではなく、少数の個人の人格的力によって進歩して行くのである。少数者（偉人）の進取の努力に対して鈍重・盲目的な多数者は、多くの場合それを妨げようとする。そして少数者の非常な努力と奮闘の結果、蒙が開かれる。しかし偉人によって示された この時代の要求するところのものが正確に理解され成就することは稀である。」

ゲーテも言っている（「格言と反省」）。

「あらゆる時代を通じて、学問のためにつくしたのは、もっぱら個人であって、時代ではない。ソクラテスを毒によって処刑したのも、時代であったし、フスを焼き殺したのも、時代であった。時代はいつも変わらずにいる。

真理は人に属し、誤謬は時代に属する。それゆえ、並外れた人について、次のように言われる。

「時代の弊風が彼の過ちを惹起した。しかし彼の精神力がそれを離脱せしめ、栄光を得さした」と。」

フランス革命の年にイエーナ大学の員外教授に就任したシラーは、その就任講演（『世界史とは何か、また何のためにこれを学ぶのか』で〈パンの学者〉と〈哲学的な頭脳〉を区別し、こう述べた。

「パンの学者（勉強の際にただひたすら、官職につく能力をそなえることができ、その利益にあずかることのできる条件を満たすことばかりを目的とし、それによって自分の物質的な状態をより良くし、ささやかな名誉心を満足するためにのみ、自分の精神の諸力を活動させるような者）が思いえがく研究計画と、哲学的な頭脳が思いえがく研究計画とは、別のものです。

彼の最大の仕事は今や、かきあつめた記憶の宝物を見せびらかし、さらにはその価値がさがらないように、防ぐことであります。新しい改革はみな彼を驚かせます。それは彼が苦心して身につけた古い学問の形式を破壊し、彼のそれまでの人生の仕事のすべてを失う危険に、彼を陥れるからなのです。このパンの学者の学問の群れほど、改革派に反対してわめきたてた者が他にいるでしょうか。知識の国における有益な革命の前進を、彼らほど阻止した者がいるでしょうか。」

ハイネもこう願っている。

「打つんだ太鼓をおそれずに酒保のおんなにキッスしろ、それが学問いっさいだ。書物のふかい精神だ。それがヘーゲル哲学だ。」（「教義」）

「印刷させるなそんな本。ねえきみそいつは身の破滅。金と名誉がほしいんなら、ただおとなしくしていろよ。」（「警告」）

しかしシュタイナーにとって、ナポレオン占領下でドイツ国民の奮起をうながした『ドイツ国民に告ぐ』は、フィヒテの他の著作ほど面白くはなかった。それはフィヒテがナポレオン占領下においてドイツ国民の奮起をうながすために、当初の世界主義的思想を捨て、熱烈な愛国主義を説いていたからである。

次に、シュタイナーはカントをもっと深く理解したいと思って、『あらゆる未来の形而上学のための序論』に取り組む。その結果シュタイナーは、カントが思想家たちに向かって提示したすべての問題を、徹底的に考え抜くことが自分にとっても必要であると悟る。

こうした命題を意識的に考えるかたわら、シュタイナーは、カント時代およびカント以降の思想家たちの辿った道を検証することによって、自分自身の方向を定めようとした。シュタイナーは、フィヒテの『人間の使命』やトラゴット・クルークの『先験的総合主義』を批判的に検討する。また、シュタイナーはそれ以外に、ダーウインの進化論を学んだ。ライトリンガーの物理学史からは重要な示唆を得た。シュタイナーはこのライトリンガーの推薦状によって、家庭教師（個人教授）の仕事に恵まれていた。また力学的熱学、光の波動論、電気的作用の理論を学んでいるうちに、認識論の研究へと駆り立てられる。

ファウスト的人間

この哲学修行時代から『自由の哲学』までの間には、まだ十五年間という長い道のりがあるが、シュタイナーは、ロシア革命が勃発した年の幾つかの講演で、この入学（一八七九年）からの三年間について、「私は、ここで精神科学と言っているものの礎石を敷いた」と語っている。

新学期が始まると、シュタイナーは、卒業後、実科学校の教師になろうと思っていたので、数学と画法幾何学の授業を選択した。しかし、奨学金をもらっていたとはいえ、生活費は稼がなければならなかったので、実科学校の生徒の補習授業を行なった。そのため画法幾何学は取ることはできなかった。このような事情から、シュタイナーは、まず差し当たって、数学と自然史、化学の聴講届けを出した。だがこの時すでに、シュタイナーの関心は哲学や文学にあったので、こうした講義にはあまり乗り気ではなかった。

その当時工科大学では、カール・ユリウス・シュレーアーが「ゲーテ以降のドイツ文学」と「シラーの生涯と作品」を講じており、シュタイナーはそれを選択し、非常に大きな感銘を受ける。

またシュレーアーはゲーテの『ファウスト』第一部を刊行しており、シュタイナーはこれを図書館で初めて読んだ。シュレーアーのお気に入りになったシュタイナーは、しばしば自宅に招かれ、講義を補足するさまざまな話を聴かされたり、質問に答えてもらったりした。そして帰りには、読むべき本を貸してくれた。この時、校閲中の『ファウスト』第二部を読む。このシュレーアーの紹介でシュタイナーは多くの文学書に親しむようになった。友人への手紙でもこう書いている。

「人間の本来の概念と本性を成しているのは絶対・永遠・不死へのあこがれです。そして、かつてその証拠を求めたものは今やもっとも陳腐なナンセンスへの入れ込みを表わしているのです。絶対から生じないすべてのものは仮象、錯覚、錯誤であり、それはパルメニデスが言う〈死すべき者どもの思惑〉です。絶対へと向かうこと、これは人間の自由へのあこがれなのです。」

この「人間の本来の概念と本性を成しているのは……陳腐なナンセンスへの入れ込みを表わしているのです」という言葉は、また「絶対から生じないものすべてのものは……〈死すべき者どもの思惑〉です」という言葉は、ゲーテの『ファウスト』第二部の最後の詩「神秘の合唱」の次の言葉からのものである。

「すべて移ろい行くものは、
永遠なるものの比喩にすぎず。

かって満たされざりしもの、
今ここに満たされる。
名伏すべからざるもの、
ここに遂げられたり。
永遠にして女性的なるもの、
われらを引きて昇らしむ。」

パルメニデスは「思惟（思考）することとあることとは同じである」と言っている。そして次に「絶対へと向かうこと、これは人間の自由へのあこがれなのです」と言うシュタイナーは、シエリングの同一哲学を超え、フィヒテの自我哲学や「実体は主体である」というヘーゲル哲学を通り、「自由の哲学」を形成していくのである。すでに明らかなように、この当時のシュタイナーは、「唯物論との闘い」など行なってはおらず、自伝で言っているような霊的（オカルト的）要素もまったくない。

シュタイナーは「シラーの「人間の美的教育についての書簡」から強烈な刺激を受けた」と書いているが、シラーはその第三章で自由ついてこう記している。

「自然が人間を扱う際に、他の自然の創造物以上に優遇してくれるわけではなく、自然が人間のために働いてくれるのは、人間が自由な知性としてまだ独り立ちできないあいだのことです。しかし人間がたんなる自然によって作りなされたものに留まらずに、自然が人間にたいして先取りしてくれた歩みを、理性によってふたたび辿りなおし、強制による仕事を自由な選択による仕事に作りかえ、自然の必然性を道徳的な必然性にまで高める能力を持つことが、人間を人間たらしめるものであります。

人間が人間でありうる同じ権利によって、人間は盲目的な必然性の支配から逃れるのであり、それは他の多くの部分においても、自由によって盲目的な必然の支配から離れるのと同じことです。ほんの一例をあげれば、性愛の欲求が押しつける卑俗な性格を、道徳律によってぬぐい去り、美によって高貴にするようなものです。こうして人間は人為的な方法で、青年時代になって自分の幼年時代の埋めあわせをするのであり、理念のなかに自然な状態を造りあげるのです。この理性の規定によって必然的に定められているものであります。人間はこの理想の状態のなかで、現実の自然な状態のなかで知らなかった最終目標と、その当時はまだ不可能であった一つの選択を身につけます。

そしてあたかも自分が初めからそうしているかのような、また明らかな洞察と自由な決断から、独立の状態を制約の状態と取りかえたかのような、まさしくそのような態度をとるのです。」

シュレーアーはそれ以外にも「弁論と作文の演習」を担当しており、シュタイナーはこれも受講し、レッシングの『ラオコーン』について発表した。

師ツィンマーマン

しかしその後、「より大きな問題、すなわち、人間は自己の行動においてどの程度自由な存在であるか」という問題に取り組むようになったシュタイナーは、ウイーン大学で幾つかのヘルバルト学派の講座を聴講し、それに深入りした。この時代のシュタイナーの思想形成に決定的な影響を与えたのは、なんといってもヘルバルトだった。このことは、理論的体系にはまるで重きを置かない直観派で、この流行に与しなかったシュレーアーには気に入らなかった。当時のオーストリアでは、ヘルバルト哲学が大学の哲学講座でも教育学の分野でも支配的潮流となっており、ウイーン大学はその牙城で、ハンスリックやツィンマーマンがその頭目だった。

シュタイナーは、まずヘルバルト主義者ティロの『哲学史』から入り、カント時代からの哲学的思索の発展史を俯瞰的に見ることができるようになった。そのなかでは、フィヒテとヘルバルトの思想的対立が印象深かった。

シュタイナーはウイーン大学で幾つかの講義を聴講する。

「ヘルバルト主義者のロベルト・ツィンマーマンには期待する所があった。彼は〈実践哲学〉を講じていた。私の聴いたのは、倫理学の根本原理を論ずる部分である。私は二つの講義をかけもちで聴いた。つまり、一日はヘルバルトの講義に出、もう一日は、同じ時間に同じテーマを扱っていたフランツ・ブレンターノの講義に出たのである。」

ツィンマーマン（一八二四－九八）は、オーストリアのヘルバルト学派ではもっとも才能に恵まれていた。ツィンマーマンは、まだ若くてプラハにいたころハンスリックと知り合い、彼の『音楽美論』に深く心を動かされた。ツィンマーマンの『美学』（一八五八－六五年）を貫いているのは、形式はそれ自体で絶対的価値をもち、形式と形式の相互関係にこそ美がある、というハンスリックの形式美学である。シュタイナーが生まれた一八六一年から一八九五年までウイーン大学哲学教授の地位にあって、倫理学や美学に広い影響を及ぼした。ゲーテの『ウル・ファウスト』を読んだツィンマーマンは、「彼のファウスト博士は、ドイツにおけるあらゆる人間のための作品であった」と言った。

そしてこのツィンマーマンの影響をもっとも強く受けたのが、若きシュタイナーであった。シュタイナーはツィンマーマンを次のように見ていた。

「ロベルト・ツィンマーマンは風変わりな人物であった。彼は講義に原稿を用いなかった。しかし、彼の口にする言葉は慎重に選び抜かれており、その発音も見事だった。彼の講義の内容は、ヘルバルト哲学をいくぶん修正したものであった。彼の思考過程の厳密さに私は感動した。これらの講義は、私に強い刺激を与えた。そして、シュレーアーとツィンマーマンの見解の相違が私の興味をそそった。」

「シュレーアーやツィンマーマンの講義、それにここに挙げたような書物の読書は、当時の私にとって深甚な心的体験だったといえよう。そしてこうした体験を重ねることによって、知識の謎と世界観の謎が私の心の中に芽生えてきたのである。」

「シュレーアーは理論的体系にはまるで重きを置かない人であった。彼が思考したり、語ったりするのは一種の直観に基づいてであった。」

シュタイナーはこのツィンマーマンを師と仰ぐようになる。「私は図書館ではヘルバルトの『形而上学』や、ヘルバルトの立場で書かれたツィンマーマンの『形式としての美学』に没頭した」。そして、シュタイナーが大学に入学してから二年間の哲学研讃の時代は「人智学的精神科学の実際の誕生の時代」と言われている。それは一八八二年に、シュタイナーの師のツィンマーマンが最後の大論文『人智学』を上梓しているからである。

ブレンターノ

ウイーン大学ではこれ以外に、教師として大きな名声を得、またその学説（『経験的立場からの心理学』）

が多くの若い学徒に大きな影響を及ぼしていたフランツ・ブレンターノ（一八三八－一九一七）の講義を聴いた。また、このブレンターノの講義（一八八四年から八六年）を聴き、大きな感銘を受けたエドムント・フッサールが、それを現象学へと発展させたことはよく知られている。フッサールはその思い出をこう記している。

「わたしがブレンターノの講義を聴こうと思ったのは、はじめは単なる好奇心からであった。すなわち、当時のウイーンでそれほど評判になっている男の講義を一度聴いてみようと思ったのであった。

わたしは、第一印象によってすっかり圧倒されてしまった。豊かな縮れ毛に包まれた頬と、高く秀でた鼻とをもった痩せた身体、単に精神的労苦だけでなく、深い内心の苦闘を物語っている印象的な風貌は、凡庸な生活の枠をはるかに超えるものであった。その一挙一動のうちに、深い心のこもった眼と、高くうちなるものを見きわめるまなざしのうちに、大きな使命に対する自覚が現われていた。

彼が、その独特の柔らかい、あまり高くない含み声で、聖職者らしい身振りを交えながら語るときには、若い学生たちの眼には、彼こそ永遠の真理を見るものであり、この世ならぬ世界からの告知者のように映ったものであった。彼の人格の虜になってしまった。

わたしは彼の講義から、はじめて哲学を自分の生涯の職として選ぶ勇気を与えられた。すなわち、哲学も真剣な研究に値する領域であり、最も厳密な学の精神で取り扱われうるし、またそうせねばならないという確証を得た。」

シュタイナーはこうした述懐を残していないが、フッサールと同じような気持ちで講義を聴いたであろうことは想像に難くない。後年シュタイナーはこう言っている（「ブレンターへの追悼の辞」一九一七年）。

「ブレンターノがもし私の考えた人智学について何らかの知識を持っていたら、彼はプロティヌスの哲学に関して下した判断と同じような形式で、それを表現したであろうと言っても、あながち誤っていないことと思われる。

つまりプロティヌスの哲学に対するのと同様、ブレンターノは人智学についても、「未知の国における神秘の闇と想像の自由な彷徨」と述べたであろう。新プラトン主義に対するのと同様、彼は人智学に対しても慎重さを求めて警告を発したにちがいない。「空虚な外観に誘われて、エセ哲学の迷路に迷い込まないように」と。

それどころか、おそらくブレンターノは人智学の考え方を、あまりにも素人臭いと思ったことであろう。」

ブレンターノは「思考要素は経験に由来する」（「経験的立場からの心理学」一八七四年）と言っている。シュタイナーも『ゲーテの世界観の認識論要綱』（一八八六年）で、「思考の本性は経験そのものの中に見いだされる」と書いている。

「哲学の真の研究方法は自然科学的認識方法に基づいて承認されているようなものであらねばならない」（『道徳的認識の源泉について』一八八九年）と言明していたブレンターノは、心理学も自然科学と同様に、その基礎となるのは経験であるが、その対象は心的現象であるとし、自然科学における物的対象は我々の外部にあるものとして知覚されるが、心的現象は内部にあるものとして知覚されるとした前者を外部知覚、後者を内部知覚と呼んだ。ブレンターノは、精神的関係は実在ならざるものを客観として得るという見解を示していた。のちにシュタイナーは『ゲーテの世界観の認識論要綱』でこう書いている。

「私たちが現実を観察する最初の形式を、もし名づけたいと思うなら、「感覚に現われる現象」という表現がその本質を最も的確に言い表わしているであろう。この感覚という意味は単に外界を仲介する外部感覚だけではなく、直接の事実を知覚するためのすべての肉体的、精神的な器官をそもそも指している。内的体験を知覚する能力としての内部感覚という呼称は、心理学では通常のものである。」

またこのなかでプレンターノは、精神現象の分類（三分説）についてプラトンの意欲的・感情的・理性的という説（それぞれ生産階級・武士階級・支配階級に対応している）から、アリストテレスの植物的・動物的・人間的という説、さらには表象・感情・意欲に分けるカントやロッツエ、ヘルバルト学派の説を批判的に検討している。

プレンターノは、カントの絶対空間・絶対時間を批判して、「意識の例から言えば、空間・時間の存在も一つの過程にすぎない。空間そのものは体験することはできない。体験するのは〈空間的のものの置観〉である」と言っている。

プレンターノから深く影響を受けたシュタイナーは、彼の著作と徹底的に取り組み、彼の刊行したほとんどすべての著作を読破した。この間シュタイナーは、講義への出席と、アルバイトの家庭教師のために費やす時間以外は、宮廷図書館か工科大学の付属図書館ですごした。

第4章　認識の闘い
――時間概念の変革と「原子論的概念についての唯一可能な批評」

人智学の揺籃期

一八八二年、学生運動を卒業したシュタイナーは、本格的に学者への道をめざして歩みを始め、処女論文となる「原子論的概念についての唯一可能な批評」（Einzig mögliche Kritik der atomistischen Begriffe）という題の小論を書く。

この時代、原子をめぐっては、その実在を主張するウィーン大学出身のボルツマンらがいたが、まだ顕微鏡も発明されておらず、電子が発見されるのもまだ先のことで、科学界ではエネルギー論や唯物論的実証主義が席巻していたため、原子否定論が大勢を占めていた。ウィーンでは特にそうだった。

シュタイナーのこの「原子論的概念についての唯一可能な批評」であるが、これは、ベルリン大学総長も務めたことのある生理学者デュ・ボア・レーモン（一八一八－九六）が、一八七二年のドイツ自然科学者医学者大会において講演した有名な〈イグノラビムス〉（「自然認識の限界について」）に対する認識論的な反論となっている。

この「認識の限界」に対してはすでにヘッケルが、一八八〇年、ベルリンの理科高等学院におけるライプニッツ記念会の席上で批判を展開している。ヘッケルは、「人間にとって、世界には神秘は存在しない」としている。シュタイナーの論文はヘッケルのこの講演を受けたものであることは確かである。シュタイナーはこの原子論についての論文について、一九一七年の幾つかの公開講演でこう言っている。

「それは、私が言いたかったことについて、私の研究の方向性と学派の立場から書き下ろすことができた最初の思想でした……。私の当時の研究の始まりの神経として書きたかった。」（一九一七年五月十二日、シュトゥトガルト、非公表）

「三十五、六年前、今ここで精神科学と言っているものの、最初の礎石を置きました。」（一九一七年六月十六日、ブレーメン、非公表）

「私は、三十年以上も前に、今私が精神科学と呼んでいるものの最初の芽を植えました。」（一九一七年七月二十四日、ベルリン）

しかしこれらの講演のなかでシュタイナーは、これがなんという題のどんな内容のものなのかは、まったく語っていない。それが原子論についてのものだったことを初めて明らかにしたのは、一九二三年十一月の『ゲーテの世界観の認識論要綱』の新版の刊行時のことだった。シュタイナーはその序文で、「ゲーテの自然科学論文の仕事と『認識論』の前に、私は原子論についての小さな論文を書いた。それは一度も印刷に付されなかった……」と書いた。

ヘムレーベンは、評伝『ルドルフ・シュタイナー』で、この時期におけるヘッケルとシュタイナーの関係について、次のように書いている。

「〝一元論の法王〟と呼ばれていたヘッケルの世界観は、シュタイナーの精神的ゲーテ主義（geistige

Goetheanismus）――一八八二年以来、公然と首唱しており「人智学」の基礎ともなった――とは、両立しえないものではないのだろうか。

〝ヘッケル〟というテーマは、ルドルフ・シュタイナーの生涯にとって、決して途絶えることがなかった。晩年まで、彼のそばを離れなかったのである。見てみるがいい。シュタイナーが二十五歳以前に書いた論文を除けば、無数の講演と論文の中に、ヘッケルの名前がいつも鳴り響いているのだ。」ヘムレーベンが評伝を書いた一九六三年には、この原子論の論文は公表されておらず、それが『ルドルフ・シュタイナー全集への寄与』（第六三号）に掲載されるのは一九七八年のことだった。だから、ヘムレーベンは、「二十五歳以前に書いた論文を除けば、」と書いたのであり、また、一九六八年に刊行されたヘムレーベンの『ルドルフ・シュタイナーとエルンスト・ヘッケル』にも、この論文が登場しないのは当然のことである。

また経験論者と言われるゲーテが精神主義というのも奇妙なことである。これは、ゲーテが精神主義であるということではなく、シュタイナーがゲーテを、イェナでの自然科学者会議のあとの植物変態論に関するシラーとの有名な対話の一節に基づいて、解釈しているということである。ゲーテはその場のようすをこう書いている。

「私が語り終えると、彼（シラー）は頭を振って言った。これは経験ではなく、理念なのです、と。私は不快の念を禁じえないまま口ごもった。というのも、我々二人の見解の相違点が、この言葉によって強烈に浮き彫りにされたからである。〈優美と威厳〉からの主張を私は思い出した。かつての遺恨がいまにも鎌首をもたげてきそうであった。しかし私は気をとりなして答えた。私が不知不識のうちに理念を所有し、しかも理念を眼で見ていることとは、私には実に好ましいことかもしれません、と。」

すでに『カリアス書簡』（一七九三年）を刊行し、『ホーレン』誌上に「美的教育についての書簡」を連載していたシラーは、ゲーテの誕生日に送った有名な手紙にこう書いている。

「事実を観察するとき、あなたの眼差しは事物の上に静かに純粋に注がれています……。あなたの正確無比な直観の中には、分析によって辛うじて得られるものがすべて、それも分析を通すよりも遥に完璧に存在しています。すべてが一個の全体をなしてあなたの内部に存在しているからこそ、あなた御自身の豊かさに気づかれないのです。と申しますのも、残念なことに、私たちが認識するものは、唯私たちが区別しうるものだけだからです。それゆえ、あなたのような精神の持ち主は、不知不識のうちに真理に肉迫しているので、哲学から思想を借り受ける必要もありません。

あなたは自然界全体を総合し、個々のものに光をあてるのです。自然界の現象形態の普遍性の中に個体を説明する根拠を捜し出されるのです。単純な組織から出発し、徐々に複雑な組織に手をのばし、最後に万物のうち最も複雑な存在である人間を発生学的に、自然界の原資料から組み立てるのです。人間をいわば自然に似せて再創造することによって、人間の内部に秘匿されている技能に通暁しようと試みられています。それは偉大な、真に英雄的な理念と申せましょう。それはまた、あなたの精神が人間の理念の豊かな全体を見事な統一に織りなしている事実を物語っています。御自身の人生をこのような目標に到達せしめようなどとは夢にも望まず、むしろこのような道を辿ることだけでも、他の道を全うすることより価値あることと考えておられるのです。」

それゆえシュタイナーをどんな意味にせよ「ゲーテ主義者」とすることは、ヘムレーベンも「シュタイナーは、ゲーテに〈帰り〉たくはなかったし、ゲーテ主義者にも〈帰り〉たくなかった」と書いているように、誤りなのである。

ちょうど、この、シュタイナーが人智学の揺籃期と呼ぶ一八八二年は、シュタイナーの師ツィンマーマンが大著『人智学』を上梓した年だった。シュタイナーの発言がこのことを意識したものであることは間違いないであろう。W・M・ジョンストンは書いている（『ウィーン精神』）。

「ツィンマーマンの特異なところは、人間の術（Kunst）を三つのタイプに分け、人間のあらゆる活動はそのうちのどれかにあてはまると考えた点である。まず形成の術（Bildungskunst）、これは美しい理念や良い衝動を自分のなかに育てることである。二番目は、そのようにして生まれた理念や衝動を、他の人間にまで広めようとする形象の術（Bildekunst）である。教育学はもとより、社会思想や国政学（Staatskunst）に至るまでがこれに入る。最後のタイプは造形の術（bildende Kunst）である。これは、そのような理念を事物のなかに発見ないしは「再創造」しようとするものである。たとえば事物のなかに理念を発見しようとするのが科学や技術であると言えるし、事物のなかに理念を再創造しようとするのが芸術であると言えよう。ツィンマーマンは、アリストテレスを思わせる広範囲の総合を求めて、人間の精神的活動や実践的活動のすべてを、「術」という唯一の巨大な営みの下に統合して見せたのである。『美学』に始まり『人智学』に至るまで、ツィンマーマンが主張し続けたのは、知識と実践活動と芸術との間の一貫した連続性であった。ハーマーリングの『意志の原子論』同様、ツィンマーマンの『人智学』は、ライプニッツの系統をひく最後の大論文だった。弟子のルドルフ・シュタイナーは、師のツィンマーマンにはゲーテの多面性を見ることができると評している。ツィンマーマンのこの『人智学』を受け継いだシュタイナーは、同じ人智学という語を使いながら、まったく別の、彼独自の思想を語るようになっていった。

ゲーテ的多面性を発揮したもう一例はヘーゲルであろうが、このヘーゲルに対して、ツィンマーマンは、ヘルバルト学派に共通の敵意を抱いた。かれは、ヘーゲル美学を擁護するシュヴァーベン出身の美学者フリードリヒ・テオドル・フィッシャーを相手に、形式美学の立場から論争を繰り返した。一八七二年フィッシャーの息子ロベルト・フィッシャーが感情移入という概念を考え出したのも、ツィンマーマンの美学を批判してのことだった。」

当時、ウィーンのヘルバルト派はベルリンのヘーゲルと対峙していた。シュタイナーの言う「学派」もヘルバルト派のことである。これについてシュタイナーは『自伝』(第三章)でどのように書いているのか。

「ツィンマーマンの美学に刺激されて、私は当時の著名な美学者フリートリッヒ・テオドーア・フィッシャーの著作を読み始めた。私は彼の著作のある箇所で、近代の自然科学思想は、時間概念の変革を必要としている、という指摘を発見した。私は、自分を駆りたてているのと同じ認識欲を他人の裡にも発見すると、いつも格別の喜びを感じたものである。この場合も、フィッシャーの指摘は、納得のいく時間概念を探求していた私の努力の正しさを保証してくれるような気がした。」

ツィンマーマンとフィッシャーとの対立については触れられていないし、論文のこともフィッシャーに手紙を出したことも書かれていない。シュタイナーはこの論文を、一八八二年六月二〇日、このベルリン大学のヘーゲル派の重鎮美学者に送っている。それは、一八七三年、ツィンマーマンがこのフィッシャーの論文に好意的な見解を述べ、自著『人智学』のなかにフィッシャーの考えを取り入れてしまったからか。反ワーグナー主義者のシュタイナーが、ヘルバルト派の天敵ヘーゲル派の美学者に献呈したのは、「対極にあるヘルバルト哲学とヘーゲル哲学と触れるところがある」(シュヴェーグラー)ということに加えて、こうした事情があったのであろう。

そして「駆出し学生時代に書いた論文」（シュタイナー）とはいえ、記念すべき最初の哲学論文であり、『自由の哲学』へと昇りつめていくシュタイナーの認識論形成の出発点となるこの論文は、本来『ルドルフ・シュタイナー全集』第一巻の巻頭に掲載されなければならないにもかかわらず、なぜか収録されていない。この論文が初めて公表されたのは、シュタイナーの死後五十三年も立った、一九七八年（『ルドルフ・シュタイナー全集への寄与』第六三号）のことである。

シュタイナー全集の第一巻が、執筆年代順に、「ゲーテ自然科学論文集解説」の前にこの論文を載せ、その後に「自然と我々の理想」を載せていれば、シュタイナーのイメージも、現在の「ゲーテ学者」「神秘学者」といったものとはかなり異なったものになっていただろう。

では、この「人智学の揺籃期」の論文が掲載されなかった理由は何なのであろうか？　またなぜシュタイナーは、一度は言及したにもかかわらず、最終的に自伝で隠したのだろうか？　それはこの論文の内容が関係しているのである。

シュタイナーはこの「時間概念の変革」というテーマにどのような関心から到達したのだろうか。それについてシュタイナーは次のように述べている。

「こうした哲学的関心のために、当然のことながら、私の専門の勉強は疎かにされていた。しかしこの場合、私が既に以前に、微積分学と分析幾何学をよく研究しておいたという事情が幸いした。

数学は私にとって、私の認識への全努力の基盤としての意味を持っていた。数学においては、いかなる外的感覚経験に依拠することなく獲得される、直観と概念の一体系が提示されている。しかも人間は、こうした直観を携えて感覚的現実に近づき、直観と概念を通して感覚的現実の法則性を発見するのだ、と当時の私は常に考えていた。数学によって人間は世界を知る。しかし、このことを可能にするには、まず始めに数学を人間の魂から産み出さねばならないのである。

当時の私にとって決定的な経験は、まさしく、数学の方面からやってきた。私にとっては空間の概念が最大の難関だった。講義や個人教授の折に学んだ近代の（総合的）幾何学のおかげで、右側に向かって無限に延長される一本の線は、左側から再び最初の出発点に戻ってくる、という直観が私の心に浮かんだ。右側の無限に遠い所にある点は、左側の無限に遠い点と同一なのである。

他の方法に拠るかぎり、空虚の中で硬直してしまう空間も、近代幾何学のこのような表象をもってすれば、概念的に把握することが可能であると私には思われた。円のように、自己自身に向かって回帰してくる直線を、私は啓示のごとくに感じた。こうした洞察が初めて心に浮かんだ講義から帰る時、まるで重石が心から取り除かれたかのような気がした。私は解放的な気分に浸ることができた。幼年時代もそうだったように、今度もまた、幸福をもたらすものは幾何学からやって来たのだ。」

佐藤公俊は、雑誌『ユリイカ』のシュタイナー特集に、「ジョージ・アダムスはシュタイナーの自伝の射影幾何学に関するごくわずかな記述に霊感を受けて、ゲーテの科学と射影幾何学に関するオカルティズムの統合という新たな重要な展開となる仕事を成し遂げたのである」と書いている。

私は、シュタイナーに関わり始めてから常に、「オカルティストは普通の人に見えないものが見えるが、普通の人に見えるものが見えない」と言ってきたが、これほどのオカルティストも珍しい。アダムスなる人物がこのシュタイナーの自伝のどの「わ﹅ず﹅か﹅な﹅記﹅述﹅に﹅霊﹅感﹅を﹅受﹅け﹅」たのかは、佐藤の文章からはうかがい知ることはできない。原文を読んでもわからない。英訳変換するとそれは「顕われて」くるのだろうか。

ただ一つ言えることはこの文章には続きがあるということである。そして、ポットシャハでの幾何学体験に続くこの「近代の総合幾何学」体験の記述によって、シュタイナーの意図が明らかになるのである。シュタイナーはこう書いている。

「このころ私は、空間の謎の背後に潜む時間の謎にも直面した。「無限に遠い」未来の中に歩み入ることによって、過去の方から帰ってくることを理念の上で含み得るような表象があり得るであろうか？　空間の場合には幸福をもたらした表象も、時間の場合には、何か不安をかきたてるような面を含んでいた。しかし、差し当たってはいかなる解決策も見出せなかった。あらゆる角度から見て、結局、空間に提供する場合には明快な概念も、時間の把握に適用するにあたっては充分に慎重であらねばならない、という結論に私は到達した。時間の謎に関しては、私は認識欲の遭遇するありとあらゆる失望を経験した。」

もうこれで、物理学や宇宙論に関心のある読者ならばおわかりだろう。これはアインシュタインが、友人の数学者グロスマンらの助けによって、物理法則を幾何学化した宇宙の構造を「一般相対性理論における宇宙論的な考察」（一九一七年二月、『プロイセン・アカデミーの報告』）として提示した内容の核心部分なのである。アインシュタインのこの宇宙モデルを、B・G・クズネツォフが次のように簡潔に説明している（『アインシュタイン』下巻「一般相対論」より）。

「空間の一般的曲率という概念の意味は、何らかの二次元空間の一般曲率、たとえばわれわれの地球の表面から類推することによって明らかにすることができる。この表面を旅してみると、個々の曲がり――ふもと、岡、山――に出会うだろう……、全体としてこの空間が球面であることが知られる。

地球表面上の旅から類推して、全世界空間における旅をやってみよう。われわれの旅を表わす世界線はある領域で惑星、恒星などの重力場を横切るところで、曲線となるだろう。

しかしこの場合に、地球の二次元的表面の一般曲率に類似な宇宙全体の一般曲率が存在するだろうか？　地球表面上の二点間の最短距離、たとえば径度または赤道の孤を運動して行けば、われわれは結局円を描き、出発点に戻ってしまう。同様に、世界が全体として曲率をもっているなら、われわれは出発した世界点に帰るだろう。

アインシュタインはこの命題を放棄した。実際、出発した世界点に帰るというのは、ある地理学的な点を、たとえば一九六五年の七月十四日正午に出発し、何万年かの後、宇宙を経巡って、再び一九六五年七月十四日正午にこの地点に戻るということである。こんなことは不可能である。同じ世界点で世界線を閉じたものにする空間‐時間の曲率は存在しえないのである。

アインシュタインは、曲がっているのは空間だけで、時間は曲がらないと考えた。それ故、ある地点を出発して、最短路をたどって宇宙を旅すれば、われわれは閉じた空間的軌道を描き、別な時間に、たとえば世紀一〇億年に、同じ点に戻るだろう。すなわち世界空間は（ある有限な二次元空間、たとえばわれわれの地球の表面におけると同じ意味で）有限であるが、時間は無限である。われわれは、類推によって、一つの次元では曲がっており、有限であるが、もう一つの次元では真直ぐで、無限である二次元空間――表面――を見出すことができる。それは（無限の長さの）円筒面である。」まったく瓜二つと言ってよいだろう。シュタイナーは、一九一七年当時このアインシュタインの宇宙モデルについての議論を意識してこの発言をしているのである。つまり「自分はアインシュタインより前にこの問題に気づいていた」と。シュタイナーが自伝を書いていた時代は、アインシュタインのこの相対性理論と宇宙論に関する議論が沸騰していた。

そして、この近代宇宙論の誕生を告げるこの論文がリーマン幾何学の大きな影響を受けていることはよく知られている。シュタイナーがここで言っている「近代の総合的幾何学」とはリーマン幾何学のことなのである。リーマンは、一八五四年、ゲッチンゲン大学の講師就任講演『幾何学の基礎をなす仮説について』でこう言っている。

「周知のように幾何学は、空間の概念も、空間のなかでの幾何学的構成のための最初の基礎概念をも、何か与えられたものとして前提しています。幾何学はそれらに名目的定義を与えているだけであって、本質的な諸規定は公理の形式で現われています。だがその際、それら前提の関係は不明のままであって、それらの結合がはたして必然的であるのか、またそれが可能であるかどうかも、ア・プリオリにはわかりません（研究の方針）。

さてこれらの課題のうち私はまず第一のもの、すなわちn次元量の概念の展開という課題を解くつもりですが……、枢密顧問官ガウス先生が平方剰余についての第二論文、ゲッティンゲンの学報、および先生の記念論文集のなかでそれについて与えた若干のごく短い示唆と、ヘルバルトの若干の哲学的研究のほかには、準備として役立つような業績を全く利用できなかった。」

ヘルバルトのカントの時空概念批判はリーマンの微分幾何学の形成に大きな影響を与えた。シュタイナーはここで暗に、「私はアインシュタインより前にこのことに気づいていた」と言いたかったのだろうか？

ここでシュタイナーが言う、「私は図書館ではヘルバルトの『形而上学』や、ヘルバルトの立場で書かれたツィンマーマンの『形式の学としての美学』に没頭した」というヘルバルト哲学の認識論と「近代の総合的幾何学」であるリーマンの球面幾何学とが一本の糸によって結ばれるのである。

ホーキングが言う（「無境界条件と時間の矢」一九九二）ように、「膨張する宇宙に生きている私たちの心理的な時間の矢（主観的な時間の方向）は、宇宙論的な時間の矢と同じ方向を向いており、時間の矢の反転（例えば、「未来を記憶し、過去を忘れる」というようなこと）」はありえないのである。

ここで我々は重大な疑問にぶち当たる。それは、これも一九六五年になって初めて『ルドルフ・シュタイナー全集』への寄与』に掲載された、シュタイナーがフランスでの神智学協会の集会でシュレーに手渡した自己紹介の文章である。それにはこう書かれている。

「私がカントに関心を抱くようになったのは、非常に若い頃だった……。次いでフィヒテとシェリングに没頭する時期が続いた。

この時期（前出自伝文章と同じ時期・引用者）に、――外から来たオカルト的影響を通して――時間の流れについてのまったく明瞭な認識が獲得できた。この認識は今述べた研究とはまったく関連をもたないオカルト的生活の中から、導き出された。それは、前進する時の流れとともに、それに遡行する流れ、つまりアストラル＝オカルト的な時間の展開もまた存在するという認識だったが、この認識こそ、霊的直観をもつための条件なのである。」

自伝の文章とまったく逆である。シュタイナーは、この文章のなかで、コグツキーについても「フリーメーソンの導師からの使者」と書いているが、自伝ではトーンがかなり弱まって記述されている。

さて前述したフィッシャーへの手紙にもどると、シュタイナーは次のように書いた。

「尊敬する教授殿へ

全く見ず知らずの者が、こうした手紙を、釈明する何ものも添えずにお送りしましたことをお許しください……。

私は非礼も省みず、同封の論文をお送りしました。あなた様の評価の高い御著作――私は全部完全に読みました――は、私の論文に多大の刺激を与えたことをこの論文から見て取っていただけると思います……。

私は以前、完全に機械論的－唯物論的な自然理解に耽って暮らしていました。今日の多くの他の人々と同じように、その真理を高く信じて疑わないかのように。ところが、私はそこから生じてくる諸々の矛盾も、身を持って体験しました。ですから私が申し立てていることは、単なる弁証法ではなく、自分の内的な体験なのです。私がどのように考えていたかを私は知っています故に、私はこうした世界観を最も深い本質のうちに認識することができますし、その欠陥は、他の教育課程を終了した人たちよりも、恐らく僅少なのではないかと思います。私の専門教育は数学と自然科学です。

あなたのダーウィニズムについての諸見解は、わたしにはダーウィニズムについての後世の判断のための萌芽であるように思えます。時間概念を修正することによって、多種多様な見解に分化した学問の治癒が真剣に希求されるべきであります。ダーウィニズムを、それの持つ一切の非真理と不明瞭さと一緒くたにして、倫理学と合体させようとしているカルネリや、その他の人たちの無駄な努力よりも、こうした方法によって確実にそれ以上のものが得られるでありましょう。

最後に、もしあなたが、私のお願いが不当でないとお思いになりましたら、この論文で言及されている事柄についてのあなたのご判断を、ほんの数行でよろしいですからお聞かせ願いたく思っております……。

深い尊敬をこめて。

ルドルフ・シュタイナー」

しかしフィッシャーの返事（七月二日付葉書）は、きわめてつれないものだった。

「こんなぞんざいな形式で申し訳ありません。

私はご親切にお送りいただいたこの紙片を興味を持って読みました。しかしこれについての私の判断を書く時間はありません。この葉書の文面も、厳密にいうと、たんなる受領書にすぎません。私は多くの研鑽を積んできました。あなたの論文、とくに時間概念については、いずれにせよ大幅な変更の必要があると思われます。もう一度言います。せっかちさん、私はあなたを勉強のための関心が不足しているとは思っていません！」

シュタイナーは、この手紙の前年の八月二十六日のローンシュペルガーへの手紙に、フィッシャーについて次のように書いていた。「良き時代の古参兵たち、クノー・フィッシャーやカーリーエレ、そしてテオドーア・フィッシャーやローゼンクロイツらは、このぞっとするような皮相さに対して闘わずにただ佇《たたず》んでいるのです。彼らは早晩消え去る運命です」と。

なぜなのか？　それを解く鍵はおそらくこの講演の時期とその論文の内容に関係しているのだろう。

アインシュタインは一九〇五年に「運動体の電気力学について」（特殊相対性理論と呼ばれている）を発表したが、その内容はタイトルとは裏腹に、「運動学1、同時性の定義」「同2、長さの相対性と時間の相対性」「同3、静止系からそれに対して一様な並進運動をしている他の座標系への座標および時間の変換の理論」というように、論文の約七割が時間と空間の問題に費やされている。

アインシュタインはこの特殊相対性理論で、「われわれを取り囲んでいる時間と空間は、われわれが想像するような構造、すなわちカントが非常に明白であると考えて、彼の思想のカテゴリーの一つとしたような構造をもってはいない」ことを証明した。

カントは当時の数学や物理の法則を絶対的真理であると考えていた。

この論文でシュタイナーが論じている中心命題は、時間概念の変更ではなく、デュ・ボア・レイモンによって唱えられていた「自然認識の限界」の突破である。そして、ここで超越的認識を否定するシュタイナーはある種の相対論を語っているとも読めないことはない。シュタイナーがこれを（はっきりとは明言していないが）アインシュタインの相対性理論と関連させたのもうなずける。

「原子論的概念についての唯一可能な批評」

さてシュタイナーの「原子論的概念についての唯一可能な批評」であるが、シュタイナーはその問題意識を次のように述べている。

「近代の自然科学は真理探求のための唯一の拠り所を経験とみなしている。そしてこのことは誤っていないと確信している。経験の領域は外的空間の事物や時間の事象の範囲にある。人は、空間的時間的なものと接触し初めて知る、唯一のやり方である感性知覚を用いることなしに、どのようにして外界にある対象から何かを取り出すことができるのだろうか。近代の自然科学が今世紀初頭の自然哲学の思弁的体系に対して一般的に認めさせた格率は、まず対象を初めて知り、そのあとそれについて概念的な構成をするということである。この原理はまったくもっともなことではあるが、しかしそれは誤った理解によって科学を邪道に導いた。この誤解は、帰納的方法とその結果として導き出されてきた唯物論と原子論を普遍的な概念とする、という特徴にあった。現今の自然科学の立場がその理論的な部分において、カントによって尊大に提出されたところの概念から本質的な影響を受けているということは、まったく疑いない。」

またシュタイナーは、原子論についての論文執筆の前年の夏に、工科大学の友人ルドルフ・ローンシュペルガーにあてた手紙に、「八月には私の大好きな自由の哲学の大部分を書くために必要な休暇が取れるでしょう。私はあなたにきっと進展を報告できるでしょう。形式についてはもう決まっています。それは書簡による会話調のスタイルでもなく、多くの文節に分けられたものでもなく、いつも学校で教えられているような引用を用いず、シラーの『素朴文学と情感文学』のような散文スタイルを予定しています。それが自由の哲学の形式なのです」と書いている。

さてそのシュタイナーが批判するデュ・ボアレーモンの自然観であるが、それは講演の冒頭で次のように開陳されている。

「自然認識とは、物質界における諸変化を、時間には依存しない原子の中心力によって生じる運動にまで還元すること、換言すれば、自然現象を原子の力学に解消してしまうことである。こうした解消がうまく成功するとき、我々の因果律の要求が一時充たされたごとく感じられることは心理的経験的事実である。力学の諸命題は数学式をもって表すことができ、数学の命題と同じ絶対的確実性をそれ自らの内にもっている。物質界における諸変化が、物質の一定量に付随する張力と活力、あるいは潜勢のエネルギーと運動のエネルギーとの一定量にまで還元されるとき、その現象自身のうちにはもはや説明すべき一物も残らないのである。

カントの『自然科学の形而上学的原理』の序文の中に見える「各々の特殊な自然科学においては、

その内に見出される数学の分量だけ、それだけ本来の科学に出逢うことができる」という主張は、したがって、むしろ一層これを押しつめて、数学のかわりに原子の力学が置きかえられるということにすべきである。

法則といい偶然といっても、それはただ力学的必然性の別名に過ぎないであろう。実際、全宇宙現象が一つの数学式、連立微分方程式の一つの無限の体系をもって表し得、この体系からして宇宙間にある、どんな原子のいかなる時刻の位置、運動方向、速度でも知り得られるというごとき自然認識の段階を想像することは可能である。

過去未来を見る予言者（ヤーヌス）には「全宇宙はただ唯一の事実、一つの大きな現実に過ぎない」。我々の因果律の要求を一時充足せしめると称せられた自然認識は実はその力がなく、その実認識ではないということを想い起こさなくてはならぬ。」

この主張の最初の部分は、同僚教授であるヘルムホルツのエネルギー保存の法則を確立した歴史的論文の一つ『力の保存についての物理学的論述』（一八四七年）における、自然現象を不変かつ終局的な原因、すなわち物質粒子の運動にまで還元する、という主張をそのままで借用している。

このデュ・ボアレーモンの主張に対してシュタイナーは、「これはカントの帰納的科学を継承したものである」と指摘し、まず最初に、人間の認識を経験に制限し概念を非現実的なものとみなすカントの先験的感性論の「積極的な帰結」（シュヴェーグラー）を、シュヴェーグラーの概説を踏襲しながら、検討する。

その結果シュタイナーは、「このカントの見解から始める認識論では、概念と対象との関係について決着はつけられないだろう」という結論に達し、それに対する根本的な疑問を投げかける。「あれこれの対象について獲得するその固有の経験とはどういうことなのだろうか?」「人は、もし感覚界のある対象にあらかじめ実体（Wesen）が与えられているのなら、直接に感覚を通して所与を概念に向かわせることについての必然性をどう理解すべきなのだろうか?」「直観（Anschauen）ですでに充分ならば、何のためにさらなる概念化（Begreifen）が必要なのだろうか」と。

そしてシュタイナーは、「もしそれが対象の変造でなく、しかも対象へのまったく不必要な付加でないならば、それは少なくとも概念であるだろう」とし、「人は概念と法則（Gesetz）の具体性を否定するかどうかに進まねばならない」と言う。

そしてシュタイナーは、「ヘルバルト学派もまた、こうした概念に対する比喩的な定義に反対している。〈概念は我々の外部にある精神的な相関概念である〉」と主張する。

「認識とはそのような概念像の定義であり、今や認識の実体定義を探し求めている。我々はここで我々に課せられた、単に外界の認識を制限しようとする、この課題に立ち向かいたい。」

「この場合、認識という現象において二つのことが問題となる。それは思考と感覚を確認するということである。まず最初に概念と法則（Der Begriff und das Gesetz）、最後に感覚の性質とその過程である。概念と法則は常に普遍的で、感覚の対象は個別である。前者は考えられる（gedacht）だけのものであり、後者は見られる（angeschaut）だけのものである。」

この部分は、シラーの『カリアス書簡』（一八九三年二月八日付）の次の部分にあたる（邦訳岩波文庫、しかしこの訳文では傍点がすべて欠落しているので、シラーの論理的な意図が薄弱になっている。本引用では原文にならって傍点を補充した。）

「ここに二つの道があります。

われわれの（現象としての）自然に対する関係は、受動的であるか、能動的であるか、あるいは受動的であると同時に能動的であるかのどちらかです。

もしわれわれが自然の作用を単に感受するならば、受動的です。

もしわれわれがそれを規定するならば、能動的であって、もしわれわれがそれを表象するならば、受動的たると同時に能動的である。

現象を表象するには二つの仕方がある。すなわち、われわれが意図的に認識に向けられているか、――この場合われわれは現象を考察（beobachten）するのである――あるいはわれわれは物それ自身からそれの表象に誘われるか、――この場合われわれは現象を単に観照（betrachten）するにすぎない――の何れかである。

現象の観照においては、われわれはその印象を受容するのであるから、受動的である。しかし、われわれは、この印象をわれわれの諸理性形式の下に服せしめる場合は、能動的である（この命題は論理学から要請される。）」

シュタイナーがツィンマーマンについて論理学を学んだのもこのためである。シラーは続けて書いている。

「すなわちすべての現象は、われわれの表象力の形式的制約に従わねばならぬ（なぜならばあたかもそのことに従って現象は初めて現象となるからである。）形式をわれわれの主観から受け取らなければならない。あらゆる表象は多様なるものであり、素材である。この多様なるものの結合の仕方がその形式である。多様なるものを与えるのは感性であり、結合を与えるものは（最も広い意味でいう）理性である。なぜなら、理性とは結合の能力を指していうからである。」

シラーはこれを「多様なるものの統一」（Einheit in der Mannigfaltigen）と言っている。現代のヨーゼフ・ボイスに代表される三層構造主義者たちは、同じ「多様性における統一」という言葉を、〝Einheit in der Vielfalt〟と表現している。シラーが用いた mannigfaltig は、どちらかと言うと、平面的な「いろいろな」というような多様性を表わし、ボイスらが用いる Vielfalt は「何倍、何層」というような垂直的な多様性を表わしている、と言えるだろう。

「そして、我々に普遍的なものを固有なものと見させている媒体は、空間と時間とである。どのような固有な物も、どのような固有な過程も世界の概念的内容と接合されなければならない、何故ならばそれらに法則的概念的実質がないならば、我々の思考にとって考慮されることはないからである。それゆえ、ある対象を認識するということについては、次のようにだけ言うことができる。「我々の感覚に空間のなかで現象するということは、世界の概念内容の普遍性に差し出されるということであり、それは感覚に満たされたやり方で概念や法則が与えられるということ以外の何ものでないと。」

シラーは「カリアス書簡」（第二節「心の作用、栄養、生殖の諸組織」）でこう書いている。

「我々が道徳的身体的世界において人間に完全性を与えるためのすべての準備は、結局は、人間の完全性は世界企図の観照（Betrachtung des Weltplans）によってその諸力を訓練することにある、という根本命題に帰着する。」

ホーキングは言う。

「私は、物理理論とは観測結果を記述するための数学的なモデルにすぎないという立場をとります。ある理論がよい理論であるのは、すっきりしたモデルであり、広い範囲の観測を記述し、新しい観測結果を予言できる場合です。それを越えて、その理論が真実に対応しているのかと尋ねることは意味がありません。なぜなら、私たちは真実とは何かを知らないからです……。モデルに依存しない真実の概念が存在しない以上、真実に訴えかけても駄目なのです。」（「私の信念」）

「私の意見では、科学哲学者が量子力学や、不確定性原理に対していだいている困難な理由は、未だ明らかにされたことのない、モデルに依存しない真実があると信じていることだと思います。」

「科学哲学者がこのような困難（「シュレーディンガーの猫」）につき当たるのは、彼らが暗黙のうちに、物体はある決まったたった一つの歴史をもつという古典的な実在の概念を用いているからなのです。量子力学では、実在に対して別の見方をとります。この理論では、物体は単一の歴史をもつのではなくて、すべての可能な歴史をもつのです。」

自己構築する宇宙

シュタイナーは言う。

「このような見解によってのみ、前述の不明朗さは越えられるのである。人は、概念の始源性(Ursprunglichkeit)、すなわち、概念とは自己自身が構築した存在様式を解釈（考察）する自己であるということを認めなければならないし、それはまた、感覚に満たされた対象のなかに概念を再認識しているにすぎないのである。」

シラーは、カント哲学の影響を受ける前に書いた、「ユリウスの神智学」でこう書いている。

「　世界と思考する存在

天地は神の一つの観念である。このイデア的な精神像が実在と化し、誕生した世界が世界の創造者による裂開（Riß、crack）を満たした後、――こうした人間的な考えをお許しください――すべての思考する存在の任務は、この現に在る全体の最初の素描を再び見出すことである。すなわち、機械の内に決まりを、複合の内に統一を、現象（Phänomen）の内に法則を捜し、そして構築物（Gebäude）は自己の原初の裂開（Grundriß）を書き写すためそこに還るのである。それゆえ私にとって自然の内には唯一の現象（Erscheinung）、すなわち思考する存在があるだけである。我々が世界と名づけているこの偉大な構成は、私にかの本性の多様な顕現を象徴的に表わすために存在しているからこそ、注視しているのである。私の内にあるすべてのもの、外にあるすべてのものは、私に似ている力のヒエログリフ（象形文字）にすぎない。自然の法則とは、思考する存在が自己を思考する存在に理解させようと組み合わせた暗号であり、またそれは、すべての精神者（Geister）が最も完全な精神および自己自身と交渉するのを仲介するアルファベットである。

旧約聖書創世記に「始めに神が天地を創造された」とある。」

原文はこうなっている。

「Das Universum ist ein Gedanken Gottes. Nachdem dieses idealische Geistesbild in die Wirklichkeit hinübertrat und die geborene Welt den Riß ihres erfüllte—erlaube mir diese menschliche Vorstellung—so ist der Beruf aller denkenden Wesen, in diesem vorhandenen Ganzen die erste Zeichnung wiederzufinden, die Regel in der Maschine, die Einheit in der

Zusammensetzung, das Gesetz in dem Phänomen aufzusuchen und das Gebäude rückwärts auf seinen Grundriß zu übertragen. Also gibt es für mich nur eine einzige Erscheinung in der Natur, das denkende Wesen. Die große Zusammensetzung, die wir die mannigfaltigen Äußerungen jenes Wesens symbolisch zu bezeichen. Alles in mir und außer mir ist nur Hieroglyphe einer Kraft, die mir ähnlich ist. Die Gesetze der Natur sind die Chiffern, welche das denkende Wesen zusammmenfügt, sich dem denkenden Wesen verständlich zu machen — das Alphabet, vermittelst dessen alle Geister mit dem vollkommensten Geist und mit sich unterhandeln.」

高橋巖の「ユリウスの神智学」の訳を見てみる。

「宇宙そのものが神的思想内容なのだ。この宇宙の霊的観念が現実世界の中へ移行し、その結果、創造主体のこの構想が産出された世界となって実現した後では、——このような人間的比喩が許されるなら——思考能力を有する一切の存在に課せられた使命は現存する森羅万象の中に、その万物統一の例を合成物の中に、その法則を現象の中に探し求めながら、大宇宙というこの大建造物から溯って、原初の設計図にまで到らねばならない。……われわれが世界と呼ぶこの偉大な合成物が私にとって重要なのは、神的存在の多様極まりない顕現を象徴的に私に示しているからである。私の内なる一切と外なる一切とは、私に類似した或る力の象形文字にすぎない。自然法則は暗号である。思考存在はこの暗号の組み合わせから、それを一般の人にも理解できるものに変えねばならない。この暗号はまた、すべての霊達が至高の霊と会話するときの、また自分たち相互に会話するときの言葉でもある。」

このシュタイナーの引用には、高橋も「……」としているように、重要な欠落部分がある。「それゆえ私にとって自然の内には唯一の現象（Erscheinung）、すなわち思考する存在があるだけである。」

神の被造物、とくに人間(Geschöpf)

シラーはこの世界は「神が創造した」のではないと言っているのだ。ではだれが創造したのか？　シラーと同じシュワーベン出身の哲学者フォイエルバッハは「哲学改革のための暫定的命題」でこう言っている。

「新しい、唯一の積極的な哲学は、たとえそれがスコラ哲学の真理をそのうちに含んでいても、あらゆるスコラ哲学の否定であり、抽象的な、特殊な、つまりスコラ的な性質としての哲学の否定である。この新しい哲学には、どんな合言葉も、特殊な言語も、特殊な名称も、特殊な原理もない。それは、思考する人間そのものである。

人間という名は、言葉の上では、たしかに一つの特殊な名であるが、しかし真理の上では、あらゆる名の名である。人間には、多くの名があるという述語が当然属する。たとえ人間が何を名づけ、何を言い表わすにしても――つねにかれは自分自身の本質を言い表わす。言語は、だから、人類の教養程度の高低の試金石である。神の名は、人間が最高の力、最高の本質、すなわち最高の感情、最高の思想と思っているものの名にすぎない。

人間なしの、または人間の外で、それどころか人間を越えた法・意志・自由・人格などに関するあらゆる思弁は、統一のない・必然性のない・実体のない・根拠のない・実在性のない思弁である。

人間が自由の現存であり、人格の現存であり、法の現存である。人間こそフィヒテの自我の地盤であり、ライプニッツのモナドの地盤であり、絶対者の地盤である。」

この「思考する人間」の発見はソクラテスに遡る。ソクラテスは、行為の規準は、外的な強制力にあるのではなく、人間自らの内にあらねばならない、というように自由な個人を規定した。それゆえ、ソクラテスの「汝自身を知れ」という叫びは、同じ言葉で民衆を服従させていたデルフォイの神の「身の程を知れ」という要求を、自己自身の認識力と内省を要求するものに代えた。このことによって人間は、自己の内奥に理性の普遍的法則を発見し、それに従うことが真の自由であることを知った。

シラーはまた、『群盗』を公表した同じ一七八一年に「宇宙の大きさ」という、「ユリウスの神智学」と同じ思想内容の詩を書いている。次のような詩である。

「　宇宙の大きさ

往世創造する精神がカオス（Chaos）から形造ったもの

ただよい浮かぶ宇宙の中を、私は飛ぶ、風の翼で

　　渚まで

　　波の上に降着し

錨を下ろす、そこはもはや気息一つ吹きかよわず

創造の境を示す標石の立つところ。

あらかじめ準備された星々が、若々しく復活するのを私は見た

天界を巡る一千年の運行をはじめるために、
　彼らの戯れを私は見た、
　誘いかけている目標にむかって。
惑いながら、私はあたりを見まわすと、
からっぽの——星影さえない、空間が見えた。
翼をはばたかせ、さらに無の王国へ
望みをもって前に舵をとる、光の矢のように。
　ぼっとした霧中燈のように
　天は私のかたわらをかけすぎる
宇宙の組織が大洋のようにどっとあふれ
太陽の旅人のあとに渦まく

見よ、寂しい空の小道を、ひとりの巡礼が私に向かって飛んでくる
疾風のように——「止まれ、遍路よ、何を捜してここまできたのか？」
「渚へ
　宇宙の果てをめざして！
私は飛ぶ、もはや気息一つ吹きかよわず
創造の境を示す標石の立つところへ。」

「やめたまえ！　飛ぶとも無駄——君の前方は無限！」
「やめたまえ！　飛ぶとも無駄——巡礼よ、私の後方もまた無限！」——
　下に向けたまえ
　大鵬の望みも、君の翼も
奔放な飛行者、ファンタジーよ
望みをすて、錨をここに下ろそう。」

この詩では、「ユリウスの神智学」の〈Riß〉が〈Chaos〉となっている。『独和言林』（佐藤通次）によれば、〈Riß〉の訳語として「1、裂開」とあり、〈Chaos〉も「ギリシア語〈裂開〉」とある。このことで、シラーが〈Riß〉を（神の）「設計図」という意味で使用していないことが明らかであろう。

現代の最新宇宙論によると宇宙の誕生と形成は次のようだったという。

「百三十七億年前、宇宙は無のゆらぎから忽《こつ》然と誕生した。この時、宇宙では虚数の時間が流れていた。そしてその誕生の直後、想像不可能な壮大な膨張（インフレーション）が起き、宇宙は物質とエネルギーに満ちた超高温・超高密度のビッグバン宇宙となった。

そして、宇宙誕生から約三十八万年後、宇宙は膨張しながら冷えてゆき、宇宙の温度が十分に下がったところで、（水の温度が十分に下がったところで、蒸気が凝結して液体の水になるのと同じように）ヒッグスの海ができた。物質粒子は互いに結びついて銀河や星や惑星などの構造を作り、今日私たちが目にするような宇宙を自ら形作っていった。」

このプロセスは〈自発的対称性の破れ〉と呼ばれている。

現代では、「カオスとは、あるシステム（系）が確固たる規則（決定論的法則）に従って変化しているにもかかわらず、非常に複雑で不規則かつ不安定なふるまいをして、遠い将来における状態がまったく予測できない現象のこと」（合原一幸『カオス』）とされている。

「カオス」と「哲学の始まり」についてシラーは「哲学書簡」でラファエルにこう言わせている。

「人間の探求する精神が試みた最初の対象は、そもそもの昔から宇宙であった。万有の起源とその部分相互の関係についての仮説は、ソクラテスがギリシア哲学を天上から地上へと引きおろして以来、何百年の長きにわたって、偉大な思想が問題とした対象であった。」

シラー「哲学書簡」

「（序）

理性は心臓と同じように、その歴史と運命を持っているが、その来歴が論ぜられるのは、心臓の場合よりもはるかに稀である。人は情熱を極端や錯誤、成り行きで説明し、それがいかに個人の思想体系と密接に関連しているかについては考慮せずに、満足しているように見える。倫理（Moral）が低下する一般的な原因は、一面的で不確かな哲学にあるが、それは正当性と真理、説明といった見せかけでもうろうとした理性を幻惑し、まさにそのために、生まれつきの道徳的（sittlich）感情の節度がほとんど守れないので、危険である。それに対して、明哲な悟性は志操をも教化する。頭は心臓をも養成する。」

ユリウス

「ラファエルは僕に思考することを教えた。そして僕はいま自分が創造されたことを悲しみたい気分だ。

創造？　いや、それは僕の理性にとって許容しがたい、意味のない響きにすぎない。何も僕は知らないし、僕についても誰も知らない時代があった、と言う。だから僕は僕はいなかった、と言う。その時代はとうに過ぎ去った。だから人は、僕は創造された、と言う。しかし人はまた、数百年前に生きており、今は誰も知らない数百万人についても、彼らは存在したと言う。いったい始めを肯定して、終わりを否定する権利は、何を根拠として出てくるのだろうか？　思考する存在の中断は無限の善に反する、と人々は主張する。それでは、この無限の善は世界の創造と共に生じたのだろうか？　いまだ精神者（Geister、人間）が存在しない時代があったとすれば、無限の善は完全にそれ以前の永遠には効力がきかなかったのだろうか？　世界の構築物が創造者の完全性の具現であるならば、世界の創造以前には、創造者には完全性が欠けていたのだろうか？　しかしこのような仮定は完全な神の理念に反する。だから創造はなかった。僕はどこへ迷い込んでしまったのだろう。ラファエルよ。僕の結論は、何という恐ろしい迷路であることか！　僕は何か神のようなものを信ずるやいなや、創造者を投げ捨てる。創造者なしに足りるならば、僕は何のために何か神のようなものを必要とするのか？」

ライプニッツ

「（人間は）ただに被造物の宇宙の鏡たるに止まらず、神性の似姿（une image）である。神の作品の表象をもつだけでなく、少なくとも神の作品に似たものを作り出すことさえ出来る。夢の中では固《もと》より、……意志的行為においても我々の精神は設計的（architectonique）である——神が事物を重さ・長さ・数等によって規定した知識を発見して、我々の知識はその所管内において、すなわち自由に振る舞うことを許されているその小世界において、神が大世界において行うことを模するのである。」

これによって理性的精神としての人間はいわば神と仲間になり、神はこれに対して発明者が機械に対する関係（人間以外の非造物に対する関係）に止まらず、君主が臣民に対する関係、むしろ父が子に対する関係をもつ。

シラーは『カリアス書簡』（一七九三年二月二十三日付）にこう書いている。

「自然がある規則によっていることを、われわれに語るものは、感性ではなく、理性です。規則の自然に対する関係は、ちょうど強制の自由に対するそれに等しい。そして規則はわれわれによって思惟されるが、自然は見られるのですから、強制は思惟され、自由は見られるのです。

われわれが物の形式から論理的起源（logischer Ursprung）、すなわち他律を推論する原因（Ursache）をもっているとする、そして、われわれが予期に反して自律を発見する場合には、このような発見は愉快なのです。」

「もちろん、自由の概念それ自身は、もしくはこの概念の肯定的なものは、理性によってはじめて対象の中におかれる。なぜなら理性は対象を意志の形式の下において考察するからです。しかしこの概念の否定的なものを、理性は対象に与えません。理性はそれを対象の中においてすでに前もって見出しているのです。それゆえたとえ、自由が理性の中にだけ存するにしても、対象に与えられた自由の根拠は、なお対象そのものの中に存在しています。」

またゲロルト・プラウスは、カントの批判期に現われる「物自体」という用語のほぼ九割までが、Ding an sich ではなくて、Dinge an sich selbst という形を取っており、それはまたDinge, – an sich selbst betrachtet（自己自身において観照された物）という表現の省略型なのであるという。

シラーは『カリアス書簡』（前出）で「我々が物それ自身からその表象に誘われる（Wir lassen uns von den Dingen selbst zu ihrer Vorstellung einladen.）か、――この場合われわれは現象を単に観照するにすぎない（Wir betrachten sie bloß.）」と言っている。

またプラウスはこうも言っている。

「これまで参照してきたどの辞書にも、〝eigen〟という言葉が所有の意味だけではなく、再帰的な意味においてもまた使用される、ということに少しでも言及した箇所はなく、ましてや、期待されるように独立の項目を設けてこのことを取り扱ったものはない。この点でいずれの辞書も期待はずれであった。

自愛（Eigenliebe）とは、他の人ではなくその人自身が感じる愛のことではなく、その人が他の誰かに対してではなく自己自身に対して（für sich selbst）感じる愛のことを言うのである。このような（合成語に含まれる〝eigen〟の）再帰的な意味に対して、その所有の意味――私はただ私の愛（meine Liebe）でもある愛だけを私自身に対して感じることができる――は、私の考えによれば、こうした場合そもそも（再帰的な意味と）同時に言い表されることがないほど自明なのである。

ところで、カントはまさにこのような再帰的な意味において、少なくとも〝eigen〟という言葉をまたそれだけで独立に用いており、その際、この言葉そのものに由来するがゆえに、これに必然的にともなう所有の意味もまた同時に表現される場合がある。」

これからちょうど一一〇年後、ホーキングは、「私たちが真実と考えていることが、理論によって規定されているとすれば、どのようにして真実を哲学の基礎に据えることができるでしょうか。探求され、理解されるのを待っている宇宙(a universe out there, waiting to be investigated and undersood)が存在すると考えているという意味で、私は実在論者であるといえるかもしれません。すべてが想像の産物であるとする唯我論者の立場は時間の無駄であると考えています。しかし、理論がなければ、宇宙について何が真実であるか理解できないのです」(「私の信念」)と言っている。

「しかしこの二つのもの(概念と法則)はたんなる主観的なものと見なされているので、最初からその道(概念的思考)は閉ざされているのである。そこから人は、それを実りない試みと見なし、知覚の助けなしに外界について何かを観たがるのである。いかにして人は、直観の完成なしに、直観という形式において概念を捉えることができるのだろうか? まず始めに、概念と理念とは知覚によって与えられたものであり、それは一切の経験的内容から自由な純粋思考とは本質的に別の形式であるということを見抜くならば、人は、経験の道を積まなければならないということを理解するだろう。」(カント)

シュタイナーと同じようにこのカントの認識論を徹底的に吟味した数学者のポアンカレは有名な『科学と仮説』(一九〇二年)でこの問題について明快な答えを出している。まずは序の言葉である。

「数学の真理は、いくつかの自明の命題から一連の完全無欠な推論を重ねて導かれる。この真理はわれわればかりか、自然そのものまでも拘束する。いうならば、神さえもそれにしばられ、ごくわずかの解答のなかでの選択を許されるだけである。

また仮説にはいくつかの種類があって、ある種の仮説は検証でき、一度実験によって確認されるとみのり多い成果をもたらす真理となる。またあるものはわれわれを誤謬からまもり、思考の根拠を与えるために役立つ。最後に、見かけは仮説であるが、実は定義や規約が形を変えただけにすぎないものがある。

最後のものは、とくに数学やこれと関係の深い諸科学に見られる。これらの科学の厳密性は、まさにここに由来している。これらの規約は自由な精神活動の産物で、この領域ではいかなる障害も認められない。というのは、ここでは精神がその規則にのっとっているから確言することができるのである。さてこの規則はわれわれの科学（数学）に課せられているもので、それがなければこの科学は成立しないが、自然にたいしては効力がないことを理解しておこう。ところでこの規則は任意なものであろうか。そうではない。まったく任意ならば、豊かな成果を期待できないであろう。経験はわれわれに選択の自由をまかせてくれるが、実は、もっと便利な道を見分けるようにわれわれを導いてくれる。だからわれわれの規則は、枢密院に諮問する賢明な絶対君主の法令のようなものであろう。」

シュタイナーも到達したヘルバルト哲学の認識論である。さらにポアンカレはこう言っている。

「科学が到達できるのは、素朴な独断論者の考えるような物自体ではなく、単に物と物とのあいだの関係だけである。これらの関係以外に認識できる実在はない。」

ポアンカレは次に、デュ・ボア・レイモンが一緒くたにしている数学と物理学における帰納法の問題についても次のように言っている。

「帰納法による推理の本質的な性格は、いわば単一の公式に集約されてはいるが、三段論法を無限にふくんでいる。だから数学的帰納法においては、最初の三段論法の小前提と、あらゆる大前提とだけをのべているということがわかる。

物理学に適用される帰納法はいつも不確実である。なぜならば、これはわれわれの外にある宇宙の一般的秩序にたいする信頼に基づくものだからである。これに反して、反復による証明である数学的帰納法は必然的な強制力をもつ。なぜならば、これは精神そのものの特徴を確認することだからである。」

また数学的帰納法の特質についてはこう言っている。

「帰納法は有限から無限に橋をかける道具である。

帰納法による推理の規則は経験からきたのではない。経験からわかるのは、例えば、一〇までの数とか一〇〇までの数についてある規則が真である、ということで、経験は際限のない数の系列に追いつくことはできない。

われわれはいつでも欲しいだけの三段論法を展開することができるが、ただ一つの公式に無限の三段論法をふくませる場合、ただ無限に立ち向かう場合にだけこの原理は効力を失い、またその場合には経験もまた無力になる。分析的な証明によっても経験によってもとらえられないこの規則は、先天的総合判断の真の典型である。

それでは、なぜこの判断が異論のないほど明白なものとしてわれわれに強制力をもつのだろうか。それは、ある行動が一度可能となれば、同じ行動を限りなく繰り返し考えうる精神の力を認めることにほかならないからである。精神はこの力についての直接の直観をもっていて、精神にとって経験は、直観を使ってその力を自覚するきっかけとなるにすぎない。」

シュタイナーもこう言っている。

「なるほど経験は自然哲学の格率であるには違いないが、それは同時に外界の経験という形式での概念の認識に違いない。現代の自然科学は経験から概念への道をはっきりと探さなかったことによって道を誤ったのである。この点において、自然科学は繰り返し非難され、非難されやすいのである。自然科学は概念の先天性を認める代わりに、感覚世界を同じことの別の形式としてだけ解釈するので、概念をそれの絶対的な先行者である外界のただの派生物としてみなすのである。ある物の単なる形相は、こうして物自体として印を押される。原子論は、それが物質的であるかぎり、この概念の不明瞭さから現れ出るのである。」

シュタイナーは、「物理学の研究は、もっぱら力学的熱学と光および色彩現象の波動論によって支配されていた。力学的熱学の授業は、私の密かな楽しみであった」と書いている。

このポアンカレの『科学と仮説』とシュタイナーの「原子論的概念についての唯一可能な批評」の間には、二十年という時間差がある。シュタイナーの問題意識がいかに先行していたかがわかろう。

シュタイナーは一九一八年に再版された『自由の哲学』の第一部〈自由の学〉第一章「人間の意識的行動」でこう言っている。

「問題は、私がある確固とした決心を実行に移すことができるかどうかということではなく、その決心がいかにして私の中に生ずるのかということなのである。

行為者がなぜ自分がある行為を行なったのかを知らないような行為が、自由ではありえないことは、言うまでもない。だが理由が知られているような行為は、どんな風になっているのだろうか。

このことは、思考の起源と意義はどんなものなのかという問題に、我々を導いていく。なぜなら、精神の思考活動の認識がなければ、あることについての知識、したがってまた行為についての知識の概念は、不可能だからである。思考が一般に何を意味するかを我々が認識するならば、思考が人間の行動に際してどんな役割を果たしているかを明瞭にすることも容易になるであろう。「動物にも具わっている魂は、思考によってはじめて精神になる」とヘーゲルが言ったのは正当である。」シュタイナーも「原子論的概念についての唯一可能な批評」で、この部分を参照するよう注をつけている。

そしてデュ・ボア・レイモンはこの講演「自然認識の限界について」の結論を次の言葉で結んだ。

「最後に以下の疑問が生まれる。すなわち我々の自然認識の両限界というものは恐らくは次のことではないか、すなわち我々が物質と力の本質を理解したならば、その基礎となっている実体が一定の条件の下において感覚し、意欲し、思考することをもまた理解することができないであろうかということである。もちろんこの思想は最も単純な思想であって、一般に知られている研究原則上、それが反駁せられるまでは、前にも述べたごとく、それに従えば世界が二重に不可知に見えるごとき思想に比べては、むしろ選ぶに足る思想である。けれどもこの点においても我々が何らの理解もえられないことは必然なのであって、このことについてこれ以上論ずることは結局無駄である。

物質界の多くの謎に向かっては自然科学者は男らしき諦めをもってignoramus（我々は知らない）と自白することにすでに久しく慣れている。今まで経来った勝利に充ちた途を顧み、今彼の心を支えるものは、今日知らないことも、少なくとも事情の如何によっては知りうるであろうし、いつかは知るであろうというひそやかな意識である。しかし物質と力の本性が何であるか、またどうしてそれが思考しうるのであるかの謎を前にしては、彼は断然堪えがたい判決を決心しなければならぬのである。

igunorabimus（我々は知らないであろう。）」

これはヘルバルトの認識論（第二章「ヘルバルト哲学」参照）に依拠しながら、経験と思考、対象と概念との関係や、〈物自体〉や〈認識の限界〉といった認識論的問題が、時空問題を織り混ぜながら批評されているものである。

参照文献として、フリードリヒ・テオドーア・フィッシャー『古いものと新しいもの』、ヨハン・レームケ『知覚と概念としての世界』、オットー・リープマン『思想と事実』、デュ・ボア・レイモン『自然認識の限界について』などが挙げられている。

デュ・ボア・レイモンは言う。「過去未来を見る予言者（ヤーヌス）には〈全宇宙はただ唯一の事実、一つの大きな現実に過ぎない〉。」そしてさらにデュ・ボア・レイモンは、「我々の因果律の要求を一時充足せしめると称せられた自然認識は実はその力がなく、その実認識ではないということを想い起さなくてはならぬ」と結論づけている。

これに対してシュタイナーは次のように言っている。

「ここには、原子概念の放棄とともに、自ずから我々の知識の限界についての思弁が抜け落ちている。もはやあらかじめそのような、境界の向こう側にありとあらゆる場所があるというような、境界決定はなされてはならない。これは、まったくナンセンスなドグマ同様、そのような仮定の背後には、愚にもつかない非理性的な心霊主義（スピリチュアリズム）が隠されているのかもしれない。」

「どのような個別の事例においても、たんなる抽象をそれ以上のものと見なしたり、またたんなる相対的概念を絶対的なものと見なしたりする過ちやそれに似た間違いが、常に根底にあることを示し、それが、完全に間違っていることを証明できる。多くの誤った表象が、とりわけ時空についての不正な概念によって広まっている。

それゆえ我々はこの二つの概念について検討しなければならない。機械論的な自然解釈では、運動している原子あるいは何もない絶対空間、次々に起こることの不変な尺度である絶対時間の外に、原子を仮定する。しかし空間とはいったい何なのであろうか？　絶対的延長が唯一の答えである。それは、これを度外視し、ただその事物と共にあり、事物の隣りにはない、たんなる抽象物でもあるという、原子論を強制的に受け入れざるをえないような、感覚によって把らえられる事物の徴表でしかない。もし延長がそこにあるならば、それは多少とも延びていなければならないし、それは再び延長するはずがない。ここで人は、カントの思いつきである空間の絶対性の証拠に対して、左右の二つの手袋を例にして異議を唱えることができる。人は言う。「左右の手袋の各部分は、向かい合わせて見ればわかるように、互いに同じ関係にあるが、左右の手袋をピタリと重ね合わせることはできない」と。このことからカントは、絶対空間との関係は、それが存在することとは別のものである、と推論する。しかしそれはさらにもっと、両手の手袋の互いに重ね合わせることのできない関係と等しいと想像される。絶対空間との関係はどのように想像されねばならないのだろうか？　そして自ら、それでも、絶対空間に対する両手の手袋の関係は、またもや互いにそのように同じであるという理由があることを受け入れた。なぜこれは、同じように、根源的なものであることができないとすべきなのか？　感覚世界の事物から見通せない空間というものは非合理なものである。」

カントはこの心霊主義について、スウェーデンボルグを批判した『視霊者の夢』（一七六六年）でこう結論している。

「この霊魂という存在者に関する哲学的教説は終わりにさせることができるが、それは否定的な意味においてであり、つまりそれは、われわれの認識の限界を確実に設定し、われわれに以下のことを確信させるからである。すなわち、自然における生命のさまざまな現象とその諸法則が、われわれに認識することを許されているすべてであり、この生命の〈現象ではなく〉原理、すなわち霊魂という本性は、知られることができず推察されるだけで、決して肯定的な意味において思考されることはできない。その理由は、われわれの諸感覚のどこを探してもそれを思考するための与件(data)が見当たらないからである。そして、人はいかなる感性的なものともまったく違うものを思考するためには、否定をもってそうするしかないが、しかしこの否定の可能性といえども、経験や推論にもとづくものではなく、あらゆる補助手段を奪われた理性の逃げ場である一つの捏造にもとづくにすぎない。このような立場からすれば、人間は霊魂学（プネウマトロギー）とは、そのような推察される種類の存在者に関して、人間は必然的に無知であることを教える説と呼ばれてよいのであり、そして霊魂学の課題はそれで十分に果たされることができる。

ここで私は、霊魂という題材全部を、すなわち形而上学のくだくだしい部分をすでに片づいて終わったものとして脇におく。もうこれからはこうしたものには関わらない。このように私の研究計画をさらによいものに切り詰め、まったく空しい若干の探求をゆるめることによって、私は自分の乏しい知性の能力を、残された対象にもっと適切に向けることができるようにした。自分の力の小さな尺度をすべての空虚な企てにまで広げようとしても、多くは無駄におわる。」

シュタイナーの結論もまたこうである。

「空間が、諸対象に即してだけ与えられている何かであるように、時間もまた感覚世界の諸過程と共に、またそうした諸過程に即してだけ与えられている。時間は空間と同じく経験できる範囲内にある。両者ともそれ自体としてまったくの抽象なのである。感覚世界の具体的な姿は感覚の状態とその過程にすぎない。それらは外的な現存在の形式において概念と法則を表象する。それゆえ感覚は最も単純な形式における経験的自然学の基礎杭であるに違いない。単純な感覚的資質とそうでない原子、基礎的な事実とそうでない経験の背後の運動とは同じ要素なのである。これによって、唯一の可能性があるものへの針路が与えられた。これを認め、そして超感覚のような（übersinnlich und dergleichen）恣意的なネガティヴな徴表に帰することに関わり合わず、現実に与えられた具体的対象に関わり合うならば、認識の限界について語ることはまったくなくなるだろう。

この示唆から認識論にとっても重要な結論が生じるだろう。とりわけ原子と感覚に隠された運動を外的経験の感覚的な根本要素と取り替えねばならないことと、自然科学の原理がもはや有効でないことがはっきりと確定した。」

これによって、高橋巖が、「シュタイナーは、すでに十八、九歳のときに、こういう方向の知恵を、つまり霊的な力を物質界に作用させることのできる太古の叡智を今の時代に甦らせる可能性を、自然科学と認識論の研究を通して考えていました」（『若きシュタイナーとその時代』）などと書いていることが、いかに根拠のないことであるかがわかるであろう。

第5章　ゲーテ『自然科学論集』解説

一八八三年、ワーグナー死去。このころの自己の思想的立場についてシュタイナーはこう言っている。

「精神界と自然界との関係はどのようなものか、という疑問が改めて私の心に迫ってきたのは、シュレーアーとの交際が最も活発に行われていたころのことであった。それは差し当たり、ゲーテの自然科学に対する方法とはまったく関わりなく生じた。

シュレーアーとの交際を通して、私はゲーテに親しむようになっていたが、自然科学に対する私の姿勢は、この時期にはまだゲーテの影響を受けていなかった。

私は差し当たって、自分の自然科学観を述べた小論文をシュレーアーの所に持参した。彼はそれを充分に理解することができなかった。なぜなら、これらの小論文は、まだゲーテの観点に基づいて書かれたものではなかったからである。ただ私は、論文の末尾において、私が述べたような方法で自然を考察してみれば、ゲーテの自然研究は、科学の世界において再びその正しさを認められるであろう、と付け加えるにとどめた。私のこうした発言を、シュレーアーは非常に喜んだ。」

これだけでは､現物が残されていないこの論文の内容は想像のしようがないが、たぶん､同じ実在論（ヘルバルト哲学）という立場からゲーテの方法論について書かれたことは推察できる。その結果シュタイナーは、一八八二年、大学三年目、シュレーアーの推薦によって、二十一歳の若さで、ヨーゼフ・キュルシュナーによって企画された『ドイツ国民文学叢書』中の、ゲーテの自然科学論文集に序文と注釈をつける仕事を依頼される。

この国民文学全集の企画は、ドイツ民族主義が高揚するなか、軍事や経済力だけではなく、文化の面においても、ドイツがフランス模倣から脱し、独自の国民精神があることを内外に知らしめることから生まれた。この時代についてノイロールはこう書いている。

「フランス革命、革命戦争、ナポレオンの遠征は、高らかなラッパの響きによって、ドイツの国民感情をその眠りから呼び覚ました。その眠りはこれまではフリードリヒ大王などの行為によってほんの束の間中断されたことがあったにすぎなかった。もちろんその間にドイツの精神生活は力強く動き始めていた。新風をはらんだ著作活動がレッシングやシラーのドラマに、ゲーテの抒情詩に、カントやフィヒテの哲学に現われていた。個性的で内容も豊かな国民的著作のこの開花は、ドイツ人に自国民の創造力と天才への新たな信頼の念を与えた。それはドイツ国民に今後与えられるであろう偉大な役割への自信であった。政治的な領域では、当時のドイツ国民はまだ寸断され分割されて、なんの力ももたなかったけれども。

今やドイツ文学とドイツ哲学は、それ自身、全ドイツ人に共通であり、全ドイツ人が誇り得る宝物、遺産として、精神的統一の中心点となることになった。「ドイツ文学はわれわれの統一の最も本質的な契機の一つになった。われわれは統一を文学という形で、今更のように真に自覚したのであった」（ランケ「分裂と統一」）」（『第三帝国の神話』）

「シュレーアーは、私が手掛けることになった数巻のうちの最初の巻に序文を執筆した。彼はこの序文において、詩人でありかつ思想家であるゲーテが、近代の精神生活において、いかなる地位を占めているかを論じた。

シュレーアーによれば、ゲーテ以降の自然科学の時代が産んだ世界観は、ゲーテその人の立っていた精神的高みからの転落に他ならなかった。ゲーテの自然科学論文の編集という私の仕事は、シュレーアーのこの序文によって大まかな方向づけがなされた。

私にとってこの仕事は、一方では自然科学との対決を、他方ではゲーテの世界観との対決を意味した。今や私は公の場でこうした対決を迫られることになった以上、自分がそれまでに獲得した世界観に、一定のまとまりをつけておく必要があると思った。」

シュレーアーは、自然科学論集の解説で、シュタイナーについてこう書いている。

「自然科学研究から出発したシュタイナーは、ゲーテの人格に強く心を惹かれている。彼はゲーテの著述の研究に専心没頭し、それらが彼の本質全体との関連からのみ正しく判断されうるという認識に達した。彼の認識するところ、ゲーテの全思考を解明する鍵は、彼の時代の精神界に求められる。ゲーテは哲学者とみなすべきではないが、同時代の哲学的思潮から刺激を受け、逆にまたそれに作用を及ぼした。編者は、この方面でも原点に拠りながら、歴史的な背景を明確にしようと努力している。」

「ゲーテは彼の文学作品だけで若返りの作用を彼の民族に及ぼしたのではなかった。科学の諸潮流にも影響を与えるよう彼は定められていた。彼の科学論文は彼の精神生活の深い背景を示しており、文学作品は彼の研究に対する興味を引き起こす。彼はすでに一世紀のあいだわれわれの教養に強力な作用を及ぼした。彼に対する理解は日ごとに増していくので、彼の影響、とりわけ科学論のそれは、未来において一層大きくなるにちがいない。

そのとき初めて人々は、ドイツ特有の本質の深みを認識するであろう。それは、われわれの最大の詩人、シラーとゲーテが、われわれの最大の思想家であったということに現れている。」

シュタイナーはこの仕事のために、膨大なゲーテの自然科学論文を的確な視座の下に配列した。シュタイナーによるその構成は次のようになっている。

第一巻「有機体の形成と変形、形態学のために」（一八八三年）、第二巻「自然科学一般のために、鉱物学と地質学」（一八八七年）、第三巻「光学への寄与、色彩論Ⅰ」（一八九〇年）、第四巻第一部「色彩論Ⅱ・1、色彩学史のための資料」（一八九七年）、第四巻第二部「色彩学史のための資料、分極光線による色彩、色彩学補遺、散文で書かれた箴言、自然科学論集補遺」（一八九七年）である。

そしてこの自然科学論集のためのシュタイナーの解説文は次のような構成になっている。「一、序　二、変態論の成立　三、動物の形成に関するゲーテの思想の成立　四、有機的形成に関するゲーテの著作の本質と意義　五、ゲーテの形態学思想に関する考察の結語　六、ゲーテの認識方法　七、ゲーテ自然科学論集の配列について　八、芸術から学問へ　九、ゲーテの認識論　十、ゲーテ的思考に照らしてみた知識と行動　1方法論、2教義的方法と内在的方法、3学問の体系、4認識の限界と仮説の形成、5倫理学と歴史学、十一ゲーテ的思想と他の見解との関係、十二ゲーテと数学、十三ゲーテの地質学の根本原理、十四ゲーテの気象学、十五ゲーテと自然科学的幻想説、十六思想家・科学者としてのゲーテ、1ゲーテと現代自然科学、2「原現象」、3自然科学の体系、4色彩論の体系、5ゲーテ的空間概念、6ゲーテ、ニュートン、物理学者、十七、ゲーテ対原子論、十八『散文で書かれた箴言』に現われたゲーテの世界観」

またこれと平行して、一八九〇年に委託されたワイマール版『ゲーテ全集』では、第六巻「形態学のためにⅠ」（一八九三年）、第七巻「形態学のためにⅡ」（一八九二年）、第九巻「鉱物学と地質学Ⅰ」（一八九二年）、第十巻「鉱物学と地質学Ⅱ」（一八九四年）、第十一巻「自然科学一般Ⅰ」（一八九三年）、第十二巻「自然科学一般Ⅱ、第六巻から第十二巻までの人名・事項索引」（一八九六年）を編集・解説する。

全体と生命

そのキルシュナー版『ゲーテ自然科学論集』第一巻の解説の序で、シュタイナーは「ゲーテ以前の自然科学は、生命現象の本質を知らず、有機体をたんに部分の構成とその外的特徴に基づいて、無機物と同様に研究していた。」「切り離して観察した一つ一つの部分は、それを説明する原理ではない。われわれは有機体の理解を俟って初めてそのことに気づくのである。それに存在と意味を付与するのは全体である。」「植物変態論の重要性は、葉、萼、花冠などが同一器官であるという個別的な事実の発見にはない。相互に作用しあう形成の諸法則から産み出され、一つ一つの部分、発達の各段階を内部から規定する、生きいきした全体という壮大な構築の思想にある」と記す。

「ゲーテがライプチヒ大学に入学した頃、同地の自然科学研究は、十八世紀の大部分を特徴付ける、学問全体を両極に分化させた精神にいまだに支配されており、誰もそれを一つに統合する必要を感じていなかった。一方にはクリスチアン・ヴォルフ（一六七九－一七五四）の哲学が、抽象的な領域にのみ閉じこもり、他方には経験諸科学が、無数の断片的事実の外的記述にうつつをぬかして、それぞれの対象世界に高次の原理を求める努力をまったく怠っていたのである。」

ゲーテが自然科学論集の眼目の一つである植物変態論を完成させたのは一七九〇年のことであるが、シュタイナーがこの文章を執筆していた十九世紀後半の時代は、ラマルクの進化論への確信から自然と人間の進化を同じ法則の下に統合しようとしたスペンサーの『総合哲学』が一世を風靡していた。その最初の書『第一哲学』が刊行されたのは、シュタイナーの生年の一八六一年だった。

進化する宇宙という観念を広めていたスペンサーにとって、下等動物から人間へと上昇していく生物学的過程は人間の社会発展につながるものでなければならなかった。この進化という言葉を流行させたのもスペンサーであり、この言葉は生物学のなかでの胚の成長を記述するために最初に使われた。スペンサーはラマルクの用・不用説から「最適者の生存」という概念を引き出し、これはのちにダーウィンによって自然淘汰を説明するもの（適者生存）として用いられた。

シュタイナーは続ける。「ゲーテの健全な本性は、このそれぞれ一面的な学問のどちらにも反発を感じた。この反発によって、理念と経験とが互いに隈なく浸透し活気づけあって一つの全体を形成する、豊かな自然観へと後に結実する理念が、彼の心に育まれたのである。それゆえこれらの極端な学問がほとんど把握できなかった概念、生命という概念が、ゲーテにおいてはまず初めに明らかにされた」と。

シュタイナーより以前に、ゲーテの自然科学研究の重要性を指摘していたのは、ゲーテと同時代人のカール・G・カールスである。カールスは『ゲーテ―その一そう根本的なる理解のために』（一八四二年）でこう言っている。

「ゲーテの自然にたいする愛は、自然の外面的な現象の真摯かつ持続的な捕捉では満足することはなく、その愛は現象の本質を浸透することを欲し、自然の最も神秘な生命を究めることに憧れ、一言にして言うならば、自然の存立の理念を捕捉しようと努力した。

明晰な精神的な眼が、世界の理念によって生命を与えられまた貫かれているので、今やこの個々物をもより正当に、否、最も正当に理解しまた解釈することができる。

それはまさに詩的汎神論的傾向と呼ぶ誘惑を感じないではおられない。

ゲーテの自然研究のやり方は、ある程度まで古代風の特徴を帯びていたが、まさにこのことによってそれは詩的な自然観照に近づいたものであった。――「顕微鏡や望遠鏡は双方ともに、真に人間的な立場をずらしてしまう。」――これは彼がしばしば口にした言葉であるが、これによってこの点に関係のある彼の考え方が全く明瞭に表示されている。

重要な個人の発展を規定するある高等な有機的必要性というものが存在している。

真に自然に即応した軌道にそっての静かな理解ある発展というものは、その個人にたいしても、その個人が世界に及ぼす影響にたいしても、真の祝福になるのである。」（「自然と自然科学とにたいするゲーテの関係」）

このカールスのゲーテ解釈について、シュタイナーは、「カールスら（ゲーテ的理念の継承者、完成者と思われる人々）は、ゲーテの著作に書き記された直観に基づいて、彼らの体系を構築したのである。したがって、ゲーテがいなくても、彼らがその知識に到達したであろうと主張することはできない」と書いている。そのカールスはまた、「動植物においても、ゲーテにおいても、同一の支配し、生動し、創造する力」「同一の至高の神的なる根源的存在についての思想」と言っている。この同一の力とは〈無意識〉のことであろう。

カールスは、ハルトマンとともに、無意識論（『心理学講義』一八三一年、『プシュケー』一八四六年）において先駆をなしているが、無意識と感情との関係についてこう言っている。

「われわれの無意識的精神の闇の中で、作業し、創造し、動き、悩み、発酵し、孵化するすべてのものが、すなわちあるいは有機活動に伴い、あるいは他の精神および全宇宙から受ける影響によってそこに出現するすべてのものが、特別に強化されると、無意識の闇から意識の光へ浮かび出てくる。無意識が意識へ歌う歌声、話しかけるすばらしい秘密のささやき、これをわれわれは感情とよぶ。」しかしシュタイナーにとって動植物とゲーテにおいて働いている力は同一の力ではないのである。

ゲーテとダーウィン

そしてこのゲーテとダーウィンを比較して、シュタイナーは言う。

「ゲーテと同様の観察から出発してダーウィンも、属や種の外的形態の恒常性について疑いを表明した。しかし両者の引き出した結論は、まったく異なっている。ダーウィンは有機体の本質はその特性のなかに包み尽くされているとみなし、その可変性から、植物の生態には恒常的なものは何も存在しないと結論する。ゲーテはもっと深く洞察し、その特性が恒常的でなければ、恒常的なものはこの変化する外観の根底にある何か他のものに求められねばならないと結論する。この何か他のものを形象化することがゲーテの目標となる。一方ダーウィンは可変性の原因を細部にわたって探求し、明らかにしようとする。この二つの考察方法はそれぞれ必要であり、互いに補完する。」

「生物学においてゲーテが偉大なのは、ダーウィンの先駆者とみなされているからにすぎないと考えるのは、大きな誤りである。彼の考察方法はもっと広い視野に立つもので、二つの側面を包括している。一つには原型、すなわち有機体に現われる法則性、動物を動物たらしめるもの、内在する可能性によって多様な外的形態（種、属）に進化する能力を有する、自らを形成する生命。もう一つには、有機体と無機物とのそして有機体同士の相互作用（生存のための適応と闘争）である。したがってダーウィンの理論はゲーテの根本理念の完成ではなく、ゲーテの理念の一側面の完成であるにすぎない。生物界が何らかの仕方で進化するのを促す事実に注目しているが、その事実が規定的に影響する〈何ものか〉を見ていないのである。」

「ところでここにさらに、ゲーテとダーウィンとの見解の相違がもう一つ明らかになる。すなわち後者が一般的に支持される仕方を考慮してみればよい。ダーウィンの見解によれば、機械論的原因のような外的影響が有機体の本性に作用し、その影響に応じた変化を有機体に与えるとみなされる。ゲーテにおいては、個々の変化は、原有機体のさまざまな現象形態である。この原有機体は、自らのなかにある能力によってさまざまな形態をとる。そしてある特定の場合に、その周囲の外界の環境に最も適した形態をとる。この外的環境を単なる誘因として、内的形成力は、ある特定の仕方で現われる。この内的形成力こそ本質的な原理、植物における創造的なものである。それゆえゲーテは、一七八九年九月六日に、これを植物界における〈一にして全なるもの〉と呼んでいるのである。」

ダーウィンは、生物間の生存競争の着想をマルサスの『人口論』から得たと言っている。またダーウィンが『種の起源』を著したとき、そのなかで進化（エヴォリューション）という言葉は使われていなかったし、猿から人間が進化したとも言っていない。またダーウィンの進化論を象徴する言葉として有名な〈適者生存〉も使っていない。

これらはのちの版（第六版）になって付け加えられたものであり、〈適者生存〉もハーバート・スペンサーが発案し広めた言葉であり、スペンサーは、当時のイギリスの産業資本主義の発展を必然的なものとして捉え、これに適者生存を適用した。

スペンサーの影響力はダーウィンを凌いでいた。ヘッケルも『自然創造史』で同様の主張をしている。

このスペンサー流（優勝劣敗）の社会ダーウィン主義は、欧米社会を席巻し、とくにロスチャイルドなどアメリカの大資本家たちに多大な影響を与えた。激化する競争は、資本の集中を生み出し、巨大トラストが形成され、資本家たちが社会の新たな支配者として登場した。

自由思想家を自認し、生物界の法則性を人間社会に当てはめることを不当と考えていたシュタイナーにとって、これは到底容認できるものではなかった。

「一七九〇年に執筆されたゲーテの変態論を読むと、この概念がゲーテにとって、交互の拡張と収縮であることがわかる。種子において植物形態は一つの点に収縮（凝縮）している。次いで葉において最初の展開、形成力の拡張が生じる。種子において一点に凝縮されていたものが、空間的に拡張するのである。萼において形成力はふたたびある軸点に収縮する。花冠は第二の拡張によって生じる。雄蕊と雌蕊とは次の収縮によって生じる。果実は最後の（第三の）拡張によって生じ、次いで植物のすべての生命力（エンテレヒーの原理）は再び種子の極めて収縮した状態に潜むのである。」

シュタイナーは、さらに言う。

「ヘルダーの『人類歴史哲学考』（一七八三年）はほとんど（ゲーテとヘルダー）二人の会話から生まれたと言ってよい。多くの理念はゲーテに由来すると言えるだろう。この著作に語られている思想は、しばしばゲーテ的なもののヘルダー的な表現にすぎないので、それをもとにゲーテの思想を推察することができる。」

「ヘルダーは第一部において世界の本質について次のような見解を披瀝している。ある主要形式が前提され、それがすべての存在を貫き、さまざまな仕方で実現されているはずであるというのである。〈鉱石から結晶へ、結晶から金属へ、金属から植物へ、植物から動物へ、動物から人間へと組織体制が高まってゆくのが観察された。その体制とともに披造物の諸力と衝動も多様化し、ついにそれらは可能なかぎりすべて、人間形態のなかに結合されるのである。〉この思想が意味するものは、きわめて明確である。すなわち理念的・原型的形式は、それ自体が明白な現実ではない。それは空間的に離ればなれで、その特性においてもさまざまな無数の存在のなかに実現され、高昇して人間に至る。有機体制のより低い段階においてはたえずある一定の方向に実現される。その方向にそって、とくに完成されるのである。しかしこの原型的形式は、人間にまで高昇すると、より低い有機体においてつねに一面的にのみ完成され、さまざまな生物に分散されていたすべての形成原理を集めて、一つの形態を形成する。こうして人間においてきわめて高度な完成の可能性が生ずる。自然は、動物において多くの網や目に分散したものを、人間において、一つの存在に用いたというのである。この思想は、その後の多くのドイツ哲学にきわめて豊かな実りをもたらした。ここで、オーケンが後に同じ思想を与えた叙述を引用して、説明の助けとしよう。」

「オーケンは次のように述べる。〈動物界はただ一匹の動物であるにすぎない。すなわちあらゆる器官による動物性の提示は、その一つ一つが全体を成しているのである。個々の動物は、一つ一つの器官が普遍的動物から切り離され、しかも本質的な動物機能を発揮するとき成立する。動物界は、最も高等な動物、人間を切り刻んだものにすぎない。存在するのは、人間界、人類、人間属のみである。まさに人間こそ動物界全体なのである。〉それゆえたとえば特に触覚器官が完成されており、それどころか有機体制全体が触覚活動をさし示し、そこに目標を設定している動物とか、特に食物摂取器官が完成されている動物などが存在する。要するに、動物のどの属においても一面的に一つの器官系統が際立ち、全体がそれに同化される。その他の器官は後退するのである。ところが、人間形成においてすべての器官や器官系統は、一つが他の自由な発達の余地を十分に与え、一つ一つが他のすべてを同様に機能させるに必要な限界内に後退するように形成されている。こうしてそれぞれの器官や系統が互いに協調的に作用して成立する調和は、人間を最も完全な、他のあらゆる生物の完全性を一つに統合した存在たらしめている。ゲーテとヘルダーの会話の内容でもあった、これらの思想にヘルダーは、次のような表現を与えている。〈人類はより低い有機的形成力の偉大な結合物〉とみなされ〈その力は人類において人間性の形成を達成することになる〉というのである。また他の個所に言う。〈そこでこうみなしうるであろう。人間は動物のなかで中心となる生物、すなわち周囲のすべての動物類の特徴が、その純良な本質において集められた完成された形態である。〉」

「ゲーテの概念の中には、個体の発達史は種の進化を繰り返すという、ダーウィンやヘッケルによって発見された事実に対する観念的な説明が含まれている。」（第一巻解説「四、有機的形成に関するゲーテの著作の本質と意義」）

「われわれは観念論から離れないが、それを展開するさいに、ヘーゲルの弁証法的方法によらず、浄化された、高次の経験論に依拠する。」（第二巻解説「六、ゲーテの認識方法」）

第6章　一八八四年、現代へのある自由な視座

ゲーテ『自然科学論集』第一巻が出た翌年からシュタイナーは、ウィーンで発行されていた新聞や雑誌に積極的に文章を発表するようになる。一八八四年、シュタイナーは『ドイツ新聞』に「自然科学におけるゲーテの正しさ」と「ゲーテと愛、女性たち」を寄稿するとともにドイツ語圏のジーベンビュルゲン（現在のルーマニアのジビウ）から工科大学に来ていた友人が発刊した週刊新聞『総ての階級のためのドイツ人読書室』創刊号と二号（一八八四年十一月六日、十三日）に、「現代へのある自由な視座」と題する論説を寄せる。

しかしシュタイナーは、これについて自伝では、「当時、彼はジーベンビュルゲンのザクセン人を擁護するために、ヘルマンシュタットで週刊新聞を発行していた。」「しかし、この新聞は数週間後には廃刊になってしまった」と言うだけで、自身の寄稿やその内容についてはまったく触れていない。

シュタイナーはこの論説の冒頭でこう訴えている。

「忘れてならないことは、現代の大きな経済問題のために、ドイツ民族にとって、より高い精神的な事柄のための理想的な活力が失われていることである。また忘れてならない点は、かつてドイツ理想主義のだれの眼にも明らかな擁護者であった若者たちさえ、社会改革的な思想のために、理想主義を忘れてしまったことである。」

この二年前、シェーネラーや、のちのオーストリア社会民主党の指導者ヴィクトール・アドラーや、のちのキリスト教社会党の指導者ロベルト・パタイ、そして歴史学者ハインリヒ・フリートユングらによって、オーストリアにおけるドイツ的性格の優位を謳ったリンツ綱領が発表された。

それには、報道・集会・結社の自由、農民と労働者の地位の確保、国民経済中央会議の設立、鉄道の国有化などの様々な改革と、ドイツ帝国との関税同盟の設立、ボスニアなどのハンガリーへの割譲、ガリチアなどのオーストリアからの分離といった要求がなされている。

こうした要求が「運動」となり、フランス革命の失敗から教訓を引き出したシラーは、『美的教育についての書簡』にこう書いている。

「人間は感性的なまどろみから目覚めて、人間としての自己を知り、自分の周囲を見まわして、国家の中にいる自分を見いだします。しかし人間が自由にその位置を選ぶことができる以前に、欲求の強制が彼をそこに投げ入れたのであり、また人間が理性の法則にしたがってそうすることができる以前に、たんなる自然の法則にしたがって、必要が国家を造ったのです。

それ故に人間が人間でありうる同じ権利によって、人間は盲目的な必然性の支配から逃れるのであり、それは他の多くの部分においても、自由によって盲目的な必然性の支配から離れるのと同じことです。

人間は人為的な方法で、成年時代になって自分の幼年時代の埋めあわせをするのであり、理念のなかに自然な状態を造りあげるのです。この理念のなかの自然な状態は、経験によって与えられるものではないけれども、理性の規定によって必然的に定められているものであります。人間はこの理想の状態のなかで、現実の自然な状態のなかで知らなかった最終目標と、その当時はまだ不可能であった一つの選択を身につけます。そしてあたかも自分が初めからそうしているかのような、また明らかな洞察と自由な決断から、独立の状態を制約の状態と取りかえたかのような、まさしくそのような態度をとるのです。

すべては理性が人間の人格のなかに打ちたてる、最高の最終目標に従わねばならないからです。このようにして一人前になった国民が、自分の自然な国家を道徳的な国家に改造しようとする試みは、成立し是認されるのであります。」

もちろんこれは、カントの有名な「啓蒙とは何か」からのものである。カントは言う。

「啓蒙とは人間が自ら招いた未成年状態から抜け出ることである。未成年状態とは、他人の指導なしには自分の悟性を用いる能力がないことである。この未成年状態の原因が悟性の欠如にではなく、他人の指導がなくとも自分の悟性を用いる決意と勇気の欠如にあるなら、未成年状態の責任は本人にある。したがって啓蒙の標語は、「あえて賢くあれ！」「自分自身の悟性を用いる勇気をもて！」である。

自然はこれほど多くの人間を他人の指導からとっくに解放しているのに（自然によって成年となっている人たち）、なぜ彼らは生涯をとおして未成年状態でいたいと思い、またなぜ他人が彼らの後見人を気取りやすいのか。怠惰と臆病こそがその原因である。」

続けてシラーは、

「それ故に大きな問題は、理念のなかで道徳的な社会が形成されているあいだに、現実の時間のなかの自然な社会は一瞬も中断されてはならないことであり、人間の尊厳のために、人間の存在が危険に陥ってはならないことです。

技術者が時計を修理しなければならないときに、彼は歯車を停止させますが、国家という生きた時計は、時を刻みながら改造されねばなりません。ここでたいせつなのは、回転している歯車が、回転中に取りかえられねばならないことです。それ故に社会を持続させるためには、解体しようとしている自然な国家から社会を自立させてくれる、一つの支柱を求めねばなりません。

このような支柱は、利己的で暴力的で、社会の維持よりはむしろ破壊を目ざす、人間の自然な性格のなかに見いだすことはできません。同時にまた、前提に基づいてはじめて形成されるはずの、道徳的な性格のなかにも見いだすことはできません。道徳的な性格は自由であり、けっして現実化しない故に、立法者から影響されることもなく、また確実に期待されることもできないものです。それ故にたいせつなことは、自然な性格からは恣意を、道徳的な性格からは自由を、分離することだろうと思います——また自然な性格を法則に一致させ、道徳的な性格を現実の諸印象に従属させることがたいせつであり——また自然な性格を物質からいくらか遠ざけ、道徳的な性格を物質にいくらか近づけることが、たいせつでありましょう——つまり、そのいずれとも類縁性があり、諸力のたんなる支配から法則の支配へと橋渡しをし、道徳的な性格の発展を妨げることなく、むしろ目に見えない道徳性にたいする感覚的な担保として役立つような、第三の性格を生みだすことであります。（第三信）

次のことは確かでしょう。すなわち、このような第三の性格が国民のあいだに優勢を占めているときにのみ、道徳的な原理による国家の変革は無害であることができるし、そのような第三の性格のみが、その持続も保証することができます。道徳的な国家の建設の際には、道徳的な法則が影響力として期待され、自由な意志は、すべてが厳密な必然性と連続性によって関連しあっている因果の世界に、引きいれられてしまいます。」

と書いている。

一方、シュタイナーは次のように疑問を呈する。

「今世紀の始め、ドイツ国民のただ中に、人間の思考力により世界の構造の秘密を究めようとする強力な精神的志向が発生した。あらゆる実際的な影響から脱して、理想主義の高い階段へ浮揚しながら精神の欲求のみを満足させようとする根源的な学が形成された。

（当時起こったことは）旧来の伝統との断絶だったが、ほぼ同時的な、フランス革命による断絶とは別種の断絶だった。ドイツ人は、旧来の慣習に反抗し、それまで生き延びてきた形態の宗教、芸術、科学に対して反対した。なぜなら、新たな世界が、その内部を解明され、真正なもの、内的な真理が、見せかけのものを排除し、それに代わったからである。フランス人の場合、支配的だったのは、賢しらな悟性、旧来のものに不満を抱いた啓蒙主義者の空疎さ以外のなにものでもなく、だからフランス人の自由思想は、あのように容易に軽率行動に反転する。

ドイツ人が、かつて立っていたこの文化の高みは、今日、われわれの眼には、過去のものとしか映らず、われわれ若者は、悲痛な思いを抱いて、かの良き時代を振り返るが、われわれには、かの偉大な時代を招来させた偉大な人々の墓掘り人として、また記念碑建立人としての、慰めにもならぬような役目しか残されていないように思われるのだ。われわれは成就したのか。かの業績と比べられるものがあるか。

根源的なものを創造する力は、とうに失われてしまい、われわれには、偉大な先人の伝記を書き、かれらの作品に注釈をほどこすしか芸がないように見える。かつてレッシング、シラー、ゲーテ、フィヒテ、シェリング、ヘーゲル、ジャン・パウルを生み出したドイツの力は、どこへ行ってしまったのか。」

この「墓掘り人」はマルクスの『共産党宣言』への、また「記念碑建立人」はゲーテ像建立のための寄付金集めに奔走していたシュレーアーら旧世代への当てこすりであろう。ここにもシュタイナーの旺盛な批判精神が現われている。「だが」とシュタイナーは続ける。

「詳しく見てみれば、暗い光景が、まだすこぶる喜ばしい光景に席を譲っていて、われわれは、現代においても全く絶望する必要はなく、多くの点で、今の時代を喜ぶことができる。ヨーロッパの精神生活を見ると、それが、幾重にも絡まりあった糸のような組織に見える。それらの糸のどれをたどろうと、すべての糸が相い会する交点であるドイツに、今日でも、たどり着くのである。ヨーロッパの科学、芸術、社会の各活動は、すべてドイツに中心をもつ諸々の力が関係している。」

そしてシュタイナーは、「この文章が真実であることを証明しようと思えば、二つの関心を保持する必要がある。一つは、科学に対する関心であり、もう一つは、現代の経済・社会に対する関心である」と言いつつ、こう続ける。

「進化論は、英国起源のものである。しかし、それが今世紀中葉に英国人ダーウィンの頭脳から生まれたように、それは、水増しされた、それ自体は不分明な見方であって、倫理的な結論も引き出されず、必要な、あらゆる面の科学的な仕上げもなされていない。中心は、いくつかの観察、経験、疑いようのない事実だが、始めと終わりは完全に霧の中である。

六十年代の始めには、ドイツの学者は、このような意見だった。ドイツ的な深遠な心性、ドイツ的な徹底性が、そしてさらに深いところで倫理的な真剣さが、もつれ合った組織のなかへ稲妻のように射し込んだのだった。すべてが、精神のあらゆるエネルギーを投入して最後の帰結まで考え抜かれ、最後まで実行された。英国人のダーウィンか暗示したことを、ドイツ人のヘッケルが、驚くべき記念碑的な仕方で完成した……。英国では、自然の神秘に満ちたドキュメントが発見され、それは、厚いベールに覆われていたが、そこへ一人のドイツ人が現われて、そのベールを剥ぎ取ったのである。」

そしてシュタイナーはこう言った。

「現代の世界観をゲーテの思想と協和させようとするドイツの学者たちの志向は、科学の流行の方向に対するドイツの良心の反動であり、ドイツの意志は、人生において受け入れてよいのは、理想的なもののみであり、究極的には、理想主義は真理でなければならないという信仰である。ペシミズムが、その最も深い姿で、ダーウィニズムの結果として現われるのが、特にドイツ的な現象である。この新たな教説によって世界や人生に絶望している誠実な、すこぶる善良な、才能豊かな人々の数は少なくない。」

「これによって、おそらくなお長期間にわたり続くことになるであろう一連の思想が刺激される。今日、科学の世界を動かしている巨大きわまりない力が、われわれドイツに向けられている。西欧が、問題を投げかけたのである。ドイツは、これを解こうとしている。現代のきわめて一面的な世界観のくびきから、いつか救済されることがあるとすれば、それは、その救済は、ドイツに由来する以外にない。」

「西欧」――この言葉にドイツは中欧であるという「東・中央・西」という世界観、第一次世界大戦の思想に通じるものがある。

「ドイツ精神は、ダーウィン主義を理解することによって、ダーウィン主義がもつ力の範囲を制限することで、ダーウィン主義を克服するであろう。」

これはハーバート・スペンサーの「適者生存」を人間社会に適用した社会ダーウィン主義に対する批判である。

「われわれが指摘したい第二の現象は、個々の国民の倫理的品位と自由とが完全に認められる国家形態を見出そうとするヨーロッパ諸国民の努力である。この努力を最初に貫徹したのは、またしても西欧、すなわちフランスとイギリスであった。恣意の代わりに理性による必然性が、特権の代わりに同権が、束縛の代わりに自由が登場することになった。

しかし、偶然と、主観的な恣意が支配する国家の代わりに、理性が最上の摂政政治を行う国家を樹立しようとする最初の本当に生命力のある芽が、たったいまドイツに芽生えたと主張しても、おそらく大胆すぎることはないだろう。国家は、個々人の幸福が偶然や恣意に左右されることがないように、また理性の原則にしたがって構成された全体が、個人の安寧を保証し、個人が肉体的、精神的方向で自由に発展できるように、配慮せねばならない。

人間を自由にできるのは国家ではない。それが可能なのは教育だけであり、国家は、各人が各人の自由を育むことのできる土壌を見いだせるように、配慮せねばならない。

今日、ドイツ国民が社会的な点で成就している大きな仕事に加わるように招かれていないドイツ人がいる。われわれは、ここで、多数のそのようなドイツ人に語りかけるものである。しかし、われわれは、それが不幸なことだと言うつもりはない。なぜなら、今日、まさにそのようなドイツ人に、わが民族の共通の文化事業の些細な部分しか与えられていないということでは、おそらくないからだ。われわれは、偽りなきあきらめをもって、今日の状況を受け入れ、そうなることが極めて望ましい状況を実現させねばならない。」

そしてシュタイナーは、この論説を次の言葉で結んでいる。

「われわれは、以前から、この原則を守ってきた民族を知っている。この民族は、したがって、あらゆるドイツの種族に比肩し、きわめて多くの種族に、文化や教養の点ではるかに勝っている。すなわちジーベンビュルゲン地方のザクセン人である。この新聞が、この文化と教養が、さらに一貫して成長するように資することを願うものであり、前記の意味でドイツ以外の国に住むドイツ人に語りかけることが成功することを願うものである。」

理想とペシミズム…デレ・グラッツィエ

このころシュタイナーは、叙事詩『ヘルマン、十二の歌曲のなかのドイツ英雄叙事詩』（一八八三年）、戯曲『サウル』（一八八三年）、短編『ジプシー女』（一八八五年）などを出版していた若き閨秀詩人、マリー・オイゲニェ・デレ・グラツィエと知り合う。

彼女は、シュタイナーより三歳年下で一八六四年八月十四日、由緒あるヴェネチア貴族の娘として、バナト地方のヴァイセンキルヒェン（現在のセルビアのベーラー・ツルークヴァ）に生まれた。母はドイツ人だった。身分こそ違え、シュタイナーの出生の境遇と似ている。

彼女は、一八七二年にウィーンに移り、一八七五年、市民女学校に入学、その一年後、ウィーン師範学校に入学する。ここでウィーン大学神学部の自由思想的な神学と倫理の教授ラウランツ・ミュルナーに、詩人としての素質を見出される。

そして十八歳の時、最初の詩集を出版し、翌年、戯曲『サウル』によって、貧しい芸術家、科学者を援助するために、一八七九年に設立されたウレーリ財団の賞を受賞する。彼女はその後も戯曲『坑内ガス』（一九〇〇年）と『影』（一九〇一年）などを発表、社会派文学、女性解放運動の先駆者の一人とみなされていた。これらはウィーン、ミュンヘン、シュトウットガルト、サンクトペテルブルグで上演された。彼女の諸々の長編小説および物語は、ポーランド語、チェコ語、ハンガリー語、スウェーデン語、ロシア語に翻訳された。

シュタイナーと出会ったころ、デレ・グラツィエは畢生の大作『ロベスピエール』に取りかかっており、その作風は厭世的な気分が満ちていて、理想主義の悲劇を描き出そうとしていた。彼女は次のような確信を強固に抱いていた。

「人間の心にはさまざまな理想が生まれる。しかし、理想は、理念を欠いた、残忍で破壊的な自然に直面すれば全く無力である。自然は、すべての理想主義に対して、〈お前は幻影にすぎぬ、お前は私の作り出した仮象だ。俺は何度でもお前を虚無の中に投げ込んでやる〉という叫びを投げつける。」

シュタイナーは次のような劇評を呈した。

「グラツィエはフランス革命の状況を、その発端からロベスピエールの死に至るまで、迫力のある筆致で我々の前に呈示している。彼女は特に好んで灼熱した諸状況を鮮やかに描き出している。

しかし彼女の叙事詩の特性は、フランス革命を一つの社会運動と見る考え方である。彼女のロベスピエールは、人間の権利を奪われた者たちの心温かい、気高い友である。ロベスピエールは、そのような権利を奪われた者たちのために闘いを挑み、最後には戦いに仆れるのである。

この作品によって彼女は近代女性作家の最前列に加えられたのである。」

そして毎週日曜に行われていたデレ・グラツィエ家のパーティに招待されるが、そこには、シュレーアーの他に、キリスト教哲学の教授たちや哲学者、女流作家、ジャーナリスト、作曲家など多彩な人々が集った厭世主義と反ゲーテ主義者たちの溜まり場だった。

彼らはシュタイナーのゲーテ解釈に耳を傾けてくれたが、それは「君はゲーテについて様々なイメージを作り上げているが、それは現実のゲーテとはあまり関係ない」という姿勢だった。シュタイナーは、こうしたデレ・グラツィエらの見解には、浅薄な楽天主義よりも高次な段階に立っており、一面の真理があることを認めた。

そのためシュタイナーは、一八八六年、『自由シュレージエン・プレス』に「現代のドイツ詩」を寄稿し、デレ・グラツィエへの批判に反論し彼女を擁護した。さらにシュタイナーは、そのころ発表されたデレ・グラツィエの詩に啓発されて彼女に宛てて「自然と我々の理想」という論文を書き、小部数の見本刷りを作った。それにはこう書かれていた。

「我々の理想は、もはや気の抜けた空虚な現実に満足させられる程浅薄なものではない。しかしそれにも拘わらず、こうした認識から生じてくる深いペシミズム（厭世主義）から脱却する道がないとは私には考えられない。我々の内面の世界を眺め、我々の理想の世界の本質にもっと近づいてみるとき、私にはペシミズムからの脱却は可能なものとなる。

我々の理想の世界は、外界の事物の儚さによっては何らの得失も被らないそれ自体の中で閉じられた完結した世界である。もし我々の理想が本当に生き生きとした個性であるならば、それは自然の恵みや苛酷さとは独立した実体そのものではないのか？

我々の精神に宿る理想は、それ自体を糧として生きねばならない世界それ自身であって、寛大な自然の協力によって、何かを獲得するというものではない。もし人間が自己の理想世界の内で満足をえられず、満足をえるためには自然の協力をどうしても必要とするのであれば、人間とは何と哀れな生物であろうか？

もし自然が、我々をちょうど未熟な赤子にするように、手を引いて導き、保護し養育するとしたら、神的な自由は一体どこにあるのか。」

この文章は、日ごろからグラツィエによい感情を抱いていなかった師のシュレーアーを激怒させた。シュレーアーはシュタイナーに、「厭世主義についてこのように考えているとすれば、私たちは決して理解し合ってなどいなかったのだ。」また、「このように自然について語る者は、ゲーテの〈故を知り、世界と調和して生きよ〉という言葉の意味を充分深く受け止めていないことを暴露しているのだ」と書き送ってきた。同じころシュタイナーは、キルシュナー版『ゲーテ自然科学論文集』第二巻解説「六ゲーテの認識方法」（一八八七年）にこう書いていた。

「理念をわが物とすることによって、われわれは世界の中心に到達する。われわれがそこで把握するものから、すべてが生み出される。われわれはこの原理と一つになる。それゆえもっとも客観的である理念が、われわれにとっては同時に、もっとも主観的なものに見えるのである。

感覚的に把握される現実は、われわれがそれ自体のなかにその中心を見出せないからこそ、謎なのである。われわれのなかに出現する思考世界とそれが同じ中心を有する、と認識するとき、それは謎でなくなる。」（シュヴェークラー「カント」参照）

これはシュレーアーのようなゲーテ主義者がよく引用するゲーテの言葉、「人間が生まれたのは、世界の問題を解くためでなく、問題がいづこに始まるかを知って、然る後に理解得べき世界の限界内に留まるためである」と、根底から対立する。シュレーアーが激怒するのも無理はない。

これはシュタイナーが、ゲーテ研究の姿勢を次のように考えていたことの当然の帰結だった。

「私は、客観的観念論（ヘーゲル）に唯一満足できる世界観を見出した。さらに私は、この客観的観念論の特徴が、ゲーテの世界観に浸透しているのを見出した。そこで私はその後、数年来、ゲーテ研究と平行して自らの見解を形成してきたが、私の根本的見解とゲーテの学問的活動の間に対立が見出されることはなかった。私としては第一に、私の立場を他人の立場のなかにも生かすように展開し、第二に、これが実際にゲーテの立場であると論証することに、幾分なりとも成功すれば、課題を果たしたと見なしたい。」

またシュタイナーは、この「自然と我々の理想」は「自由の哲学」の萌芽であると言っているが、この二つを結ぶ位置にあるゲーテ的世界観の認識要綱にこう書いている。

「ゲーテが見ているのは自然であり人生である。その際ゲーテが従っている観察方法こそが私たちのこの論述の内容となる。シラーが見ているのはゲーテの精神である。そしてその際シラーが従っている考察方法こそが、私たちの方法の規範である。」

これではゲーテはまるで観念論者であるかのようであり、ゲーテ主義者が容認できることではないのである。

シュタイナーはまた、子供の家庭教師をしながら寄宿していたシュペヒト夫人への手紙（一八九一年五月二十日）にも、

「ゲーテ祭のおり、ヴュルテンベルクから来たある牧師が私のところに来て、私の思想の熱烈な信奉者だ、と自己紹介してくれました。彼によれば、私がまだ依然として本来のゲーテ研究にしばられているのは悲劇だ、第三巻の序論を読めば、私が内的にはもはやゲーテ研究と全然関係のないところにいる、というのです。ああ、私のこちらでの活動が蛹《さなぎ》の睡眠状態であるにすぎず、私が蝶となってそこからぬけ出し、いっさいの党派性から自由な、純粋の哲学教師として晴朗な天空を飛翔することができたら、どんなにすばらしいことでしょう。私にはよくわかっています。そうなるためには、あまりにわずかなエネルギーしか私が発揮していない、と人々は言うことでしょう。私はこの非難に抵抗しようとなどとは全然思いません。なぜならここ数週間、私自身が自分に対して、毎日何度も同じ非難をあびせかけているからです。けれどもそれは昔から知られた自然法則のようなものです。すなわち人間は自分の皮膚の外へ出ることはできないのです。」

と書いている。ここには、「私の立場を他人の立場のなかに生かす」ことの困難さがかいま見える。

またこの「自然と我々の理想」のかなり激しい若さがほとばしる文章であるが、これはパスカルの有名な次の言葉からヒントを得たものであろう。

「人間は、自然の中で最も弱い一本の華にすぎない。しかし、それは考える葦である。人間をおしつぶすには宇宙全体が武器をとって立ち上がるには及ばない。蒸気や一滴の液体でさえ、人間を殺すには十分である。しかし、たとえ宇宙が彼をおしつぶしたとしても、人間は彼を殺すものよりも尊いであろう。なぜなら人間は自分か死ぬことと、宇宙が彼にまさっていることを知っているからである。宇宙は何も知らない。考える葦――私の尊厳さはそれを空間に求めてはならない。整然たる思惟にこそ求めなければならない。空間的にいうなら宇宙は私を一点のようにのみ込んでいる。

しかし、思考的には私が宇宙を包み込む。」

「考える葦」「思考一元論」

シュタイナーは、デレ・グラツィエ家のサロンでの経験のかたわら、オーストリアの若い詩人グループの集まりにも出入りするようになった。そのグループの中心人物はフリッツ・レンマーマイアーで、そこでシュタイナーは、理想主義的な詩人フェルヒヤー・フォン・シュタインヴァントと知り合う。シュタインヴァントの宇宙論的作品「原衝動の合唱」や「原夢の合唱」には、世界の創造力に突入せんばかりの激情が、躍動するリズムに乗せて歌われていた。シュタインヴァントの表情の動きや態度のどれ一つをとっても、そこには、ギリシア異教の影響力がまだ及んでいた、キリスト教発展史の初期段階においてのみ形成されるような魂の特徴が現われていた。

このことによってシュタイナーは、人間の繰り返される地上生活についての確固とした洞察を得たという。そしてこのころ、プラヴァッキーを創始者とする神智学運動を知り、シネットの「秘教的仏教」を読んだが、何の感銘も受けなかったという。

またシュタイナーは、このころ、プロテスタント牧師アルフレート・フォルマイの家に出入りするようになり、芸術家や作家グループの集まりに参加した。そこにはフリードリヒ・ヘッベルの未亡人や女優のヴィルボルンも来ていた。そのグループはヴィルボルン家にも集まるようになった。二つの家の集まりの雰囲気は対照的だった。さらにシュタイナーは、同時期に、歴史家ハインリヒ・フリートユングによって創刊された『ドイツ週報』と、いう雑誌の編集を任された。ちょうどオーストリア帝国内の諸民族の抗争が特に激烈な様相を呈していた時だった。

素人のシュタイナーは、論説を書くのに四苦八苦したが、社会問題の重要性をはっきりと認識した。そしてオーストリア社会主義の指導者ヴィクトール・アドラーや、月刊誌『ドイツの言葉』を出していた社会党員ペルナー・シュトルファーと知り合った。シュタイナーは、彼らを通して、カール・マルクス、フリードリヒ・エンゲルスなどの社会主義経済学の著作を研究した。しかし彼らの唯物論的な姿勢には同調できなかった。

この時代の物質主義や外面的生活への関心を戯画化したハマーリンクの風刺的叙事詩『人造人間』からは強烈な刺激を受ける。

『新しい美学の祖としてのゲーテ』を書く。

「真の認識と芸術における霊的なものの顕現、そして倫理的意志は、人間の種で一つの全体へと統合されている、と当時の私には思われた。世界の霊性は、何らかの必然性によって創造的になるのではなく、人間が自己の本性を実現する場合にのみ創造的になる。人間の人格の中心部においては、行為の目標は暗い衝動から生ずるのではなく、どんな明晰な思想にも劣らぬそれ自体明晰な直観である〈倫理的直観〉から生まれる。自由な意志を直観することによって、私は霊を見出そうとした。『自由の哲学』が、霊を渇望し美を志向する世界へ厳か、溌剌たる真理の世界の霊的直観が、私の中で形を取り始めていた。」

シュタイナーはこの時代を概括してこう言っている。「二十七歳の私は、このように、人間の外的生活に関わる「問題」と「謎」に心を占められていたが、その一方で、魂の本性および霊界に対する魂の関係如何という問題が内面的観照のうちに、いよいよ確固たる姿で私の内面に迫ってきていた。差し当たって私は、このような内面的観照に基づいてのみ霊的著作活動を遂行することができた。そしてこの仕事は次第に方向をはっきり定め、数年後に著作『自由の哲学』となって結実した。」

第7章　ゲーテの世界観の認識論要綱（一八八六年）

ヘーゲル『精神現象学』

「私は私の見解に、ゲーテの、あるいはたとえばヘーゲル学派の研究によってのみ、到達したわけではない。私は機械論的・自然主義的世界観から出発したが、思索を重ねるにしたがって、そこにとどまりえないと悟ったのである。私は厳密に自然科学的方法に基づいた手続きを経て、客観的観念論に唯一満足できる世界観を見出した。自らを理解し、矛盾を犯さない思考が、この世界観に到達する有り様を、私の認識論は示している。さらに私は、この客観的観念論の特徴が、ゲーテの世界観に浸透しているのを見出した。」

この「ゲーテの世界観に客観的観念論の特徴が浸透している」という見方は画期的だった。シュタイナーは「ゲーテの世界観」（「ゲーテとヘーゲル」）で「この理念の変態（メタモルフォーゼ）を叙述しようとした哲学者がヘーゲルである。それによって、彼はゲーテ的な世界観の哲学者となる。」「ヘーゲルは完全にゲーテ的な世界観の哲学者として自認していた」と書いているように、後年ゲオルグ・ルカーチは、『「ファウスト」研究』（一九四〇年）でこう書いている。「呪いから救済にいたるファウストのオデッセー的彷徨は、そのまま人類の発展そのものの縮図であるといってよかろう。」「ゲーテの『ファウスト』とヘーゲルの『精神現象学』とは、芸術および思想の領域におけるドイツ古典時代最大の成果として、まさに双璧をなすものである。（『精神現象学』が一八〇七年に、『ファウスト』第一部とほとんど時をひとしくして完成されたことは、興味ある事実としてここに付記する価値があろう。）ヘーゲルのこの著のわれわれにとってこの場合根本的に重要な方法論的側面を、エンゲルスは次のように特徴づけている。すなわち、「それは「精神の胎生学にもまた古生物学にもなぞらうべきもの」であり、「個人の意識がそのさまざまな段階を通って発展するさまを、人類の意識が歴史的に経てきた諸段階の短縮された再生産として捉えたもの」であると言っている。」「ヘルダーの『人類の歴史哲学考』は、ヘーゲルのこの著を生む最初の予備的労作であった。」「これは精神の胎生学とか精神の古生物学と評してよいものである。それは個人の意識がさまざまな段階を通って発展していくその論理を明らかにしたものだが、内容的にはそれを人類の意識が歴史的に経てきた諸段階を短縮して再現したものとして描いている。」

ヘーゲルは『精神現象学』の序論でこう書いている。「個人を無教養でまだ形成されていない立場から、知へと導いて行くという課題は、その一般的な意味に解かれるべきであった。」「個々人は、内容の上から言っても、一般的精神の形成過程を通りぬけねばならない。」「われわれは、知識に関して言えば、前の時代には大人の成熟した精神をわずらわしていたものが、今では、少年時代の知、練習、いやそれどころか遊戯にさえなり下がっていることに気がつくであろう。そしてわれわれは教育の進歩のなかに、世界の教養の歴史が影絵のように現われていることを認めるであろう。」（牧野紀之訳『精神現象学』未知谷、二〇〇一年）

シュタイナーは、一八八六年十二月二十一日のエドゥアルト・フォン・ハルトマンへの手紙で次のように書いている。

「尊敬する方へ。先日はゲーテ自然科学論集第一巻をお送りしましたところ、詳しいお返事をいただき、とても嬉しく存じました。お手紙をいただきましたので、同封にて認識論を扱った小冊子（「ゲーテの世界観の認識論要綱」のこと）をお送りする勇気が出てきました。これもゲーテを扱ってはいますが、ゲーテ論としてよりも、認識論として書かれたものです。」

そしてここで展開されている認識論は、シュタイナー自身が「私たちがここで純粋な経験と呼ぶものを厳密に描写することに大変成功したのは、ヨハネス・フォルケルトであると私たちは確信している。すでに五年前、彼の著作『カントの認識論』において純粋経験は見事に特徴づけられている。そして最新の著書『経験と思考』で、彼はこの論点をさらに詳述している。」そして「私たちが特にフォルケルトの著作を問題として取り上げたのは、それがこの分野における現代の最も重要な業績だからであり」と書いているように、フォルケルトの著作にその多くを負っている（『精神科学とは何か』）。

ヴィルヘルム・ディルタイにとって精神科学（die Geisteswissenschaften）とは、「自然科学とならぶ独立の全体としての精神科学」であり、「社会科学（社会学）、道徳科学、歴史科学、文化科学、これらすべての名称の共通の欠点は、これらが表現すべき対象にくらべて狭すぎることである。ところがわれわれの選んだ精神科学という名称は、少なくとも、そこからこれらの科学の統一が実際に認められ、その範囲の輪郭が示され、自然科学とのくぎりが不完全ながらもつけられたところの、主要な事実圏を適切にいい表しているという長所がある」と言っている。そしてディルタイはそれを次のように定義している（一八八三年『精神科学序説』）。

「つまり、現在の抽象的科学的思惟のすべての構成要素を、経験と言語や歴史の研究とかが示すような全体の人間の本性から分離しないで、その間の連関を求めるのである。こうして現実についてのわれわれの心像や認識のもっとも重要な構成要素、たとえば個人的な生の統一体、外界、われわれ以外の諸個人、時間の中での彼らの生存と相互作用などは、みなこの全体の人間の本性から説明できるのであって、意欲や感情や表象に現われる実際の生の過程は、この本性の異なった側面にすぎないことが明らかになる。われわれの認識能力の固定的な先天的な仮定ではなく、われわれの生存の総体から出発する発展史だけが、哲学に向かってわれわれすべてのしなければならない質問に答えることができるのである。」(序言)

「こうした諸個人の体系は、純粋な精神科学において認識されるだろう。しかし現実には、個人は動物的有機体の諸機能とこれら諸機能の環境的自然過程にたいする関係とにもとづいて生成し存続し発展するのである。だから人間の精神的生というものは、このような精神物理的な統一体の一部分、それも抽象によってだけ分けられる一部分にすぎないのである。人間は、二様の関係において自然から制約されている。

われわれは、精神物理的統一体が神経系統の媒介によって一般の自然過程からたえず影響を受け、また自然過程に働き返すのをみてきた。ところが統一体には、そこから出てゆくもろもろの働きが主として目的に導かれる一つの行為として現われる、という本性がある。それゆえ自然過程とその性質は、一方では、精神物理的統一体にたいして目的自身の形成に関して指導的であるし、他方では自然過程は、この統一体にたいしてこれらの目的の達成のための手段として同時に規定的であることができる。だからわれわれ自身は、意志し、自然に働きかける場合に、われわれが盲目的な力ではなく、熟慮して目的を確立する意志であるからこそ、自然連関に依存しているのである。したがって精神物理統一体は、自然過程にたいして二通りの依存状態にある。」（第一部緒論「三、この全体と自然科学の全体との関係」）

「二通りの依存状態にある」とはいっても、ディルタイのこの精神科学が〈生の哲学〉へと発展していくことからみても、この精神の概念内容には〈生命〉が含まれていることがわかる。ディルタイにとって精神科学的認識とは、人間的社会的歴史的実在態を自己認識、すなわち生命の客観化を自己体験によって理解することなのである。

それは、この精神科学の対象領域が社会学のそれと重なることから、当時優勢を誇っていた、人間は物理的身体的な特質をもって社会に参加しているとするハーバート・スペンサーの『社会学原理』（一八七六年－九六年）や、その身体組織は神経組織の基盤をなすものにすぎないとし、社会を神経細胞の結合した組織とみるパウル・フォン・リリエンフェルドの生物学的社会学『未来の社会科学についての考察』（一八七三年－八一年）の影響を受けていたからである。

それに対してシュタイナーの精神科学の定義はまったく異なっている。シュタイナーはそれについてこう言っている。

「無機的自然存在は外的な規範に従って他の存在に働きかける。そして自分を支配している法則に従って働いている。しかし人間はこのように働くべきではない。また人間は、単に一般的な典型の一個としてあるべきではなく、自らの存在、行為の目標、目的を自らに与えるべきである。人間の行為がある法則の結果である場合、この法則は、人間が自分自身に与えた法則でなければならない。人間自身が何であるか、人間たちの内において、国家、歴史の内において何であるか、これを人間は外的な規範に従って決めてはならない。人間は自分自身に従って、自分自身でそれを決めるべきである。人間が世界の機構にどう関係していくかはその人間に関わっている。彼は世界の営みに参加するために、ある基点を見つけなければならない。ここに精神科学の課題がある。人間は精神界を知って初めて、精神界における自らの参与をその認識に従って決定することができる。ここに、心理学、民族学、歴史学の果たすべき課題がある。

法則と行為が分離していること、行為が法則によって支配されて登場すること、これが自然の本質である。これに対して、両者が一致すること、行為の源がその結果の内に直接生き現われること、行為された結果が自己自身を規定すること、これが自由の本質である。それゆえ精神科学は正しく真の意味で、自由の学である。自由という概念がその中心にあり、支配的理念でなければならない。」

シュタイナーにとって精神科学（ガイステスヴィッセンシャフト）とは、ディルタイのような〈生の哲学〉ではないのはもちろんのこと、いわゆる霊学（ゴーストサイエンス）でもないのである。精神科学は、オカルトではなく、あくまで科学（学問）なのである。

シュタイナーは、ゲーテ以前の自然科学者たちが無機的世界にのみ通用する法則を植物や動物といった生物に当てはめたのにも似て、人間という有機体にのみいえる法則を個人の内面世界にも当てはめた。シュタイナーは、この第一巻解説を発展させた「シラーとの関連でみたゲーテ的世界観の認識論要綱」で、〈ゲーテの人間の典型〉説に反論する。

「有機科学においては常に一般的なもの、典型の理念を眼中に置かねばならないのに対して、精神科学においては個体性の理念をはっきり把握する必要がある。一般性（典型）の内に現われる理念ではなく、個々の存在（個性）において現われる理念こそ、中心課題である。」

「典型は、個体において初めて自己実現する。個人はすでに理念的なものとして、真に自己自身で充足している存在でなければならない。自然の一般的な法則と人間本性の一般性とは全く異質なものである。」

そのうえで、「私はこの具象的観念論の導きのもとで、無機的なものにおける原現象、有機的なものにおける類型（典型）、狭義の精神科学における理念の三つを区別できたと思っております。これによって一元論が確保され、しかも抽象に終始する理論的態度が克服されるのです」と言っている。この典型（類型、タイプ）とは、シュレーディンガーの言葉を借りれば、次のように言うことができるだろう。

「二個の生物体の一生の中で繰りひろげられる出来事は、生命をもたないものの中でわれわれが出会う如何なるものも遠く及ばない実に驚嘆すべき規則性と秩序とを表わしています。」

「生物体が〈秩序の流れ〉を自分自身に集中させることによって、崩壊して原子的な混沌状態になってゆくのを免れるという生物体に具った驚くべき天賦の能力、すなわち適当な環境の中から〈秩序を吸い込む〉という天分。」

シュタイナーは、一八八六年十二月二十一日のエドウアルト・フォン・ハルトマンへの手紙にこう書いている。

「これ（『ゲーテ的世界観の認識論要綱』）もゲーテを扱ってはいますが、ゲーテ論としてよりも、認識論として書かれたものです。」

「私はヘーゲルを尊敬し、その哲学を非常に評価しておりますが、それでもヘーゲル流の弁証法に陥らないように努めました。」

「貴方は私のゲーテ自然科学論集第一巻に関して、私が矛盾を解決していない、と非難されました。

〈認識過程にとって、理念が経験の（帰納的な）所産であると主張しながら、同時に先験的な形式の原理でもある〉と主張することの矛盾をです。私が今この矛盾の解決に近づいている、ともしお思いでしたら、こんな嬉しいことはありません。」

ヘムレーベンは書いている。

「シュタイナーは、ゲーテに「帰り」たくはなかったし、ゲーテ主義者にも「帰り」たくはなかった。カールス、オーケン、バッチェ、アレキサンダー・ブラウン、そして他の多くの人々のゲーテに関する業績を認めているにもかかわらず、である。彼らゲーテ主義者は、十九世紀後半―二十世紀前半の、機械論者や唯物論者の〝凱旋行進〟を阻むことができなかった。ドリーシュのような〝全体性〟の理論家や、スムートのような全体論者が行なった、多かれ少なかれ無力な試みは、〝機械論者〟の勝利に対し、何ら、なすすべもなかった。なぜなら、彼らの試みには、認識論的基礎が全く欠如していた。」（「ゲーテの認識論」一八八二年）

シュタイナー――

「完全にあらゆる概念内容を欠いた感覚世界が、われわれの対象となることは決してない。まだ思考が働き始めていない小児期は、純粋に感覚的な把握に近いと言えるか。普通われわれがする経験は、なかば思考に満たされた、すでに多かれ少なかれ、直観のあいまいさから精神的把握の透明な明確さへと高められている。学問は、このあいまいさを完全に克服し、概念によって浸透されていないものを、経験のなかに何も残さないことを目指す。

それでは他の学問に対して認識論は、どのような使命を果たすのだろうか。認識論はすべての学問の目的と使命を明らかにする。それは、個別科学の内容が、どのような意義を有するかを示す。

われわれの認識論は、他のすべての学問についての学である。それは個別科学において、獲得されたものが、世界の客観的存在根拠であることを、明らかにする。学問は一連の概念に到達する。これらの概念の本来の使命を説くのが、認識論である。われわれの認識論は、たんに、思考と存在との形式的関連を確認し、認識論的問題を論理的に解決するのではなく、実証的な成果をもたらそうとする。それは或るものがわれわれの思考の内容であることを示し、この或るものが同時に、世界の客観的内容であるという事実を見出す。

それゆえ認識論は、人間にとってもっとも重要な学問となる。認識論は人間に、自らのことを解き明かし、世界のなかの人間の位置を示す。認識論はまた人間にとって充足感の源泉である。認識論こそが、人間にその使命を説く。その真理を得て、人間は自らが高められたと感ずる。彼の学問的探求は、新たな光を得る。今初めて人間は、世界の存在の中心と直接結びつけられており、（中略）世界霊が自らのなかに現出し、それが自らのなかに内在している、と知るのである。

彼は自らのなかに世界の生成過程の完成者を見出す。彼は、世界の他の諸力にできなかったものを完成するのが使命であり、被造物に栄冠を与える立場にある、と知る。宗教は神がその姿に似せて人間を創られたと説くが、われわれの認識論は、神が被造物をある一定の段階までしか完成されなかった、と説く。すなわち神が人間を創られると、人間は自らを認識し、周囲を見回し、神の創造の業を継いで、根源的力が始めたものを完成させることを自らの使命とする。

人間は世界の内奥を究め、世界が拠って立つ基盤の上に、さらに何を築き上げることができるかを見極める。また彼は根源的霊が残した暗示を看取し、その暗示されたものを成就する。このようにわれわれの認識論はまた、人間の意義と使命についての学でもある。この神と人間の関係についてフォイエルバッハは次のように言っている。

「有神論者は神を、感性の立場から考える。思弁的神学者や哲学者は、これに反して神を、思考の立場から考える。かれはしたがってなんの妨げもなく、客観的な、思考された存在を、主体的な思考する存在と同一視する。神が人間の客体から主体に、すなわち人間の思考する自我になる。普通の神学は、人間の立場を神の立場にする。思弁的神学は、これに反して、神の立場を人間の、というよりはむしろ思考者の立場にする。」」

もちろんフォイエルバッハはこれを否定的文脈で言っているのだが、シュタイナーはこれを、さらにヘーゲル的に再転倒し、肯定的なものとして理解したのである。

シュタイナーはノイデルフルの教会での強い記憶として、「私にとって礼拝は最初から、単なる形式ではなく、深遠な体験だった。私の思考や感情は、常にあのもう一つの世界と共にあった」と書いているが、この「ゲーテの認識論」の立場とは距離がありすぎる。ここにはデカルト、カント、シェリング、およびクザーヌスといった近代形而上学における〈神〉〈超越者〉の概念を認識論によって超えようとする若きシュタイナーの意気込みが見える。

なぜならば、この超越者とは「思考において、また思考によって、思考の限界、すなわち思考できないものを体験することにある」という人間の〈認識の限界〉と対になっているからである。そしてこの認識の限界はまた、思考によって立てられた限界でしかありえず、自由への道はこの限界を突破することにあるからである。それゆえ認識論はこの限界突破のための決定的な鍵なのである。

アインシュタインも、一九一六年に、エルンスト・マッハの追悼文でこう言っている。

「しかし、才能に十分恵まれた自然科学者が、認識論などというものにかかずらうとは一体どうしたことか？　彼本来の専門領域にはそれ以上に価値ある仕事がないとでもいうのか？　私は同僚たちがこう反問するのを何度も耳にしたことがある。心でそう思っている者はもっと多いことであろう。私としてはそういう感じ方に同ずることはできない。授業で出会う最も優秀な学生達、すなわち、明敏なだけではなく、判断の自立性で際立っている学生連は、私のみるところ、きまって認識論を気にかけている。

彼らは諸学の目標や方法について好んで議論を始め、自説を一歩も譲ろうとしない。このことから、彼らが認識論的主題を重視していることがはっきりとみてとれる。それも一向に不思議なことではない。

しかも、金銭を稼ごうとか、名誉を得ようとかいう外的な理由からではなく、またスポーツ的な楽しみや頭の体操の嗜みのためでもなく、少なくとも単にそのためではなく、身をもって学問に向かう以上、学問の途につこうとしている者は次のような問題に関心をいだかざるをえない——私の献身する学問はどのような目標に到達しようとしているのか、また、それに到達できるか？　この学問の一般的成果はどの程度〈真〉であるのか？　どこまでが本質的なものであり、どこからが発展途上の偶然にもとづくものなのか？」

シュタイナーは『自伝』（第十一章）でこう言っている。

「私の人生の第一期が終わるころ、人間の魂を教導しようとするさまざまな試みに対して、明確な態度を取る必要が生じてきた。こうした魂教導の試みの一つに神秘主義があった。神秘主義は人類の精神発達上のさまざまな時代に現われ、東洋の叡智、新プラトン主義、中世キリスト教、カバラ教の姿で私の意識にのぼってはいたが、私個人の性向からして、私がこうした神秘主義と何らかの関わりを持つことは困難であった。私から見ると神秘家は、精神的なものが顕現する理念の世界を正当に扱っていないように思われた。彼らが魂の満足を得んがために理念もろとも理念を欠く内面へ沈潜しようとするのは、彼らに精神性が欠如している証拠であると思われた。それは光への道ではなく、霊的な闇への道である。」

また同じころシュタイナーは、『ゲーテ的世界観の認識論要綱』の「一九二四年新版の注」(G)にこう書いている。

「私の著作においては「神秘化」「神秘主義」について様々な観点から述べられている。この様々な観点の内に矛盾を読みとろうと空想した読者もある。……

認識を得ようとするなら神秘主義的器官による経験のうちに、概念による完璧な明るさをもたらす必要がある。ところで、概念の明晰さを避けるために「内面」に逃避しようとする人間もいる。彼らは、理念による認識を感情世界の闇——理念によって照らされていない感情世界——へと導こうとするものを、「神秘主義」と呼んでいる。私の著作はこの神秘主義に常に反論してきた。」

シュタイナーの解説によるゲーテの自然科学論集が我が国に初めて紹介されたのは、大村書店版『ゲーテ全集』十六巻(昭和四年刊)においてであり、それを成したのは理論物理学者の石原純だった。石原はノーベル賞受賞直後のアインシュタインが来日したさいに通訳を務めている。

石原は大村版『自然科学論集』の解題に、このシュタイナーの解説文のダイジェストを用いている。前出のシュタイナーの文章を訳出して、「彼(ゲーテ)は植物の葉や蕚や花弁等がその根本において同一器官の変形したものであることを示す個々の事実を発見したばかりでなく、一つの生物全体の構成においてはたらく法則の存することを明らかにしたのは、彼の偉大な思想によるのであった。この点においてゲーテは確かにダーウインに先だって進化論的観念を有していたのである。かつダーウインが生物の変化のみに注目したのに反し、ゲーテはその変化する外観のなかに潜む不変なるものを探したのであった」と書いているが、これがシュタイナーのものであるという明示はない。

ゲーテ百年祭を期して刊行された改造社版『ゲーテ全集』の「自然科学論文集」予告の掲載された月報（第二号）には、「ゲーテの自然科学に関して発表した論文はその数において、普通文壇人の想像を超えている。後に編纂刊行された大冊五巻の論文集が雄弁にこのことを語る。」「彼の自然科学の研究はその文学的創作と同一の根底から発生した活動であった。そして彼の文学を真に理解するには、矢張りこれ等彼の科学的著作を知らねばならないといわれている。」「ゲーテの著作は『ファウスト』でも『親和力』でもその他すべて彼の世界観を盛ったものであり、その世界観の基礎をなすものが、この科学的研究である」と書かれている。

シュタイナーは『ゲーテの世界観』初版の序文に、「ゲーテの文学の完全な内容を理解しようとするならば、彼が自然の現象から受けとっていた印象を知らなければならない。彼が創造の本質と生成から聞きとっていた秘密は彼の芸術的な創作の中にも生きており、それは、詩人が自然について語っていることに耳を傾ける者にのみ明らかになる。ゲーテの自然現象に無知な者には、ゲーテの芸術の深みに深く入り込んでいくことはできない」と書いている。

第8章　ワイマールへ

認識の闘い第二幕

シュタイナーは数年来、エドアルト・フォン・ハルトマン（一八四二－一九〇六）に『ゲーテ自然科学論集文』解説や『ゲーテの世界観の認識論要綱』などを献呈し、文通によって哲学上の問題を論じ合っていたが、直接知り合いたいと思い、ベルリンに赴き、面会が実現する。

ウィーンに戻ったシュタイナーは、マリー・ラングの主催するサークルに通う。このグループは神智学の著作も何冊かあるフランツ・ハルトマンの影響を受けていた。そしてマリー・ラングの紹介で、女性解放運動のリーダー的存在であるローザ・マイレーダーと知り会う。マイレーダーとラングは雑誌『女性の記録』を出していた。シュタイナーは、「自由の哲学」の構想が熟しつつあったこの時期、マイレーダーとその内容について語り合った。マイレーダーは書いている。

「私にとってシュタイナーは重要な存在だった。彼は珍しい姿勢の思想家で、また私にとっても、例の、ショーペンハウアーによっていかさまと浮薄にされてしまった（ヘーゲル哲学）、哲学的問題の助けになる、とわかっていた。そういう事情で私は彼をほんものの神智学者であると評価した。

最初私は彼にこの論点へ話題を向けたいと伝えた。彼は、私と同じ立場にいると信じ、議論のなかで私と共に神智学のその立場から離れていった。彼もまたこのサークルで精神的な方向により近づきたいと望んでいたが、彼には、私と比べると、多くのはっきりした敵意があった。私にとって神智学は、その認識法に対して求められている適性がまったくなかったので、居心地のよくない領域だった。それに対して彼はそれは精神薄弱であるとはっきり説明し、私に、なんと言っても神智学の方法は精神的進化にとって危険がつきものなので、神智学からきっぱり足を洗うように、せつに警告してくれた。人格の自由についての彼の見解は、私が追求していたこと、そして彼の有り様と完全に一致する気持ちになる。それは私にとっては彼の最初の哲学論文における完全な明晰性にその点で結びついている。」

マイレーダーの家には作曲家のフーゴ・ヴォルフや、一八八四年にブラヴァツキーに会い神智学協会ウィーン支部長になっていたエックシュタインなどが出入りしていた。エックシュタインはこの時代のシュタイナーについてこう言っている。

「シュタイナーは私に、それが彼にとって大変重要だったらしく、神智学についてさらに詳しく知りたい、とはっきり言った。私はブラヴァツキーの『秘密教義』について話した。それから彼との定期的な交際が始まり、それは長年に渡って続けられた。そして長い間の変化と事件のあと、しだいに彼固有の「人智学」の体系へと導かれていったずっとあと、彼が関係に終止符を打った。」

コリン・ウィルソンは『ルドルフ・シュタイナー』で二人の出会いについてこう書いている。

「信奉者たちのウィーン代表はフリードリヒ・エックシュタインという裕福な芸術愛好者だった。エックシュタインは、ブラヴァツキー夫人が非難される前の年の一八八四年にロンドンで夫人に会っている。エックシュタインは、A・P・シネット著の新刊『秘教的仏教』を携えてウィーンに戻っていた。シュタイナーが一八八八年に「誇大妄想狂カフェ」（後出、グリンシュタドールのこと）で同い年であるエックシュタインに会っていたということは、まず間違いないと思われる。

このエックシュタインのサークルではワーグナー主義者であることが多少なりとも必要だったが、シュタイナーはこの点ではぴったりだった。」

ウィルソンのこの文章では、エックシュタイン自身が証言しているブラヴァツキーの『秘密教義』がシネットの『秘教的仏教』にすり替わってしまっている。ウィルソンはエックシュタインのこの『アントン・ブルックナーの思い出』（シュタイナーの死の直前にゲーテアヌムに送られている）を読んでいるはずなのに？

それはシュタイナーが『自伝』（第七章最後の部分）で、「シネットの『秘教的仏教』はある友人を介して私にもたらされた。私はこの友人とこうしたことについて語り合った。これは神智学運動の本としては、私が最初に出会った書物である」と書いているからであろう。

神智学から別れて人智学を設立したシュタイナーにとっても、神智学運動のカリスマ、ブラヴァツキー批判は、それまで神智学協会の集会のたびに彼女をベタほめしてきただけに、避けたかったのだろう。

そうした事情から、エックシュタインはただ「友人」とだけ書かれ、この後第九章でも、「当時神智学運動と神智学的世界観に熱中していたエックシュタインもしばしばマイレーダー家に姿を見せた」と、前の部分とは切り離されて「軽く」扱われているのである。またシュタイナーとワーグナーの関係についても、まったくのでたらめであることは明らかである。

こうした神智学に見られる神秘主義は、シュタイナーが幼年の目にピタゴラスの定理に「感動し、それ以降も、この数学によって徐々に確立しようとしてきた〈感覚から自由な思考〉と決定的に対立するものだった。このことからシュタイナーは、「神秘主義」と対決することを決心する。そのときの気持ちをシュタイナーはこう表現している。

「私の人生の第一期が終わるころ、人間の魂を救済しようとするさまざまな試みに対して、明確な態度を取る必要が生じてきた。こうした魂教導の試みの一つに神秘主義があった。神秘主義は人類の精神発達上のさまざまな時代に現われ、東洋の叡智、新プラトン主義、中世キリスト教、カバラなどの姿で私の意識にのぼっていたが、私個人の性向からして、私がこうした神秘主義と何らかの関わりを持つことは困難であった。

私から見ると神秘家は、精神的なものが顕現する理念の世界を正当に扱っていないように思われた。彼らが魂の満足を得んがために理念もろとも理念を欠く内面へ沈潜しようとするのは、彼らに精神性が欠如している証拠であると思われた。それは光への道ではなく、霊的な闇への道である。」

シュタイナーは一八八八年十一月九日ウィーンで、「新しい美学の祖としてのゲーテ」という講演を行なっている。

この時代ドイツでは、軍事的・経済的な優越性だけではなく、文化においても、ヨーロッパの新盟主に相応しい優越性を確立するために、増大する青年層への国民的教育が急務となっていた。造形芸術家たちは、画一的な主知主義教育によって、独創的な芸術が失われたとして、新しいドイツに新しい生命を付与し新しい生活スタイルを創り出すための新しい教育を求めた。それは〈芸術による教育〉と呼ばれ、硬化した古い教育を新しい生命感情によって刷新しようとし、シラーの「美的教育に関する書簡」がそのための手本とされた。

そしてこの芸術としての教育の指標として、Volk（民族）とKultur（文化）という言葉が特別の意味内容を持って登場した。

シュタイナーのこの講演も、たんに新旧の美学の違いについて語ったものではなく、それはこの時代状況と直接に関係しているのである。この講演でシュタイナーは、これまでのドイツの美学は、「芸術作品は、それ自身の故に、それ自身によって、美なのではなく、美の理念の模像であるから美なのだ」というプラトン、アリストテレス以来の古い芸術観に把らわれているとして次のように述べた。

「シェリングにとって芸術は、作品に表現された科学にすぎません。ここでは、芸術作品から受ける喜びが何に由来するものなのか、ということだけが問題なのです。そしてその喜びは、もっぱら理念が表現されていることに由来するのです。感覚的な像は、単なる表現手段にすぎません。

美は〈感覚的な現象形式をとった理念〉なのではなく、それとはちようど逆のもの、つまり〈理念形式をとっている感覚的な現象〉なのです。

美しい対象が呼び起こす快の感情が、なぜ純精神的な対象の呼び起こす知的な感情に劣らぬほどのものなのかを明らかにしなければなりません。

〈美とは理念であるかのように現れる感覚的現実である〉という定義から出発する美学は、〈ゲーテ的な世界観の美学〉です。これこそが、未来の美学なのです。その世界観は、ドイツ民族すべての成員のために、否、ドイツ民族をはるかに超えて、人類のための標識になるのでなければならないのです。すべての人びとがこの標識の下で、互いに努力し合い、互いに出会い、互いに理解し合うのでなければなりません。」

初めてのドイツ旅行

一八八九年、ビスマルクが引退し社会主義者鎮圧法も廃止され、ドイツにも自由の風が吹き始める。四月、首都ベルリンで、自由劇場の開設が宣言される。この自由劇場は、「不当な扱いをうけ、飢えに苦しんでいる労働者大衆」のためのものであり、この劇場を支援する協会の設立集会(酒造所で行われた)には、二千名もの労働者・市民が集まり、月五十ペニッヒの会費で運営して行くことが決まった。その後多くの賛同者が加わったが、その五分の四はユダヤ人だった。テオドア・フォンターネは、「すべての自由と自由な文化は、せめてこのベルリンで、とくに豊かなユダヤ人の仕事によって執り成されるだろう」と書いた。ハウプトマンの『日の出前』が発表される。

この年の夏、シュタイナーは初めてドイツへ旅行する。

「私がこの旅をするきっかけとなったのは、ザクセン大公妃ゾフィーの委嘱を受けてゲーテ文庫が編纂していたワイマール版ゲーテ全集の協力者として、私が招聘されたことにある。ゲーテの孫ヴァルター・フォン・ゲーテは数年前に死亡していたが、彼は、ゲーテの直筆による遺稿を大公妃に遺贈していた。大公妃はこの遺稿を基にゲーテ文庫を設立した。そして彼女は、ヘルマン・グリム、グスタフ・フォン・レーパー、ヴィルヘルム・シェーラーを頂点とする多数のゲーテ学者たちの協力を仰いで、既に知られているゲーテの作品に、いまだ未刊の遺稿を加えた新しいゲーテ全集を編集しようと決心したのである。

ゲーテについて私がそれまでに発表したものが機縁となって、私はこの全集のためにゲーテの自然科学論文の一部を編纂するようにとの委託を受けた。私がワイマールに招かれたのは、そこで自然科学論文の遺稿を実地に調査し、私の仕事の第一歩を踏み出すことができるようにとの配慮からであった。

ゲーテの町ワイマールでの数週間の滞在は、私にとっては人生の祝祭の時であった。私は長年ゲーテの思想圏に生きてきた。それが今や私自身、この思想が誕生した地に滞在することが許されたのである。こうした昂揚した気分のうちに私はここでの数週間を過ごした。」

シラーが、長い放浪の旅の末に、ドイツ一流の作家たち、ゲーテやヘルダー、ヴィーラントらに会うために、初めてワイマールを訪れたのは、この百二年前（一七八七年）の夏のことだった。シャルロッテ・フォン・カルプ夫人、ヘルダー、ヴィラントらが出迎えた。ゲーテは前年よりイタリアの旅に出立していたため会えなかった。

ゲーテとシラーが初めて面会したのは、ちょうど百年前の九月七日のことだった。しかしこの会合は、かなり大勢の人々が集まり、イタリア旅行からのゲーテの帰還ということもあり、話題はそのことに集中し、二人は儀礼的な挨拶以上には話せなかった。

この後シラーはゲーテについての初めての批評「ゲーテの悲劇『エグモント』について」を『イェーナ一般文芸新聞』に公表する。『エグモント』はシラーにとってもまたちょうどその時熱心に研究していたテーマであった。シラーはこの戯曲のなかに、自由の英雄ではなく、無意識の植物のような（シュタイナーにおけるコグツギーのような）存在の英雄を見た。

これはシラーの精神的資質からして当然満足できるものではなかったが、彼は一貫して好意的に書いた。「人はこの創造的天才を称賛することにやぶさかではなかろう。彼はすべての難事を征服してこそ獲得される芸術の力をもって私たちのたましいを騎士時代の彼方へ魔法をかけてよびよせている」と。そしてネーデルラント地方の市民と手工業者たちのすぐれた性格描写についての注解については、次のような美しい文章を草している。「かくて技巧による作為や無理の痕はほとんどみとめられない。このことは対象によって全面的に浸透された芸術家にして、はじめてよくすることである。各の性格はあたかも作為と認識の力を借りずに描写する人から自然に洩れ出るような趣である」と。

シラーの詩「皮相さと深さ」(一七九七年)

たくさんの人が世にときめいている、
どんな事でもその人たちはじつにみごとに説きあかすことができる、
あたらしいもの、よいものの所在を知りたいなら
その人たちのところへ行ってたづねるがよい、
その人たちが高らかな聲音で語っているのを聞けば
まるで世界一うつくしい花嫁を手に入れたかとあやしまれる。

ワイマール

翌年(一八九〇年)秋、シュタイナーはワイマールへ移住する。人生の第二期が始まる。ワイマールのゲーテ・シラー文庫に協力者として入ったシュタイナーは、文庫の所長のズーファンと懇意になる。ズーファンは高名なゲーテ学者ヘルマン・グリムの推薦で所長になっていた。シュタイナーは、「ヘル

マン・グリムがワイマールや文庫に現われると、この遺稿収集地が秘密の精神的絆によって、ゲーテと結び付けられるような気がした」というような雰囲気のなか、ゲーテ研究に専心した。

シュタイナーは、この「神聖なイルム河畔のアテネ」の街、市民たち、宮廷、学識ある同僚たち、畏敬の念を起こさせる伝統的な建造物の数々、そのすべてを吸収したかった。そしてもちろん、ゲーテやシラーについても。

当時、南バーデン出身の画家で彫刻家でもあったクルト・リービッヒ教授は、ワイマールでの学生時代を回顧してつぎのように書いている。

「（一八九一年）私は、ワイマールの芸術学校に入学するために、ドレスデンからワイマールへ向かう途中、乗り換えのチュービンゲン駅でシュタイナー博士と遭遇した。赤帽を探していると、赤帽に荷物を運ばせ、その左側を黙って歩いているシュタイナー博士を見た。博士の真っすぐな黒髪が目についた。流行の短いズボンを履き、ぴんと背筋を伸ばして歩くさまは、かすかに黄ばんだ顔色だが、そのメガネの奥からは刺すような暗い眼光がのぞく、その姿は自信にあふれていた。私と博士はコンパートメントで同室になり、ワイマールまでの間、言葉を交わした。」

シュタイナーはこの年、ドイツのロストック大学で哲学博士の学位を授与されているが、これはたぶん、その帰り道か、その直後のことだったのであろう。しかしシュタイナーは古文書に埋まり整理するだけの文献学者ではなかった。リービッヒは書いている。

「我々二人はちょくちょくいろいろな地方に出かけた。その時彼は、人間を詳細に研究した。じっと観察しながら、あちこち動いた。そして『人間は人間と共にあることができる』と言った。」

もちろんこれはたんなる観光旅行ではないし、「書を捨てよ町へ出よう」（寺山修司）でもない。これは、ソクラテスの次の言葉、「野原や樹木は私に何も教えてくれない。街の人びとは私に多くのことを教える」とも通じるものがあるだろう。この当時のシュタイナーの気持ちを最もよく表わしているのは、次のシラーの詩（「光と熱」一七九七年）だろう。シラーはこう歌っている。

「善意のある人は
　よろこばしい期待をよせて
世の中にはいってゆく
　彼は自分の心をみなぎらしているものを
外部の世界にも見いだせると思っている、
　そしてけだかい熱意に燃えたって
真理のために忠実な腕をさしのべる。」

シュタイナーはリービッヒと共に、カフェに入り浸り、その日の観察について夜遅くまで意見交換をした。シュタイナーはシラー通りにあるカフェ・オーバードルスターを根城にしていた。そこでは時にはアルコールが入ることもあり、翌日は大変だったという。二人は、そのころ話題になっていた心霊主義の集まりにも行ったことがあったという。

リービッヒは、一度、シュタイナーをかんかんに怒らせたことがあった。二人でチェスを楽しんでいた時のこと、王手詰めになろうとしていた瞬間、思わずカッとしたリービッヒは、チェス盤を両手でガタガタ揺すぶってゲームをぶち壊してしまった。怒ったシュタイナーはそれ以来会ってもまったく口を聞いてくれなかったという。彼は常々、「子供じみたおふざけは好きではない」と言っていた。これはノイデルフル以来変わらぬものだった。しかし、ほとぼりが冷めたころ、街でシュタイナーを見かけたリービッヒが、「博士、行儀よくなりました」と声をかけると、「よし、それならまた一緒に遊ぼうよ」と答えたという。

ディオニュソス的熱狂との闘い…『教育者としてのレンブラント』

一八八九年秋、ラングベーンの『教育者としてのレンブラント』が出版される。もう一つは、一八九一年十一月二十七日にウィーンの学術クラブで行なった「統一的自然観と認識の限界」と題したものである。

しかしこの年、シュタイナーを迎えたのは、前年の発狂以来、若者たちの間に熱病のように広がっていったニーチェのディオニュソス的熱狂だった。そしてそれにさらに油を注いだのが、「一ドイツ人」による『教育者としてのレンブラント』だった。この本で著者は、専門化した科学や知性第一主義によって、ドイツ固有の文化が衰退し、ドイツ国民の精神生活が急速に退歩していると訴え、民衆の非合理的なエネルギー噴出を切望した。

著者は、このロマン主義からの資本主義批判を民主主義批判と結びつけ、ドイツの遅れた政治体制や社会構造は、西欧の民主的政体よりも真に国家的社会的に高い形態である、という結論を引き出す。それはまた、自然主義から生じた狭隘な地域主義や反大都会的な郷土芸術賛美の運動を生み出す。

著者は、「ドイツ人の新しい精神生活は、懸かってドイツ青年にあり、しかも腐敗せず教育によりて悪化させられていない真摯な青年の双肩にかかっている」とし、ドイツの青年に期待した。謙譲、孤独、休息、個人主義、貴族主義、そして芸術が時代の精神的不幸を救済するとした。その象徴として、レンブラントは、自由な個人とゲルマン精神を復活させるドイツ人として称賛された。

この匿名というミステリアスな手法は、時代の情感にみごとにヒットし、その内容をはるかに上回る称賛と売れ行きをみせ、一九〇九年までに四十九版を重ねた。ドイツ国民の精神的要求がよく洞察され、自然の堂奥に参じ魂の奥底に徹することの必要が説かれ、また画家レンブラントの真摯な心持ちに感謝の念を捧げることは不当ではない所以が述べられている。

この本は新時代のドイツの青年に芸術を通して共同性を涵養するものとして時宜にかなったものだった。こうした主張は前世紀のシラーの美的教育論やロマン派に溯ることができるが、この感情優位主義は国民運動としてドイツ国内を席巻することになる。この時はまだ「一ドイツ人」として本名を明らかにしなかった著者のラングベーンは、病床のニーチェのもとを訪れ、治療行為を行なっていた。

シュタイナーは芸術協会にほとんどいかなかった。いかなかったというよりいけなかったのである。それは、シュタイナーに反感を抱いていたオランダ人のある画家が若い画学生や作家のたまご、音楽生たちを扇動してシュタイナーをパージし、協会での催しの連絡をいっさいさせなかったからである。これは明らかにシュタイナーの『教育者としてのレンブラント』批判の影響だった。シュタイナーはこう書いている。

「そのころどこへ行ってもこの本のことが噂にのぼっており、全く新しい精神の登場と騒がれていた。こうした現象をみるにつけ、当時の精神的状況のなかにあって、私がいかに孤立した立場にあるかを痛感せざるをえなかった。」

ニーチェの発狂（一八八九年）の一年後あたりから、シュタイナーはこれを「病んだ魂」と呼んでいたが、このニーチェのディオニュソスへの熱狂が若者たちに伝染病のように伝播し、彼らを虜にしていた。

ワイマールの町でも、前出の学生たちが時代遅れのシルクハットと、どういうわけだが両手にカフェのグラブ（手袋）という珍妙な扮装《いでたち》で、集団で闊歩していた。リービッヒも一時このグループに入っていた。ある日町角で彼らとシュタイナーがすれ違った。その時シュタイナーはリービッヒを完全に無視した。ショックを受けたリービッヒは直ちにそのグループを抜け、改悛の情を表わすために、普通の市民的な身なりで、カフェにいたシュタイナーに会いにやってきた。その姿を見たシュタイナーは、「私は、あなたがすぐに改心すると、信じていました」と言い、二人の友情は回復した。

リービッヒは、「私は彼のゲーテについての解説にたいへん感謝している。特に、『ファウスト』第二部や「白い百合と緑の蛇」の童話について彼の注釈の写しはいまでも持っている。彼は、傑出した本性と多才さによって、私を富ませてくれた」と書いている。また「ある日彼は私に最上のプレゼントをくれた。それは、私が思うには、ワイマールの芸術家の写真を基に描いた絵で、彼の献辞」にはこう書かれていた。

「画家クルト・リービッヒへ　友情の記念のために
　外界をはっきり見さえすれば、人間は自己の内界を光で照らすことができる。
一八九一年六月十三日　　ルドルフ・シュタイナー」

しかし、こうした村の学校の教師のような生真面目さは、都会育ちの年下の学生たちにとってはちょっと戸惑いがあったたようだ。

同じころ、ハイデルベルクとミュンヘンで学び、ベルリン大学でヘルマン・グリムの指導の下、博士号の取得をめざしていた、著述家兼文芸史家のマックス・オスボーンによれば、シュタイナーの印象は次のようだった。この「焼きたてパン」博士、「若い白樺の小枝」（オスボーンはシュタイナーをこう揶揄していろ）は、年下の学生たちに対しては、多少高飛車な態度もあったが、学生コンパでは、ビールの回し飲みのさいも、きわめてささやかで、大声を出して騒いだり笑ったりはしなかった（「この世の極楽には行かなかった」）が、親切でとても機知に富み活発な仲間で、信頼して勉強に励めた。

一八九七年までの七年間で、シュタイナーはキルシュナー版の残りの解説と、ワイマール版の解説、そして『自由の哲学』を書き上げる。

ファンタジーとイマジネーション

シュタイナーは『自伝』第十五章の冒頭に、「ワイマール時代の初期に私は二つの講演を行ったが、それには私にとって大切な想い出が結び付いている。一つの講演はワイマールにおいて〈文化創造の女神としてのファンタジー〉（Die Fantasie ais Kulturschöpferin）という題で行われた」と書いている。この講演は、L・テレマン書店の催した〈ドイツ精神生活の中心的な傾向（潮流）〉という連続講演のなかの一つとして、一八九一年十一月二十五日に行われた。

この演題からすぐに思い浮かぶのはゲーテの次の詩であろう。

「不死の女神数ある中に
最高の賞賛を得るのは誰か
人おのおのに意見はあろうが
ぼくならそれは
氷遠に活動してやまぬ

たえずみずみずしい
ユピターのふしぎな娘
彼の寵愛を一身に集める
ファンタジーの女神だ（一七八〇年作「ぼくの女神」の起句）

そしてまたシュタイナーのこの講演は、一八八三年に『精神科学序説』を上梓したベルリン大学教授ヴィルヘルム・ディルタイが、一八八六年八月二日、カイザー・ヴィルヘルム・アカデミーとも称せられたペピニエール軍医学校創立日に行なった記念講演、〈文学的想像力と幻想〉（Die Einbildugskraft des Dichters und Halluzination）を意識してのものであることは間違いないであろう。

シュタイナーはこの講演の内容について『自伝』で触れているが、その記録は残されていない。わずかに『ワイマール新聞』一八九一年十一月二十八日号に掲載されている小さな報告文でその一端を知るのみである。

この講演でシュタイナーは、「なるほど今日では精神（理想）主義は忌避され、いかがわしい傾向が流布している」と述べている。このいかがわしい傾向とはディルタイの言う写実主義のことである。

ディルタイは、ファンタジーについてこう言っている。

「現代の写実主義者（リアリスト）は現実をただ実写することで時代の好みに媚を呈し、モデルそのままに細心に制作している。だが、いつの場合も、偉大な詩人の特徴は、あらゆる経験を超え出してはいるが、われわれをして、かえって通常の経験を一層よく理解させ、一層身近なものにさせるような類型を創造することであろう。それゆえ創造的なファンタジーは、人間的なものの極限に一途方もない偉大な行為に、奇怪な犯罪に、またこの非常な世界を優しい影のように通り過ぎる切々たる至純な心に、常にひきつけられてやまないのである。この地上に生死する人間の生活の上に、いわばファンタジーの蒼穹が拡がり、そこに不滅の諸形象は憩い、また働いている。」

「芸術的ファンタジーの中で創造する芸術家は、通常の感覚的知覚の場合のように、外的な感覚界を把握し、模写するのではありません。芸術家は外界を変形し、理想化します。……しかし、芸術的創造のなかには外界の知覚が生きています。芸術家は外界の知覚を支えとします。芸術的創造においては、外的な知覚に頼った表象像と、それに関連する記憶が存在しています。芸術家の中には、人生の中で意識下に受け取るもの、魂の中で体験として生じるものすべてが作用しています。」

そしてシュタイナーは続けて、「科学に、精神を果てしない高みへと導く、ファンタジーを求めている人を、私は知らない」とも言っている。

しかしこのファンタジーは、「非合理的なものへのアピールは鋭い双刃の剣である。というのは、非合理的なものは理性を超えるすべてのものを含むばかりでなく、また理性の及ばぬもの、理性に反するものをも含むからである。そしてより低いもの、より劣ったものは、高いものに比し、獲得がいっそう簡単、容易であるから、非合理主義は神秘的なヴィジョンではなく、心的な野蛮性に道を拓く」（E・R・クルティウス）のである。このシュタイナーのファンタジー（想像力）についての定義はごく一般的なものである。

シュタイナーのこの議論は、当時のイギリスを代表する物理学者ジョン・ティンダル（一八二〇－九三）がリヴァプールにおけるイギリス学術会議（一八七〇年九月十六日）で行なった「イマジネーションの科学的用い方」（Scientific Use of the Imagination）と題された講演から触発されたものであろう。この講演は『科学についての断章』（一八七一年）という随筆・講演集に収められている。

ティンダルは、「ダーウインのブルドック」と呼ばれた生物学者トーマス・ヘンリー・ハクスリー（一八二五–九五年）の親友で、ハクスリーに呼応して立ち上がり、ダーウインの進化論を徹底的に擁護した。

ティンダルは有名なベルファスト講演（イギリス学術協会会長就任演説、一八七四年八月十九日）で、それまで自己の研究に埋没していて科学者たちが関心を持つことのなかった科学史の問題を取り上げ、古代ギリシア以来の科学の歴史は宗教との闘いの歴史であり、科学はキリスト教による迫害を克服しながら発展して来、今もなおその闘いは続いている、と説いた。

この講演は、科学と宗教との論争に参加していた人たちを感動させ、勇気を与えた。しかし、このため、自己の信仰箇条に凝り固まった宗教者たちの激しい反発をまねき、ティンダルは二度の弁明をせざるをえなかった。

そして「イマジネーションの科学的用い方」で、ティンダルは、イマジネーション（空想・想像力）が科学の進歩にどれほど大きな貢献をしてきたかを述べ、〈ティンダル現象〉と呼ぶ自己の体験を含む科学者たちの体験を次のように語っている。

「感性的な現象を説明する際、われわれは習慣的に、超感性的なものの心像をつくりあげる。そういうイマジネーション（想像）の力を、おそるべきもの、用いるよりむしろ避けるべきものとみなすような保守党屋が、科学界にさえいる。イマジネーションというものは、効果のある正確な実験と観察をもってすれば、物理理論の設計者になる。ニュートンの落ちる林檎から落ちる月への移りゆきは、準備されていたイマジネーションの仕わざである。これがなければ、〈ケプラーの法則〉もその根底まで探ることができなかったであろう。ドルトンが化学上の事実から原子論を形成したのも、構成的なイマジネーションのおかげである。ディヴィーは、イマジネーションの力に負うところが非常に多かったし、ファラディーにあっては、その運用はひっきりなしにおこなわれ、あらゆる実験に先んじ、付随し、それらを導いていた。発見者としてのファラディーの強みと多産力とは、ほとんど、かれのイマジネーションの刺激によるというべきである。

科学者たちは、イマジネーションという言葉に超科学的な意味がふくまれているために、この言葉を避けている。だがこの力を運用しなければ、自然に関するわれわれの知識は、共存と相関との単なる図表となるであろう。それでもなお、われわれは昼と夜や夏と冬の相ついでおこることは信じるであろう。力の概念はわれわれの宇宙から追い払われ、因果関係は消失するであろう。しかも科学は今日、この因果関係でもって、自然の諸部分を一つの有機的全体に結びつけているのである。

人間の知性には拡張力というもの――それを創造力と呼んでも、さしつかえなかろう――があるが、これは、事実について沈思黙考すれば働きだすものである。混沌をおおう精霊の伝説も、この力を経験してうまれたものであろう。

この（円錐屈折やその他の）概念をつくり上げる際には、理性とイマジネーションとを合一するあの合成的・創造的な力が、感官の世界に劣らぬほどの実在的な世界へわれわれを導いたのだと、われわれは信じている。感覚の世界そのものは、この世界からの暗示であり、大部分がその結果なのである。」

ここにはシュタイナーがこの時代に模索していた人間の認識力の創造性の問題に対する答えがある。

そしてティンダルは、この講演の終章近くで、次のように言った。

「これらの進化思想は、不合理で異常で、われわれが青年時代に教えこまれた物質観からすれば、知的には首肯できるものではない。精神と物質とは、最もはげしい対立をなすもの、一つは何よりも下劣なものとして、つねにわれわれに示されていた。しかし、これは正しいことであろうか。

この疑問に答えることにこそ、一切はかかっている。われわれが青年時代に考えていたような前述の精神と物質との対照のかわりに、この二つが等しく価値あり不可思議なものだとみなし、この二つが事実として神秘に相対する両面と考えるように教えられていたと仮定してみよう。

また、われわれが青年時代に、詩人ヤングの思想のかわりに詩人ゲーテの思想を注入されて、物質を〈獣的なもの〉としてでなく〈神の生きた外衣〉とみなすように教えられたと仮定してみよう。このように事情が変われば、皆さんは、相対の法則によって、現在の結果とはちがった結果があらわれるとお考えにならないであろうか。精神と物質との間の原初的な和合という考えに対するわれわれの嫌忌は、かなりやわらぐのではなかろうか。」

ヘッケル

このシュタイナーの講演が行われたのは、ちょうどヘッケルがアルテンブルクで行なった「宗教と科学の紐帯としての一元論」という講演で、彼の一元論的世界観を初めて定式化した時代にあたっていた。シュタイナーのワイマール滞在を知っていたヘッケルはこの講演のコピーをシュタイナーに送ってくる。この講演は『科学者の信仰告白』という題で、講演が行われた同じ一八九二年に、単行本化される。ヘッケルはこの講演のなかでこう述べた。

「科学と宗教を対照すると、両者の主張は矛盾する。そして両者の見解を哲学的に考察してみれば、科学の結論に対して、宗教の教義はとうてい維持することはできない。しかし、だからといって宗教はまったく過去の遺物として葬り去ってよいのであろうか。もし、我々が宗教と科学を、両者の根底にある人間精神から切り離し、たんなる二つの抽象的な教説と考えるならば、こうした見解もやむをえないだろう。だがしかし宗教は、神学者の個人的な虚栄心の満足から創られたものではなく、その真の目的は、人間のある種の根本的欲求を満たすことにある。そしてこの欲求が、宗教以外において充分に満たされないかぎり、宗教は、どんなに抑圧されても、再びその芽を吹き出し、人生の欠くべからざる要素として復活してくるのである。

そしてこの人間の精神の必然的欲求のなかでその最も強いものが、万物の起源とその性質に対する説明である。科学がたんに現象の記述と個別的法則の研究のみに限定しているかぎり、この欲求に対して、何らの解答を与えないのは言うまでもない。それゆえ、現代の科学哲学はその対象領域を最大限に拡張し、科学実験による発見から、宇宙の大いなる謎を解決するに至った。かくして理性的な方面においては、宗教が衰退するのはすでに明らかである。

しかし、人間は理性的な欲求だけではなく、なお現実的な欲求を有し、また理性的であると共に感情的な存在である。そして、この人間性における感情的要素はけっして非実在的なものでも非本質的なものでもないので、この欲求もまた満たされなければならない。それゆえ科学がもし宗教よりもさらに完全にかつ確実に、人間の知識と共にその感情を満たすことができるようになれば、その時初めて宗教を放逐する権利を有するであろう。

そして、もし科学者がこうした考えによって、一個の哲学者となり、またその理知によって、科学が始めた帰納をその終極にまで推し進めることができるならば、科学者は何らの不安を感じることはないのである。たぶん、こうした科学者の眼から見れば、科学の実際的領域は、けっしてその理論的領域より狭いということはないのであって、科学は宇宙や人生についての所説をもって、人間の感情を満足させることができるだけでなく、それを満足される唯一のものであることを容易に証明できるであろう。

しかしながらこうした立場に立つ科学者も、このような考察がまだ理論的段階に留まっていることを否定はしない。すなわち実際の科学の活動は、それを巨細の点までを挙げ、ことごとく一日でこれを実現することはできないのであって、このことがなお遠き将来にわたって、様々な宗教が、これを補うべき欠陥が存するのである。そして、科学がそのすべての任務を完全に充たすことができない間は、これらの宗教は、事実として維持されるだけではなく、その間これが保存されることは、ある点において有益であり有効であると言わざるをえない。」

「一元論が〈科学的世界観〉の上に築かれた新たな信仰であり、したがって、単なるキリスト教の代替物たる無神論的唯物論を超えたものである」と力説した。

シュタイナーの講演は、このヘッケルの講演より少し前に行われた。このなかでシュタイナーは、十九世紀の中葉に、それまでのカント流の認識の限界「人間の認識は表象にすぎず〈物自体〉は認識できない」のうちに留まろうとする臆病さ（二元論）を打破しようとする、哲学における重要な変化、「統一的世界観構築への試み」が生じてきたとして、ヨハネス・フォルケルトの『夢ｰファンタジー』（一八七五年）やエドゥアルト・ハルトマンの『無意識の哲学』（一八六九年）やロッツェの名などを挙げ、さらにヘッケルが『自然創造史』第二版で「このすばらしい本（『無意識の哲学』）の総ては私が主張していることと本質的に一致する」と言っていることを紹介し、一元論を擁護している。

そしてシュタイナーは、カントにならって、人間には外的な感性的本性（経験）と内的な精神的本性（認識）という二重の本性があるとするが、カントとは異なって、この認識という人間の真の本性には、経験によって個々ばらばらに知覚された世界を統一的な像として表象することができ、この能力によって人間は、どこか外部にある何か（命令・戒律など）によって突き動かされるのではなく、行為の動機を自分自身の内部に求め、自律した立法者となり、それによって自由な存在になると主張している。

シュタイナーは講演のなかで、「道徳（Sittlichkeit）は認識とは関係がないと言い、人間を（国家や民族に）一まとめにしようとするのは、致命的な誤りである」と批判している。そしてシュタイナーは、「私は教育についてこう考える」として、この〈芸術としての教育〉に対して、人間の個性の意味をよく理解した心理学によって構築され、個人の自由な発展をもたらす〈自由への教育〉を対置し、「自由への人間の発展は、人間の本性における個人の育成と同じことである」と言っている。

この講演の全体的な内容は、翌年の『真理と学問』や、一八九四年の『自由の哲学』の前触れとなっている。

当時生じたニーチェ崇拝の運動の有力なものとして、ミュンヘンを拠点としたルートヴィヒ・クラーゲスらの〈宇宙論者〉や、シュテファン・ゲオルゲを中心とする『芸術草紙』派の運動があった。

ゲオルゲは『芸術草紙』創刊号（一九〇二年）の序でこう言っている。「この刊行物の名称がすでに幾分かその刊行の目的を明示している。芸術、特に詩と文筆活動に寄与するものであり、国家や社会に関する事柄は一切排除される。それは新しい感覚と手法に基づく〈精神的な芸術〉〈芸術のための芸術〉を意図する」と。ゲオルグはこの時代にゲーテやジャン・パウル、ヘルダーリンを通して、ドイツ的なものを探り、その伝統の新しい理解から、新しい文化の創造をめざした。

また、のちに二十世紀文壇の花形になる、若き日のトーマス・マンやヘルマン・ヘッセ、ライナー・リルケらもニーチェの洗礼を受けていた。

シュタイナーのこの講演は、こうした民族主義的傾向やニーチェへの熱狂という芸術感情の荒波のなかに投げ込まれている。シュタイナーは「我々の発展は成り行きにまかせるだけである」と言い、この講演の最後を「二元論を通して自由の哲学へ」という言葉で結んでいるが、これはヘッケルがその二元論的な進化論を『自然創造史』にみられるように発生史的に展開しているのに対して、シュタイナーは反対に、その進化の到達点であるところの自然と精神というふうに二元的に対峙している現在からこの両者の統一を認識論的に考えているという違いがあるからである。

しかしヘッケルは、ゲーテの汎神論にならって、その進化の始まりを、「物質でも精神でもなく、この二つの性質を合わせ持つもの」から考えている。

この講演は『学術クラブ月報』(一八九二年九月号)に掲載された。シュタイナーは「私のワイマール滞在を知っていたヘッケルは彼の講演のコピーを私に送ってきた。私は彼の好意に応じて、私のウイーン講演が載っている雑誌を彼に送った」と言っているが、その前の一八九二年十二月四日、シュタイナーはヘッケルに宛てて次のような手紙を書いている。

「あなたの二本の論文「倫理と世界観」および「二元論的学の世界観」をお送りいただき、誠にありがとう存じました。『未来』誌(第五号)に掲載されました拙論に賛同いただいたことは、私にとって、この上なく貴重なものでした。私の世界観に対して激しい攻撃がなされていた、まさにその時、賛意を表わしていただいたことを、心より感謝いたします。

私は文筆活動を始めて以来、あらゆる二元論と闘い、認識能力の実証的分析による一元論の科学的正当化、要するに、自然科学によって得られた結果が実際の〈真理〉であることの立証が、哲学の課題と考えています。したがって、私は、二様の真理を認めるカント思想にも、現代の《イグノラビムス》にも反対せざるを得ません。私には、学問の結論が唯一正当な世界観の構成内容と思われます。それら構成内容のほかに、宗教を認めることはできません。私は、「……〈理性的な世界観〉が既に確実に得られている」というあなたの主張の断固たる支持者であり、〈原理的〉に解きえない〈世界の謎〉は存在しないことを確証し、かつ文化過程は、それが学問的であるかぎり、〈無知〉の状態から次第に〈知〉の状態へ変わることを確証しております。

繰り返し感謝する次第です。

敬具

Dr. ルドルフ・シュタイナー」

シュタイナーは、この十五年間におよぶゲーテ研究において、ゲーテ自身（やゲーテ主義者たち）も気づかなかった〈ゲーテの世界観〉を紡ぎ出し、〈思想家ゲーテ〉を「演出」したのである。これは、カールスの場合とは異なり、シュタイナーの「才」なしにはありえなかった。

だからシュタイナーは、ワイマールを去ることになる一八九七年に、ゲーテ協会年報において、次のような言葉で、ゲーテ・シラー文庫における彼の活動を公式に評価されたのである。

「彼がこれに関する幸運な協同作業において、批評的、創造的な仕事を成し遂げたということは、あらゆる識者の認めるところであった。よくまとまった結論と整理された構成によって、自然科学者ゲーテに対して十分な、かつ高い評価を確立する豊富な文献が提示されているのは、彼の無私の努力によっている」と。

しかしこれがまた、ヘルマン・グリムら大家たちの警戒を招き、〈自然科学者ゲーテ〉と〈思想家ゲーテ〉の不動の評価とは裏腹に、学究生活において公式の席を得ることはできなかったのである。

第9章　シュタイナー『真理と学問』

「真理と学問」

この年一八九一年、シュタイナーは、ロストック大学においてハインリヒ・フォン・シュタイン教授のもとで「特にフィヒテの学説に関連する認識論の基本問題」という論文で哲学の博士号を得る。翌一八九二年、『真理と学問』を出版する。

その序文で次のように述べている。

「カントはたしかに《独断的》哲学が誤っていることを証明したが、その場所に落ち着かなかった。独断的哲学は、カントを彼と対照的にそこから至る所で発展したドイツ哲学に結びつけた。フィヒテ、シェリング、ヘーゲルは、彼らの先輩によって認識の限界が設定されていることを、ほとんど気にかけず、人間の理性の範囲（「この世」）外に物事の根本原理を求めた。カントの認識批判の成果は永遠に反駁できない真理であると言明しているショーペンハウアーでさえ、究極の世界原因の認識について彼の師匠から外れた道を取った。これらの思想家たちは、認識の本性それ自身の審理によってその始まりの基礎を置くことなく、最も高い真理の認識を求めるという、宿命にある。

フィヒテ、シェリング、ヘーゲルが自負している体系は土台なしにそこに立っている。哲学者の思考過程を害する土台の欠如は、純粋な理念世界とそれの感性的知覚との関係の意味の認識なしに、錯誤の上に錯誤を、一面性の上に一面性を重ねる。哲学嫌悪で満ちている時代の濁流に対して、このあまりに奔放な体系と、それらの哲学に含有されている、悪意を持った無慈悲にさっと吹き飛ばされる、多くの善意に反抗する力がないことは、けっして驚くことではない。」

ベルジャーエフは『創造の意味』において、シュタイナーの同書に触れている。

「R・シュタイナーは初期の著作のひとつ、神智学の用語を一切用いずに書かれた『真理と学問』の中で、真理の認識が有する創造的本性を巧みに言い表している。」

「真理は、通常考えられているように、何か現実的なものの理念的反映を提示するものではない。真理は、人間精神の自由な所産、つまり、もしもわれわれ自身がそれを創り出さなければどこにも存在しないような、所産である。認識の任務は、既に他所に存在するものを、概念のかたちで反復することではなく、所与の感覚世界と並んで完《まった》き現実性を有する、完全に新しい領域を創造することである。人間の高次の活動、人間の精神的創造は、これによって、全般的世界過程に有機的に組み込まれる。この活動なくして、世界過程をそれ自体で完結した全一的なものとして考えることは、まったく不可能であろう。世界過程に相対する人間は、彼の働きかけなしにコスモスの内に成就する事柄を、自らの精神の限界内で表象により反復している無為の観客ではない。彼は世界過程の、活動的な共同創造者である。そして認識は、宇宙的有機体の最も完全な構成要素である。」（青山太郎訳）

これらの思弁哲学においては、カントの論理的普遍が実在的普遍となり、宇宙に一体の超越的本源的精神を認める一元論的形而上学となり、カントにあった理性の重視はロマン主義的な霊性へと変じ、それが宇宙と人生に満ちわたるのである。カント以降の哲学にあっては概《おおむ》ねが反個体主義であり、ヘルバルトのみが多元主義を主張していた。

この「はずれた道について」、高橋巌は『ヨーロッパの闇と光』（「愛の思想――ヴァーグナー」）で次のように書いている。

「ショーペンハウアーにとって哲学者たるものの第一条件は、この世の背後に「もうひとつのまったく別な第二の現実界がかくされている」という予感をもつことであったが、この第二の世界こそ本来の「形而上学的」世界なのである。

ショーペンハウアーは、ヴァーグナーの『わが生涯』の言葉を用いれば、「偉大な明晰さと男性的厳密さ」をもって、苦悩の形而上学的意味を、苦悩こそ高き認識、見霊者への道の第一歩であることを、「この世」的な要求をすべて沈黙にもたらし、自己を「死」にささげるとき、死と沈黙の「ニルヴァーナ」の彼方から、――イゾルデが最後に体験したように――、未知の光り輝く世界がひらけてくることを、その哲学的体系から示してくれたのである。」

シュタイナー――

「我々の道徳的理想は、我々固有の自由の産物である。我々は、我々自身を我々の行為の規範として定めるということを、成し遂げるだけである。自由な行為としての真理の直観もまた、完全な自由な人格の土台である道徳的教訓を根拠づける。」

「人間の人格の存在価値を高めることは、すべての学問の最終目標である。師（Meister）からそのように見なされたから、それに従っているだけ、たまたま偶然にそれを学んだために、「研究する」というような人は、この意図を最後まで進められない。彼は《自由な思索者》と呼ばれることはできない。」

シュタイナーは、「第七章　認識論の最終考察」冒頭で次のように述べている。

「我々はすべての人間知識の意味による学問として基礎づけられた認識論を持つ。認識論によって最初に我々は、世界に対する個々の学問の内容の関係についての解説を手に入れる。認識論は世界観への学問の助けになる。我々は肯定的な知識を個々の認識によって学び取る。認識論によって現実に対する知識の価値を経験する。それによって、我々はしっかりとした原則を断固として持つこと、そして我々の役立つ議論にはどんな個々の知識も持たないということ、またそれによって我々はすべての一面的な世界観を乗り越える。一面性は、認識過程（Erkenntnisprozeß）そのものに手をつける代わりに、この過程の何かある客観（Objekte）に取り入るという研究に、常に起因する。我々は、根本原理として独断論が主張する《物自体》（所与）や主観的観念論が主張する《自我》から議論を始めることを止めねばならない。なぜならば、これら二つのものはその相反する関係を後から思考によって初めて本質的に規定されたからである。《物自体》と《自我》は、その一つが他から演繹されることを規定することができないだけではなく、この二つのものは思考によって後からその特質と関係を規定されねばならないのである。

　懐疑論は世界の知覚への疑いから始めねばならない。なぜならば、《所与》は与えられた賓辞の認識によってはすべてがまだ言及されないので、《所与》は疑いえないのである。しかし懐疑論は、思考する認識は熟慮された思考自身によってのみそうするにすぎない、それは決して物に達することはできない、と言い張らねばならない。しかしそのことでまた懐疑論はそれ自身が誤っていることを証明している。なぜならだれかが思考によって懐疑を根拠づけようとするならば、それは、思考に確信を支えるための十分な力を、暗に与えているからである。

我々の認識論は、ついに、一面的な経験論（Empirismus）と一面的な理性論（Rationalismus）を乗り超え、二つをより高い段階で一つにまとめ上げる。このやり方は二つを公正に扱う。我々は経験論者を、所与に関するすべての実質的な認識はただそれ自身と直接に関係することができるだろうということを我々に示すことによって、公正に考慮する。理性論者もまたその考慮（Rechnung）で我々の議論の近くにいる。我々は認識の欠くべからざる唯一の仲介者として思考に言明している。

A・E・ビーダーマンの世界観は、我々が認識論的に基礎づけた世界観に最も近く接している。しかしビーダーマンは、自己の立脚点の根拠づけのために、かならずしも認識論においてふさわしくない確認を必要とする。そこで彼は、前もって認識論の過程それ自体を検証することなしに、存在（Sein）、物質（Substanz）、空間、時間などの概念を持ち出す。彼は、認識過程においてまず第一に所与と思考という二つの要素だけがそこにあるということを確認するかわりに、現実の存在の証明から話す。彼は「すべての意識内容には二つの基本的事実が含まれている。1、そこでは我々に二様の存在が、感性的あるいは精神的なものとして、また具象的あるいは理念的なものとして、対照的な存在が与えられている」と述べ、そして「空間的時間的現存在であるものは、物質的何かとして存在する。理念的に存在し、すべての生命の現存在過程と主観の根底にあるものは、理念の存在物（Ideell-Seiendes）として実在する」と言っている。このような考慮は、認識論においてふさわしくないだけでなく、前もって認識論の助けで基礎づけられることができる形而上学においてもふさわしくない。ビーダーマンの主張が我々のものといくつもの点で似ているにしても、我々の方法は、断じて彼のものと一致することはない。それで我々も、我々に直接それについて説明する、原因がどこにもないとみなした。ビーダーマンは固有の形而上学的公理の助けで認識論の立脚点を得ようと努めている。我々は認識過程の観察を通して現実（Wirklichkeit）についての見解に至ろうと努める。

そして我々は、まず一人で我々の他のすべての知識を解明できることをあらかじめ詳しく知ることなしに、客観（物、自我、意識など）についての知識を得ようと努めることから、すべての世界観上の争いが来ることを、実際に示したい。知識自身の本性。」

高橋巖は、『シュタイナー哲学入門』（一六二頁「同一哲学の出発点」）のなかで、こう言っている。

「シュタイナーは学位論文として書きました『真理と学問』（一八九二年）の最後の章で、今いいましたことをくわしく論じています。もし自我自身のなかに、認識行為が固有の衝動として存在していないとすると、自我の哲学は本当の意味で、精神的世界も感性的世界も説明できる哲学にはなりえないのです。

自我のもっとも根本的な行為のなかに、世界内容をみずからの思考形式を通して生み出していこうとする衝動があるのです。この衝動に衝き動かされて、自我は所与にも思考にも共通した同一の存在形式によって、所与と思考をたがいに結びつけるのです。

この存在形式が体験できたときに、はじめて同一哲学のA＝Aという図式が理解できるのです。」

だがしかし、シュタイナーは『真理と学問』でこんなことを言ってはいない。

その最終章（第八章「実践的最終考察」）を全訳してみる。

「客観的世界本性へ向かう我々の認識する人格の姿勢は、我々が先行する観照（Betrachtung）の解明によって求めたものを越えるのである。認識と学問による財産は我々にとって何を意味するのか？　それは、我々が探すその答えについての問いだった。

我々は、我々の本性のなかに世界の内奥の核心が十分に潜んでいることを認めた。宇宙の支配下にあるものから生じる法則にかなった調和は、現象に向かう人間の認識のなかに現われる。

これで人間の使命は、確かに以前はすべての存在を支配していたが、しかし二度と自身では存在を手に入れられない世界の根本法則を、現象する現実（erscheinende Wirklichkeit）の範囲内に移し変えることである。「これは知識の本性（Wesen）であり、それ自身のなかに客観的現実のなかには決して見出せなかった世界の根底が現われ出るのである。我々の認識は――比喩的に話せば――世界の根底への絶えざる透入である。

そのような確信はまた我々の実際の人生観へ光を投げかけねばならない。

我々の人生を導くものはそれに後から我々の道徳的理念によって規定された全き特性である。これらは理念であり、それは我々が人生における課題によって持っているもの、あるいは他の言葉で言えば、我々がそれによってなさねばならないこと、我々が我々の行為によって成し遂げねばならないことである。

それでまた、我々の行為も普遍的な世界事件の一部分である。この事件は普遍的な合法性の下にある。①

今、宇宙のどこかで事件が起こるならば、我々は、その事件を二重に識別する。まず第一に、それを空間と時間のなかの外的な経過として、さらにそれを内的な合法性として、識別する。

この人間の行為のための合法則性の認識は認識の個別の事例にすぎない。だから、我々によって導き出された認識の本性がここで役立たねばならない。そこでは自身を行為的人格と理解すると言われている。彼の行為と一致する法則、すなわち知識としての道徳的概念と理念を持っていることである。我々がこの合法則性を持てるならば、我々の行為もまた我々の作品（Werk）である。③その場合この合法則性は、そこに事件が現われる客観（Objekt）の外にある何かとして与えられるのではなく、むしろそれは、生き生きとしたふるまいのなかに、概念化された客観それ自身の内容として与えられるのである。この場合、この客観が我々の固有の自我である。この後のものに、後で現実に認識されるその本性の行為が浸透し、そのことによってそれは自分が統治者と同じであると感じる。そのようなことが行われない場合は、行為の法則は我々に未知と向かい合う何かとして止まっている。法則が我々を支配している。我々は、法則が強いる必然的拘束（強制）の下にあって、何を成し遂げられるのか？　法則は、生得の行為においてそのような未知の実在性から我々の自我を変えるのだろうか、そしてこの必然的拘束はやまるのだろうか？　この強制は我々の固有の本性を生じさせた。合法則性は、これ以上我々を支配しないだけでなく、我々の中で我々の自我から消えてゆく事件を支配する。実行者の外にある合法則性による事件の実行は不自由な行為であり、実行者自身の合法則性による実行は自由な行為である。

　行為のきまり（Gesetze）を認識することは自由を自覚するという意味である。認識の過程は我々の完成、すなわち自由への進化過程である。②

　人間のすべての行為がこの特性を身につけているわけではない。多くの場合我々は行為のためのきまりを知識として持っていない。我々の行為のこの部分は我々の活動の不自由な部分である。その反対に我々がこのきまりに完全に精通する場所がある。それが自由の領域である。我々の生活が自由の領域に属しているかぎり、それはただ道徳的なものとしてだけみなされる。第二の領域の特性を持つそのようなものによる第一の領域の変化は、各個人の進化および全人類の進化の課題である。

人間のすべての思考の最も重要な課題は、人間を自己自身に基づいているものとして、すなわち自由な人格として理解することである。（終わり）」

もうお分かりであろう。高橋は、《自我》と《思考》を入れ替え、シュタイナーの哲学的立場を、シラー（「カリアス書簡」）からシェリング（「同一哲学」）へと移行させてしまったのである。

シュタイナーとの対話の成果であろう、一八九二年、ローザ・マイレーダーは《オーストリア婦人連合》を設立する。

①シュタイナー、一九二一年二月二十三日、デン・ハーク、「人間学校」一九五九年、第十分冊

「人間の人生が――現代のプロレタリアがその「イデオロギー」と名付けられている世界観から思いこんでいるように――誕生と死の間の時間で尽くされるものではないということ、そうではなくて、私たちがどの瞬間においても為していることは地上的な意味ばかりではなく宇宙的な意味をもっているということ、それを学ぶことが肝要なのである。というのは、この地球が崩壊してしまったとしても、私たちが道徳的、精神的・霊的基礎に基づいて私たちの魂（心）のなかから日常の労働に運びこんだものは実際他の世界の一部となるものであるから。」

②シュタイナー『社会問題の核心』（ＴＢ67頁）

「精神の領域においては、物質的な外面的生活を越えてゆく実在が支配しており、この実在は自ら

自身の中に内容を有しているという感情である。精神生活が社会有機体の内部で精神生活に固有の衝動から発展し、管理されるということがなければ、そのような感情が生まれてくることは、不可能である。そのような発展と管理の中にいる、精神生活の所持者だけが、社会有機体の中で生にふさわしい重要性をこの生に与える力をもっているのだ。芸術、科学、世界観とそれに関連しているすべてのものは、人間の社会の中でそのような自立した位置を必要としている。というのは、精神生活の中ではすべてのものが関連しているから、ある人の自由は他の人の自由なしには栄えることはできない。」

③シラー「美的教育についての連続書簡」、ボイス

③木下杢太郎「日本文明の未来」(大正十四年)

「支那の古典や文学に親しむと、我々はやはりそれから思考上の或る型をインスパイヤせられるのであります。老子や論語などを読んで今の我々がある窮屈を感じるのは、道徳的命令から来る緊張のみならず、思索上の型の与える重々しい圧迫だと思うのであります。」

フォイエルバッハは、シェリングとヘーゲルを比較してこう言っている(一八四二年「哲学改革のための暫定的命題」)。

「シェリングとヘーゲルとは反対である。ヘーゲルは独立、自己活動という男性的原理、要するに理性的原理を代表し、シェリングは受容性、感受性という女性的原理を代表している。要するにシェリングは唯物論の原理を代表している。ヘーゲルには直観が、シェリングには思考力、規定力が欠けている。シェリングはただ普遍的なもののなかでのみ思想家である。だが肝心なところにくると、特殊的なもの、規定されたもののなかでは、かれは夢遊病におちいる。シェリングにおける合理主

義は見せかけにすぎず、非合理主義が真相である。ヘーゲルは不合理な原理に反する抽象的な現存と実在に達するにすぎず、シェリングは合理的な原理に反する、神秘的で空想的現存と実在に達するにすぎない。ヘーゲルは思考する人を欺き、シェリングは思考しない人を欺く。シェリングは夢の中の実在哲学であり、新しい実在哲学であるという自負、幻想をいだいた古い哲学である。」

第10章　シュタイナー『自由の哲学』

ルドルフ・シュタイナーは『自由の哲学』の第一章にこう書いている。

「私が、現代では生活のすべての関心の中心点になるまでに個人礼讃が高まっていると言う時、私は我々の時代の特徴を正しく言い当てていると思う。各自がつねに熱心に権威を克服しようとしている。重要なのは、克服の源泉が個性の根底から出なければならないということである。すべてにおいて、個々の力の十分な発展を妨げるということが無視されている。「各自がオリンポス山への道を一生懸命登る英雄を選ばねばならない」というのは、もはや我々には合わない。我々はけっして自分に理想を押し付けてはならない。我々は我々の各自のうちに生きているものに確信を抱いている。それは気高く価値があり、我々が十分に深く、我々の本質の根底にまで、降りてゆこうとするならば、進化してゆく。我々はもはや、そのためにすべてを手に入れねばならない、普通の人間がいること、について信じない。全体の完全性についての我々の見解は、各個人の個性の特別な完全性を呼び寄せる（招く）ということではない。我々が生じさせたいことを、それぞれ他者もできるということではないだけでなく、世界進化への我々の寄与と同化するならば、我々の本質の独自性へだけ起こりうる。

　こうした時代だから、真理もまた人間本性の深みからだけ創造されねばならない。シラーの次の二つの道（格言「和合」）がよく知られている。

「我々二人は真理を求める、君は外部の人生の中で、僕は内部で
心の中で、そして各々はきっとそれを見出す。
目が健全であれば、外部で創造主に出会う。
心が健全であれば、きっと内部で世界を映しだす。」

現代では特に後者が役に立つ。外部から我々にやってくる真理は、常に不確実性という烙印をおびている。我々の固有の内面において真理として現われてくるものだけを我々は信じることができる。

真理だけが我々に、我々の個々の力の発達において確実さをもたらしてくれる。疑いによって悩まされる者の力は麻痺してしまう。謎に満ちた世界においては、彼は自分の創造活動の目的を見出すことができないでいる。

我々はもはや信ずることを欲せず、知ることを欲する。信仰は我々が完全に見通さない真理の承認を要求している。しかし我々が完全には見通さないものは、その最も深い内面においてすべてを体験しようとする個性に反抗する。いかなる外的な基準にも屈しないだけでなく、人格の内的生命から発現する知識だけが、我々を満足させる。

我々は凍結した学校の規則の中で永久に形を整えられ、永久に妥当する百科全書の中に貯蔵されているような知識を欲するのではない。我々の誰もが、自分の最近の経験や直接の体験から出発して、そこから全宇宙の認識にまで高まろうとしている。我々は確実な知識を追求するが、それを各人が自分固有な仕方で行うのである。」

「人生の領域は広い。個別の学問は各個人を発達させる。人生自身は統一であり、そして学問は、生き生きとした世界全体の観照から離れれば離れるほど、個々の領域に没頭し、なおいっそう学問は努力している。知識は、個々の学問のなかに基礎（原理）を捜し、人間を全人生に再び連れ戻す。学問の専門研究者はその認識によって世界の意識とその働きを手に入れる。論文のなかに哲学の目的がある。学問は自ら有機的に生き生きとしたものにならねばならない。個々の学問は、ここで手に入れようと努めている学問の第一段階である。芸術において似た関係が支配している。作曲家は曲の構成に基づいて作曲する。」

ここには明確な反キリスト教、個人主義的アナーキズムの立場が表明されている。シュタイナーは、シュペヒト夫人への手紙にこう書いている。

「貴方はニーチェの『反キリスト者』をご覧になりましたか。数百年来でもっとも重要な書物の一つです！　私はどの文章の中にも私自身の感受性を再発見しました。この本が私にもたらしてくれた満足感がどれほど大きいものか、まだ言葉にすることができません。……ニーチェは自分が未解決のままにしておいた多くの問題が私によって敷衍《ふえん》されているのに気づいたことでしょう。そして彼の道徳観、彼の背徳主義が私の『自由の哲学』の中ではじめてその画竜点睛を得たこと、彼の〈道徳本能〉がふさわしい昇華を得、それが私の〈道徳的創造力〉にまで変育したことを良しとしたことでしょう。」

また個人主義的アナーキスト、マッケイにもこう書いている。「本書の第一部はシュティルナーの人生観のための哲学的基礎工事を行なおうとしております。『自由の哲学』の後半部分で、私はそれまでの前提を倫理学的に首尾一貫させましたが、この部分は、私の信じますところでは、『唯一者とその所有』

ても自然科学からもシュティルナー哲学からもひとしく受け容れられる事柄を論じたつもりです」と。

　このワイマール時代に、シュタイナーは、ガブリエーレ・ロイターの紹介で、高名なシュティルナー研究者J・H・マッケイと知己になる。

　シュタイナーは、『自由の哲学』をマッケイに献本したおりの手紙に次のように書いている。

「私の考えでは、本書の第一部はシュティルナーの人生観のための哲学的基礎工事を行なおうとしております。『自由の哲学』の後半部で、私はそれまでの前提を倫理学的に首尾一貫させせましたが、この部分は、私の信じますところでは、『唯一者とその所有』の論述と完全に一致しております。また〈自由の理念〉の章の終わりでは、個体と社会との関係についても、近代自然科学からもシュティルナー哲学からもひとしく受け容れられる事柄を論じたつもりです。私ははっきりとシュティルナーを参照するようにとは述べませんでした。私の倫理的個体主義が私自身の立場の諸原則から必然的に生じたものだったからです。しかし、もし第二版を出すことができましたら、新たに加えるべき最終章の中で、私とシュティルナーとの見解の一致を詳しく述べたいと存じます。」

　シュタイナーとマッケイの間は、一八九八年に、マッケイがベルリンに長らく滞在した折り、素晴らしい友情が芽生えた。二人は、『文芸雑誌』上で、公開討論を行う。しかし、この友情も、シュタイナーが神智学協会での活動を始めると、壊れてしまった。一九一八年に再版された『自由の哲学』の最終章には、は、シュティルナーの名前はない。

　この『自由の哲学』は二部分に分かれている。第一の「自由の学」では、カント的な観念論と素朴実在論という二つの認識に内在する二元論的あるいは感覚的思考法を批判し、ヘーゲルの客観的観念論（精神現象学〉を発展的に継承し、この二つを統合し、新たな思考一元論を打ち立てている。

シュタイナーは、『自由の哲学』へのエドゥアルト・フォン・ハルトマンの批判に対して、「私は絶えず、貴方が私の本の二四二頁に書き込まれたご指摘、ヘーゲルの汎論理主義とゲーテの個体主義という二つの間に橋をかけることを課題として考えております。ただ私はヘーゲルに関しては、〈超越者〉汎論理主義という表現に同意できません。ヘーゲルの汎論理主義はまったく内在的だと信じるからです。……私は自分の立場がヘーゲルの立場と異なっているとは思っていません。ただヘーゲルの教義を個々の点で首尾一貫させて考えてみたいのです」と答えている。

この内在的とは、シュタイナーにとって、「概念というエーテルの範域の中に立ち上がる」ことなのであり、それはまた、「哲学は一つの芸術である。現実の哲学者はすべて、概念の芸術家であった。哲学者にとって人間の理念は芸術の素材となり、学問の方法は芸術家の技術となった。このようにして抽象的な思考は、具体的で個別的な生命を獲得し、理念は生命の力となる」ということであった。

ヘーゲルは『精神現象学』で、〈感覚的意識〉から〈自己意識〉〈理性の主観的確信から客観的真理へ〉〈精神〉〈宗教〉〈啓示宗教〉〈絶対知〉までの意識の進化史を描き出している。『自由の哲学』の構成もこれに倣っている。

『精神現象学』の序言でヘーゲルはこう言っている。

「本書『精神現象学』が叙述するものはこの哲学一般の生成過程、あるいは知の生成過程である。知の最初の形態は直接的精神であるが、それは没精神的なものであり、感覚的意識である。「そこから」本来の知になり、哲学の地盤である哲学的な概念に達する為には、知は長く苦しい道を歩まねばならない。この生成過程は、その過程で示される内容をとっても形式をとっても、非哲学的な意識を哲学にまで導くという言葉を聞いてすぐにも思い浮かべることとは異なっているであろう。それは又哲学の根拠づけでもない。ましてや、ピストルから飛び出すように絶対知をもってただちに始め、他の立場についてはそういうものには関心がないと言い放って事足れりとするような「シェリング流の」熱狂とも違うのである。」

しかしシュタイナーは、「ヘーゲルの哲学は自由の世界観ではない」(『ゲーテの世界観』)として、このヘーゲルの絶対知を超えていくのである。シュタイナーは言う。「東洋の賢者たちは自分の弟子たちに、自分の知っていることを伝える前に、断念と禁欲の生活を数年間過ごさせる。西欧では学問をするために敬虔な修練も禁欲ももはや要求されない。しかしその代わりにしばらくの期間、生の直接的印象から身を引き離して、純粋な思想の世界に没頭するという十分な意志が必要とされている」と。この本は、没個性的な型通りの傾向性に抗して、自分たちの人生を確立しようとしている人々に捧げられている。

人間の認識構造・知覚とは何か

シュタイナーは、人間の認識の基本構造についてこう言っている。「観察と思考とは、人間が意識するかぎりでのあらゆる精神的努力の出発点である」(第三章「世界の把握に奉仕する思考」)。「人間の意識とは、概念と観察とが互いに出会い、互いに結びつけられる舞台である」(第四章「知覚内容としての世界」)。そして認識は、人間に対して次のように現われてくるという。

「我々は、十分に発達した人間的知性を具えた存在者が、無から発生して世界に立ち向かっていると想像してみなければならない。そのような存在者が思考を活動させる以前に気づくものは何かといえば、それは純粋な観察内容であろう。その時には世界は、この存在者に対して、互いに関連のない感覚対象、すなわち色彩、音響、圧迫感、温感、味覚、臭覚、それから快感や不快感など単なる集合体として現われるにすぎないだろう。このような集合体が、思想を欠いた純粋な観察の内容なのである。」

シュタイナーはまた、この状態を、第二部の「自由の現実性」の始め、「生命の要因」ではこう書いている。

「世界は人間に対して、多様なものとして、つまり個々のものの集積として現われている。これらの個々のものの中の一つ、多くの存在の中の一つが人間自身なのである。世界のこの様相を我々は、端的に与えられたものとして呼び、我々がそれを意識的な活動によって展開するのではなくて、ただ見出すかぎりではそれは知覚と呼んでいる。これらは、個人の発達の段階で言うと、人間が赤子としてこの地上に生を享けたときの、最初の認識活動が始まったときを表わしている。」

シュタイナーはこの状態を、『ゲーテ的世界観の認識論要綱』(「4経験という概念を確定する」)で、〈純粋経験〉と定義している。しかし、シュタイナーの言うこの〈知覚〉は、通常の意味の感覚ではない。シュタイナーはこれを、次のように定義している。(第四章「知覚内容としての世界」)

「私がすでに挙げた直接の感覚的対象を、主観がそれを観察によって知るかぎりにおいて、私は知覚と名付けることにしよう。つまり私はこの名称によって、観察の過程ではなくて、この観察の対象を表わすことにするのである。私が感覚という表現を選ばない理由は、この表現が生理学では、私の知覚の概念の意味よりも狭く限定された意味を持っているからである。」

この知覚論は、ジョージ・バークレイの「私たち自身の観念ないし感覚のほかに何を私たちは知覚するか。……真実を言えば、事物と感覚とは同じもので、それゆえ、互いに他から抽象することはできない」(『人間認識原理』初版)という言葉に由来している。

自我の形成

そして、このようにして生まれた赤ん坊は一人で成長していけるわけではない。このとき赤ん坊の周囲には両親や兄弟姉妹、祖父母たちといった先行する世代がおり、赤ん坊はそれらの人々に育まれながら成長していくのである。こうしたなか認識の階程は次のステップへと進む。

「諸々の知覚の世界の中で、我々は自分自身をも知覚している。知覚全般を、つまり他のあらゆる知覚の総和を、我々の自己の知覚と結合するにふさわしいと証明されるようなものが、この自己知覚の中心から出現しなければ、このような自己の知覚は、単に多くの知覚の中の一つにとどまるものであろう。このようにして出現するものは、もはや単なる知覚ではない、それはまた諸々の知覚のように、単に眼前に置かれているものでもない。それは活動によって生み出されるものである。

最初それは、我々が自分の自己として知覚しているものに結びつけられているように見える。しかしながらその核心をなす意義という点では、それは自己を越え出ているのである。それは個々の知覚に、理念的に規定される諸要素を付け加えるが、この要素は相互に関連し合って、一つの全体の中に根を下ろしている。こうして自己の知覚によって得られたものは、他のすべての知覚とまったく同じように、そのものによって理念的に規定されていて、これは主観、ないし〈自我〉として、客観に対置される。」(「生命の要因」)

この「単なる知覚でなく」「自己を越え出て」おり、「個々の知覚に、理念的に規定される諸要素を付け加える」ものとしての自我の形成は、赤ん坊の側からみれば自身の「活動によって生み出された」かのように見えるが、実際には、親などの周囲の環境の働きかけ（補助）によって形成されるのである。だからこの自我形成の中身は、一律という訳にはいかず、それぞれの社会的文化的特徴や個別的な差異を刻印されるのである。人間の健全な成長にとって、この乳・幼児期の環境は決定的に重要である。

「このものというのは思考であり、理念的に規定された諸要素とは、概念と理念である。そこで思考はまず、自己の知覚において姿を現わすが、それは単に主観的なものではない。なぜならば、自己は思考の助けを借りてはじめて、主観と呼ばれるのだからである。思考における自己自身とのこのような関わりは、我々の人格の生命を規定するものである。この関わりを通じて我々は、純粋に理念的な在り方を実現し、それによって自分を、思考する存在として感ずるのである。」

「思考する時に我々は、世界に起こる事象を一つの先端で支えているのであり、何事かが生ずるようになる時には、我々がその場に居合わせなければならないということは疑いない。

世界内のあらゆる事象を考察するに当たっては、思考すること以上に根源的な出発点はありえないのである。私は、残りの全世界を思考の助けをかりて考察している。主観も客観も、思考によって形成された概念によって成り立つような原理を我々は持っている。思考の中にこそ、それ自身である。他のものが把握される以前に、思考が把握されなければならない。概念を通じて世界を説明するためには、時間的に最初にあった存在の要素からではなく、我々に最も近いもの、最も親密なものとして与えられているものから出発しなければならない。我々は考察を始めるために、一足飛びに世の始まりに身を移すことはできない。世界の進化が到達したこのような絶対的終局点が、思考なのである。」（「世界の把握に奉仕する思考」）

「思考することによって、概念や理念が生じてくる。概念は観察からは獲得されえない。思考は主観と客観の彼岸にある。主観は、それが主観であるから思考するのではなくて、それが思考しうるからこそ、主観として姿を現わすのである。それゆえ、思考する存在としての人間が営む活動は、単なる主観的な活動ではなく、主観的でも客観的でもない、この両概念を越えるようなものである。」(「知覚内容としての世界」)

神秘体験と神秘「学」の否定

しかし、人間の人格性(心の状態)を表わすものはこれだけではない。この知覚から思考への認識の発達過程で、人間の内部には、思考だけではなく、意志と感情という心的能力が形成されるのである。

シュタイナーは、この感情を定義して、「感情とは不完全な現実要因であって、それが我々に与えられる最初の形態では、その第一の要因である概念や理念を、まだ含んでいない。それゆえに生命においてはどこでも、感情は知覚と同様に、認識作用に先立って現われるのである」(「生命の要因」)と言う。

そして「知覚されたものは現実的である」という素朴な人間にとって、感情の方が直接的(根源的)なもので、知識(思考によって生じる概念)は間接的(二次的)なものにすぎないという誤解を生じさせると、シュタイナーは言う。

シュタイナーは、「こういう人は、知識ではなく感情を、認識の手段にしようとしているのである。感情とはまったく個別的なものであり、この点で知覚と同等のものであるところから、感情の哲学者は、自分の個人性の内部でしか意義を持たない原理を、世界の原理にしてしまう」と言う。

そして、「このような特徴を待った傾向の、感情の哲学は、しばしば神秘主義と呼ばれている。たんに感情に基づいているだけの神秘的な見方の誤った点は、それが知識によって得られるはずのものを、体験によって得ようとしていることにある」と批判する。

その神秘主義と関連して、シュタイナーは次のことを挙げている。

「この主張（知覚されうるものはすべて存在する）を最もよく証明しているのは、不死と霊についての素朴な人間の概念である。こういう人は魂を繊細な感覚的物体として考えていて、この物体は特殊な条件下では、普通の人にさえも見えると思われている（素朴な幽霊の信仰）。」（「認識には限界が存在するか？」）

「素朴な人間は、自分の思考の観念的な証拠に加えて、さらに感覚の現実的な証拠を要求する。素朴な人間のこのような要求の中にこそ、啓示信仰の原始的な諸形態が成立する根拠がある。素朴な意識は、感覚的な知覚が捉えうるような手段を通じて告示することを要求している。神は体現されなければならない。認識作用すらも、素朴な人間は感覚過程に類似した過程として思い浮かべている。」（前出）

そして、「倫理的意志の本性を、倫理的生命に対する持続的で超自然的な影響力（外部からの神の世界支配）や、時間の中の特別な啓示（十戒の授与）や、地上における神（キリスト）の出現などに還元することによって、汲み尽くせるという風に、一元論は考えることができない」（第十二章「倫理的想像力」と結論づける。

意志の哲学

次は意志である。意志は知覚作用としては感情に先立って現れる。シュタイナーは言う。

「自我は思考することによって、普遍的な世界の生命を共に生きる。すなわち自我は思考によって、まったく観念的に(概念を用いて)知覚を自分に、また自分を知覚に関わらせる。

感情において、自我は客観が主観に関わるのを体験する。だが想像においては、事態は逆になる。意欲する場合は、我々はもう一度知覚に直面する。すなわちそれは、我々の自己が客観的なものに向かう個別的な関わりの知覚である。意欲する際に観念的な要因でないものは、外界のある特定の事物の場合と同様に、知覚の対象にすぎない。」

そして、「ここでもまた、素朴実在論は、思考によって到達しうる以上にずっと現実的な存在に直面していると捉えているであろう。素朴実在論は意志の中に、ある事象や原因となるものに直接的に気づくような要素をみてとるであろう。それは、概念という形ではじめて事象を捉えるような思考に対立するものである」と言う。

「この哲学の信奉者は、意志の働きの中で、世界で起こる事象を実際に一つの先端で捉えたと信じているのである。感情の神秘主義では、感情が認識の原理とされたように、ここでは意志が世界の原理とされている。このような見方は、意志の哲学(主意主義)と呼ばれる。個別的にしか体験されえないものが、この哲学では世界の構成要因にされているのである。」

「感情の神秘主義が学問と呼ばれないのと同様に、意志の哲学もそう呼ばれることはできない。なぜなら、この両者共、世界を概念によって体系的に把握するだけでは十分でないと主張するからである。」

「知識によって捉えられる理念的原理の他に、思考によっては捉えられず、体験されるような世界の実在的原理が存在するとされている。」

「この両者は、知覚の特定の一形態（感情ないし意欲）を、存在の唯一の認識手段としている。」

認識の階程

これについてシュタイナーは、続く「自由の理念」の章で、具体的に描いている。まず最初は、第一段階である。これは意志・感情・思考の〈萌芽〉が混然一体となっている状態で感情と思考の萌芽はまだ意志から分離されていない。

「個人生活の第一段階は、知覚すること、詳しく言えば、感覚によって知覚することである。ここでは我々は、感情や概念が間に入り込まずに、知覚が直接に意欲に転化するような個人的生活の領分にいる。ここで考察されるような人間の起動力は、端的に衝動と呼ばれるものである。我々の低次の、まったく動物的な欲求（飢え、性欲など）を充たすことは、この次元で実現される。衝動の特徴をなすものは、個々の知覚が意欲を呼び起こす際の直接性である。

本来は低次の感覚的生命にだけ特有なものである意志のこの種の規定は、高次の感覚による知覚にも及ぼされることがある。我々は外界のある事象の知覚に対し、それ以上深く考えずに、また何か特別な感情によってこの知覚に結びつけられることもなしに、ある行動を起こすことがある。このような行動は特に、慣習的な人間関係において見られるものである。このような行動の起動力となるものは、敏感さとか慣習的な良識と呼ばれている。」

シュタイナーはこれを〈意志の哲学〉と呼んでいる。

次は第二段階である。

「人間生活の第二段階は感情である。外界の知覚には、特定の感情が結びついている。このような感情が、行動を惹き起こす原動力となることがある。私が飢えている人を見る時、その人に対する私の同情が私の行動の起動力となることがある。このような感情としては、例えば羞恥心、自負心、名誉心、謙遜、後悔、同情心、復讐心、感謝、敏感さ、誠実さ、愛情、義務感などが挙げられる。」

第三段階である。

「生活の第三段階にやっと、思考と表象の働きがくる。ただ熟考するだけで、表象や概念が、ある行動の動因となることがある。例えば表象が動因になるのは、我々が人生の遍歴の中で、たえず一定した意志の目標を、多少形の上で変更があっても繰り返し生じてくる知覚に結びつけることによるのである。従って経験がまったくない人間でなければ、たえず特定の知覚に伴って、自分が似たような場合に実行したか、実行するのを見たことがある行動の表象も意識に現われてくるのである。このような表象は、その人々にとって、その後になされる一切の決定の場合の決定的な範例として心に浮かぶようになる。つまりその表象は、その人々の性格上の素質の構成部分となるのである。この場合の意志の起動力を、我々は実際的経験と呼ぶことができよう。」

私たちは知覚を自分自身に関係させる場合、たんに観念的に、概念を通じてだけでなく、感情や意志を通じてもそうしているのである。

自由と進化論

シュタイナーは、『自由の哲学』（一八九四年）を、『文芸雑誌』に載せた「社会問題」（一八九八年）という論説のなかで、次のように意味づけている。

「私自身、『自由の哲学』なる一書によってダーウィニズムの真髄を汲む著作を世に送りだしたものと考えている。私はこの本を独自の立場で構想し執筆した。私は人間生活のもっとも内密な問題について考察を重ねた。したがって、ダーウィニズムを特に意識したわけではないが、思想構築が終わった今となってみると、私は結果的にダーウィニズムにささやかな貢献をなしとげたのだという自負を禁じえない。」

もちろん、ここで言われているダーウィニズムとは、シュタイナーが「ダーウィニズムは、もしそれが正しく、ということはその本来の精神に即して、応用されるなら、人間の思考領域すべてに喜ばしい作用を及ぼすにちがいない」と言っているように、適者生存（自然選択）というような外的かつ狭義の意味ではなく、精神的かつ広義の意味での進化という意味においてのものである。

シュタイナーは、この進化論的立場から、人間と自然、人間と社会の関係を『自由の哲学』の「自由の理念」（第二部第九章）で、次のように簡潔に描いている。

「自然は人間を、たんに自然的な存在に形成するだけである。社会は人間を、合法的に行動する存在に形成する。ただ自己自身によってだけ人間は、自分を自由な存在に形成するのである。自然は人間を、その発達の一定の段階において、自然の束縛から解き放つ。社会はこの発達を、さらに進んだ段階にまで導いてくれる。最後の仕上げを与えることができるのは、人間自身だけなのである。」

これは、これまでのシュタイナーの認識法、ゲーテ自然科学論集の解説や「自然と我々の理想」などとも一致する立場である。マルクスは人類史を、唯物論の立場からではあるが、「必然の王国から自由の王国へ」と向かう過程として描いた。人類進化とは脱自然、社会化への歩みなのである。そしてシュタイナーは、この「自由の理念」の章を次の言葉で締めくくっている。

「個人こそがあらゆる倫理性の源泉であり、地上の生命の中心点である。国家や社会は、それが個人の生存に不可欠な結果として生じたという理由でのみ、存在している。したがって国家や社会が、個人の生存にはね返って作用することは、ちょうど角によって惹き起こされた突くという行為が、雄牛の角がさらに発達することにはね返っていく事態と同様に、難なく理解されよう。雄牛の角も、長い間使用されなければ退化していくのと同様に、個人も人間の共同体を離れて孤立した生活を営むならば、生命力を失っていくであろう。まさにそれゆえにこそ社会秩序は、それが有効な意味で個人に作用し返すようにして形成されるのである。」

このことから、人間が真に自由な存在となるためには、「有効な意味で個人に作用し返すよう」な社会秩序を造形しなければならないという要請が出てくることがわかる。そしてそれは、「人間の思考活動は経済過程の反映である」とするマルクス主義とは反対に、「思考こそが唯一の現実的な力である」という立場から、人間の意識の進化の問題として考察されなければならないのである。それゆえ「自由の哲学」は、〈倫理的個人主義〉への認識論とならなければならないのである。

この、シュタイナーが言う「ダーウィニズムの〈正しい〉本来の精神に即した応用」とは、「かれらは単純にも有機的な自然界を支配している自然法則を人間の精神生活の領域へと置き換え、動物界で観察されるのとまったく同じ法則が人類の発展にも適用されると主張する。これは大きな誤謬ではなかろうか。」「ダーウィン主義者たちが発見した法則（自然淘汰）、これはあくまでも動物や植物の世界を支配するのであり、人間界にあってはダーウィニズムの精神において考えられる法則を追求するのが筋ではないだろうか」と言っているように、社会ダーウィニズムのそれではない。

この「ダーウィニズムの精神」とは〈進化〉の観念そのもののことであり、それはビッグバンの世界（無機物）から地球上における生命の世界（動・植物界）の展開、さらには人類の文明史までが一つながりの流れでありながら、それらにはその各発展段階固有の法則性が働いているというものである。

シュタイナーは「人類は初期の文化状態においては社会的紐帯の確立を目指した。そこではまず集団の利益のために個人のそれは犠牲にされた。その後の発展過程で個人は集団の利益から解き放たれ、各人の能力や必要が自由に追及されることになる」（「自由と社会」）と言い、これを〈人類発展の社会学的な根本法則〉と名づけた。

一八九一年九月十日、ローザ・マイレーダーへの手紙に書いている。

「私が見聞きするはずのすべての変化のことを思うと、恐ろしくなります。私たちは今本当に信じられぬような時代の中で生きているのですね。誰もがあわただしく次々に生活を変えていきます。神経質な態度になりすぎています。こういう時代は、ヤーヌスが二つの顔を持っており、前を見るには後ろを見ることが必要である、ということを理解できない時代なのです。次々に生じる事柄と貫き通そうとする意志を絶えず一致させることが必要なのです。」

一八九四年四月五日、シュタイナーへのローザ・マイレーダーの手紙は『自由の哲学』への感想に触れている。

「この本は特別に精神の集中を必要としています。その理由は表現方法の簡潔さによります。まったくの精神が表現されています。どの言葉も不可欠ですし、どの一節も建造物全体の重要な構造上の一端を担っています。この簡潔なスタイルは――私の考えでは思想の明晰で透徹した点ではあらゆる哲学文献中比肩するものがないといえますが――、それにもかかわらず、難解な本にしています。」

「貴方は人間の精神が数千年かけて、幻想的で玄妙な図像や儀礼の中に表現しようとしてきた事柄を、はじめて理性の領域にまで高め、それを明確な概念で表現したのです。そして私は貴方の精神を長い発展系列の果実であり、貴方の哲学体系をこれまでも多様極まる仕方で行なわれてきた試みの最後の成果なのだ、と思っています。しかし私のほとんど信じるところでは、貴方がご著書の各章を大きな本になさったとき、はじめて貴方の業績は一般的な影響力をもつようになるでしょう。」

それはヘッケルの『自然創造史』や『世界の謎』を精神科学的に書き換えるものになっていたであろう。

石原純は、アインシュタインのノーベル賞受賞に便乗して出された『相対性原理』(大正十年、岩波書店)の序編の〈自然科学的認識〉で次のように書いている。

「自然科学は一体何を目的として成立するものでしょうか。ひと口に言えばそれは私たちの観察する自然現象のなかに普遍的な概念を求め見出して、これらの概念の間に存在する関係を探そうとするものであります。この関係が自然法則として確立せられたときに、私たちは自然法則の体系を整備することによって自然に対する認識を完成しその意味を正しく理解することができるようになるのであります。」

「カントの哲学は一切の自然が私たちの認識のなかに依存することを啓示したのです。その意味はもし私たちの認識作用がなかったとしたならば自然の現象の存否を判ずることも不可能になり、はたして自然が外界に在るものかどうかを知ることができないというのでありますす。」

「認識のなかに入り来って初めて自然は私たちのまえに現われるのだからです。かように考えれば認識を通して存在する自然の姿は私たちの認識作用そのものに依属することも当然ではありますまいか。もし私たちの認識作用が現にあるよりは異なったものであるとしたなら、自然の姿そのものもまたそれに応じて異なって現われるかも知れません。」

「自然現象の法則内容はそれ故に認識作用の如何に密接に関連し、逆にまた私たちの認識作用は経験的に見出された自然法則から多く闡明せられる処があるのであります。」

「私たちは自然科学、従ってその求める法則が普遍的であることを予定しています。この普遍性においてそれの根本的の意義がありまた効果もあるのです。その普遍性は絶対的であるかまたはある程度までに限られたものであるかは別問題としましても、ともかくその範囲内では何時何処で誰人が経験してもおなじものでなければなりません。そうして私たちの従来の経験から言ってこれだけの事実は可能であるように見えます。このことから考えますと、私たちは平常自然を観察する場合に皆各自が個性的に異なった感覚をもって接触しているにもかかわらず、幾分の補正をほどこせば、すべての人の観察の極致として一定の普遍的認識が得られることを肯定されます。」

「つまり私たちの認識作用のなかにそういう普遍的な要素が存在しているに違いないのです。この認識の普遍性は自然科学の成立の第一の条件であります。自然の普遍性や従ってまたその必然性や永遠性や実在性は皆これに基づくものであると私は思います。」

「私たちはこの普遍的認識からして自然科学的概念を作ります。この概念は自然現象を感覚を経ずして私たちの頭のなかに再現せしめる要素となるものであります。自然科学の成立の第二の条件はかように作られた概念の間に普遍的の関係の存在すべきことであります。この関係がすなわち自然法則となるのでありまして、それは最早個々の感覚の如何に依らないものであり、従って感覚を離れて実在すべきものと謂うことができるのです。」

この自然認識の方法（世界認識の方法）について石原の師であるアインシュタインは、認識論的な信条としてこう語っている。

「私の一方には感覚的体験の総体があり、他方には書物に書き記された概念や命題の総体がある。論理的に考えることが許されるのは、論理学で扱われる明確に規定された規則に従って概念と命題相互の結び付きを確立する場合だけである。概念と命題は、感覚的体験と関連づけられることをとおしてのみ、〈意味〉もしくは〈内容〉を得るのだ。感覚的体験と概念、命題の結び付きは、まったく直観的なものであり、それ自体けっして論理的性質のものではない。内容のない空想を科学的〈真実〉から分かつのは、どの程度の確実さで、このような関係ないし結び付きが行われるかであり、それ以外のなにものでもない。概念の体系は、それを構成する言語論的規則をも含めて、人間の創造したものである。概念体系は、それ自体論理的にはまったく任意であるが、感覚的体験の総体に、できるかぎり確実な（直観的な）、完全な秩序を与えるという目的によって制限を受けている。また第二に、概念体系は、論理的に独立した要素（基本概念や公理）、すなわち定義されない概念や推論できない命題をできるかぎり含まないようにしなければならない。命題というものは、論理的体系の内部で、認められた論理法則に従って導き出されるならば正しいのである。論理的体系は、どのくらい確実かつ完全に、体験の総体を秩序づけることができるかに相応した真理内容を有している。正しい命題というのは、それが属している体系の真理内容から、その〈真理性〉を借り受けるのである。」

「あらゆる概念は、体験にもっとも近い概念でさえも、論理的観点からみれば、自由に設定されたものなのである。」

しかし「この信条は、ずっと後になってゆっくりと形成されたもので、私が若いころにもっていた見解と一致するものではない」と言っている。この言葉のとおり、一九二八年に出された「相対性理論について一般科学的ならびに哲学的立脚点から興味を感じている人々に理論物理学上の数学的道具を用いないでその理論のできるだけ精密な理解を与えようとした」小冊子（邦訳『アインスタイン相対性原理講話』大正十年、岩波書店）で、アインシュタインはこうした認識論にまったく言及していない。

ではこの相対性原理を発表し学界にも認められたころのアインシュタインはどのような認識論的立場に立っていたのであろうか。アインシュタインは言う。

「マッハの認識論的立場も、若いころの私に強い感銘を与えたが、それも今の私にとっては、その根本のところは受け入れがたいものに思われる。つまりマッハは、あらゆる思考、特に科学的思考の本質的に構成的で思弁的な性質を正しく評価しておらず、その結果、まさにその構成的－思弁的性質がはっきりあらわれる箇所を標的にして理論を非難したのだった。」

このマッハの認識論的立場は、経験主義的（感覚主義的）なもので、哲学的・政治的な相対主義にその論拠を与え、マルクス主義と融合した。

シュタイナーの『自由の哲学』の副題は「自然科学的方法による心の観察の結果」となっている。その『自由の哲学』でシュタイナーはこう言っている。

「私が事物についてなしうる最も単純な言明は、それが存在する、それが実在する、という言明である。この存在がそれから更に、どのように規定されうるかについては、私の体験の視野の中に現われてくる事物の場合には、直ちに言うことができない。どんな対象でもいかなる意味でそれが存在するものと言われうるかを規定しうるためには、他の対象との関係ではじめて吟味されなければならないであろう。体験された事象は、知覚の総和であるかもしれないし、夢や幻覚などであるかもしれない。」

「単なる観察では、与えられた事象の諸部分を、その発生の経過に従ってたどることはできる。だがそれらの結合関連は、我々の概念の援用がなければ不明のままである。」

「単に観察された事象や対象は、それ自身からは、他の事象とのつながりについて何も明らかにしてくれない。このようなつながりは、観察が思考と結びつく時はじめて、明白になるのである。観察と思考とは、人間が意識する限りでのあらゆる精神的努力の二つの出発点である。」

「我々がどんな原理を提出するにしても、それがどこかで我々が観察したものであることを実証するか、あるいは他の誰でもが追思考できるような明確な思想の形でそれを言い表わさなければならない。」

「そもそも〈思考〉とはなんなのだろうか。感覚的印象を受けると記憶像が浮かぶが、それはまだ〈思考〉ではない。そのような像が連なってあらわれ、その各部分が他の部分を呼び起こすとしても、それもまだ〈思考〉ではない。」

「思想像をもつことと、思考によって思想を練りあげることとを、混同してはならない。思想像というのは、丁度漠然とした示唆が心の中に浮かんでくるように、夢想的に浮かぶことがある。だがこれは思考ではない。」

アインシュタイン――

「しかし、ある特定の像が、多くのそのような連なりのなかに繰り返しあらわれるならば、その像は、それ自体では関連性のなかったいくつかの連なりをつなぎ、まさに自ら反復することによって、それらの連なりを秩序づける要素となるのである。このような要素が、道具が、すなわち概念となる。自由な連想や〈夢想〉から思考への移行は、〈概念がそこで果たしている、多かれ少なかれ支配的な役割によって特徴づけられていると思われる。概念は、それ自体、感覚的に知覚可能で再現可能な記号（言葉）と結び付けられる必要性はない。ただし、もし概念が言葉と結び付いていれば、それによって思考は伝達可能となる。」

シュタイナー――『哲学の謎』「精神の戦い」

「しかし、認識の種子としての思考は、その生き生きとした発展を続けるならば、そのような発展をもたらした世界像に対して、まったく新しい何かを創造することができるのである。植物生命体において反復繰り返しが支配しているように、認識活動においては、質的な高まりが起こるのである。」

「思考に対するヘーゲルの理解の仕方は、実際には、世界観の発展の死を導くものである。」

「すなわち、それは、思考が生き生きとした種子としてとらえられ一定の条件のもとで、魂の中で発展していくことを主張するものである。それによって、思考は、ヘーゲルの世界像を超えて、新しい世界観、すなわち魂の本質についての認識をはじめて可能にし、しかも、実際に外界に存在することを魂が感じることのできる世界像へと至ることになる。ヘーゲルは、思考をもって体験しうるものが魂であるとして、魂を広くとらえていた。ヘーゲルを超えて進むならば、思考は、魂の中で自身を超え、ある精神世界の内で成長するというところまで行きつくことになろう。ヘーゲルは、魂が、それ自身から思考を引き出し、思考の中で自己体験すると概念づけている。しかし、彼は、単なる思考の中ではその全体を体験しえない魂の本質を、生き生きとした思考をもって実際の精神世界の中で見出すべきだとする課題を、後世に委ねてしまっている。」

「ここまで述べてきたところから、次のことが明らかである。思考というものを知覚することについての世界観の新たな発展は、思考の体験（？）へと向かって努力していたということ。ヘーゲルの世界観においては、外界は、自己生産的な思考体験として魂の前に存在するらしいということ。しかし、その後の発展は、より以上の追求がなされるべきであることを示しているように思われるということ。思考は、思考として留まっていてはならない。それは、単に考えたり、単に思考的に体験するだけであってはならない。それは、より高い活動へと成長していかなければならないのである。」

「思考が知覚されるべきだ。」

「トロクスラーが感じていたけれども、そこでは、未知の知覚については言及されていない。」

「トロクスラーは、単なる思考でない、外界の中に存在するものとして人間の本質をとらえようとしている。このようにして、彼は、人間について語る場合に、認識の世界を超えて存在する世界と人間を結びつけ、しかも、単なる思考でないものとして言及しうるということを気づかせた。」

「彼は魂の本質について次のように述べている。すなわち、魂は、認識世界において身体や肉体と結びつき、認識を超えた世界において精神と結びつくことによって、最終的に個別的な本質として現われてくる。また、魂は、認識世界の中だけで個々的に活動するものではないが、精神世界においては思考の一般性へと解消されるものである。ただ、トロクスラーは、思考を生き生きとした認識の種子としてとらえたり、そのような種子が魂の中へ成長していくことによって個別的なその本質部分としての魂と精神が認識から実際に正当化されるべきだとしているわけではない。彼は、魂の個別的活動として示される活動の中で魂が一定程度成長しうるということを感じていたのではない。彼は、魂の個別的な本質については、ある予感から言うことができたにすぎない。」

ヘーゲル『精神現象学』の最新の訳者・牧野紀之は、「『精神現象学』を哲学のために読むとなると問題になること」は大きな点として次の六点であるという。「A・絶対知とは何か」「B・絶対知を目指して成長してゆく個人の精神的成長はどういう過程をたどるか」「C・その過程で出てくるとヘーゲルが考えている感性的確証、知覚、悟性、自己意識、理性、習俗に埋没した考え方、法律的な人格の立場、啓蒙的な考え方、信仰、道徳の立場、良心、宗教、等の本質と意義は何か」「D・「意識が変われば意識の対象も変わる」とはどういうことか」「E・「意識は自己吟味の尺度を自分の身につけて持っている」とほどういうことか」「F・「意識の行為は日常語で「経験」というものと同じだ」とはどういうことか」と。

アインシュタイン――

「書かれたものであれ話されたものであれ、言葉は私の思考の仕組みにおいて全く何の役割も果たしていないように思える。私の思考にとって要素として働く精神的実体はある種の記号や種々の明度にわたるイメージであって、それらは〈随意に〉再生したり結合したりできる。もちろんこれらの諸要素と有用な論理的諸概念の間には一定の関係が存在する。」（ジャック・アダマールの質問に

答えて）

「我々の思考が大部分記号（言葉）を使わずに、しかもその上、ほとんど無意識に働くということは私にとって疑問の余地なきことである。」（『自伝ノート』）

「私は時としてふと考えるのだが、どうして私だけが相対性理論を展開することができたのか。思うに、その理由は普通の大人なら空間や時間によって提起される諸問題ついて気をもんだりはしないということである。大人は時空について知るべきことは全てごく幼いころから知っていると思いこんでいる。私とはいえば、その逆に、きわめて発育か遅かったので、大きくなって初めて時空に関する問題を考え始めた。その結果、私は普通に育った子供よりも深く問題の核心に突き進むことかできたのではあるまいか。」（益子正教他訳『アインシュタイン』合同出版）

シュタイナーもこれと似た体験をしている。

「精神的世界の体験と認識は、私には常に自明の事実だった。ところが感覚世界を身体的知覚を媒介として捉えるためには、大きな障害が横たわっていた。」「私は人生の転機を他の人をよりもずっと遅い年代に経験したことに気づいた。また、そのことが心的生活にとって、極めて特別な意味を持っていることもわかった。そして更には、精神的世界における心の営みが物質の体験へと移行するのが早すぎると、精神的世界のみならず物質的世界をも純粋に把握することができなくなることもわかった。」（『シュタイナー自伝』第二十二章）

「事物が感官に伝えることと、魂が精神を媒介として体験した後に事物を〈表象〉するために魂から送り出されるものとを、人々はいつも本能的に混同してしまっている。」

「感覚的観察力が正しく鋭くなるにつれて、私には全く新しい世界へ踏み込む可能性が開かれてきた。魂の裡にあるあらゆる主観的要素から解放され、感覚と客観的に向かい合うことができるようになり、霊的観照によっては捉えられない断面が見えてきた。」

「しかし一方では、この経験は精神の世界を再認識する手懸かりともなったのである。というのも、感覚世界が感覚的知覚活動それ自体の裡に真実の姿を現わすようになると、その大局に精神的なものを感覚的なものと混同せず判断できる認識力が形成されてくるからである。」

アインシュタイン――

「この体験から、私にはあらゆる種類の権威への不信が生じた。それは、その時々の社会的環境に息づいている信条を疑うという姿勢であり、この姿勢は、ものの因果関係をよりよく洞察できるようになって、もとの鋭さを失ってしまうとはいえ、生涯私からなくならなかった。」(『自伝ノート』)

シュタイナー――

「思考活動とは、霊界における魂の経験が、人間の肉体中に入射して反映したものである、と私は次第に考えるようになった。」

「感覚の世界は完璧に体験可能であるとはいえない。感覚の世界は確かに存在する。しかし人間は、その世界を、思考を把握するようには把握できない。感覚の世界の内部には、あるいは背後には、何か本質的に未知のものが潜んでいる。しかし人間は感覚的世界の中に組み込まれている。そこで、〈この感覚的世界は完全なのか〉という問が生ずる。人間が感覚的世界に触れ、自己の内面から思考を紡ぎ出し、そしてこの思考が感覚的世界を照らし出す場合、人間は感覚的世界の中へ、感覚とは異質のものを持ち込んでいるのではないか？　しかしこの疑問は、人間が感覚的世界を前にし、感覚的世界を思考によって貫く時の経験とは合致しない。なぜならこの場合にはやはり、思考は、感覚的世界が自らの姿を現わすに際して必要なものとして作用しているのだから。この思索を追求することが、当時の私の内面生活の重要テーマであった。」

「私は宇宙的宗教感情こそが科学的探求の最も強く崇高な発条であることを主張する。巨大な努力、および新しい道を切り開く科学的創造の実現にとってはとりわけ欠くことのできない献身、これらを測り知ることのできる人だけがそうした日常生活からかけ離れた営みを唯一支えてくれる感情の力を正しく評価できる。人間にそのような力を与えるのは宇宙的宗教感情である。」

「この唯物論の時代にあっては、真剣に科学的営みを行うのは、きわめて宗教的な人たちだけである。」

「私は深い信仰を持っていないような真正の科学者を考えることはできない。この事情は次の言葉に要約できる。「宗教なき科学はびっこであり、科学なき宗教は盲目である」。もちろんこれは人格神とその代理人によって人々の精神を支配している既存の宗教のことではない。この誤解を避けるためにアインシュタインはしばしば自ら汎神論者と自称した。アインシュタインにとって、宗教的であるということは世界の秩序をよりよく理解しようとする地道な努力のことであり、既存の教義を盲信することとは全く関係ない。」（思想93下から）

ここでアインシュタインが言っている宇宙的宗教感情とは、宗教生活の第一段階としてのものであり、その前二段階とは畏敬宗教と道徳宗教である。

シュタイナー――

「人智学から直ちに宗教を生み出すことはできません。けれども、真に理解された人智学からは、純粋で、まことの、偽りのない宗教的な要求が発生してきます。というのも、人間の心は、目的へ至る大道を歩み進んでゆく上で、様々な小道を必要とするからなのです。人間の心性は認識の力による道を必要としているばかりでなく、宗教的な信仰心や真に宗教的な感覚の中に見られるような宗教的な情熱や温和な信仰感情をもまた、精神的な世界へ向かうために必要とするのです。」（「シュタイナー入門」１７０頁）

第11章　ゲーテ評伝

ビルショウスキー『ゲーテ評伝』

この若きシュタイナーのゲーテ新解釈は、ワイマールのゲーテ研究者たちにも衝撃を与えた。その影響の最たるものが、ベルリンの理科高等学校教授アルベルト・ビルショウスキー（一八四七－一九〇二）の『ゲーテ評伝』である。

ビルショウスキーは、このドイツ語で初めて書かれたゲーテ伝を広範な読者層に親しまれる教科書的なものとして書いたが、その叙述方法は、リヒャルト・マイヤーの文学史的な叙述や、ヘルマン・グリムの世界史的方法とは違って、ある意味でむしろ哲学的観点からのものに仕上がっている。

この本の緒言には、「教示を仰いだ人物」として、ベルリン大学教授ヨハネス・イメルマンやゲーテ文庫主任オットー・ズーファン教授、大学図書館長、市立図書館長、枢密顧問官兼博物館長らそうそうたる人物たちとともに、ルドルフ・シュタイナーの名がある。「哲学的観点」は明らかにシュタイナーの影響である。

このビルショウスキーのゲーテ伝は、シュタイナーの解説文の進行と合わせるかのように進行している。「一、故郷と家族」から「二八、タッツー」までの上巻が発売されたのは、一八九六年のクリスマスの時で、この時シュタイナーはキルシュナー版の解説を第一巻まで書いている。

この『ゲーテ評伝』は、日本では昭和十八年（一九四三年）に、渡辺格司によって訳出されているが、渡辺は当時の事情について、「およそ日本のドイツ文学者にしてビルショウスキーの『ゲーテ評伝』を読まないものはないであろう。ドイツにおいて夥しく版を重ねた（邦訳は第四十一版によっている）のみならず、海を越えて我国においても四十年前から親しまれて来ている。我国におけるゲーテ研究が現在の如く高い程度に到達した基礎は多かれ少かれこの『ゲーテ評伝』に負うている」と書いている。なお日本最初のゲーテ評伝とされる森鴎外の『ギヨオテ傳』（大正二年、一九一三年）は、このビルショウスキーの本の抄訳である。

ビルショウスキーは、「序文において私はゲーテの人格を高単位なる人間性の模写であると呼んでいる」として、こう書いている。

「ゲーテはあらゆる人間的な性質から若干量づつを受けていたから、それ故に「あらゆる人間のうちで最も人間らしき」者であった。彼の姿は大きな類型という刻印をもっていた。それは人間性そのものの強烈な模像であった。従って彼に近づいたすべての人は、これまでこんなに完全な人間に合ったことがないかの如き印象を受けたのであった。」

ビルショウスキーは、ゲーテに顕現したこの〈人間の類型〉について次のように説明している。

「悟性がもっと鋭い人、精力がもっと強い人、感覚がもっと深い人、空想がもっと生き生きとした人は存在したかも知れないが、これ等の魂の力がゲーテにおける如く同等な分量において一身に集まっている人間は確かに存在していたことがない。また魂がかくの如く高度に発達した個人的において肉体的なものがかくの如く自主的に活動し、精神的なものがかくの如く心から染み透っていたことは稀である。彼の天性のこの驚くべき完全な混合は非凡の性格を与え、同時にその対照的な現象を制約している。」

「これ等すべての対照的な性質は、一方の精神力か他方の精神力が優勢を占め、或いは同一の精神力がその総力をあげて彼方此方の方向に動き、或いは感覚性が精神性に対して権利を主張し、或いは精神性が感覚性を抑圧するに応じて現われ出てくるのである。ゲーテの前半生は早くも肉体と精神並びに彼の精神力を相互にまた自分自身の中において平衡に保って内部外部に向かっての甚だしい混乱が避けられることを目指していたと言って差し支えない。」

これはシュタイナーの次の言葉からヒントを得たのである。シュタイナーは書いている。

「人間形成においてすべての器官や器官系統は、一つが他に自由な発達の余地を十分に与え、一つ一つが他のすべてを同様に機能させるに必要な限界内に後退するように形成されている。こうしてそれぞれの器官や系統が互いに協調的に作用して成立する調和は、人間を最も完全な、他のあらゆる生物の完全性を一つに統合した存在たらしめている。」

「このきわめて厳密な客観性が、もしできあがっていればゲーテの著作を、自然科学の最も完成した作品にするであろう。それはすべての自然科学者が目標とすべき理想であろう。また哲学者にとっては、客観的な世界考察の法則を発見するための典型的な模範であろう。」

ビルショウスキーは、この人間をゲーテ個人に昇華させ、ゲーテを〈人間（人類）の類型（典型）〉としたのである。

しかしシュタイナーにとってこの「当てはめ」は、ちょうどゲーテ以前の自然科学者たちが無機的世界にのみ通用する法則を植物や動物といった有機的生物に当てはめたのにも似て、有機体にのみいえる法則を人間個人の内面世界にも拡張して当てはめたものに見えた。シュタイナーはすぐさま、この第一巻解説を発展させた『シラーとの関連でみたゲーテの世界観の認識論要綱』で、このビルショウスキーの〈ゲーテ＝人類の典型〉説に反論する。シュタイナーは言う。

「精神科学は正しく真の意味で、自由の学である。

有機科学においては常に一般的なもの、典型の理念を眼中に置かねばならないのに対して、精神科学においては個体性の理念をはっきり把握する必要がある。一般性（典型）の内に現われる理念ではなく、個々の存在（個性）において現われる理念こそ、中心課題である。

典型は、個体において初めて自己実現する。個人はすでに理念的なものとして、真に自己自身で充足している存在でなければならない。自然の一般的な法則と人間本性の一般性とは全く異質なものである。」

シュタイナーは、この『ゲーテの世界観の認識論要綱』を、一八八六年十二月二十一日、エドゥアルト・フォン・ハルトマンへ献呈しているが、それに同封した手紙にもこう書いている。

「私はこの具象的観念論の導きのもとで、無機的なものにおける原現象、有機的なものにおける類型（典型）、狭義の精神科学における理念の三つを区別できたと思っております。これによって一元論が確保され、しかも抽象に終始する一元論的態度が克服されるのです。」

この典型（類型、タイプ）とは、シュレーディンガーの言葉を借りれば、次のように言うことができる。すなわち、「一個の生物体の一生の中で繰りひろげられる出来事は、生命をもたないものの中でわれわれが出会う如何なるものも遠く及ばない実に驚嘆すべき規則性と秩序とを表わし」「生物体が〈秩序の流れ〉を自分自身に集中させることによって、崩壊して原子的な混沌状態になってゆくのを免れるという生物体に具った驚くべき天賦の能力、すなわち適当な環境の中から〈秩序を吸い込む〉という天分」である。

ビルショウスキーは、一九〇二年十月、本書の完成を見ることなく世を去り、下巻の『ファウスト』の成立史は絶筆となった。残りの部分は他の教授たちが分担して加筆訂正をして完成させた。下巻は一九〇三年十一月に発売された。

この下巻には「自然科学者としてのゲーテ」という項があり、ベルリン大学のS・カリッシェル教授が執筆している。これを見てみると、随所にシュタイナーの言葉が見られる。ざっと見ただけでも、「畢覚するにゲーテは変態の概念を発展一般の概念と一致せしめた。この意味において彼は前者を〈一にして全〉と名づけている。ゲーテを導いて有機的世界の迷路を進ませ、そして発展の観念を特殊な場合に応用するに到らしめたのは、全有機的世界を包括するこの思想である。」「顎間骨の発見、そこへ導いて行った観念、機会あるごとにこれに結びつけている思想を突きつめて見れば、ゲーテが進化論的な考えを持っていたことは納得される。」「しかしゲーテの思想内容に属している原理がも一つ他にあって、これがゲーテを進化論者、従ってダーウィンの先駆者たらしめている。」「ゲーテはこの思想を積極的なものに移し、この形式において〈連続の原理〉と名づけた。」「ヘルダーの『人間性の歴史についての理念』は一部分はゲーテの思想のあらわれである」等々。

『文芸雑誌』の編集

　このワイマール時代の終わりに、ゲーテの没年に創刊された由緒ある週刊誌『文芸雑誌』の編集を委託してもよいという申し入れがあり、それに携わることになる。条件は、シュタイナーより三歳年下で、すでに多くの崇拝者を有している、自然主義派の劇作家オットー・エーリッヒ・ハルトレーベンとの共同出版者としてということであった。シュタイナーにとって、このハルトレーベンは、学生気質を克服できていないわがままな人物に映った。

　この自然主義は、自然科学全盛のこの世紀の産物としての唯物主義文学であり、それは、目にも止まらないほどの状態や境遇の一切の変化をも捉えて、如実に再現するものとされている。日本では『田舎教師』の田山花袋が有名である。

　そして、この自然主義への反動として登場したのか、シュテファン・ゲオルゲに代表される新ロマン主義の運動だった。ゲオルゲらは『芸術草紙』という同人誌で、来るべき新芸術は物質的自然主義とは正反対の霊魂の芸術、すなわち超現実的夢幻と情調の形式美でなければならないと主張した。これ以外にも同趣旨の雑誌として、『パン』、『ムーゼンアルマナハ』、『インゼル』などがあった。この新ロマン主義は、最初、フランスからやって来、象徴主義の名の下に広まったが、他にも、こうした傾向性のものとして唯美主義、神秘主義があった。

　シュタイナーは、一八九七年、この雑誌の編集を継続すべく、ドイツの最初の大都市ベルリンに移住する。このころまでに詩人や文学者の大部分はベルリンに集っていた。そして世紀末の不安は、メシアの出現を待望していた。

この十九世紀末は、七〇年代にはドイツの大都市の住民は全人口の五パーセントに過ぎなかったのが、このころには、二十パーセントに達しようとしていた。昔は狩猟と戦争のために生活していたゲルマンの住民は、今や三分の二が商工業によって生活していると言われるまでになっていた。

ゲーテやシラー、ロマン派の時代には、詩人は直接自然と田園に触れて生活していた。それが、この時代には、詩人や文学者は大都会の冷たい鉄とコンクリートの空間に押し込められながらも、この社会生活の基礎の上に、新しい世界観と科学に基づいた都会派や無産階級の物質的な自然主義文学を築き上げようと苦闘していた。

コルヴィッツ

一八九七年、ケーテ・コルヴィッツが、自由劇場で観たハウプトマンの『織工』を題材にした連作版画『織工の蜂起』を発表する。展覧会の委員は満場一致でこの作品に銀牌を送ることを決議するが、皇帝ヴィルヘルムⅡ世はそれを撤回させる。

コルヴィッツはこの時代の労働者の置かれた悲惨な状態を積極的に表現した。とくに『織工の蜂起』の結びの場面には、《顛末》の後に、象徴主義的な作風の「多くの傷口から血を流す汝、国民よ」が付け加えられる構想であった。この作品の中央の横たわる死者は、伝統的な「キリスト哀悼」の図をほうふつとさせ、あたかも犠牲から復活（革命）への道を示しているようである。

ルカーチは、「労働者階級の非合法の中での英雄的な戦いは、帝国の創立とそれにつづく重大な経済危機をともなった泡沫会社時代に失望した多くの不平家たちに、労働者階級を一種の救世主のように思わせた」と書いているが、コルヴィッツの絵がその思いを強くさせたのは疑いないだろう。

神智学批判

シュタイナーは、一八九七年九月、『文芸雑誌』に「神智学者」と題して、フランツ・ハルトマンによって訳出された『バガヴァット・ギータ』を引き合いに出して神智学を批判している。

「この詩には、選りすぐられたものの最も深い体験、すなわち由緒ある民族の神官の本性が特別の状態で手に入れるものが現われている。夢うつつのなかでこの神官の本性がその生活問題の解答を思い浮かべるということ、神官がその答えをその天分に従って必要とするということ。概念的思考、私たち西洋人がとにかく頼りにしているもの、によらないだけではなく、神秘的な観照、すなわちイントゥイツィオーン（霊感）によって、この東洋の真理探究者は目的を達しようとしている。もし私たち西洋人がこれを真似ようとするならば、目的を見失ってしまうだろう。私たちの本性は彼らとは異なっている。それゆえ、認識の最高点に、自由な生活観の頂上に達するという道とも違ったものにならねばならない。神智学者はそのように考えない。彼らは全ヨーロッパの学問を肩をすくめて見ている。」

そして神智学協会が全ヨーロッパに広めたものの信奉者が大都市にはいる。西洋の澄んだ明るい概念的認識よりも内なる神聖な体験についてのあいまいな無駄話を好む、という人々の数は少なくない。その上彼らは、長い間、精霊主義者（Spiritisten）や霊能者と良好な関係を維持してきている。彼らもまたたしかに、精神世界の現象を外的なものとして扱う、精霊主義者として話している。

この時代、神智学は、資本主義に反対する社会主義やアナーキズム、労働組合の運動、フェミニストや婦人参政権論者の運動、演劇や音楽、美術の新しい潮流、そして唯物論に反対するさまざまな潮流といった、広い意味での自由化運動の一部分とみなされていた。

シュタイナーはさらに、神智学がこうしたヨーロッパの学問や科学に懐疑的だったり、スキャンダルまみれの精霊主義を容認していることも批判している。シュタイナーはここで spiritist という言葉を使っている。これは、アラン・カルディックが、

「新しい思想には新しい言葉が必要である。意味がちがうのに同一の用語をあてれば当然にまねくことになる混乱をさけて、言語の明瞭性を保たなくてはならない。spiritual, spiritualist, spiritualismという言葉は、はっきりした受け取り方をされている。それらの言葉に新しい受け取り方を与えて、精霊（スピリッツ）によって述べられた理論を意味させようとすることは、そうでなくてさえ混乱している字義の曖昧さを加重することである。厳密に言えば spiritualism は materialism に対する語である。誰でもおのれのうちに物質以上のものがあると信じていればスピリチュアリストであるが、しかし、だからといってその人が精霊たちの存在を信じ、精霊たちが現世と通信するということを信ずるということにはならない。それゆえわれわれは spiritual, spiritualism に代えて、この信仰を示すに spiritist, spiritism という語を用いる。この語形は、根源と本質的な意味を示し、はっきりとわからせる利点がある。そしてわれわれは spiritualism, spiritualist という言葉を、もともとの意味合いのものを示すために温存する。かくしてわれわれは、spiritist theory もしくは spiritism の根本原理は、物質世界と精霊たちもしくは不可視の世界の存

在者たちとの関係である、と。そして精霊主義理論（スピリティスト・セオリー）の支持者を精霊主義者（スピリティスト）と呼ぶのである。」（アラン・カルデック『精霊主義者の本』）

シュタイナーは『自伝』（第三十章）にも、「それ（ハルトマン批判）を除けば、神智学文献について私が知っていたことは、彼らの方法や姿勢の点で、私には共感できないことが多かった。私は自分の見解と神智学とを結びつける可能性を、どこにも見出すことができないでいた」と書いている。

ゲーテの世界観

『ゲーテの世界観』でシュタイナーは、（シラーとの関係で）ゲーテをどう描いたのだろうか。シュタイナーは言う。

「植物形態の多様性を通覧し、その共通となるものに注意を払うときに、精神に啓示される彫塑的・理念的な形式についての表象をゲーテはすでに自身のうちに育んでいた。シラーは個々の植物の一つにではなく、あらゆる植物の中に生きているはずのこの形態をじっと眺め、そして首を横に振って言った。「それは経験ではなくて、一つの理念です」と。この言葉をゲーテは見知らぬ世界から聞こえてくるもののように聞いた。

そしてシラーが「理念に合致するはずの経験といったようなものがいかにしてありえたためしがあるのでしょうか。けだし、理念に経験が決して完全に合致しえないところにこそ、理念に特有の性格があるのですから」という言葉を継いだとき、ゲーテは全く不愉快な気分の中にあった。

相対立する世界観がこの対話の中に見られる。ゲーテは事物の理念を事物の中で直接現存しつつ、その中で働き、創造する一つの要素であると見なしていた。

シラーの考えは違っていた。彼にとって理念の世界と経験の世界は二つの切り離された世界である。事物と事象の多様性は経験に属するものであり、それは空間と時間を満たすものである。理念の世界は違う種類の現実として経験に対立し、理性がそれを我がものとする。人間の認識は二つの側面から、すなわち、外からは観察を通して、内からは思考を通して成立するが故に、シラーは認識の二つの源泉を区別する。ゲーテにとっては、経験の世界こそが認識の唯一の源泉であり、理念の世界もそこに含まれる。彼にとって経験と理念は分けることができない。」

この『ゲーテの世界観』が、マルクス主義者たちをして、マルクスの言う「偉大なるドイツ人」ゲーテの単純なイメージを形成させたことになる。

後年、シュタイナーは自伝に、「『文芸雑誌』に発表した自分自身の論文の叙述についても、また自分の講演の表現についても、私は当時、心の底から満足することはなかった。ただ、今日それらを読み返して、私がその頃唯物論を代弁していたと解釈する人がいるとすれば、それは完全な見当違いである。私にはそのような意思は一度たりともなかった」（第二十五章）と書いている。

そして、ヴィルヘルムの息子のカール・リープクネヒトやローザ・ルクセンブルクとともにドイツ社会民主党左派の中心的論客であったフランツ・メーリングは、一八九八年から九九年にかけて、社会民主党の機関紙『ノイエ・ツァイト』に「美学的散歩」と題した連載を始める。

これは、当時出版された六種類の美学的または文学史的著書に対してマルクス主義の立場から批評を加えるようにという編集部の要請に応えたものである。

以下がその本である。M・クルーネンベルク『カント、彼の生涯と学説』（ミュンヘン、一八九七年）、ルドルフ・シュタイナー『ゲーテの世界観』(ワイマール、一八九七年)、エドガー・シュタイゲル『近代劇の生成』(第一部『ヘンリック・イプセンと演劇的社会批評』、第二部『ハウプトマンからメーテルリンクまで』、ベルリン、一八九八年)、パウル・シュレンテル『ゲルハルト・ハウプトマン、彼の履歴と作品』(ベルリン、一八九八年)、アドルフ・バルテルス『ゲルハルト・ハウプトマン』(ミュンヘン、一八九七年)、アルノー・ホルツ『ファンタズム』第一巻(ベルリン、一八九八年)。

連載の各章のタイトルはこうなっている。「カントの美学」「ゲーテ及びシラーの美学的観念論」「古典主義美学と自然主義美学」「ゲルハルト・ハウプトマン」「アルノー・ホルツ」「自然主義と近代の労働運動」。

メーリングは、「ゲーテ及びシラーの美学的観念論」のなかで、シュタイナーを批判して、こう書いている。

「何らかの哲学的意味で、ゲーテの世界観を云々しようとすることは無謀な企てである。ところが、シュタイナーはそれをあえてしているのであるから、彼は云わば鉄道線路に身を横たえているようなものである。彼の考えの筋道はこうである。昔ある一人のギリシア人が、人間の感覚器官に対するとんでもない誤解に捕らわれてから以後、人間は哲学的観念論に悩まされ続けてきた。ゲーテが出るに及んで初めて、統一的な世界観が再び樹立されたのである、と。シュタイナーは彼の議論をゲーテの自然科学に関する著作の中から引き出している。だが、彼の到達した結論はこうである。ゲーテは解放行為の直接的観察にまでは到らなかった。彼は最高の認識法を行使したが、しかし、自分自身を観察することはやらなかった、と。シュタイナーが何を言っているかは判じ難い。マックス・シュティルナーに対する賛歌が唯一の判り易い指標であるにすぎない。結局、読者は、もしゲーテが哲学的な思考の建築をうちたてたとすれば、ヘーゲルと同様に、破滅に陥ったであろうということを、ハッキリと理解させられるであろう。シュタイナーは厖大なワイマール版のために、ゲーテの自然科学に関する著作の一部を供給した。人々は多少の期待をかけて彼の著書を繙く。だが、人々はすっかり失望して、パタンと本を閉じなければならぬ。」

この引用されているシュタイナーの言葉（「昔ある……」から「……樹立されたのである」まで）は、『ゲーテの世界観』の「西洋史におけるゲーテの位置づけ」（邦訳19頁）にある。メーリングにとって、「ゲーテの世界観」を論じることなど、「何を言っているのかは判じ難い」愚かなことなのである。これは当時の一般的風潮であった。

メーリングらマルクス主義派からブルジョワ派と名指され対立する立場にあった新カント派（西南ドイツ派）の重鎮ヴィルヘルム・ヴィンデルバントも、同じ年（一八九九年）、シュトラースブルクでのゲーテ記念碑建立のおりの講演でこう話している。「わたしは懇篤な勧めによって、今日ゲーテが哲学に対してどのような意義をもっているかということについて諸君に語ろうとする。このことは恐らく諸君の多くにとって意外なことであろう。そして諸君は、一たび〈ゲーテの哲学などというものがあるか〉と尋ねるであろう。〈対象的思惟〉という標語が当てはまる嫌厭の情をしばしば、そしてはっきりと現わしはしなかったであろうか。偉大な素朴人である彼は、全力を挙げて反省されることに対して、また自己沈思に対して反抗し防ぎはしなかったであろうか」と。

シュタイナーのこの野心的なゲーテ像はこの時代大きな影響与えたということである。ではメーリングは、この論稿でゲーテとシラーの関係をどのように表現しているのだろうか。メーリングは言う。

「哲学に対するゲーテとシラーとの相異なる態度は、かれらの自然的素質によるばかりでなく、少なくともそれと同じ程度で、かれらの社会的地位によっても制約されている。ゲーテは「フランクフルト市参事会員令息またはヴァイマル枢密顧問官」として、支配階級の一員であった……。シラーはこれとはまったく異なっていた。かれは幼年時代からこづきまわされ、カール学院（ヴュルテンベルク公カール・オイゲンが軍隊式教育で忠良な臣民をつくろうとして建てた学校）では恥多い奴隷生活を送らなければならなかった。

またゲーテは、フランクフルトの貴族の息子であり、ちょうどそのころ社会的階級秩序のせいで愛する一少女と手を切ったのである。シラーは『群盗』のなかで、唯物論の鋭利な武器を手にしながら、支配的な社会秩序と戦ったのであるが、その戦いぶりはなんと異なっていたことであろう！」

ようするにこれはマルクスの有名なシェーマ「上部構造（意識）は下部構造（経済）によって規定される」を当てはめただけのもので、さすがはマルクスの高弟と呼ばれただけはある。さらにメーリングはシラーを評してこう書いている。

「ゲーテは、マルクスが適切に述べているとおり、イタリア旅行によって「自分に気に入らない社会からのがれ」たのに反して、シラーはけっしてカント的理想へ「逃避」したのではなくて、その理想を情熱的につかむことによって、ゲーテよりもはるかに「能動的に」ドイツ社会へ臨んだのである。

ドイツのみじめさとの戦いに疲れて絶望していた『群盗』の作者は、みずからの慰めをカント哲学のうちに見出してもいたのである。シラーは哲学者としてはカントに及ばなかったけれども、師をかれ一流のしかたで解釈するだけの「能動的な天分」はもっていた。かれはカントの自然の国から自然国家をつくりだし、これを当時の封建的絶対制国家と解した。カントの人間的自由意志の国からは「真の政治的自由の構造」をつくりだした。そして、カントが自然の国と自由の国を結ぶ中間項として芸術の国を設定したようにシラーは自然国家から美的文化の橋を渡って市民的な理性国家へおもむこうとした。

シラーがさしあたってカントを論じた美学上の諸論文は、徹底的な鋭さで理性的国家の帰結をひきだしている。ほんの二、三の見本をあげてみよう。『素朴文学と情感文学について』という論文のなかにはこう書かれている。「そのように所有権を拡張することは、そのさい一部の人間が破滅するかも知れないから、単なる自然にもとづくものではない。」また『崇高について』という論文のなかではこうである。「暴力をこうむることほど、人間にふさわしくないものはない。というのは、暴力は人間を廃絶するからである。われわれに暴力を加えるものは、われわれと争って、ほかならぬ人間性をとりっこするものであり、卑怯なしかたで暴力をこうむるものは、自己の人間性を放棄するものである。」また『芸術における卑俗なものと低劣なものとの使用についての考察』のなかでは、「奴隷であることは低劣である。しかし自由のうちにある奴隷的心情は軽蔑すべきものである。これに反して、そういう心情を伴わない奴隷的業務は、軽蔑すべきではない。むしろ、状態の低劣が心情の高貴と結合すれば、崇高へと転じることができる。」以上の諸命題は、現代のプロレタリア的階級闘争を指しているようである。」

このメーリングの『美学的散歩』は、昭和六年（一九三一年）一月、日本でも全訳が、彼の大著『レッシング伝説』に対するパウル・エルンシュトの批判に答えた『文学史の方法のために』と合わせて『美学及び文学史論』（叢文閣）として出版されている。訳者の川口浩は、雑誌『思想』一月号にも『美学的散歩』をダイジェストした「芸術理論家としてのフランツ・メーリング」を書いている。しかしここにはシュタイナーの名はない。

ゲーテ百年祭（一九三二年）

しかし、このメーリングのシラー評価も、ゲーテ百年祭（一九三二年、没後百年）を迎えるころになると、同じマルクス主義陣営からの強烈な批判にさらされることになる。

この時代、共産主義はもはや夢物語ではなくソ連という現実になって、ハイネが予言したとおり、暴力と自由の抑圧というその暗黒面が隠しようもないほどに露出してきて、もはや自由の闘士シラーの居場所はなかった。そしてその代わりにゲーテがマルクス主義唯物論の先駆としての役割を担わされ、「ブルジョワ陣営」からのゲーテ強奪の企みが露骨に表面化する。

ゲーテ百年祭を記念して、日本ゲーテ協会『ゲーテ年鑑第一巻（百年祭記念）』など数多くの出版物が出される。岩波書店も『百年祭記念　ゲーテ研究』を出すが、『思想』（七月号）にもパウル・ライマンの「マルクス主義より見たるゲーテ」を掲載する。これはメーリングのゲーテ解釈に対する批判である。このなかでライマンは、メーリングの前出の箇所を引用し、「メーリングのこの叙述は根本的に誤っている。ゲーテは、シュタイナーが正しく確信した如く、観念論を否定したが故に、メーリングの意見に従えば、世界観を持っていないのである。メーリングは、世界観と観念論的世界観という二つの概念を同一視したことになる」と書いている。

ライマンの文章は、翌年刊行されたマルクス主義派の論文集『ゲーテ批判』（隆章閣）にも収録されている。このライマンの解釈はマルクス主義陣営の公式見解となった。しかし川口にとってこれは承服しがたいものだったようだ。戦後（昭和三十二年）、川口訳『美学的散歩』は『世界芸術論体系』（河出書房）九巻に収録されるが、それからはシュタイナーに触れた箇所だけが削除されている。

「ではゲーテは世界観を持っていたか。ゲーテが〈一般普遍的概念〉とか〈理念〉とかを好まず、それゆえにカントに対して何らの理解を持っていなかったということは、彼が唯物論的世界観に対して、殊にスピノザによって公式化されたごとき形態においてそれに理解を持っていたということを意味する。ゲーテは世界観を持っていた。それゆえに彼は意識的にシラー及びカントの世界観を拒否したのである。この点においてゲーテは、もちろんなお不完全ではあったが唯物論的見解から、カント主義に対する激烈なる闘争を、数十年も行なったヘルダーの門下である。ゲーテがシラー及びカントに触れて書いている彼の著作を読むならば、ゲーテが哲学において無原則ではなく、原則的に唯物論的であり、あるいはマルクスが言ったごとく〈肉体的で積極的性質〉であったということは直ちに明らかとなるのである。」

「ゲーテは観念論の反対者であった。彼は、カント哲学の反対者であった。彼は、未だ充分な明白さを持っていなかったが、事態の本質においては唯物論者であった。そして彼の唯物論的な考えは、弁証法的唯物論に近い問題の提起に、彼を導いたのである。」

このライマンの文章（「マルクス主義とゲーテ」）は『ローテ・アウフバウ』（一九三二年五月）に掲載されたものだが、ライマンの主張するこの〈ゲーテ＝唯物論者〉説は、ライマンも書いているように、シュタイナーの『ゲーテの世界観』から生じたものなのである。

事実これは、一九〇六年に、メーリングが労働者教養学校で行なったドイツ史についての講義をまとめた本（『ドイツ社会文化史』）の、戦後の邦訳タイトルが『マルクス主義の源流―ゲーテからマルクスまで』となっていることにも現われている。

また岩波文庫版『ウィルヘルム・マイステルの遍歴時代』（下）の帯にも、「作者晩年の社会主義的理想に溢れる巻」とある。これらすべてはシュタイナーのおかげである。当時のシュタイナーもこうしたことを危惧していたのだろう。『ゲーテの世界観』の序文にこう書いている。

「ひょっとして、多くの人は、私が描いた線とか、私が塗り込んだ色合いが余りにも単純にすぎると思うかもしれない。しかし、その堂々たる単純さの中で、その偉大さを描きだそうとすることで、その偉大さの特徴を最もよく描きだすことができると人は思う筈である」と。

またシュタイナーは、メーリングの批判と前後して、『文芸雑誌』に「自由と社会」と題して社会民主主義を痛烈に批判している。

「あらゆる支配権力の裡で、およそ社会民主主義が意図している権力ほど醜悪なものはない。それはベルゼブルによって悪魔を追い払う故事のとおり、小難を除かんとして大難を招くことになろう。衆知のように、赤は人に最も刺激的な色彩であり、多くの人々に危険な影響を与えずにはおかない。しかし影響を受けるといっても、それは実際には物事をしっかり考えられない人たちにすぎない。思考する力のある人は社会民主主義の理想が実現すれば、すべての個人が抑圧されることを知っている。しかし個性は結局は抑圧できないのだから――社会民主主義の勝利の日は、同時に社会民主主義の没落の日となろう。……社会民主主義の赤い旗印に気圧され、人間の共同生活に関する理論であるからには、必ず社会主義の油を差し込まなければならないと頭から信じている人々に、こうした話をしてもらうのは無理だろう。」

しかしバーバラ・タックマン『世紀末のヨーロッパ』（「理念と行為――アナーキスト」）はこう言っている。

「大衆が自分の要求と力に目ざめる魔法の瞬間は、ついに訪れなかった。パリ・コンミューンは一八七一年に束の間の炎を燃えあがらせただけで消え去り、全面的反乱の引き金とはならなかった。「われわれは、自らの自由への情熱をかきたてられるのを望まない大衆というのを、考えに入れていなかった」と、バクーニンは幻滅して妻に書き送った。「この情熱が欠けていては、理論的にいかに正しかろうと何になる？　われわれは無力だった」。彼は世界は救えないと絶望し、一八七六年失意のうちに死んだ、アレクサンドル・ゲルツェンの言うように、アメリカを発見できなかったコロンブスとして。

バクーニンの時代にアナキズムを目ざす実践的企画が挫折したのがもとで、アナキストの理論と実践は地上ではなく雲の彼方へと方向を転じた。九〇年代に始まる新しい時期には、つねに牧歌的だったその目的はますますユートピア的になり、その行為はこれまでにもまして現実とのつながりを失っていく。」

由良哲次「独逸哲学界の近況」（『理想』一九二九年十一月号）はハンブルク大学に留学していた由良がドイツの大学や哲学界、宗教界についてレポートしたもので、十五ページにおよぶ詳細な報告で、その最後の四ページを人智学の紹介にあてている。

「近時青年間その他にかなりの勢力を有しつつあるアントロポゾフィーのことに関して一言申し上ぐべく候。Anthroposophie 訳して人智派とでも申すべきか……、彼の著書をも若干のぞきたる範囲内にてその特質の一二を申し述べたく存じ候。（人智学の詳細な紹介については省略・引用者）

古くはドイツがもちたるベーメの神秘主義を思わしむるものもあり、我国の言葉をかれば現代的な密教とでも申し候ふべきか。

シュタイナーの主張する所には全体として三つの要素乃至段階というものが認められ候。それは科学的自覚的神秘的とでも特徴づけられ申すべきか。これは現代的な宗教であり、とりわけ理知的なドイツ人の産む所なれば現代の科学を無視せず、これをとり入れ、土台とし、少なくとも所説の材料とせるは一つの特色なるべく候。彼のいう所は神秘的な宗教とはいえ、しかし神秘科学、神秘智に候。

かかる考え方においては自然科学よりして次第に哲学に導き行ったかのロッツェを思わするものあり候。

彼の思想が、哲学的に見てどれだけ意味深き体系を自らに組織せるか、その取り入れた多くの先哲の思想がどれだけ正しく理解され、どれだけ深く自らのものとして取り入れられたるか、また、これらの思想以上に真に自己自らの独創として如何ばかり永久の価値を要求するものの存せるかは別として、また、彼の宗教が宗教学的に見てどれだけの意味と特質をもてるかは別として、とにかく現代に生まれたる一種の宗教として現代の要求にきき、理知的な要素を含み先哲の思想をも汲んで時代に叫び時代を率いた勇気と力とに至っては、敬意を表するに足るべきものありと存ぜられ候。

彼の教説は一面理知的な科学を認めつつ、しかもこれに対する一面の不満を補い、精神的な世界、神秘的な要求をも融合し、しかも仏教的なる思想をも包摂していることは、科学的な頭脳と、しかも科学に満足せざる気分と、精神的なるものへの動向と、神秘的なるものへの憧憬と、しかもまた西欧文明の没落の気分の中に東洋的なるものへの関心とをさえ併せて、この運動は現代ドイツにおいてかなり有望なる勢力を獲、かつ諸外国にも多くの賛同者を見出しおり候。

しかも彼はまた教育に関しても相当の卓見を有し、教団の実行方法の一つとして教育的経営も始め、ハンブルク、シュトゥットガルト及びスイスのドルナハには自由なる学校を設立経営いたし候。しかして各地に熱心なる教団を有し、また理知的にしてしかも非合理的な情調を好む青年学生の支持もあり、この運動はとにかく一つの現代における宗教運動として注目すべきものと存ぜられ候。

かれの著書は誠に多数に上り候もその主たるものははや十四ヶ国語に翻訳され、英文に訳されたもののみにしても四十五種に上がりおり候。頭脳の人であり、熱情の人であり、信念の人であり同時に勇気の人としてのシュタイナーは、とにかくその事業をこの点にまで運びて、数年前に永逝いたし候。伝統的なる既成宗教に比して未だ決定的なる勢力となるには至らざるこの教説と教団の今後は、彼の思想に内在する真理と、その後継者の努力と、しかしてその時代と、この三者によって初めて決せらるゝものと存ぜられ候。ただ我らはここに、多分に東洋的なる世界観宗教観をも内容にもつこの思想に同情を表わし、後継者その人をうることを祈り申し候。（フィングステン祭にハンブルク大学にて）」

帰朝した由良は、ゲーテ百年祭の企画として、シュタイナーの『ゲーテの世界観』の後に書かれたジーベックの『思想家としてのゲーテ』（一九〇二年）を理想社に奨め、東大独文科の後輩橋本文夫に翻訳を依頼する。これは『ゲーテの世界観』と邦題が付けられ、百年祭には間に合わなかったが、一九三四年に出版される。

訳者の橋本文夫は「訳者序」にこう書いている。

「本書の翻訳は訳者がまだ東大独文科在学中に始められ、すでに前後三年以上にわたり、あるいは怠慢のため、あるいは病のため、幾度か中断を経て、漸く完成されたもので、訳者として思い出深き苦闘の産物である。その間、東京高等師範学校教授由良哲次氏の極めて懇切なる御鞭撻と御教示とは、ともすれば鈍りがちのペンに対し、どれほど励ましとなったことか。ここに同氏に対し深甚なる感謝の意を表する次第である。」

一八九九年——ゲーテ生誕百五十年祭——『緑の蛇と百合姫のメールヒェン』

シュタイナーは最後をこう結んでいる。

「圧政国家から自由な社会が生え出て来て、各自が、人間の高貴な共同生活が可能であるということを心に思い浮かべた時にだけ、各自は自己の傾向性（個性）にふけることができる。そのあと人はもはや満足できる状態を一瞬間だけ体験するということはなく、またそれを革命的暴力によって闘い取ることを求められない、彼は今のどんな瞬間においてもそのためにある。メールヒェンの結末は、この真理のための詩的なイメージに見出される。「橋は渡された。すべての国民がひっきりなしに往き来きしている。今日まで旅人の橋は人でいっぱいで、この寺は世界中で最も参詣者の多い所となっている。」」

ヘーゲルは、フランス革命について、こう書いている。

「思想、正義の概念が忽ちにして優勢となり、旧来の不正義の足場はこれに対して何の抵抗もなしえなかった。こうして今や正義の思想の上に一つの憲法が打ちたてられた。そして今後はすべてのものがこの基礎の上に立たねばならなくなった。太陽が天空に懸り、惑星がそのまわりを運行するようになってからこの方、人間が頭で、すなわち思想で立ち、そしてそれに従って現実を作るというようなことはみたことがない。アナクサゴラスはかつてはじめてこういった、ヌウス即ち理性が支配すると、だが、思想が精神的な現実世界を支配せねばならぬということを認めるように、人間がなったのはやっとこのごろである。だからこれこそ、まことに燦然たる日の出であった。思考するすべてのものがこの日を相共に祝賀した。崇高な感激が一世を風靡し、精神の熱情が世界にみなぎった、今や神と世界との和解がなしとげられる日が来たようにみえる。」(『歴史哲学』一八四〇年)これに対してエンゲルスは、「ヘーゲルは逆立ちしている」と批判する（『ユートピアから科学へ』一八八〇年)。

「三人の偉大なユートピアンがあらわれた。第一はサン・シモン、この人にあってはプロレタリア的傾向と並んでブルジョワ的傾向がある程度の重要さをもっていた。次にフーリエ、第三にオーウェン、この人は、資本主義的生産の最も発展した国で、資本主義的生産によって生み出された諸対立の影響のもとに、階級的差別廃止案をフランスの唯物論に直接結びつけて系統的に説明した。

この三人には共通な点があった、それは、当時歴史的に生み出されていたプロレタリア階級の利害の代表者として登場したのではないということであった。啓蒙主義者と同様に、彼らは、まずある特定の階級を解放しようとはしないで、いきなり全人類を解放しようとした。彼らは、啓蒙主義者と同様、理性と永遠の正義の王国を実現しようとした。

問題は、何よりも新しいより完全な社会制度を発見すること、それを宣伝し、またもしできるなら模範的実験の実例をつくって、外から社会に押しつけることであった。このようにしてこれらの新社会理論がユートピア的であったのはさしあたりしかたないことで、彼らがその細目を描けば描くほどますますそれは幻想となった。」

しかしユダヤ人マルクスは、一八四三年の八月から十一月にかけて書いた『ユダヤ人問題のために』では、ユダヤ人は政治的解放、すなわち政治的平等を約束するブルジョワ民主革命によっては決して解放されず、ただ普遍的人間解放、すなわち社会的平等を実現する共産主義革命によってのみ解放される、と主張した。しかもここでは、革命の主体としてプロレタリアは設定されていない。

マルクスが共産主義革命はプロレタリア革命であると明確に断じたのは、一八四三年の暮れから翌年の正月にかけてパリで書いた『ヘーゲル法哲学批判序説』においてであった。これは革命の緊迫性からなされた変更であった。この時マルクスに会っているハイネは、こう書いている。

「共産主義とは、現在のブルジョワ体制に代わって、プロレタリアートの支配を樹立しようとする恐るべき競争者の秘かな名である。両者の間では、しのぎを削る死闘が行われるだろう。どちらが勝利を収めるのだろうか。誰も知らない。未来を見通しうるのは神々のみである。

ただひとつ明白なことがある。現在はほとんど語られることもなく貧しい屋根裏部屋の中で無為に過ごしている共産主義は、たとえ一時的にもせよ、近代の悲劇の中で重大な役割を果たすべく定められた「暗黒の英雄」なのだ。」(『ルテーツィア』一八四二年六月二十日)

エンゲルス――

「ヘーゲルは観念論者であったから、彼にとっては彼の頭のなかの思想は現実の事物や過程を抽象してできる模写ではなかった、それとは反対に、事物とその発展とは、世界そのもの以前にどこかにあらかじめ存在している「理念」が模写として現われているものと考えた。」

シュタイナー――

「感性の側面からさらには理性の側面からも強制を経験し、情熱から最も純粋に徳を行う人は、自由な人格である＊。
　そして人間の社会は、彼が調和的な共同生活をしようと求めることや、権力国家や強制国家が努めなければならないことの必要性を、権力者の鶴の一声によって抑制せずに、個々の本性（自然）の欲求を気高くすることが、理想の状態である。個々の外的な自由はまず個々の人格の内的な自由に基づいている。このやり方でシラーは人間の共同生活における自由の問題、すなわちその当時すべての心ある人々が感動し、フランス革命で後に一つの圧政の合言葉に努めた問題を解明することを求めた。人間にふさわしい王国の「自由によって与えられる自由が基本原則である」。」

＊シラー「カリアス書簡」

「メールヒェンの各事象と登場人物が自ら打ち明けていることを、この解釈を基に考えてみよう。オオタカの例を考えてみる。オオタカは太陽の光線を受け止めると、その光を、太陽自身がその光を自分に直接送る前に、地上へ照り返す。このように諸事件に敏感な人間の感覚もまた、遠い未来の何かを予測することはできない。美しい百合姫の召使の女たちに、その本性によって感性と理性の調和が贈られる、各のしあわせな素質の人間本性の仮象（代表、代理）を見ることができる。百合姫は、移行の瞬間に眠っていた召し使いたちのように、移ったことに何も気づくことなく、新しい王国で生きるだろう。残忍な暴力の象徴である巨人は、最後に時計の短針としての役割を演じている。

　私は、理性が、自由な人間精神にふさわしい実行に向かわないだけでなく、発展のためにその力がきびしい自然の規則の内にもたらされないとしても、その時までに、世界史のなかの理性はその場所を満たすことができることを示したい。」

シラー『美的教育についての書簡』第三

「それゆえに大きな問題は、理念のなかで道徳的な社会が形成されているあいだに、現実の時間のなかの自然な社会は一瞬も中断されてはならないことであり、人間の尊厳のために、人間の存在が危険に陥ってはならないことです。技術者が時計を修理しなければならないときに、彼は歯車を停止させますが、国家という生きた時計は、時を刻みながら改造されねばなりません。ここでたいせつなのは、回転している歯車が、回転中に取りかえられねばならないことです。それゆえ社会を持続させるためには、解体しようとしている自然な国家から社会を自立させてくれる、一つの支柱を求めねばなりません。」

「たいせつなことは、自然な性格からは恣意を、道徳的な性格からは自由を、分離することだろうと思います――また自然な性格を法則に一致させ、道徳的な性格を現実の諸印象に従属させることがたいせつであり――また自然な性格を物質からいくらか遠ざけ、道徳的な性格を物質にいくらか近づけることが、たいせつでありましょう――つまり、そのいずれとも類縁性があり、諸力のたんなる支配から法則の支配へと橋渡しをし、道徳的な性格の発展を妨げることなく、むしろ目に見えない道徳性にたいする感覚的な担保として役立つような、第三の性格を生みだすことであります。」

『バブーフの陰謀』――

革命の緊迫性、暴力革命および革命的独裁という三点セットによって、共産主義神学を基礎づけたバブーフも、「この真の革命のすぐ翌日から、民衆はまったく驚いて言い合うだろう。何だ！　共同幸福はこんな少数者の手にあったのか？　われわれは、ただそれを欲するだけでよかったのか？　あゝ！

なぜもっと早くそれを欲しなかったのだろうか?」（「平等党宣言」）と言っている。

一九〇〇年一月――シュタイナー「ヘッケルとその敵対者たち」ベルリン

序文（152頁）

「私は、五年前に公刊した『自由の哲学』によって、我々の時代の自然科学の力強い成果と完全に一致した世界観の形姿を与えた、と確信している。私は、私がこの一致を故意に導き出してはいないことを自覚している。私の道は、自然科学が打ち壊したどんなものからも完全に独立したものだった。

この独立性から、私は、我々の時代の支配的な知識の分野やそれと同時にまったく一致している同じようなものから、我々の時代の精神的闘いの内部で演じられている、自然科学の考え方の記念碑的な代表者、エンルンスト・ヘッケルの姿勢を、当然評価すべきものと信じている。

この、自然科学と論争することの必要性が広く認められていることは、今日疑いえないことである。それによって、その自然科学者たちの理念を掘り下げ、彼らの仮定の帰結の根拠を問うことが、満足させられれば一番よい。私はこの論考で、この関連において同じ必要を感じていることを尋ねてみたい。」

（153頁）

〈1〉

ゲーテは、世界の内部における人間の位置を考察する人なら誰でも持つ感情について、ヴィンケルマンの本についてのなかで、次のようなすばらしい表現をしている。

「もし全体としての人間の健全な本性が活動し、それが世界の中で気高くかつうるわしく、品位と価値をそなえた全体として自身を感じ、そしてその調和の取れたくつろぎが彼に純粋で自由な恍惚を与えるならば、《その場合宇宙は、それを感じ取ることができ、彼の目的を達したとして、ドッと歓声を上げ、そして固有の生成と本性の達成を賛美する。》」

この感情から、人間が位置することができる、もっとも重要な問題が出てくる。いかにして人間の固有の生成と本性は宇宙全体のそれと結びつくのだろうか？　ヴィンケルマンは、芸術の原型を自然そのもののうちにではなく、理念的な自然に求めている。

シラーは、ゲーテの誕生日に送った手紙（一七九四年八月二十三日）で、ゲーテをして人間の本性の認識に至らしめようとしたものによって、その道を適切に言い表わしている。

「単純な有機体から出発し、徐々に複雑な有機体に手をのばし、最後に万物のうち最も複雑な存在である人間を発生学的に、自然の原資料から組み立てるのです。」

シュタイナーの引用はここで終わっている。

シラーは続けて、「人間をいわば自然に似せて再創造することによって、人間の内部に秘匿されている技能に通暁しようと試みられています」と書いている。

ゲーテのこの道は、今もまた、四十年来自然科学における激しい論争、いわゆる「人類にとって問題中の問題」を解くことである。それはジュリアン・ハクスレーが言う、「自然界において人類が占めているところの位置、ならびに宇宙の森羅万象に対する関係を確かめること」（『自然界における人間の位置』一九六三年）である。それはチャールズ・ダーウィンの、偉大な功績である。

ヘッケルは『人間発生論』を次の言葉で包括している。「短期間に生じる個体の発生や個体の進化は、考えられないほど遠い昔に、無限の時間の間に通過した系統発生や本性の進化の圧縮された繰り返しである。」この言葉は「生物発生の根本法則」である。しかしなぜ、高等動物は、進化の過程で、下等動物と同じ形態を通過するのか？　ヘッケルもまた、種族史（系統発生）に対する個人の進化史（人間発生論）を、所与の種々様々な生物の形態の自然科学的な見解に求める。

〈2〉

ハクスレー「かくのごとく、いかなる器官を研究してみても、これを猿類の系列における変化と比較してみると、常に同一の結果すなわち、人間とゴリラおよびチンパンジーとの間に存する構造上の相異は、ゴリラと下等な猿との間に存する相異よりも大きくないという結果に到達するのである。」（『自然における人間の位置』）

進化論の盲点？

ここにこの問題を考える上で、きわめて興味深い本がある。論文集『現代の進化論　どこに問題があるのか？』（一九五三年、理論社）である。その第一論文は井尻正二の「進化論の盲点」である。問題意識は、「系統発生（生物進化の歴史的過程）と個体発生（卵より成体になる過程）をどのように統一するべきか」にある。

「現代の進化論の盲点は、それぞれの学説についてデータの不足があったり、分析が不充分であったり、研究手段が不備であったりすることにつながりをもっていることは否定できない。といって、このようなことがらは、科学が進歩しつづける限り、無限につきまとってくる問題であって、これらは盲点というよりむしろ問題点ともいうべき性質のことがらである。問題の本質は、もっと別なところにむけられるべきではなかろうか。

「進化論の最大の盲点は、進化をどう考えるか、という考え方に、換言すればその方法論に最大の盲点があるのではないか。」（傍点引用者）

「進化の要因を内因と外因とにわけて考える態度は正しいかどうかという問題が提起されなくてはならないと思う。また、そのように区別してよいのだろうか。あるいは内因と外因といったようには区別ができず、ほかの形で原因が考究されなくてはならないのではなかろうか。私は、進化論の研究には、このような反省がずいぶんおろそかにされているように思われてならないのである。」

「つぎには、生物自身がもっている進化の形式や様相が反省されているだろうか。……進化の過程でその形式や段階性を分析しなくてよいのであろうか。」

「それぞれの生物には、その生物に特有な個体発生と系統発生があり、それらが密接にある種の関連をもっていることを反省させるものである。」

「つぎにはこの発展をうながす原因を反省しなくてはならなくなる。それは外因であろうか、内因であろうか、はたまた内外の原因であろうか。もしこの主因が内因にありとすれば、生物の進化の段階に応じた生物の内部矛盾といわれるものであろうが、具体的にはそれはどのようなものであろうか。」

「そして最後に、生物の進化は、進化の現象を分析し、解釈することによって理解に到達できるものであるか、新しい生物を創ることによって体得されるものであるかということも反省を要する問題となってくるのである。」

「進化論の一つの大きな盲点は、ある一つの学説のなかにとびこんでしまったものには理解しにくく、単にデータの集積や研究手段の改善だけではつかむことのできないところに横たわっているように思われる。すなわち、進化論の一番根深い盲点は、盲点には光が光として感じられないように、進化論の盲点を盲点と感じないで、問題点だと信じているところにあるのではないだろうか……。」

「方法論の問題は、単に生物学と古生物学の問題というわくをこえて、広くすべての進化論の分野に浸透できる問題であるとも考えられる……。また進化論は、単に科学としてばかりでなく、哲学との関連や（政治・社会的）実践との結びつきにおいてもとらえられなくてはならない側面も多い。」

（あとがき）

ヘッケルの「反復説」を建設的に理解するべきであると提唱している井尻は言う。

「この命題をわかりやすく、くだいて、〝ある生物一個体の一生の歴史は、その生物（種）が地球のうえに姿をあらわしてくるまでのその生物の歴史の縮刷版である〟。」

「このようにみてくると、個体発生と系統発生の間には、なんらかの因果関係がありそうだということは予期されるが、その関係はヘッケルの反復説の文字からうけとられるような機械的なものでもなさそうであり、その反対説も一面的で、ヘッケルと同じように機械的であるというそしりをそのままうけそうである。特に古生物のデーターは、データーのとり方と配列の方法にはじまって、かなり解釈に属する要素が多く、賛否両論が同じ古生物について行われていることを知るのである。ここに、生物学（発生学）からいっても壁があり、古生物学からつっこんでも片手おちになる進化論の盲点が残されているように思われる。

私にあたえられた課題は、問題の解決ではなくて、問題の提起であるが、いま少し、この問題について整理してみる必要がありそうに思われる。

まず第一に、ヘッケルの反復説という命題は、当時の科学水準からいっても当然のことであるが、ある歴史的な限界をもっているということである。すなわち、当時はまだ細胞学や遺伝学は十分に花を咲かせず、なんといっても解剖学や形態学といった巨視的な生物学が主流をなしていた。また、古生物学も誕生したばかりであった。従って問題のとりあげ方や見方が、器官とか、器官系からせいぜい組織といった巨視的な次元のそれであって、古生物学的データの不足も、系統発生の外観しかあたえていなかったように思われる。

このように大まかな認識の次元のものを、今日の細かい次元の問題にまですべてを還元して考えるところに、一つの無理があるのではなかろうか。どのような法則も、その法則が適用される条件と限度とがあり、法則が展開される次元があるのではなかろうか。

第二に、ではヘッケルの反復説を今日ではどのように理解してゆかなくてはならないのであろうか。私は、当時の生物学や古生物学が一応ダーウィンの進化論を承認して、Bという生物は、Aという生物の子孫で、Cという生物の先祖にあたるというふうに、生物を系列的に理解するようになっていたが、AからはBがでてき、BからはCがでてこなくてはならない、といった、生物の進化の歴史性と必然性を、当時のデータと言葉ではあったが、最初に強く指摘したところに、ヘッケルの反復説の意義があるように思われるのである。

つまり生物は偶然的にAからB、BからCという系列にあるのではなくて、生物の過去の歴史をくみこみ（遺産を摂取し）、その基礎のうえにはじめて生まれてくるのである、ということを簡明に〈個体発生は系統発生をくりかえす〉と表現しているのではあるまいか。

この点を反省することなしに、ネオテニーやプロテロゲネーゼを盲信するならば、個体発生の初期の段階さえしらべさえすれば、その生物の未来が予見されるという、もっとも幼稚な決定論や目的論においこまれることになるであろう。たとえ、ネオテニーやプロテロゲネーゼとよばれる現象があるにしても、そのような現象をひきおこす原因は、その以前の系統発生と個体発生からきりはなして考えられないのではあるまいか。

第二論文は京都大学理学部動物学教室の徳田御稔の「進化論の〝盲点〟をうめる」である。その問題意識は、「この統一のために〈発生段階〉の生理的側面と歴史的側面の理解を深めてゆくべきである」にあり、徳田は言う。

「〝発生段階説〟は、ルイセンコによってもち出されたものである。」

「井尻氏の主張の中で、私がもっとも教えられたことは、次の点である。すなわち生物は単に物理的環境（地形の変化や気候の変化）に支配される存在ではなく、むしろ生物固有の〈自己運動〉によって発展してゆく存在であると。」

「ルイセンコは、個体発生の中で系統発生が統一されている状態を〈遺伝性〉とよんだ。またこの統一されたものが新しい環境の中でさらに発展し、新しい性質を獲得してゆくことを〈変異性〉とよんだ。ルイセンコが、このように個体発生が〈過去〉と〈未来〉を統一するものであるとした見解は、従来の如何なる学説よりもすぐれている。」

「〝個体発生における統一とは何か〟ということを具体的な問題として考えてみよう。ヘッケルはラマルクの進化論の再発見者としても知られているが、彼はラマルク流に〝獲得性質〟の遺伝を認めた。したがって〈獲得性質〉とは、個体発生を通じて、生物と環境が統一された場合になりたつ〝性質〟とは理解せず、環境の側からの一方的働きかけや、生物の主体的側面（例えばラマルクの〝要求〟）からの働きかけで生じた変異が個々ばらばらに取り上げられている。彼の「一元論」は、このような形で「生気論」と安易に妥協した。」

「個体発生の全過程が適応の過程であるとし、かつ個体発生の基本的な性格は〝自己発展〟的なものであることを理解すれば、ヘッケルの機械論を克服する道がここから開けると思う。」（傍点引用者）

「ヘッケルの「反復説」は、彼のえがいた「系統樹」と同様に不十分ではあるが、両者はともに進化を巨視的にとらえた時の見解として承認すべきものであるかも知れない。」

井尻と徳田の二人は、明らかに、シュタイナーの『ヘッケルとその敵対者』を読んでいる。

第12章　ベルリン（一八九九年から一九〇一年）

労働者教養学校講師

ヘッケルの『世界の謎』が出版された一八九九年の初め、社会民主主義者ヴィルヘルム・リープクネヒトの創設したベルリンの労働者教養学校の幹部がシュタイナーの許を訪れ、この党学校の講師になるように懇請する。

この時代、苛酷な労働と搾取に喘いでいた小市民階級や労働者階級といった社会民主党の支持者たちは、こうした状況からの解放を夢見、幸福な未来を約束するユートピア論を貪欲に求めていた。

そうした時代の要請に応えるものとして、ベーベルの『女性と社会主義』（一九一〇年、邦訳『婦人論』）、エドワード・ベラミーの『二〇〇〇年から顧れば』（一八八八年、邦訳『顧りみれば』）、テオドール・ヘルツカの『自由の国——社会的未来像』（一八八九年）、ウィリアム・モリスの『どこにもない場所からの報告』（一八九〇年、邦訳『ユートピアだより』）、クルト・ラスヴィッツの『二つの惑星にて』（一八八七年、邦訳『両惑星物語』）などがあった。

しかし九十年代に入ると、科学技術の発展によって、経済事情は徐々に改善され、前例のない好景気の時代を迎えると、ドイツは、アメリカに次ぐ世界第二の産業大国に成り上がり、ヨーロッパでは並ぶものはなくなった。こうしたことからユートピア論も人の口端に上ることも少なくなり、社会民主主義陣営においても、革命論が後退し、ベルンシュタインの修正主義が労働者の気持ちを捕えるようになってくる。

そしてこのユートピアに代わって、労働者の心を捕えたのが、一元論的・進化論的な社会構想だった。シュタイナーはこの一元論のヘッケルに次ぐ論客で人気があった。幾つかの労働組合から自然科学の講演を要請されたさいに、シュタイナーは、彼らの求めに応じて、この『世界の謎』についての解説を行なった。ここでもシュタイナーはこの方法を用いた。

「私の見るところ、この書物の三分の一を構成する実証的な生物学の内容は、生物間の類縁性を精確かつ簡潔に要約していた。私にはこの面から人類を精神性へと導き得るという基本的確信があった。私はそうした理解の仕方が労働者階級にも正しいことだと考えた。私は自分の考察を、この書物の三分の一を占める内容と関連づけ、残りの三分の二はさほどの価値がないと考えるべきであり、できれば削除してしまうがよい、と繰り返し語った。」

シュタイナーはこの学校で、歴史の講義をすることになる。その時の自らの姿勢をシュタイナーはこう表現している。

「労働者たちがマルクス主義を通して、〈唯物史観〉として受け取る経済学的物質主義の中には、半面の真理が含まれていることを見逃してはならない。しかもこの半面の真理こそが、労働者にはわかりやすいのである。

したがって、もし私がこの半面の真理をまったく無視して観念論の歴史を教えたら、彼らは唯物論の持つ半面の真理の中に、私の講演と衝突するものを本能的に感じ取ったに違いない。それゆえ私は、私の聴衆にも理解できる真理から出発した。

私は、十六世紀までは、マルクスの主張するように、経済力が世界を支配していたとするのは無理であると述べた。そして、経済が社会的関連の中で主要な鍵となるのは十六世紀以降であり、この現象が十九世紀に到り最盛期に達した、と語った。」

ウィルソンは、シュタイナーのこの方法を、「実際的と言ったらいいのだろうか、それとも権謀術数的と言うべきか」と書いているが、これは誤解である。シュタイナーは、この方法によって、「労働者たちは、歴史上に表われた認識能力、宗教や芸術や道徳の原動力に関する理解を得ることができ、それらを単純に〈イデオロギー〉とみなす習性から抜け出した。彼らを前にして唯物論を批判したところで無意味だった。私は唯物論の中から観念論を回復しなければならなかった」と言っている。

シュタイナーはこの歴史の授業に加えて「話し方」の授業も引き受けた。さらに自然科学の授業が加わった。シュタイナーは書いている。「事態は私にとって容易ならざる方向に進んでいった。自然科学の授業では、いわゆる通俗科学を支配している唯物論的な考え方から事実に即した考え方へと上昇することが、特に困難だった」と。しかし、「それでも、私は誰にも引けをとらないくらい上手に、それをやりとげたと思う」と述懐している。

一九〇〇年六月十七日、ベルリンのあるコロシアムで行われたグーテンベルク記念祭の行事で、シュタイナーは、七千人の植字工や印刷工を前に祝辞を述べた。

シュテファン・ツヴァイク

シュテファン・ツヴァイク（一八八一―一九四二）は、一九四〇年ころ、ユダヤ人であることから亡命生活を余儀なくされていた第二次世界大戦という絶望の日々に、ホテルの一室で「頭脳のうちにだけある回想」によって『昨日の世界』を書いた。

一九〇〇年、ウィーン大学の学生だったツヴァイクは一学期だけベルリン大学で過ごし、そこで文学サークル〈来るべき者たち〉の同人との交わりのなかで、シュタイナーと邂逅する。ツヴァイクはそのときの印象をこう記している。

「ルドルフ・シュタイナーは、後に人智学の創設者となり、彼の学説を実現するため最もすばらしい学校や大学がその信奉者によって建てられた人物であったが、彼においてテオドール・ヘルツル（前出『自由の王国――社会的未来像』の著者）以来初めて、数百万の人間に道を示す人となるべき使命が運命によって与えられているような人物に、ふたたび出会ったのであった。人格的にはヘルツルほど指導者的ではなかったが、それより誘惑的な影響をおよぼした。彼の暗い瞳のなかには催眠術のような力がひそんでいて、私は彼の顔を見ないほうが、彼の言うことをいっそう良く、いっそう批判的に、聞くことができた。彼の禁欲的に痩せた、精神的な情熱の現われている風貌は、確かにただ女を心服させる作用だけにとどまらぬものを具えていたからである。

ルドルフ・シュタイナーはその当時はまだ彼自身の学説に近づいていたわけではなく、彼みずからがまだ求めつつある者、学びつつある者であった。ときおり彼はわれわれにゲーテの色彩論の注釈を講じてくれたが、彼の叙述によるとゲーテ像はいっそうファウスト的、パラケルスス的となるのであった。彼の話に耳を傾けることは刺激になった。というのは、彼の教養は驚くべきものであり、そして何よりも、ただ文学にだけ限られているわれわれの教養に比して、大規模に多面的であったからである。

彼の講演や、しばしばあった立派な個人的な談話を聞いて家に帰るときは、私はいつも感激もしていれば、同時にいくらか打ちのめされてもいた。

それにもかかわらず、私が当時この若い人物に後日にあのような哲学的・倫理的な大衆的影響を持つだろうと予想していたかと、今日自問してみると、恥ずかしいことながらそれを否定しなければならない。私は彼の求道的な精神からは学問において偉大なものを期待していた。それで、彼の直観的な精神が偉大な生物学的発見に成功したと聞いたとしても、けっして驚きはしなかったであろう。」

シュタイナーがこの時代に『文芸雑誌』に書いた評論文には、「内部に脈動している秘教的なものを公開したいという気持ちが募った結果、一八九九年八月二十八日、ゲーテ生誕百五十周年の記念日に、私は『雑誌』にゲーテのメールヒェン『緑の蛇と美しい百合』に関する論文を「ゲーテの秘密の開示」と題して執筆した。この論文はもちろん、まだ秘教的ではなかった。」とある。

一九〇〇年十月末、シュタイナーは『文芸雑誌』の経営を人手に渡す。そしてこのすぐ後、ブロックドルフ侯爵夫妻が主催する神智学サークルで講演をするようになる。ブロックドルフ侯爵は、一八九五年、キール大学でテンニエスの講義に列していた。この講義を聴講した学生はわずか四名にすぎなかった。この時代、ドイツの大学において社会学は独立の学科として認められていなかった。ツヴァイクがウィーンからベルリンの雑誌に投稿したさいにペンネームを「社会（ゲゼルシャフト）」としていたように、ビスマルク治下のドイツでは、「社会」は国家と教会に対する危険な概念として警戒されていた。

　これについてシュタイナーは、「霊界の内容を伝えたいという私の目的は、『文芸雑誌』を発行する以前に、すでに私の個人的心境から必然になっていたのであり、『文芸雑誌』の継続が不可能になったということと、特別な関係はない」と言っている。しかしこれを額面どおりに受け取るわけにはいかない。

世紀の転換

　この世紀の転換の時代の精神状態について、ハウプトマンは『エマヌエル・クヴィント』のなかでこう書いている。

「ひとびとは真剣に巨大な一般的な社会崩壊を予期していた。それは遅くとも一九〇〇年頃に起こり、世界を改新するはずであった。狂人（ハウプトマンの小説の主人公）のあとをついて行った田舎の貧乏な職人たちが千年王国と新たなツィオン（エルサレム）を期待したと同様に、社会主義者や社会主義に近い思想の若いインテリゲンチャの仲間は、社会主義的な、社会的な、したがって理想的な未来の国の実現を期待した……。あるものではこの名、他のものではあの名で呼ばれていたものも、救いや純潔や解放や幸福への、そして一般に完全さへの魂の同じ力とあこがれから生まれた。あるものが社会的国家、他のものが自由、また別のものが楽園とか、千年王国とか天国と呼んだのは、同じものであった。」

一九〇一年――「傾国の美女」との出会い

北ドイツの貴族の娘マリー・フォン・ジーフェルス
「百合姫の王国」の崩壊、ダークサイトへ堕ちる

一九〇二年

一九〇二年一月、シュタイナーは、シュパンダウにできた新しい労働者教養学校の開校式典でローザ・ルクセンブルクとともに講演を行なっている。この出会いから九ヶ月後の十月十四日、ローザはシュタイナーに宛てて一通の手紙を書いている。

「拝啓　博士

この手紙を持ってお訪ねする婦人は、私の大変親しい同郷の友人で同志でもある方です。彼女は、ある文学的問題について、貴方の造詣深い助言を得たいと願っています。くれぐれもよろしくお願いいたします！　望むらくは良い結果でありますように。労働者教育における貴方の成果については、私はいつもおりにふれて聞いております。私はと言いますと、この間、カウツキーの指導の下に国民経済学の正しい理論を自己のものにしたいとせつに望んでいます。たとえ血を吐く思いとともに打ちのめされても、それを成就させたいと思っています。学問の大衆化は私にとっても最もすばらしい仕事ですが、私は貴方の母の乳房を吸うようなひどいエゴイストなのです。

敬具　ローザ・ルクセンブルク博士」

このことと関してなのであろう、シュタイナーは「神智論者でない聴衆たちは、私の話に〈刺激〉され、内容を〈文学的〉に理解する傾向に捉われすぎたかもしれない」(『自伝』第三十章)と書いている。またローザが「私は……エゴイストです」と言っているのは、彼女が、この少し前に書かれたシュタイナーの「哲学におけるエゴイズム」という論文を読んでいたからであろう(『自伝』第三十一章)。

シュタイナーより十一歳年下(一八七二年生まれ)のローザ・ルクセンブルクは、ポーランドの小都市ザモスクに生まれたユダヤ人で、すでに十代の半ばから革命運動に従事していた。そして幼いころから母親の影響でゲーテ、シラー、ヴィーラントといったドイツ詩人に親しんでいた。亡命地のスイスのチューリヒの大学で法学の博士号を取得している。この時代のローザは、社会民主党左派の重鎮であり『ノイエ・ツァイト』の編集者でもあるカール・カウツキーとともにベルンシュタインら修正派と闘っていた。

シュタイナーとローザの関係は非常によかった。ローザは「自由とは異なった意見を持った者の自由である」と言っていた。しかしなぜか、シュタイナーの『自伝』には、時代を代表するこの世界的著名人についての記述はない。

一九〇〇年四月、パリで新世紀の始まりを告げる万国博覧会が開催され、西洋近代文明の輝かしい成果を誇示した。同じころ、ロンドンで神智学協会の会議が開かれ、シュタイナーがマリー・フォン・ジーフェルスとともに初めて出席する。このことによって、一九〇二年十月八日、ジョルダーノ・ブルーノ同盟でシュタイナーは神智論者のレッテルを貼られ、それまでのハルトマンやヘッケルといった学間的世界から拒絶される。

一元論と神智学

最初アメリカで一八七五年に設立された神智学協会は、創立者が強烈な霊媒気質のブラヴァツキー夫人であったことによって、欧米で、唯物論やキリスト教会に懐疑的な人々の間に、急速に広まっていった。そしてブラヴァツキーの死（一八九一年）後、その後継会長になったのはイギリスの自由主義者でフェミニストのアニー・ベザント女史だった。この会の信奉者の多くは有閑階級の婦人たちであった。こうしたことから神智学は「女の哲学」と揶揄されたのであろう。

ベザントと共にイギリス神智学教会の有力な女性リーダーで、のちにヘルメス協会を設立するアンナ・キングスフォードは、次のような独自のフェミニズム神学を主張した。

「彼女は、我らが聖書であろうと、他のものであろうと、すべての神聖な秘密の目的は、〈人間の中に魂、すなわち本質的に女性を育てることを可能にし、その女性的なものを通して普遍的魂、すなわち神秘学では神のイメージと呼ばれているものになる〉ことであると述べる。彼女は神なる原理には女性的性質があると叙情的に述べ、人類に〈自らの中の女性〉を高めることをしないと〈完全な神の直観〉へ決して至ることがないと警告したのである。」（ジャネット・オッペンハイム）

シュタイナーについてベルジャーエフはこう言っている。

「学らしさへの志向、学的形態への志向は、哲学のみならず神智学をも捉えた。こんにちの神智学の運動には、宗教と神秘思想は学的形態の知識であるという不幸な考えが浸透している。古いグノーシス派の教説が、学的形態のもとに再生しつつある。当代の最も著名にして注目すべき神智学者R・

シュタイナーは、自らの神智学を学として、厳密かつ無味乾燥な学としてうち建てる。彼の神智学とは、実在の別の諸次元の自然科学、別の世界に移し換えられたヘッケルといったものである。」

「オカルティズムが、精神性の高次の発展に対応して、行動の高次の精神的器官も発展することを認める時、オカルティズムはこの上なく正しい。しかし、オカルティズムの認識論は、未だ全然練り上げられていない。R・シュタイナーが興味深くも正確な認識論的理念を口にしたのは、彼の思想発展の上で、神智学以前の時代のことにすぎない。彼の小著『真理と学問』、また『自由の哲学』、とりわけ『ゲーテの世界観』参照。」

一九〇二年十月八日、シュタイナーは、ジョルダーノ・ブルーノ同盟で「一元論と神智学」と題して講演を行う。翌週、この講演に対する公開討論会が行われる。この講演でシュタイナーは次のように述べた。

「ここで私たちはドイツの精神生活における神智学という概念について見てみます。私たちはたった今、神智学は自然認識と自己認識の間の真の一元論への最後の要求にほかならないことを認めました。神智学は私たちに、宗教と科学を和解させる、展望を与えます。私たちは今、神智学が、虫けらを人間に変えるような、神聖な力そのものを与えることを知ります。そして、私たち自身がこの「神聖な力」であることを知るのです。

私は神智学運動の重大な欠陥と過失については充分に承知しています。Duboc は神智学を「女の哲学」(eine weibliche Philosophie) と呼んでいます。私たちは、神智学に批判的なドイツにおいてこれを男性化することによって、別のものに変えることができます。」

フォイエルバッハはこう言っている(一八四三年「将来の哲学の根本命題」)。

「神としての神――精神的あるいは抽象的本質としての神、言いかえれば、人間的でなく、感性的でなく、ただ理性あるいは知性にとってだけ近づくことができ対象的である本質としての神は、理性そのものの本質にほかならず、ただ普通の神学や有神論が、それを、想像力によって理性とは独立した存在として表象しているのである。

普通の神学は、人間の立場を神の立場にする。

神的本質は、自然の制限から解放された人間の本質にほかならない。」

さらに、ベルジャーエフはこう言っている。

「認識は男性的性格と女性的性格を併せ持ち、両者の融合から成る。そこには自己犠牲的な受容性と、光明をもたらす能動性がある。哲学による真理の認識とは、認識されるものに光明をもたらす男性的能動性である。（ここでベルジャーエフは注として、シュタイナーの『真理と学問』の序文の言葉を例示している。）認識という名の婚姻において、認識するのは男性、すなわちロゴスである。そして哲学のみが、認識のこの能動的・男性的側面を開示する。哲学は創造であって、順応や服従ではない。

哲学は芸術であって、学ではない。

哲学は、諸々の理念の創造による、自由の内なる認識の芸術であり、これら理念は世界の与件と必然性に対抗し、世界の超越的本質へ透入する。」

「神学の本質は、人間のそとにおかれた人間の超越的な本質である。」（「哲学改革のための暫定的命題」）

シュタイナー――

「人は問います。「しかしそもそもいったいそうした認識にはどんな意味（Zweck）があるのだろうか？」と。さらに、私は応答します。「なぜ、通常人が認識と呼んでいるもの、すなわち意味（Bedeutung）と適合する事実の単一の記録を持つのだろうか？」と。それで、私が宇宙の浮浪者*（Eckensteher）と呼びたいものに得心するのです。」

（*シラー「宇宙の大きさ」……創造の境界石を求めて飛ぶ巡礼者）

このことによって、シュタイナーは神智論者というレッテルを貼られ、それまでのハルトマンやヘッケルといった学問的世界から拒絶される。

ローザ・マイレーダーは、自戒をこめてこう書いている。

「残念ながら、シュタイナーと同じく私も、私のパンテオン（霊廟）の座に、彼がその論文によって手に入れたものを維持し続けられなかった。なぜならば、次第に、俗世において認められたいという無益な企てのために才能を用いるようになり、彼は神智学運動に加入し、アニー・ベザントの助手となり、そしてついには、彼の指導の下に母族が際立つ、一つの宗派の頭目になったからだ。」

ロシアの哲学者ベルジャーエフもこう書いている。

「シュタイナーとかそのほかこんにち神智学者たちは人智学者と呼ばれているが、あきらかに人間を宇宙の進化に従属させている。（それは誰にも理解できないものである。）そしてみずから企てた人間完成の方法は創造的体系ではなかった。神智学は神を否定し、人智学は人間を否定する。人間は宇宙進化におけるつかのまの存在にすぎなくなり、人間は超越されなければならない。現代の神智学は人間をおしつぶし、人間の個性や、自由な活動などをほろぼすことを表明している。こうして人間は自分の魂を見失った。――そして宇宙の力の満ち干きのなかにそれをもとめなければならない。神智学の知恵は自然のしかばねと人間のしかばねをじっと見ている。」（「ヒューマニズムの終末」）

反近代・生命主義の台頭

この年の六月、パウル・クレーは、「私はヨーロッパについてまだ何も知らない新生児のようでありたい」「詩人についても流行についてもまるで知らない原始人のようでありたい」と語った。ゴーガンも原始性を学ぶためにタヒチに滞在し、「野蛮人は、断然、我々より優れている。私もまた野蛮人なのだ」と言った。ゴーガンの死の翌年、一九〇三年、近東絵画展が開催され、そこに展示されたアフリカ彫刻などの未開芸術は、人間内部に潜む原始（自然）の力をまざまざと見せ、画家たちに強烈な刺激を与えた。この後ピカソは原始性を取り入れた作風が顕著になっていく。反近代・生命主義の台頭である。

一九〇三年、ロンドン神智学会議。この時、シュタイナーは、神智学の占星術師アラン・レオやセファリアルに会うために、この会議に出席していた隈本有尚と邂逅する。

ベルジャーエフは占星術についてこう言っている。

「人間と人間の運命の内にはコスモスの全成層が、全天球が刻み込まれており、人間がその本性からしてコスミックな存在であるという彼らの深い確信の内に、占星術の不滅の真理がある。ちょうどコペルニクスに先立つ自然主義的な人間中心主義が復活しえないように、占星術もその素朴な自然主義的形態においては復活しえないとしても、コスモスの内に実在の別の諸次元を見るという占星術の超自然主義的真理――天文学にとって閉ざされた真理は、必ず復活するであろうし、現に復活しつつあり、また決して死滅したことはなかった。占星術は、人間とコスモスの切り離しえない絆を見抜くことで真理への道を押し開いた。」（『創造の意味』）

第13章　神智学

ブロックドルフ伯爵の神智学文庫

ブロックドルフ伯爵は、一八九五年、キール大学でテンニエスの講義に列している。当時この講義を聴講した学生はわずか四名にすぎなかった。この当時ドイツの大学では社会学は独立した学科として認められていなかった。

コリン・ウィルソンは『ルドルフ・シュタイナー／その人物とヴィジョン』で、「私の考えでは、シュタイナーの最初大きな誤りは、ブラヴァツキー夫人が設立した神智学協会のドイツ支部書記長になったことではないかと思う」と書いている。ウィルソンは続けてこう書いている。

「これらの著作（『自由の哲学』や『ゲーテの世界観』など）を読んだ私は罪悪感に襲われた。ちょうど、誰かを詐欺師だと非難しておいて、あとになってからその人物が正直この上ないことが分かった時のようだった。もちろん、シュタイナーが一九〇〇年頃を境に、変節し、宗教的な救世主として報いが得られればいいと心に決めた可能性はある。しかし、初期の著作を読むかぎり、そのような可能性は考えられない。シュタイナーのような人物は自己欺瞞とは無縁なのである。

この自叙伝から察するところ、シュタイナーの人生において何か根本的な方向の転換があったらしいことも疑いの余地がない。シュタイナーは人間の進化についての新しい見方を世に問う準備をしていたのである。それでは何がどう狂ってしまったのか。」

バーフィルドはこう言っている。

「人智学の核心は「時間の過程としての人間の自己意識の概念」――これが何を含んでいようと――と言っておこう。絶望的に不適切であるが私はそれが真実であると思う。

シュタイナーは幾度となく古い型の意識、すなわち人間と自然が、あるいは人間と自然の中にある霊とか、動物が今日自然の霊と一体となっている（何人かの生物学者や心理学者がそう言ってきた）のとある意味で同様に、一体となっているところの霊視状態を手短に描写しながら講演を始めたものである。」

このことは非常な誤解を、人智学者たちの間にさえ、生み出した。だがシュタイナーが真に言いたかったのは次のことだったと、バーフィルドは言う。

「この新たな次元、あなたが初めて目のあたりにするこの時間の眺望、あなた自身の身体の穏やかに永遠に続く進化という、あなたの心のうちにあるこの新しい心像は、知識の進展にとってきわめて重要である。それはあなたにとってふたたび同じものとはけっしてなりえぬがために重要なのである。しかるにあなたはその心像の反面を見逃している――そしてそれだけいっそう重要な反面である。あなたは意識の進化ということを無視してきたのである。」

『アーカーシャ年代記』より

シュタイナーは、一九〇四年から九年にかけて、『ルチファー・グノーシス』に「アーカーシャ年代記より」というタイトルで宇宙進化論を連載する。シュタイナーは『アーカーシャ年代記より』の冒頭でこう書いている。

「通常の歴史によっては、人は先史時代の人類の経験のわずかの部分しか知ることができない。歴史的記録は、ただ二、三千年間を照らし出すにすぎない。考古学、古生物学、そして地質学が我々に教えうることは、非常にかぎられている。のみならず、すべて外面的証拠に依拠するものは信頼しえぬものである。」

ちょうどこの時期は、スウェーデンのノーベル化学賞受賞者スヴァンテ・アレニウスによって、初めての宇宙論の教科書的本『宇宙物理学教本』（一九〇三年）および『宇宙の成立』（一九〇八年）が出版され、ちょっとした宇宙論ブームが起きていた。これらの本は日本でもすぐに、東京帝国大学理科大学教授・一戸直蔵によって訳出された。アーレリウスは、「ヘッケルが言っているように〈ただそれの成り立ちによってのみ〉成ったものが認識される。現象の真の理解を授けるものはただそれの発達の歴史だけである。この言葉は多少の誇張はある――たとえば現代の化学を理解するために昔の錬金術者のあらゆる空想を学び知ることは必要としない――しかしともかくも、過去における思考様式を知るということは、我々自身の時代の観照の仕方を見る上に多大の光明を与えるという効果があるのである。」

リグ・ヴェーダ「宇宙開闢の歌」（一〇・一二九）

「一　その時（太初において）、無もなかりき、有もなかりき。空界もなかりき、そを蔽う天もなかりき。何物か活動せし、いずこに、誰の庇護の下に。深くして測るべからざる水（原水）は存在せりや。
二　その時、死もなかりき、不死もなかりき。夜と昼との標識（日月星辰）もなかりき。かの唯一物（創造の根本原理）は、自力により風なく呼吸せり、これよりほか何物も存在せざりき。
三　太初において、暗黒は暗黒に蔽われたりき。一切宇宙は光明なき水波なりき。空虚に蔽われ発現しつつありしかの唯一物は、自熱の力によりて出生せり。
四　最初に意欲はかの唯一物に現ぜり。こは意（思考力）の第一の種子なりき。聖賢らは熟慮して心に求め、有の親縁を無に発見せり。（……）
六　誰か正しく知る者ぞ、誰かここに宣言し得る者ぞ。この展開はいずこより生じ、いずこよりきたれる。諸神は宇宙の展開よりのちなり。しからば誰か展開のいずこより起こりしかを知る者ぞ。
七　この展開はいずこより起こりしや。彼（最高神）は創造せりや、あるいは創造せざりしや。最高天にありて宇宙を監視する者のみ実にこれを知る。あるいは彼もまた知らず。」
シュタイナーは『アーカーシャ年代記より』の第十二章「地球の起源について」で、「人間は前もって他の諸惑星に棲んでいて、その後ある時代に地球に移住して来たのだなどと推察してはならない」と言っている。

これは、アーレリウスが「太陽系のどこかの惑星で発生した生命の胞子が光圧によって地球に運ばれてきた」という〈パンスペルミア〉理論を唱え、それをブラヴァツキーが惑星間転移説（『シークレット・ドクトリン』）として借用していたからである。哲学者のエルンスト・ブロッホは、若き日に、「シュタイナーは古き神智学の遺産を再生することのできた、今の時代のただ一人の人物である」（一九一八年『ユートピアの精神』初版）と書いている。

シュタイナーはこの本の冒頭に置かれた「精神科学の鏡に映し出された現代文化」という論文でこう述べている。

「科学的思惟の高所に自らを維持し続けようと試みる者たちは、他の思想へと行き着いた。ライプツィッヒにおける科学者会議（一八七六年）で、ひとりの傑出した科学者によって行われた科学的唯物論への最初の応酬は、有名となった。デュ・ボア・レイモンがその時、彼のいわゆる〈イグノラビムス演説〉を行なったのである。彼は、科学的唯物論が事実上極小の物質粒子の運動を突き止める以外には、無力であることを論証しようとし、またそうすることで満足するべきであると要求した。しかし同時に彼は、それは心的・精神的諸過程の解明には、何ひとつ貢献することのないことを強調した。デュ・ボア・レイモンのこれらの発言に対しては、どのような態度をとろうとも許されようが、しかし以下のことは非常に明白である。すなわちその発言は、世界の唯物論的解釈への拒否を表明したのである。それらは、人はひとりの科学者としてどのようにしてこの解釈への信頼を失うことがありうるかを、明らかにしたのである。」

シュタイナーの「原子論的概念についての唯一可能な批評」は、ベルリン大学総長も務めたことのある生理学者デュ・ボア・レイモン（一八一八－九六）が、一八八〇年のドイツ自然科学者医学者大会において講演した有名な〈イグノラビムス〉（「自然認識の限界について」）に対する認識論的な反論となっている。

この「認識の限界」に対してはすでにヘッケルが、一八八〇年、ベルリンの理科高等学院におけるライプニッツ記念会の席上で批判を展開している。ヘッケルは、「人間にとって、世界には神秘は存在しない」としている。シュタイナーのこの論文はヘッケルのこの講演を受けたものであることは確かである。たしかに、一論としては、「どのような態度をとろうとも許されようが」、しかしシュタイナーの場合はそうはいかない。なぜならばシュタイナーは、この〈イグノラビムス〉に対して、『自由の哲学』で、これとは異なる態度表明を行なっているからである。

『自由の哲学』第七章「認識には限界があるか」でシュタイナーは、デュ・ボア・レイモンの言う「認識には限界」に対して、徹底的に反駁している。それは、この認識の限界を認めてしまえば、人間は自由になることはできないからである。

だから、このシュタイナーの神智学の立場からするデュ・ボア・レイモンへの肯定的評価は、『自由の哲学』の認識論的立場からの明らかな後退と言えるのである。

またシュタイナーは、「彼ら〈科学者〉は〈神秘主義〉を、〈グノーシス〉あるいは〈神智学〉を、何にもまして恐れている。」「彼らは〈神秘主義〉を知的混乱としてしか考えることができない」と、『自由の哲学』第八章「生命の要因」で根底的に否定した、神秘主義を肯定する発言を繰り返している。ここでもシュタイナーは逆立ちしてしまっている。同書第十一章「幾つかの必須の考察」で言っている。

「神秘学の探索は、思弁〈思考〉や単なる概念による空想ではなく、現実の霊的経験に基づいている。肉眼がある限界までしか見ることができず、地平線の彼方を見やることができないように、〈霊眼〉も結局はある限界までしか見ることができない。神秘学は経験に基づいており、この経験の範囲内に止まることで満足する。」

「霊的経験の範囲内」という表現を多用しているが、これは、

「我々は、〈世界の起源〉や、それに類した事柄に関する問題について、まず霊的な経験の範囲内で啓示された知識を吸収し、従来とは異なった方法でこれらの問題を問わねばならない。」

「化学を知る者は物質界の限られた分野での予言者であり、彼の予言は、自然の法則が突然変化することがない限り、外れることはありえない。さて、神秘学者は、物理学者や化学者が物質的法則を研究する正にその方法で、霊的法則を研究するのである。」

「神秘学者は、単なる内省や推論や思弁などに基づいたものは、これを心に思い浮かべることさえも厳密に避けねばならない。この点で彼はこの上なく広範な自制を行い、あらゆる思索や知的哲学作業などが真の直覚に対する障害であることを、明確に理解せねばならない。これらの諸活動は依然、専ら人間のより低次な本性に属するものであり、真に高度な認識は、この性質が人間の内でより高度な本性にまで高められた時にのみ始まるのである。」

「直覚を通じて認識されねばならぬものは、単なる思索（思考）を通じては、あるいはそれがどれほど壮大なものであるにせよ知的推論を通しては、認識されえない。」

「すべて時間の中に存在することになるものはしかし、永遠なるものにその起源を持つ。とはいえ、永遠なるものは感覚では近づきがたいのである。にもかかわらず、永遠なるものの知覚への道は人間に対して開かれている。人間は永遠なるものの認識のために、自らの中に潜在する力を発展させることができる。

　この雑誌に載る論文、「いかにしてより高次な諸世界の認識を獲得するか」の中で、この発展を知ることができる。これらの論文はさらに、認識力のある高次の段階においては、人は時間とともに消滅する事物の永遠の起源を見透しうることを明らかにするであろう。もし人がそのようにして認識の力を拡大するならば、過去の知識を得るのに外的証拠にもはや限定されることはなくなる。

その時彼は、事象の内に、感覚では知覚しえぬもの、時間の打ち壊しえなかった部分を見ることができるようになるのである。彼は滅びゆく歴史から不朽の歴史へと歩を進める。この歴史が、通常の歴史とは異なった文字で記されているのは当然である。グノーシス及び神智学では、それは〈アーカーシャ年代記〉と呼ばれている。」

「そのような生命ある原典を読む秘儀に精通した書は、外的歴史によって示されている過去よりさらに遙かな過去を、ふり返ることができる。」

「様々な秘儀参入者が、有史時代と先史時代について述べうることは、本質において一致するであろう。そのような歴史学と先史学は、事実すべての神秘学学派に存在する。数千年もの間、ここではその一致があまりに完全であるので、外的な歴史家の間で見られたこの一世紀間における一致すら比肩しえぬほどである。秘儀参入者たちは、すべての時、すべての場所において、本質的に同じことを記述するのである。」

「今日の人類の間では、異なる世代の人々が、ただ互いに後に続くだけでなく相並んで存在するが、諸々の意識の諸段階の発展もこれと同様である。年老いた者、成人の男女、若い者は、相並んで人生を旅する。それと同時に、土星には暗い土星意識を備えた存在である人間の先祖たちが存在しただけではなく、すでにより高い意識段階を発展させていた諸存在もまた共存していたのである。」(「土星の生活」)

シュタイナーのこの宇宙進化論は、ヘッケルの「個体発生は系統発生を繰り返す」をベースに、「自然は人間より古い。人間は自然から生まれたのであり、自然の諸法則の下に置かれている」という自然科学的常識を逆転させ、人間の進化が宇宙（自然）を創り出したものとして描いている。

「ルイセンコは、個体発生の中で系統発生が統一されている状態を〝遺伝性〟とよんだ。」

「ルイセンコが、〝発生段階説〟をとなえた意義はすこぶる大きいと思う。発生段階は、前にも述べたように、単なる生理的過程ではなく、同時に歴史的過程でもある。したがって、現在の各種の生物が示す特徴的な発生段階は、その生物の歴史を示しているものである。前の脚注〔17〕に、「無変態」や「不完全変態」をする昆虫は、今日の昆虫世界において劣勢の位置に止まり、「完全変態」類が、今日の世界においてヘゲモニーを握っていることを記したが、この意味は深く考えてみる価値があるように思う。つまり、きわだった変革期を個体発生の過程でもっていない生物は、その歴史的過程においても、きわだった変革期がなく、したがって原始的な生物として止まったということ、このことについて読者は何と考えるだろう。私は、生物学の現段階においてヘッケルの「反復説」を生かす道は、発生段階の中で統一されている過去の歴史を読み取る術を深めてゆく以外にないと主張したい。」

「ヘッケルという学者は、これらのことから「受精卵から一個の生物体になるまでの間（個体発生）に、その生物が過去に経て来た過程（系統発生）をくり返す」ことを述べている。この考えを進化再演説という。

この四つの惑星進化説は、昆虫の個体発生は卵－幼虫－さなぎ－成虫という四段階であり、カエルの固体発生は卵－オクマジャクシ－カエルの三段階であったりすることと似ている。そして、カエルの変態する季節は決まっていて、この時期に食物や地理的条件などが同時的に整わないと次の発生段階へ進むことはできないのである。人間は脊椎動物であり、その脊椎動物はさかなが土台に

なっている。だからあらゆる脊椎動物はさかなから出たものである。」（江原昭善『人間の謎』講談社、一九五九年）

ヘッケルの説から百数十年が過ぎた二〇〇一年、この説が証明される事実が発見される。この年の十一月二十二日の読売新聞は「ヒトの胎児と同じ構造持っていた！　脊椎動物の先祖？　化石」と報じる。それは、中国西北大学と英ケンブリッジ大学の研究チームが、中国雲南省の約五億一千万年から五億四千三百万年前（カンブリア紀）の地層から、脊椎動物の原型となる構造を待った化石を発見したことを、イギリスの科学雑誌『ネイチャー』に発表したということだった。

「化石には、原始的な魚が持つエラの数珠つなぎ構造がある。人間が胎児の時にも同様の構造が一時的に出現する。このため、化石は脊椎動物の起源を解明する手がかりになりそうだ。化石は、生物進化の初期状態を示す奇妙な化石が次々と発見されている同省澄江の化石層から五種類見つかった。丸い頭部と、虫やエビに似た節のある頭部を持つ。」

この逆説的な人間中心主義的宇宙進化論によって初めて、C・F・フォン・ヴァイツゼッカー（『自然の歴史』）が希求したような、自然と人間、自然科学と精神科学の続一が実現できるのである。

また、その中身は、水素、酸素、炭素といった微細な原子から気体、液体、そして固体（結晶）という化学的な変化と、動物や人間の身体器官の分類やその発達についての生理学的な知見、さらには人間の心の構造についての心理学的知見を重層的に総合したものである。シュタイナーはこれに、神智学的型取り（土星期から、太陽期、月期、地球期へという惑星間量転移説）を施し、最後に天使というキリスト教的デコレーションで装飾した。

それではその人間（宇宙）進化論を見てみる。（「土星の生活」）

「人間の、その後の肉体の最初の原基である質量的身体、すなわち物質的身体の種子は、土星の第一周期を通じて〈意志の霊〉（キリスト教神秘学では〈座天使〉）によって植えられ、そしてその当時、この種子は暗い土星意識を有していた。第二周期を通じて〈叡知の霊〉（主天使）は、人間の身体に「知慧ある組成」、合理的な構造を植えつける。第三周期を通じて、自己意識的（超心的）対象意識を備えた〈運動の霊〉あるいは〈活動の霊〉（権天使）は、人間の質料的身体に運動と力強い活動の能力を植えつける。第四周期を通じて、自己意識的映像意識を（心的意識）を持つ〈形態の霊〉（能天使）は、以前は可動的な雲のようなものであった人間の質料的身体に、輪郭を持つ、可塑的な形態を与える。

第五周期を通じて、〈人格の霊〉（根源の力）が、人間の質料的身体に「魂」として場所を占める。それは、身体の中にある種の感覚諸器官を植えつけるが、それは地球進化に伴って後に人体の中で発達する感覚諸器官の萌芽である。

第六周期を通じて、人間の月意識に似た暗い映像意識を有している〈火の子の霊〉（大天使）は、いまだある程度無意識的・夢幻的ではあるが、〈感覚の萌芽〉の活動を活気づける。

第七周期を通じて、〈薄明の子の霊〉（天使）は、生成しつつある人間の先祖の内に一種の悟性を発達させるが、その暗い意識の中では、人間自身はまだそれを利用することができない。」

この人間の祖型は、これに続く太陽、月の発展期において、それぞれ一段高いレベルで、この七階程を通り抜け、現在の人間の身体へと完成されていったのである。

しかしこの土星期の間には、現在の人間に現われているようなエーテル体はまだ存在せず、それは太陽期の進化において初めて付加されたのである。

だから土星に存在していたのは、物質的身体をまとった人間のみであり、他の自然諸界、鉱物界、植物界、動物界は、まだ登場していなかった。そしてこの身体は一種の複雑な鉱物であった。

そしてこの他の諸界は、続く諸天体においてすべての存在が十全な進化を遂げえることができなかったがゆえに、出現することとなったである。

だから土星で発達した人体群の一部のみが、土星における十分な目的点にまで到達したのである。この目的点に達した人体は、太陽の間にそのままの形態においていわば新たな生存へと目覚め、そしてその形態は、エーテル体によって浸透され、それによってより高い完成度にまで進化した。一種の植物人間となったのである。

しかしながら、土星において十全な進化目的を達成しえなかった人体は、太陽を通じて、しかも土星においてその発展のために存在していた諸条件よりもさらに著しく不利な諸条件のもとで、以前なおざりにしていた進化を再び続けねばならなかった。それゆえそれらは、土星において十全な目的点に達した部分に立ち遅れた。こうして、太陽において、人間界に加えてもうひとつの自然界が出現することになったのである。

「その後の諸進化段階、月、そして地球の各々においても、常に自らの目的点に到達しえなかった存在があり、そしてそれらを通じてより低次な自然諸界が出現したのだということをよく理解せねばならない。人間に最も近い動物界は、すでに土星において立ち遅れていたが、しかし一部は太陽と月において不利な諸条件のもとにそれなりの進化を遂げたので、地球においては人間ほどには進歩していなかったが、それでもその一部はまだ人間のように温血を受ける能力を持っていた。

今日の鉱物界は最後に、事実上地球期おいて初めて出現した。」

ここに叙述されたのは人間の身体的な部分の発展だけであり、この土星紀においては、高次の人間（人間の精神的能力となるもの）の原基となるアートマン（霊人）が発生する。太陽紀では生命霊（ブッディ）が、月紀では霊我（マナス）の萌芽が生じる。

この、まず最初に人間（の原基）があり、人間は自身の進化の過程で、次から次へと、人間から他の自然の諸界を切り離し（生み出し）ていったという考え方はどこからきたのであろうか。

シュタイナーはこのことについて、「プロイスの『精神と物質』のなかに、次のような箇所を目にすることができる」として、こう言っている。

「記述的な自然科学によって一面的に提起された原則に基づくのみならず、同時に人間の思考の法則でもあるそれ以外の自然法則とも完全に一致するところの、有機体の種の起源に関する学説をうち立てるべきときである。……かもしれなかった。あらゆる仮説化を免れていると同時に、最も広い意味で自然科学的観察の厳密な結論に依拠している学説、事実上の可能性にしたがった種の概念は護るが、同時にダーウィンによって提起された進化の概念を自らの領域にまでもち越し、実り豊かなものにしようと努める学説――この学説の中心は人間、一度だけわれわれの惑星に帰還する種、ホモ・サピエンスである。奇妙なのは、旧来の観察者が自然の諸対象から手をつけ、ついで人間へ至る道を見いだせないほど道に迷ったことであり、それは、ダーウィンも万物の霊長の先祖を動物のなかに求めたために、このうえなく貧しい、徹頭徹尾不満足な仕方でしか成就できなかった道である。しかるに、自然研究者ならば、存在と思考の全領域を通って前進し、人間へたち戻るために、人間としての己自身から手をつけねばならないだろう。……人間の本性があらゆる地上存在の進化に由来するのは、偶然ではなく必然である。人間は地球上の全過程の目的であり、人間と並んで現われる他の諸形態はおのおの、その特徴を人間の特徴から借用したのである。人間は、全宇宙で最初に生まれた存在である。……その胚種が生じた際には、残存した有機的残滓は、さらなる人間の胚種を生み出すために必要な力をもはや有していなかった。それでもなお生じたものは、動物や植物になった。……」

人間の知覚は、二元論的な物（対象）に対するたんなる感覚ではなく、シュタイナーが『自由の哲学』で主張するように、対象そのものであるという認識論が成立するのである。

そして思考もまた、この人間と宇宙の進化の最初の要素の究極の（最後の）発展形態であるがゆえに、人間はこの思考によって宇宙の本質を直観的かつ統一的（一元的）に認識できるのである。

このことに関連して、井尻正二・湊正雄『地球の歴史』（岩波新書）のなかに興味ぶかい記述がある。現在の地球の祖型である〈気圏・水圏・生物圏・岩圏〉の四圏が成立したのは約三十億年まえであり、「地球の半球が玄武岩質の大陸になり、他の半球が海洋となった状態は、現在の月のようすに似ている。月もその半球は大洋（ただし海水をかく）の地形をしめし、他の半球は（月の裏側）は火山のおおい大陸となっている。月は重力が小さいために、揮発成分は定着できなかったので、月の進化は、いわゆる〈月の段階〉にとどまってしまった」とある。

「生命が三十二億年前に出現したのは水中であり、それらが陸上に進出したのは四億年前で、それまでの進化はすべて水の中のできごとであった。四億年前まで二十八億年の進化はすべて水中で起こり、その後の四億年の進化は水中と陸上で起こった。水中のみの進化は二十八億年という長大な時間を要したが、その歩みは遅々としていた。陸上に進出してからの進化は、まことに目覚ましく、それは駆け足であった。のろのろから始まって、四億年前から、急速にスピードを増して駆け足になるような環境の変化とは、いったい何だろうか。

地質時代の環境を変えるものとして、海進、海退、造山運動、大陸移動などいろいろあるが、生物に最も強く影響を与えるものとして古気候の変化がある。しかし生物進化の要因として古生代から現在にいたる古気候の変遷を論じた学者はいなかった。」

しかし、この環境の変化による生物進化の促進という説、ハーバート・スペンサーは、一八五二年に発表した「発展の仮説」という論文で、種は変化してきたものであり、この変化は環境の変化によって生じたと主張している。

「多様化、未発達はなぜ生じたのか。……一方では人間にまで進化した生物があるのに、他方ではまだ生命出現当時のような未発達の単細胞の生物が存在するのはなぜか。」

「前の時代の環境は、常にそれ以後に来る環境に適応した生物が生じるため、次々に向上した生物が生まれる。しかし前と同じ環境にあるもの、あるいは類似した環境に移動した生物には変化は生じない。未発達のまま、留まることを可能にしているのは、類似した環境がなお存在しているからである。年較差（夏と冬の気温の差）の漸増は、次々に新しい環境を積み重ねるようなもので、地域によっては元の環境も、当然、そのまま残される。すなわち多層環境と言うことができる。そのため単細胞から、人間までの、下等から高等までの多くの進化段階にある生物が同居できることになる。多層環境が多段階生物の同居を可能にしている、ということができる。

生命出現当時はいわば単層の環境であった。だから単純な生物しか生じなかったし、それが全世界的な分布を示した。時代とともにつぎつぎに層が積み重ねられ、生物もそれにしたがって多段階・多様化した。さらに層が積み重ねられることがますます多くなり、いよいよ多段階となり、下等から高等なものが同時に同所に存在するようになった、と解釈することができる。」（浅間一男『生物はなぜ進化したか』ブルーバックス、一九七九年）

「神秘学概論」第十六版序文（一九二五年一月）――

「本書の内容は、『神智学』が完成された当時には『神智学』の内容のような形では、私の内部で仕上げられなかった。それを描出することはできたのだが、本書で論述されることになった宇宙的連関は、当時、まだ同じような具合には像を結ぶには至らなかった。個々の姿では存在したのだが、全体像では存在しなかったのである。」

シュタイナーは、「宇宙進化と人間」で、「〈キリスト〉を通じて人間の姿形で現われたのは、最高次の太陽霊が地球上の人間の偉大な範例（タイプ）として準備しておいた存在であった。この示現以後、密儀的智には、人間となったキリストを認識し、この一切の智の中心から自然的世界および霊的世界を理解する能力を人間に賦与する課題が与えられたのである。キリスト・イエスは、ルシファーの干渉によって隠蔽される可能性のある一切を、生の、ある瞬間に自らのアストラル体に取り込んだのであるが、この瞬間、人類の導師としてのイエス・キリストの歩みが始まったのだ。」

こんな言い方は、盲目的信仰者にとっては「ありがたい」ものであろうが、シュタイナーの『自由の哲学』を知っている理性的な人間はだれも、これを受け入れることはできない。この〈月の離出〉というアイデアは、ダーウィンの息子で天文学者のジョージ・ハワード・ダーウィンが一八九七年に唱えた、「月がしだいに地球から遠ざかりつつある」という学説からの借用である。

この序文に続いて、『アーカーシャ年代記』に基づく幾つかの章が示される。まず、アメリカとヨーロッパの間のいわゆるアトランティス大陸が存在した時に起こった事象を記述することにする。我々の地球表面のこの部分は、かって陸地であった。今日ではこれが大西洋の海底の一部となっている。プラトンは、ヨーロッパとアフリカの西方に在った、この大陸の最後の名残であるポセイドン島について語っている。

「W・スコット、H・エリオットの小著『オカルト的源泉よりせるアトランティス』の中で読者は、大西洋の海底はかって大陸であったこと、約百万年の間、なるほどそこは我々の現代文明とは全く異なる文明の舞台であったこと、そしてこの大陸の最後の名残が紀元前一万年に沈んだことなどを知ることができる。

この書物の意図は、スコット＝エリオットによって述べられたことを補足する知識の提供にある。彼が外面的な、アトランティスの先祖たちの外的な事象についてより多く記述している一方、ここでは、彼らの魂の特性と彼らが生活した状況の内的性質に関して、ある程度詳細に記録することが目的とされる。」

ウィルソンは、『自由の哲学』における〈感覚から自由な思考〉の育成が、「超感覚的世界についての認識」に直結するかのように言い、この世界の認識は「緊張を解いて右脳に入る」ことによって得られると言ってるが、これはまったくの誤解である。〈感覚から自由な思考〉は、「不可思議な印象と瞥見――つまりは直感――の世界」ではなく、徹底的に論理的な世界（左脳の働き）である。

コリン・ウィルソンは、「これ（『アーカーシャ年代記より』の記述内容）を否定するか、単に、〈立証できない〉とみなすことを決めたとしても、シュタイナー哲学のもっと検査可能な側面まで否定するには及ばない」と言っている。

このヘッケルの系統樹と〈固体発生は系統発生を練り返す〉というテーゼは、近代神智学の理論形成に決定的な影響を与えた。彼らは「人間知識の全領域を包括する一般進化説」の構築を謀った。その記念碑的著作がヘレナ・ペトローブナ・ブラヴァツキーの『シークレット・ドクトリン』（一八八八年）なのである。

この宇宙（世界）の始まりを象徴する宇宙卵という言い方は、十七世紀中葉に生物学者のハーヴィーが唱えた「すべての動物は卵から生じる」（個体発生）という説を系統発生（宇宙進化）に適用したものである。

しかし私たち人類が動物は母親の胎内で卵から成長することを初めて知ったのは、一五九〇年にヤンセンによって顕微鏡が発明され、一六〇〇年に「発生学の父」と呼ばれるようになるファブリキウスによってニワリトの卵の発達が研究されてからのことである。

また「星雲は変じて星団もしくは一あるいは数個の太陽をめぐる一惑星系となり、それが互いに衝突し、さらに再び新たなる星雲を形成する」という周期的宇宙進化論も、それを最初に唱えたのはスペンサーだった。

シュタイナーは、一元論とともに、ヘッケルの「固体発生は系統発生を繰り返す」という有名なテーゼについて、次のように言っている。

「ヘッケルの系統発生的思想は、あらゆるドイツ的教養に負けず劣らず、十九世紀後半のドイツ人の精神生活の中で、最も優れた偉業と言わなければならない。彼の学説より優れたオカルティズムの科学的基礎づけは存在しない。その学説は偉大である。」（一九〇七年）

「神智学協会の創立者ブラヴァツキー（一八三一－九一）は『ヴェールを剥がされたイシス』で時代区分説を導入し、それは神智学運動の共通の述語となりました。

この時代区分説は、『アーカーシャ年代記』に見られるように、ルドルフ・シュタイナーによっても採用され、それは科学的事実に即して修正され拡張されました。特にシュタイナーによってつけ加えられた要素は、東洋に欠けているもの、たとえば『シークレット・ドクトリン』や『教理問答』のようなブラヴァツキーの後期著作に見出せないもの、つまり歴史的な見方、進化論的要素、発展への配慮でした。

西洋によって、特にヘッケルによって初めて自然科学的基盤の上で形成された発展の思想に、シュタイナーはキリスト教精神を注入しました。これは重要な一歩であり、それは東洋的考えでは、人間はいわば種々の周期、小ヨーガ、大ヨーガ、カルパの周期で生起する永遠に同じ物の反復しか知りません。この場合、何かが変化していますが、それは再び同一物となり、原像の裡で絶え間なく繰り返されているにすぎないのです。このような世界観には発展の観念がなく、キリスト衝動の占める場所がないのです。」

私は、シュタイナーが初版の序文で言っているように、この「高次世界の認識」なるものの検討を、「理性に即した思考」によって、「自然科学的事実を客観的に検討するような具合に」「理性的に検討」し、「理性が、どのようなことを語るかを決定」したいと思っている。

シュタイナーが言うように、「著者（シュタイナー）の現在の著作と以前の著作との一致を、かならずや認めることができる」ためには、拒絶や盲目的信仰を廃して、事実に基づいて一つひとつを具体的に比較検討する必要がある。この検討を、悪意ある偏見として退けることはできない。

シュタイナーは、『神秘学概論』の第五章「高次世界の認識」で、高次認識の第一段階であるイマジネーション的認識（瞑想）について、「瞑想は、昼間の意識よりも高い覚醒状態にある一種の睡眠である」と言っている。この〈眠り＝覚醒〉は、神秘主義者たちの常套句である。

この〈高次世界への認識〉とは、『神秘学概論』の「高次世界の認識」に、「イマジネーション的認識はアストラル体に、インスピレーション的認識はエーテル体に」とあるように、ガイスト・ゼーレ・ライプにおける高次の世界（ガイスト）への認識ではなく、低次世界（ライプ）への精神科学的な洞察なのである。

『アーカーシャ年代記より』における人間（宇宙）の進化の記述も、人間が概念的思考の段階に進化する以前の段階（過去）のものであり、「地球とその将来」という章もあるが、これには人間はたんなる自然的存在ではなく社会的存在であるという、『自由の哲学』にはあった決定的視点が欠落している。

これは『神智学』の人間論も同じである。『自由の哲学』では、「我々は考察を始めるために、一足飛びに世の始まりに身を移すことはできないのであって、現在の瞬間から出発して、より後のものからより先のものにさかのぼることができるかどうか見極めなければならない」と主張されていたが、この本では、「現在の瞬間」である社会的存在としての人間からではなく、たんなる自然としての身体の「始まり」から記述がなされている。

これは神智学が、物質（自然）から生命や精神は生じてきたという自然科学の世界像をそのまま借用し、それに霊的胡椒《こしょう》を振りかけただけのものだったからである。

ここでもシュタイナーは、『ゲーテ自然科学論集』解説でとった、「私の立場を他人の立場のなかにも生かす」方法を用いたのである。

しかしゲーテの場合には、「彼自身は意識することのなかった彼の精神の力」（『ゲーテの世界観』）を紡ぎ出し、ゲーテを思想家・哲学者に鋳造することに成功したが、神智学の場合には、シュタイナーの認識論とはまったく異なる、明確な認識論があったがために、「これが実際に神智学の立場であると論証すること」に成功したとは言い難い。

バグワン・シュリ・ラジニーシ（和尚）は、シュタイナーと瞑想と思考の違いについて語っている。

「ルドルフ・シュタイナーは西洋の思考に大きな影響を与えています。しかし、西洋の思考は結局論理的であり、理性、思考、ロゴスであるため、これは危険なのです。彼はこの点について語り、次のように言っています。「これこそ西洋的思考の道なのである」と。

そうではありません。東洋的なものであれ、西洋的なものであれ、思考は思考なのです。だから道は非・思考です。東洋は東洋的思考から遮断されなければなりません。西洋は西洋的思考から遮断されなければなりません。瞑想に入ってゆくためには、思考そのものを放棄しなければならないのです。

思考は瞑想ではありません。正しい思考であっても瞑想ではないのです。誤ったものであろうと、正しいものであろうと、思考は脱落しなければなりません。あなたの中に思考がないとき、あなたの中に思考によるにごりがないとき、エゴが消えるのです。そこで考えてみて下さい。エゴが消えたとき、〈自我〉は見出されないのです。」

このバグワンに対して、シュタイナーの弟子ハンス・ベルナー・シュレーダーは、「瞑想ということでバグワンはルドルフ・シュタイナーとはまったく異なる別のものを考えているだけである」と反論しているが、この瞑想の定義については、バグワンの方が正しいのである。瞑想は、バグワンが言うように、意識の弛緩であり、思考はその反対の集中である。

またシュレーダーは、「瞑想の相異なるこの二種がどんな成果をもたらすかについては、バグワンとシュタイナーが及ぼす影響の相違から十二分に読みとることができる。シュタイナーはその全生涯を通して人間の文化と文明を革新し改造する実り豊かな衝動を与え続けた。彼は霊的世界の認識者であるにとどまらず、地球人類の来るべき霊的文化の最高度の意味での建築家であった。彼は地球人類がどのようにして唯物論の堕落から脱して、地球の変容と霊化への道を踏み出すことができるかを示すことができた。バグワンにおいてはそのようなものは何ひとつ見出せない。彼からはひとつの新たな文化衝動さえ出てこない」と言っているが、しかしこの批判は、「思考とは社会によってあなたに与えられた規制なのです。あらゆる思考が総じて脱落しなければならないのです」とするバグワンにとって、まったく的外れなものなのである。

またシュタイナーの人類文化への貢献と、それをシュレーダーの属するキリスト者共同体が発展させられているかどうかは別問題である。

シュタイナーは、『神秘学概論』第五章「高次世界の認識」で、「〈イマジネーション的〉とは、身体的感覚的知覚が捉える事実や実体とは異なる意味合いで、〈実在的〉であることを表わしている」と書いている。これは思考ではなく瞑想である。

定常宇宙論の提唱者フレッド・ホイルもこう言っている。

「物理学系統のあらゆる分野でのやり方は、たとえそれがニュートンの重力理論であっても、マックスウェルの電磁気論であっても、アインシュタインの相対性理論あるいは量子論であっても、根本的には同一であり、二段階から成り立っている。第一段階は、何らかの霊感（インスピレーション）により、一連の数式を思い浮かべることである。第二段階は、その数式中の記号を測定可能の物理量と関連させることである。そうすれば、いろいろな物理量の間に観測される関係は、上記の数式の解として理論的に求めることができる。」

シュタイナーも『自由の哲学』（一九一八年再版第一部第七章「認識には限界は存在するか？」）でこう捕捉している。

「抽象的な事柄に迷いこんでしまわない人であれば、人間の本質を認識するためには、物理学では知覚の範域において、色や音に対する感覚のように、直接に対応する器官のない諸々の要素が推定されざるをえないという事実も考慮に入れられることを洞察するであろう。」

神智学協会パリ年次大会・シュヴァイツアーとの出会い（一九〇六年）

一九〇六年六月、神智学協会の年次大会がパリで催される。この時、シュタイナーはまだ医学生だったアルバート・シュヴァイツアーと出会う。シュヴァイツアーは書いている。

「私がルドルフ・シュタイナーと出会ったのは、シュトラースブルクにおけるある神智学集会の折りのことであった。それは、私に間違いがなければ、一九〇二年か三年のことで、シュトラースブルクの友人を通じて面識を得ていたアニー・ベザントが、私とシュタイナーを引き合わせてくれた。ルドルフ・シュタイナーは当時神智学協会と関係を結んだところであったが、それはシュタイナーが彼らと確信を共にしていたという訳ではなく、この会員らの間では、彼の告げていた霊的な諸真実に関心が寄せられ、この真実の理解を窺うことができたからであった。」

この時シュタイナーは、「百年前のドイツ神智学」と題して講演を行なっている。

「私は彼がワイマールでゲーテ研究に携わっていたことを知っていたが、カントの哲学とイエス伝研究の諸問題に従事しているシュトラースブルク大学の若い無給講師のことなぞシュタイナーはもちろん、何も知らなかった。彼は私より十四歳も年長だから。

その神智学者の会合ではフランス語が会話に用いられていた。ドイツ語も話す私は、このオーストリアの客人の相手をする様に頼まれた。これを喜んで引き受けた。そして私は、この会議の昼食会で彼と隣席することにした。

スープが空になる前には、ワイマールにおける彼のゲーテ研究やゲーテの世界観についての会話が自然ともちあがり、それと共に、この隣人が自然科学の分野における深い知識を意のままにしていることが、私には明らかになった。そして彼が、問題はゲーテの自然認識の意義を洞察することに懸かっているのだと言うに及んで、私は大変驚嘆した。このゲーテの認識は彼の研究によると、もっぱら感覚界の認識から発して、ある深い霊的な存在に関連したものへとつき進んでゆくということだった。彼が予感すべき知を見ているゲーテの自然科学に関する著作やある箇所について私は知識をいくらか持ち合わせていたので、彼は一席講演をぶち、私たちは食事の席に居ることとすら忘れてしまった。

その午後は、この神智学集会で進行してゆくことを少し気に懸けながら、彼と共に周囲に立っていたが、話題がプラトンに及んだところで、私はずっと良くその話に加わることが出来た。だがここでもシュタイナーは、秘められた、未だ評価されていないプラトンに関する認識に注意を促して、私を驚嘆させた。

やがてシュタイナーが、あなたは神学で、特に何についてやっているのですか、と私に尋ねたので、私は歴史的イエスの研究ですと答えた。ようやく対話が自分の掌中に転がり込む瞬間が来た。私はイエス伝研究の事情や、どの福音書に最古の伝承が含まれているか、という問題について一席ぶった。

こうした対象に関する私の話が、対話にならないことに私は驚かざるを得なかった。彼は問いかけることもせず、私に喋らせておいた。私は、彼が内心欠伸をしている様な印象を受けたので、すぐ自分の尊大な神学の歴史研究を引っ込め、再び次の話題を待つことにした。

そして注目すべきことが起こった。二人のうちどちらであったか、もう覚えていないがとにかくどちらかが、文化の精神的な退廃をとりあげた。こうして私たち両人とも、この文化の精神的退廃に取り組んでいることを知った。それがお互いに思いもよらぬことだったので、にわかに意気投合し、対話がたて続けに進んでいった。そして私たちが互いに、人道的理想に適った文化に尽力し、人間が真に思考する存在たらんと努める、といった意味における回復を、生涯の課題として企てていることを認め合ったのだった。こうした共通の意識を抱いて私たちは別れ、再び会う機会は来なかった。」

このシュタイナーとの出会いについてのシュヴァイツアーの記憶には間違いがある。シュタイナーはこの出会いについて、一九〇六年一月十日のマリー・フォン・ジーフェルスへの手紙で触れている。名前こそ挙げていないが、この出会った「ある人物」について、「その人は、十八世紀以降の様々なイエス伝に関する本を著している大学の講師で、哲学か神学の研究の他に、今は医学も学んでいる。彼は未開の人々を救い上げるために、四年後のアフリカ行きを決意している」ことを書いている。

シュヴァイツアーは自伝『わが生活と思想より』に次のように書いている。「一九〇五年十月十三日、金曜日、私はパリのアヴニュ・ド・ラ・グランド・アルメの郵便箱に数通の手紙を投げ込んだ。これは、後年医者になってアフリカ赤道地方に赴くため、冬の学期のはじめから、医科の学生になる決心である旨を、両親およびもっとも近い知人に報ぜんとしてである。」「十月も末の或日、霧昏い中に、私は最初の解剖学の講義を聴いたのである」と。シュタイナーの手紙の内容とも一致する。

シュヴァイツアーは、「イエス伝における新しい解釈」を模索していた（「メシア性の秘密と受難の秘儀－イエス小伝」一九〇一年）。シュヴァイツアーは序で言う。二十六歳。

「山上の垂訓や使徒派遣の言葉や洗礼者ヨハネについての賛辞はけっして、〈再構成せられた言葉〉ではなく、主要な点では実際、今日伝えられているとおりに語られているのである。受難と復活の形式にしても、その由来は原始キリスト教に帰するのではなく、イエスが実際にこういう言葉を使って弟子たちに自分の未来について語ったのである。……原始キリスト教の信仰は、その信仰が本来そのうちにふくむ独自の法則にしたがってイエスの公的活動の叙述に影響をおよぼしているのである。無意識裡においてではあるが、いつしか必然の力をもってあたらしい展望をきりひらいてゆく、歴史の推移というものを考えてみなければならない。」

シュヴァイツアーは、シュタイナーが『自伝』を書き始める年の一年前にも、ゲーテアーヌムを訪れシュタイナーと会っているが、なぜかシュタイナーは、この世界的著名人との出会いについて触れていない。またシュヴァイツアーも、一九三一年に自伝『わが生活と思想より』を書いているが、これにもシュタイナーについての記述がない。二人の間に何があったのだろうか？　それについては後述（第二〇章）する。

第14章　相対性理論

シラー没後百年祭の一九〇五年、この年の一月二十一日から三月二十五日にかけて、シュタイナーはベルリン大学で「シラーと我々の時代」と題した連続講演を行う。各題目は次のようになっていた。①「シラーの生涯と独自性」、②「シラーの創作とその変遷」、③「シラーとゲーテ」、④「シラーの世界観と『ヴァレンシュタイン』」、⑤「シラーのギリシア劇とニーチェ」、⑥「シラーの後期の劇」、⑦「シラーの十九世紀における影響」、⑧「現代はシラーから何を学ぶことができるか?」、⑨「シラーと理想主義（美学と道徳）」。

シュタイナーは「現代はシラーから何を学ぶことができるか?」のなかで、シラーの自由観についてこう言っている。

「しかしまた我々はそれによって新しい自由の理念を理解するようになるだろう。今日人は、国家や経済の束縛からの自由を願い、自由についていろいろと語られているのを耳にする。シラーは自由をそうしたものとは違ったものとして理解している。いかにして人は自己自身のなかで自由になるのか?　いかにして人は劣情から、論理と理性の強制から自由になるのか?　と。シラーは、国家と社会生活について書かれたことに新しい目標、未来の理念への示唆を与える。」

シラーは「自由」と題した格言にこう書いている。

「自由は、あらゆるもののなかで最も美しいすばらしい装飾品である。それは、我々には見え、あるというのに、本当に、ほとんどの人々には察せられない。」

一九〇五年七月、ベルンのスイス連邦特許局高級技術専門官アルバート・アインシュタイン（一八七八－一九五五年）が「運動物体の電気力学」と題する論文を*Analen der Physik*に発表する。特殊相対性理論である。二十六歳だった。アインシュタインは、この理論を十六歳の時から考え始め、九年かかって完成させた。

アインシュタインは、一九〇〇年にチューリヒのスイス連邦工科大学を卒業するが、教授との確執のため、同窓生四人のうちアインシュタインだけが助手に採用されなかった。その後アインシュタインは、助手の仕事を探しながら、臨時教師などで食いつなぎ、大学時代の友人の紹介で特許局に職を得ていた。

この一九〇五年はのちに〈奇跡の年〉と呼ばれるようになるが、最初この理論は、当時の物理学の常識的な考えとは発想を異にしていたため、まったく無視された。アインシュタインは、宇宙空間に漂う〈エーテルの風〉を捨てていたのである。アインシュタインはこの後、これらの公理を基に、特別な現象を説明する方程式を導き出し、いくつかの新しい予言を行なっていくが、不遇な時代が長く続く。

相対性理論が発表されて数年、それを真に理解しているのはアインシュタインと数学者であり哲学者のバートランド・ラッセル（一八七二～一九七〇）の二人しかいないと言われていた。アインシュタインは、数学と物理学の垣根を取り払い、幾何学の思想を光や電磁気の問題に適用していた。これは当時としては革命的（異端）なことであった。

この特殊相対性理論の基本公理は二つあり、一つは「すべての自然現象、自然法則は、たがいに等速運動しているあらゆる慣性系にとって同一のものである。」もう一つは、「光速はどの観測者（慣性系）

に対しても常に一定である」というものである。ラッセルは、相対性理論を平易な言葉で説明した『相対性理論のＡＢＣ』で語っている。

「ニュートンは力を信じ、絶対空間と絶対時間を信じていた。ニュートンはこれらの信念をその技法に体現させ、その方法は後々の物理学者たちの方法となった。

アインシュタインはニュートンの想定にしばられない新しい技法を考案しました。しかしそうするためには、大昔からだれにも挑戦されたことがない古い時間空間の考えを、根本的に変えなければならなかったのです。このことが、アインシュタインの理論を難解にもさせ、興味あるものにもさせたのです。」

しかしこの相対性理論はその名称から、根本的な誤解を生み出した。マッハの感覚主義の影響を受けた一部のマルクス主義者や哲学者たちが、これを相対主義と理解したのである。ラッセルはこの誤解に対してこう言っている。

「「すべてのものが相対的である」というのは、相対性理論によって採用されたものではありません。（哲学者や教育を受けた人たちは、新しい理論が物理世界のすべてのものが相対的であることを証明している、と考えています。）ところが実は反対で、いわゆる相対的であることを拒み、観測者の状況などにはけっして左右されない物理法則を語ることに、新しい理論は関心があるのです。」

アインシュタイン自身も、この相対性という言葉は最初使っただけで、すぐに不変性理論と言い換えている。

さて相対性理論であるが、ラッセルはその革命的な意義についてこう言っている。

「さらにもっと驚くべきことは、時間の経過は運動次第であるという発見でした。すなわち二つの完全に精確な時計で、一方が他方に対して相対的に非常に高速運動している場合、旅のあとでふたたびいっしょになっても、同じ時刻を示すことはもうないでしょう。私たちが時計とものさしを使って発見することは、人間くさくない科学の極致と見なされるのが普通ですが、実は、部分的には私たちの個々の状況に、すなわち私たちが測定すべき物体に対して相対的に運動している仕方に、依存しているのです。

（しかし）物理学が関心を寄せるべき特徴は、すべての観測者が一つの物理過程に共通に認める諸特徴でなければなりません。というのは、そういう特徴だけが、物理的な現象そのものに属していると見なせるからです。このことから、（中略）その現象を、ある一人の観測者に現われるがままに記述しても、もう一人別の観測者に現われるがままに記述しても同じであるべきだ、という要請が産まれます。このたった一つの原理が、相対性理論そのものを生み出す動機となっています。

もしも物理的世界になんの実在もなく、ただきまざまな人たちが見る多くの夢しかないならば、ある人の夢を別の夢と結びつける法則を発見することは期待すべきではありません。ある人の知覚と別のある人の（ほぼ）同時の知覚との間に密接な結びつきがあるからこそ、私たちはさまざまな関係をもつ知覚に、一つの共通な客観的な起源を信じるのです。（その）客観的なるものは、時＝空と呼ばれる二者のある種の混合物なのです。」

この考え方は、シュタイナーの『自由の哲学』（「世界の認識」）で明らかしている次の言葉とまったく同じであると言ってよい。

「この偏った考え方は、私の頭脳が把握する三角形の概念が、私の隣人の頭脳が把握するその概念と同一のものであるという認識にまで至らない。素朴な人間は、自分自身が自分の概念の形成者であると思いこんでいる。そのためにそういう人は、各人が自分固有の概念を持っていると信じている。このような先入観を克服することが、哲学的な思考の基本的な要請の一つである。三角形の概念が一つであることは、多くの人に考えられるからといって、多様になるものではない。なぜなら、多くの人の思考することも、それ自体では一つだからである。

思考において我々は、自分独自の個性を宇宙の全体に統合するような要素を与えている。我々は感覚し、感得する（また知覚する）かぎりでは、個別的存在であり、思考するかぎりでは、すべてのものを貫く全一的な存在である。これこそが我々の二面的本性のさらに深い根拠である。我々は自分の中に、普遍的であるような端的に絶対の力が実現するのを認める。」

「〝力〟は単に数学的なアクションにすぎない」「運動は相対的な現象である。」これらのことは、アインシュタインが相対性理論を産むよりも前に、物理学者たちによってすでに確認されていた。アインシュタインは、それまでの古典物理学の認識方法が、ただ感覚というベールを通してのもの（経験則）であり、こうした習慣が真実を知るための障害になっていることを指摘した。

アインシュタインはミンコフスキーの四次元幾何学の思想を光や電磁気の問題に適用し、ニュートン以来の古典物理学の時間と空間の概念を変えてしまった。この相対性理論によって、時間・空間の幾何学的構造や物質と力、そして天体の運動や光の進路の間に新しい関係を提示し、これまでの物理学の概念を根底から変えてしまった。

そしてこの相対性理論がわかりにくいのは、時間の感覚も色彩感などと同じように、この地球上の人間の身体知覚の一形態であり、それを超えた（感覚から自由な思考の世界）であるこの理論は、「実感できない」ものであるということがなかなか理解できないからである。

ニュートンの絶対空間・絶対時間も人間の感覚的経験に拘束された概念であり、それは地球という系を離れれば通用しない。

シュタイナーは『アーカーシャ年代記より』で、「科学というものの偏見」を痛烈に批判しているが、『自由の哲学』で示した〈感覚から自由な思考〉は、アカデミズムの正統派ではないにしろ、その自然科学の領域から、みごとな実例が現われたのである。

シュタイナーは自伝第二十七章の冒頭で、「世紀の転換が人類に新しい精神の光をもたらすに違いないという確信が心をよぎった」と書いているが、このことを予感していたのだろうか？　この文章は死の十一週間前に書かれている。

脱感覚的思考——数学的思考とは何か

フランスの著名な数学者アンリ・ポアンカレ（一八五四－一九一二）は、一九〇八年にパリの心理学会で「数学における発明」（L'invention Mathématique）と題された有名な講演を行なった。

ポアンカレは、一九〇〇年にもパリの国際数学者大会で「科学的数学における直観（Intuition）と論理の規則」という同趣旨の講演を行い、この間に、「科学と仮説」（一九〇二年）、『科学と方法』（一九〇三年）、『科学の価値』（一九〇五年）という同じテーマを扱った随筆や論文集を出している。

ポアンカレは前出の「数学における発明」（英訳はMathematical Creation、「数学における創造」になっている）の冒頭でこう言っている。

「数学における創造がどのようにしてなされるかという問題は、心理学者にとって、つねに大きな関心事であった。人間のこころは、数学的創造をなしつつあるとき、外的世界からはなにものも摂取せず、こころ自身が活動しているのである。したがって、幾何学を考える経過を研究すれば、人間精神の本質に達することができるかもしれない。このことは、古来からとりあげられてきた問題である。」

第一章で見てきたように、シュタイナーが自伝で精神世界への出発点を幼年時の幾何学体験にしているのは、このポアンカレの発言を意識したものであることは間違いない。続けてポアンカレはこう言っている。

「はじめて出くわしたとき、まったく驚かされることがらがある。数学を理解しないひとがいる。数学がたよりとする論理的規則は、万人に共通する原則に基礎を置くものであって、発狂でもしないかぎり、なんびとも否定することができない。そうであるからには、数学を手に負えないしろものと考えるひとが大勢いるのは、どういうわけだろう。

発明は、だれにでもできるものではない。これは、決して不思議ではないのだ。いちど学んだ説明は、だれでもが保持しうるものでないことも、やはり納得できる。しかし、数学的証明を理解できないものがいることは、一驚にあたいする。しかも、その証明を辛うじて理解できるというひとが大勢なのだから。

さらにまた、数学を間違えるとは、いったいどういうことなのだろう。健全なこころの持主ならば論理的誤謬をおかすはずはない。立派なこころをもち、日常生活において遭遇する短い証明には失敗しないのに、より長い数学上の説明を正しく理解し反復しないものがいる。長い数学的証明といったところで、結局のところ、かれらがなんの苦もなくやってのける程度のものにまったく似かよった短い証明の積み重ねにすぎないのだが。」

これは数学的思考が感覚世界を越えたものから来る避けられない問題である。さらにポアンカレは次のように言っている。

「答えは、明白である。一連の三段論法を考えてみるがよい。最初にえた結論が、つぎにくるものの前提となる。われわれは、これら三段論法のそれぞれを理解することができる。あやまちをおかす危険にさらされるのは、前提から結論にうつる段階ではない。三段論法の結論としてのある命題に出あうときと、それがべつの三段論法の前提としてあらわれたものに出あうときとのあいだには、往々にして、いくばくかの時間の経過が見られる。そのあいだに、数個の鎖の環が、ぬけてしまうのだ。その結果、われわれは、もとの命題を忘れてしまう。いっそうまずい場合には、もとの意味を忘れてしまうことさえある。そのため、少々ちがった命題におきかえてしまうことがあるかもしれない。あるいは、口では同じことを言いながら、少々ちがう意味をもたせるという過ちをおかしてしまうことがあるのだ。」

「数学者は、しばしば規則をつかう。当然かれは、まず規則を証明する。証明が記憶に新しいとき、数学者は意味を完全に理解するし、それを変える危険はない。その結果、みずからの記憶を信頼し、その後は規則を機械的に使うようになる。この場合、もし覚えちがいをすると、規則をまちがって応用することになる。簡単な例としては、九々の表を忘れてしまったために、ときとして計算のまちがいをしでかすことがある。このように考えるとき、数学に好ましい性質として、きわめて確実な記憶力と、なみはずれた注意力があげられる。トランプやチェスのたくみなプレイヤーのように。」

「しかし、例外もありうる。白状すれば、わたし自身、足し算すら満足にできない。それでは、わたしは、大ぜいのチェス・プレイヤーに理解できぬむずかしい数学上の証明には、なぜ失敗しないのだろうか。全般的な証明の筋書きにしたがっていれば、うまくゆくことが、その理由としてはっきりと挙げられる。

数学的説明は、三段論法の単純な並列ではない。いくつかの三段論法が、一定の順序にしたがってならんでいる。それらの要素のならぶ順序が、要素そのものより、はるかに重要なのだ。いってみれば、この順序についていてわたしがなにかを感じ、直観がひらめくと、一目でわかる。もはやわたしは、個々の要素のどれかひとつを忘れまいと恐れる必要はない。なぜなら、個々の要素は。勢ぞろいした全体のなかで自分自身の場をもち、わたしが覚えこもうとすることはいらないのだ。」

「かくされた調和と関係をわれわれに察知させるこの感じ、この数学的秩序についての直観は、すべてのひとにそなわるものではない。

創造や発明での成功は、直観力（定義することの困難なこの繊細な感じ）がどの程度発達しているかによって、左右されるのだ。

じっさい数学的創造とは、どういうことなのだろう。すでに知られている数学的実体を、新しく組み合わせることではない。そんなことなら、だれにでもできる。そのような組み合わせは、無限につくりだすことができるし、そのほとんどが、まったくつまらないものなのだ。

創造とは、無益な組み合わせをつくらないことであり、ごく少数の有益な組み合わせをつくることなのだ。発明とは、識別であり、選択である。」

シュタイナーは、脱感覚的な認識に導かれるためには、「偏見のない」と繰り返し強調しているが、アインシュタインも、「支障となる思考習慣にとらわれない自由な精神」の必要性について言及している。

一九四五年、アインシュタインは、数学者ジャック・アダマールの、「数学者たちはどんな内面的な像つまり心像を使うか、どんな種類の〈内的言語〉を使うか、またそれらは彼らが研究している課題によって、運動型、聴覚型、視覚型あるいはそれらの混合型になるかどうかを知ることは、心理学的研究のためにきわめて役立つとおもわれます」という質問に対して、次のように回答した。

「書かれたり話されたりする言語や言葉が私の思考の仕組みのなかで何らかの役割を演じているとは思われません。私の思考のなかで要素として働いているように思われる精神的実体は、「思いどおりに」再現できて組み合わすことのできるある種の記号と多少とも明白な心像であります。

もちろん、それらの要素とそれに対応する論理的概念との間にはある種の関連があります。最終的には論理的にまとまった概念に到達したいという欲求が、上述の要素を用いたどちらかといえば漠然とした働きの情緒的基礎になっていることは明らかであります。しかし心理学的見地からすれば、この組み合わせの働きが創造的思考の本質的特徴のように思われます――それは、他人に伝えることのできる言語や他の種類の記号による論理的構成にかかわる以前のものです。」

「上述の要素は、私の場合、視覚型およびある種の筋肉型であります。先に述べた結合の働きが十分進んで、意のままに再現できるようになった第二の段階になって初めて、通常の言語や他の記号を苦心しながら探し出す必要が出てきます。」

「いま述べたことによりますと、上述の要素による働きは、探し求めているある論理的関係に類似することをねらっています。」

また、研究の際ではなく日常の思考の際の心理的型についての質問に対しては、「視覚型および運動型。とにかく言語が介在する段階では、私の場合、純粋に聴覚型でありますが、すでに述べたとおりそれが出てくるのは第二段階になってからでしかありません」と答えている。

また、「とくに研究的思考において、心像または内的言語は完全意識のなかに現れるかそれとも周辺意識（ウオーラスの『思考方法』で定義されたような、または、ゴールトンの「人間能力の研究」のなかで〈意識の控えの間〉と呼ばれているような）に現れるか？」いう質問に対しては、「あなたが完全意識と読んでいるものは決して完全には実現されることのない極限の場合のように私には思われます。これは意識の狭さと呼ばれる事柄と関連があるように私には思われます」と答えている。

連合遊戯に出演する現実的、筋肉的要素は、明らかに、運動学的、動力学的観念にもっとも近いものだった。運動する物体あるいはその形を変える物体の不確定な視覚的形象と、作用する力の不確定な筋肉近く――それこそこの思想家が連合遊戯をはじめるために自分の意識のなかに呼び起こした初期要素の型であったと考えてよいだろう。これらの形象は、あるときは、物理的現実に近く、あるときは、もっと複雑な――非機械的なものを含む一現実に対応する条件記号の役割を演じた。それは直接の視覚的表象にはならない。電気振動を象徴し、部分的にはそれを記述する波立つ海の形象であり、座標系をあらわす運動する目盛つきの棒などであった。

第二段階――もはや直観的ではなく、論理的になった段階――では、思考者は、いわば、概念を表現する言葉を聞き、あるいはこの言葉、あるいは数学的記号が書かれているのを見る。アインシュタインのばあいには、最初の連合段階の視覚的、運動的形象は論理的構成を伝達する言葉の聴覚的表現と代わった。

〈内部語〉の支配的な型について、アインシュタインは「視覚的、運動的である。言葉が完全に活躍し始める段階では、私のばあいのそれは純視覚的である。しかしすでに前に言ったように、それは第二段階にならなければ始まらない。」と答えた。

シュタイナーは、『アーカーシャ年代記より』の「地球とその将来」の章で、地球上の現在の人間の〈自己意識〉（対象的意識）の次に発展させることのできる意識についてこう書いている。

「今日の自己意識、思考生活の内部には、さらに一層高次な意識状態への素地がすでに発展しつつある。

霊視者はその発展において彼の同類に先んじている。人類のすべてが惑星的進化の進行につれて到達せねばならない意識状態が、すでに霊視者の内において現在発展しつつある。霊視者がすでに、将来すべての人類が発展してゆくべき種々の意識状態を自己の内に発展させていると言う時、これは一つの制限付きで理解されねばならない。たとえば霊視者は今日すでに、将来人間に肉体的に現われる視覚を、ただ魂の世界で発展させている。」

ではこの将来の意識の萌芽としての意識とはどのような状態なのであろうか。シュタイナーは続ける。

「現在の意識状態の持つ表象は、外部世界の色彩的で音響的な対象に比べれば、ぼんやりしていて微弱である。それゆえ人間は、表象を何か「現実的でない」もののように言う。「単なる思念」は、感覚によって知覚できるがために「現実的な」対象や存在と対比される。しかし表象や思念は、それら自身の内部に、再び現実的になり、映像のようになる能力を備えている。

今日人間が、自分の前に赤い物体を持たず「赤」という表象を語るならば、この表象は言わば現実の「赤さ」の影のような心像にすぎない。将来人間はぼんやりした「赤」の概念を魂の中に浮かび上がらせることができるばかりでなく、「赤」と思えば「赤」を実際に眼前にするような地点にまで到達するであろう。

しかしその映像は、人間の内部を夢のように去来するのではなく、そのかわりに人間は、今日の表象を呼び起こすように、十全な自己意識をもってそれらを呼び起こすこととなるのである。」（『精神科学の立場から見た子供の教育』一九〇七年）

ノーベル物理学賞受賞者の朝永振一郎は、「数学がわかるというのはどういうことであるか」と問うて、こう言っている。

「数学者にきくと、数学の仕事は、一つ一つの定理の証明などはむしろあとからでっち上げるもので、実際は結論がまっさきに直感的にかぎつけられ、次にそこへ至るいくつかの飛び石が心に浮かんできて、最後にそれを論理的につなぐ作業が行われるということである。」

「こういう話をある数学者にきいたことがある。いろいろの長さの金属の棒をナットでつないで組合せ、いろいろなものを構成するおもちゃがある。その数学者は子どものときそのおもちゃが大すきであったが、現在数学をやっているときの気もちは、子どものときそれでいろいろなものを組上げたときの気もちに似ている。つまり彼にとっては、抽象的な論理の組上げが金属の棒の構成物のように目に見えるものなのであろうか。だからこそ全体が始めから見通され、それを作り上げるのに、この棒をここに、あの棒をあそこにと組合わせていけばよいというように構成の段どりがまざまざと心に浮かぶのであろうか。」

そして朝永は、「数学者のこういう心の動きの秘密は、数学者にそれを聞いてもみても（しろうとが）答えを得ることはむずかしい」と言い、自分も「物理学者の心の動きの秘密を知りたいと言われて返答に窮することを、しばしば身を以て経験した」と言う。

第15章　神智学と社会問題

神智学と社会問題

「人間を取り囲む（社会）環境はどのようにして成立したか」という問題

「つまり人間生活はこうした環境に依存しているのだが、環境そのものは人間によって創られているのである。ある人は貧困に、またある人は裕福になるような制度を一体誰がつくったのか？　現在いる人々とはちがった人々である。こうした「他の人々」というのはたいてい、現在の環境下で繁栄したり、あるいは没落したりしている人々より以前に生きていた人々であるといっても、それで事態が変わるわけではない。」

これはロバート・オウエンの「性格形成論」と副題が付けられている『社会に関する新見解』の第三エッセイの次の部分を受けたものであることは間違いない。

「なぜならば、人間の性格は、ただ一つの例外もなく、常に環境によって形成されるということ、性格は、主に、これまで生きてきた人たちによってつくられるであろうし、またつくられていること、彼らは、人間の行動を支配し指導する力である思想と習慣を人間に与えるということは、日に日にますます明らかとなるだろうから。人間はそれゆえに、自分で自分の性格を形成したことは決してないし、決しうるということは、永遠にありえない。」

「また自然そのものが人間に課した苦悩は、社会的状況の中ではほんの間接的にしか考察の対象にならない。しかしこうした苦しみこそまさに人間の行動によって和らげられ、除去されねばならない。」

「この分野で必要な行動が行われないとしたら、それは確かに人間のつくっている制度の欠陥である。事柄を根本的に考えてみれば、社会悪と呼びうるようなすべての悪は、人間の行為によってひき起こされたものであることが明らかである。確かにこの点では、個々人ではなく人類全体が「自分の幸福の鍛冶屋」なのである。」

真の〈社会的思考〉

「思考が表面的な次元に止まっているかぎり、そもそも外面的なものである環境の力を過大に評価しがちである。しかし実のところ、環境は内面生活の表現にすぎない。そして、肉体が魂の表現であることを知っている者だけが真に人間の肉体を理解しているように、外的な制度は人間の魂が自己の感情や思考や意志をそこに表現すべく自ら創り出したものであることを知っている者のみが、人生における外的制度の何たるかについて正しい判断を下すことができるのである。

我々を取り囲む環境は我々の同胞たちによって創られたものである。したがって、現在の環境を創った者たちの精神とは異なった思考・感情・意志から出発しないかぎり、現在よりもましな環境は決してできないであろう。」

「私が裕福か貧乏かには関わりなく、もし充分な報酬が支払われていない品物を私が入手するなら、私は搾取していることになるのだ。元来、今日では誰一人として他人を抑圧者と呼ぶことはできない。というのは、誰しも自己自身をよく観察してみれば、自己の裡に〈抑圧者〉を見出すであろうから。」

「〈裕福〉という概念と〈搾取者〉という概念を完全に切り離す必要があることが納得できよう。今日、ある人が裕福であるか貧困であるかは、彼の個人的能力もしくは彼の先祖の能力の結果か、あるいはまったく別の事情によるのである。」

「こうしたことと、他人が労働力を搾取することはまったく関係がない。搾取はこれとは別のことと関係している。すなわち、搾取は我々の制度、もしくは我々を取り囲む環境が、個人的な利益を目指して創りあげられていることに関係しているのである。」

「搾取の本質は人間が私利私欲の立場に立って、他者の労働の生産物を占有する点にあるからである。」

「ただ、個々の無欲の人たちの活動は、全体として私利を挙げることを目標にして組織されている社会の内部では、それほど大きな成果を挙げることができないという理由によるのである。私利私欲を目的にしない労働が一般的になれば、事態は変わるであろう。」

「すべての利害と、それに関連しているすべての生活環境は、もし人間がある物を入手する際にもはや自分のことを勘定に入れず、他者のことを考慮するようになれば、一変するのである。」

「もはや私を問題とせず、〈私の仕事は他人にとってどんな役に立っているか〉という観点に立てば、すべては変わるのである。」

「こうすれば、人間の能力と力が現在とはまったく別な形で発展するだろう。」

「オーエンの成し遂げた成果をみれば、彼を多かれ少なかれ空想的な〈世界改良家たち〉いわゆるユートピアンたちと同列に置くことができないのは明らかである。彼は現実に実行可能な制度の枠内に踏みとどまった。いかに空想嫌いの人でも、こうした制度に依拠することによって、さしあたり一定の限られた範囲内においてとはいえ、人間の惨苦が世の中から除去されることは予想できよう。

こうしたささやかな実践が範例として作用し、そこから次第に人間運命の健全な発展が社会内部にひき起こされるかもしれない――こう考えるのは決して非現実的なことではない。」

「オーエンは自己の苦い経験を通して、すべての人間の悲惨はただ人間を規制している〈悪い制度〉によってひき起こされるという信念を、そしてまた人間性の善い部分はこうした制度を改革すればおのずと発揮されるという信念を根本的に覆された。つまり、良い制度が良い制度として正しく維持されるのは、ただこの制度に関わる人々が心の底からこの制度を維持することに賛成し、暖かい関心をもって制度に愛着を抱く場合だけであることを彼は悟らざるをえなかったのである。」

「本当に現実的な結論に到達するためには、事態をさらに深く人間認識へと向かわなければならない。」

「明晰な理解力が備わったとしても、他面でその人の傍らでエゴイズムに根ざす活動が幅を利かせているとしたら、その人はとても仕事への内面的な情熱を感ずることはできないだろう。こうしたエゴイズムもまた人間性の一部である。したがって、人間が社会の中で他者と共に生き、活動する際には、人間感情の裡にエゴイズムが蠢動していることになる。」

「すべての人間の不幸はエゴイズムの結果であり、どのような社会であれエゴイズムに基礎を置いているかぎり、必ずやいつか不幸、貧困、危険が生ずるのである。」

ジンメルも「われわれの大なる脅威は、時が経つにしたがって自己の矯正者をすでに自己自身からつくり出す直接的な唯物主義ではなく、この唯物主義が世界観的、倫理的、美的、政治的なあらゆるイデオロギーに転移したということであった。しかし今日の衝撃は真に理想的な価値に関して次のような心理をもって多くの人々の心を貫いたのである。すなわち理想的な価値が物質的利益の上部構造にすぎないという偏頗なマルクス主義的真理は何れにしてもあてはまる。換言すればあらゆる物質的な価値は今や最も深い心的かつ理想的な決断及び決意のたんなる上部構造である、と。」（一九一四年「ドイツの内的変革」）テンニエスも「マルクスの思想体系の最大の弱点は、倫理的な力、倫理的意志を軽視していることである。」（一九一二年『マルクス、生涯と学説』）

シュタイナー〈社会の主法則〉

「共同労働から成り立っている人間社会の全体は、各自が自己の労働の成果を自己のものとして要求することが少なければ少ないほど健全である。つまり、各自が自分の挙げた成果のうちから、共働者に対して多くのものを与えれば与えるほど、そして自分の欲求が自分の行為によって満たされれば満たされるほどその社会は健全である。」

この主法則は、ある自然法則が一定範囲の自然現象に対して妥当する場合と同じ厳密性と必然性をもって、社会生活に対しても完全に妥当するのである。

「この法則が本来の姿で真に生きるのは、各人が自己の労働の成果を自分自身のものとして決して要求せず、それをすべて全体のために役立てる制度を人類全体が創りあげることに成功した時である。その場合、彼自身の生活は、彼の仲間の労働によって維持される。つまり肝心なのは、仲間のために働くということと、一定の収入を得るということはまったく別の事柄だということである。」

「そもそも今日では、社会問題をたちどころに解決できるような何らかの理論を考え出したり、あるいはそれを実行に移したりできるような者は一人もいない。そうするためには、多数の人間を自分の創った環境の中に押し込める権力を持っていなければなるまい。

しかし現代ではこうした強制は考えられない。各人がめいめいの能力と力量に応じて、課せられたことを自発的に行なう可能性が導入されねばならない。」

「真に役に立つのは精神的世界観だけである。

パンを与えることによって救助できるのは個々人だけであり、全体を助けるためには世界観というパンを与えることが必要だ。これは最も本来的な意味において正しい認識だ。つまり、ある全体に属する個々人にパンを与えてもそれは何の役にも立たないのだ。いずれは大多数の考えが、再びパンをもらう必要のないような状況を創り出さねばならないだろうから。

これらの基本原則を認識すれば、民衆の幸福の促進者を気取るある種の人々が抱いているいくつかの幻想は打ち砕かれるであろう。

というのも、この認識に立てば、社会の幸福に関わる仕事は非常な難事業となるからである。しかもさらに、極めて微妙な部分的成功を積み重ねてのみ、そうした仕事は成功するのだという点を忘れてはならない。

誰であれ社会人として自己の立場が許すかぎりこの（社会の主法則）を体して活動するなら、そしてこうして生まれた個々の活動からのみ、健全な社会の全体的な進歩が達成される。各人ができることは、めいめいのいる場所で、前述の法則を体して活動することである。各人の占めている地位が外面的に見てたいしたものではなかろうと、あるいは重要なものであろうと、そうした点には関わりなく、人間がこうした活動をしようと思えば、世界中至る所でそれは可能なのである。」「むろん最も大切なことは、各人が霊性の其の認識に立脚する世界観を求めることである。人智学（神智学）的な精神態度は、もしその内容やそこに含まれる資質に沿ってさらにひき続き形成されてゆくなら、そうした世界観へと形成されて万人に資することができるかもしれない。

各人が世の中で、自己の占めている場所で、あるいは自己の能力を発揮して働くならば、自分がある高次の意味を実現しているのだという思いが、めいめいの心の中に生ずるであろう。この認識から生ずるのは朦朧とした理想主義ではなく、自分の持てるすべての力の力強い衝迫である。そして彼はこうした方向に沿った彼の行動を、飲食と同じような極めて自明なことと見倣すだろう。そしてさらに彼は彼の属する人間社会の持つ意味を認識するだろう。

彼はさらに、自分の属する人間社会の、それ以外の社会に対する関係も理解するだろう。このようにして人間社会を構成する個々人は、全人類に共通する使命について明確な霊的イメージの下に統合されるのである。さらに人間の認識は人類にかぎらず、地球全体の意味の認識にまで及ぶであろう。

必ずや、正しい精神科学的な考え方が、次第に広い範囲に浸透してゆくにちがいない。そしてそうなる程度に応じて、人間は正しい行動を取るようになり、社会的進歩を遂げるであろう。」「人智学（神智学）的な考え方が既に具体化された姿にだけ眼を向けてはならない。ここで語られていることを正確に理解するためには、精神科学は高度な文化的使命を果たすべく、まず自らを高めなければならぬ、という点をわきまえておくべきである」。

「精神科学は将来いつの日かおのれの顔貌を示すであろうが、現在のところではいくつかの理由から、そうするに至っていない。その理由のひとつは、精神科学はまずどこかに足場を持たねばならないからである。それゆえ、精神科学はまず、一定の人間集団に受け入れられる必要がある。

もちろんこの集団は、その発達段階の特徴に応じた形で世界の謎を新たに解明しようとするグループであり、またそこに結集している個々人に準備教育をほどこすことによって、謎の解明に対する理解と関心を喚起させることのできるグループである。当然のことながら、精神科学は自らの主張をさしあたりはこのようなグループ向きの言葉を用いて語らざるをえない。この先、条件が整うに応じて、なお他のグループにも語りかけるのに適当な表現形式を精神科学は見出すであろう。

現在のような形式による精神科学の語り方だけが不変の、それどころか唯一可能な表現形式であると思い込んでいるのは、完結し硬直したドグマを好む人たちだけである。精神科学の目的のひとつは、人類を進歩させるという極めて実践的な事業である。しかし精神科学が人類の進歩をひき起こしうるのは、そのために必要な現実的条件を精神科学自身が創り出した場合にかぎられる。しかもこの条件は、人間を一人、また一人とかちえてゆくという形でのみ創り出される。（中略）しかし人間が意志するためには、各自の心の種の仕事が必要である。そしてこの魂の仕事は一歩づつ行われるしかないのである。このことがなされないなら、神智学もまた社会的領域において妄想を演ずるだけであり、いかなる実践活動も生まれないだろう。」

ジンメル『近代文化における貨幣』（一八九六年）

「近代生活がこのように複雑にからみあっている状態に影響を及ぼすのはなによりも分業であるが、この分業は現物交換の状態では明らかにきわめて不十分なきざし以上にはあらわれえなかった。

だが、貨幣がいわば生産の分割を可能にすることによって、貨幣は人びとを無条件に結びつける。

なぜなら、各人がいまや他者のために働くようになるからである。しかも、すべての人びとの労働がはじめて、個人の一面的な作業を補う包括的な経済的統一体をつくり出す。

貨幣は、まったく相容れない、まったく関係のない、まったく遠くにある諸事物が互いに共通点を見出して触れあうさいの中心となる。」

第16章　カフカとバレス

カフカ

一九一一年の春、シュタイナーはプラハで、「オカルト生理学」や「いかに神智学を擁護するのか?」などと題して、いくつかの連続講演を行なっている。この講演を、フランツ・カフカや、当時ドイツの大学で理論物理学を講じていたアルバート・アインシュタインが聴いている。

このカフカが聴いた講演の冒頭でシュタイナーはこう話している。

「「人間進化の全体は、人間自身のためにあるのではない。人間は世界精神、世界の神的精神を開示するために存在しているのだ。人間は世界神性のひとつの顕現なのだ。」このように考えることが大切なのです。私たちが自己認識を通してますます完全な存在になろうと努力するとき、人間とは何かを単なる好奇心や知識欲から知ろうとするのであってはなりません。人間が世界精神の存在をますます完全に開示していけるようにすることを義務と感じなければならないのです。ですから〈無知のままでいるのは人間の崇高な使命に対する冒瀆である〉という言葉を、このことと結びつけて考える必要があるのです。もし私たちが、認識する態度を放棄しようとするなら、——そうすることは本来許されないのですが――そのことは私たち自身が世界精神の現われであることを、自分で拒否しているのです。……私たちが世界精神を現わすことに意味を見出し、〈認識しなければならない、認識することは私たちの義務なのだ〉という言葉が納得できるものになったとき、そのときはじめて私たちは、人間本性に対する畏敬の念を感じ取ることができるようになるのです。」

これはシュタイナーの「ゲーテ自然科学論集」第二巻解説の「ゲーテの認識方法」とまったく同じ内容である。そしてこの「無知のままでいるのは人間の崇高な使命に対する冒瀆である」という言葉は、ゲーテ論の言葉「現実のなかに理念を認識することが、人間にとって真の聖体拝領である」と対になっている。

カフカは講演終了後、シュタイナーに面会しているが、そのときの印象を次のように書いている（カフカ『日記』）。

「彼がこちらから目を離そうとしないので、辺りを見回すことができない。そしてもし彼が目を離したとなると、今度は彼の視線が戻ってくるのを見張っていなければならない。」

このときカフカはシュタイナーにこう話したという。

「わたしは自分の本質の大部分は神智学を目ざして努力しているように感じています。しかし同時にわたしは神智学を最も恐れています。つまり神智学によって、わたしにとって非常に不都合な新しい混乱をきたすことになるのではないかと恐れているのです……。この（文学的な）分野においてわたしは、確かに自分の考えによれば、先生、あなたの書かれた透視の状態に近い状態を（多くはありませんが）体験しました。事実その状態にあるとき、わたしはどのような着想であれそのなかに浸りきっていて、いかなる着想でもそれを現実化しました。そしてまたそういう状態においてわたしは自分の限界ばかりでなく、人間的なもの一般の限界をも感ずるのです。」

このカフカの透視状態によるヴィジョンは、シュタイナーの『自由の哲学』によれば「（身体感覚に拘束された）たんなるイメージの連鎖にすぎないのであり、〈感覚から自由な思考〉ではない」のである。カフカの言う「人間的な限界」とはこのことを意味しているのである。

この時代のシュタイナーは、ヤヌスのように、自由も愛もそして謎と秘儀も語っていたのである。この時代、『自由の哲学』は久しく絶版状態が続いており、一般には入手困難だった。カフカが『自由の哲学』を読んでいれば、ゲーテにとどまることなく、先へ進めたであろう。

そしてカフカは講演の印象については、こう記している。（前出書）

「ベルリンからきたルドルフ・シュタイナー博士の神智学の講演。修辞学的（レトリカル）な効果、すなわち反対者たちの異論に対するおだやかな論評。そこで聴講者は、却ってその反対論の強さにびっくりする。聴講者は心配になり、まるでそのほかに何も存在しないかのようにこれらの異論に没入してくわしく調べる。その結果、聴講者は今やこれらの異論を論破することは絶対に不可能だと観念する。そこで博士の理論に対する弁護の可能性がちょっとでも述べられる、彼らはそれでもう満足以上のものを感じるのだ。

ところでこのレトリカルな効果は、献身的な雰囲気の指図に応じたものである。――さし出した手のひらにじっと見入っている所作。――終止符を省略すること。一般に、話された文章はその大きな頭文字とともに講演者から出て行って、その長さに応じて可能な限り広がって聴衆のところに到達し、そして終止符によって講演者のところへ戻ってくるものだ。しかし終止符が省略されると、もはや引き止めるものがなくなって、文章はその持っている息をことごとく聴衆に吹きつける。」

カフカはこのときヤノーホに、「父の意見では、彼は一種の神秘屋で、金持ちのために口当たりのいい宗教の代用品を製造しているとのことです。」「彼は予言者なのか、それとも山師なのですか」と聞かれて、こう答えている。（ヤノーホ『カフカとの対話』）

「私には分からない。彼のことは、私にはなかなか合点がゆきません。彼はおそろしく言葉巧みな男です。この特性はしかしまた、山師の武器ともなるのです。シュタイナーが山師だと言うつもりはない。しかしそれもありうることかもしれないのです。詐欺師はつねに、困難な問題を安易なやり方で解こうとします。ところでシュタイナーの取り組む問題は、およそ困難きわまりないものでしょう。それは、意識と存在との間の暗い傷口、限りある水滴と無限の大海との間の緊張ということです。ここではゲーテの姿勢だけが正しいのだと、私は思います。人は、認識し得ぬものを静かに畏敬しつつ、すべての認識しうるものを整理し、摂取しなければなりません。どんな小さいものも、途方もなく大きいものも、すべて身近で価値あるものとならねばなりません。私はあまりにも自分自身の殻に閉じこもっているのです。」

こう言ったカフカは、ヤノーホに「シュタイナーの見解もそうなのですか」と問われ、肩をすぼめて「私には分からない。でもそれはたぶん、彼のせいではなく、私が悪いのです。シュタイナーは私には遠すぎて、近づくことができない」と答えている。

このカフカの日記を読んだヴァルター・ベンヤミンは、このときのカフカの逡巡（神秘主義への誘惑）を、次のようなドストエフスキーの『大審問官』の言葉で表わしている。

「だからわれわれは眼のまえに、われわれの理解のおよばない秘儀を見る。それが謎であるゆえに、それを説教してひとびとに次のように教えさとす権利があったのだ。――重要なのは自由でもなく愛でもなく、謎であり秘密であり秘儀であり、ひとびとは何も考えずに、また良心にそむいてまでもそれに服従しなくてはならないのだ――と。」

この時代のシュタイナーについて、ベルジャーエフはこう言っている。

「このカフカが聴いた講演の冒頭でシュタイナーはこう話している。「私たちの主題にとって必要なのは人間の本性について注視する(wohlgemerkt)ことです。それも個々の人間の本性についてではありません。特にその個人というのが私たち自身のことであるとすれば、なおさらです。そうではなく、人間の本性について常に全体的な畏敬の念を持つことです。」「人間進化の全体は、人間自身のためにあるのではない。人間は全世界の精神性（Geist der ganzen Welt）、すなわち神的な精神性を開示するために存在している。人間は世界神性(Weltengottheit)のひとつの現われなのだ。」

このように考えることが大切なのです。」

高橋巖はこのドイツ語で表示した部分を「宇宙の神霊の働き」と訳している。シュタイナーは「人智学指導原則」の1で、

「1　人智学は、人間の本性における精神的なものを宇宙(Weltall)の精神的なものに導こうとする、一つの認識の道である。人智学は心と感情の欲求として人間のなかに現われる。人智学がこの欲求をかなえられるということによって、自らの正当化を見出さねばならない。自分の感情から捜し出さねばならないことを人智学のなかに見出す人だけが、人智学を認めることができる。したがって、人間と世界（Welt）の本性についての良心的な問いを、人生に不可欠なものとして感じとり、それへの飢えと渇きを感じている人だけが、人智学者であることができる。」

ロシアの哲学者ベルジャーエフもこう書いている。(「ヒューマニズムの終末」)

「シュタイナーとかそのほかこんにち神智学者たちは人智学者と呼ばれているが、あきらかに人間

を宇宙の進化に従属させている。（それは誰にも理解できないものである。）そしてみずから企てた人間完成の方法は創造的体系ではなかった。神智学は神を否定し、人智学は人間を否定する。人間は宇宙進化におけるつかのまの存在にすぎなくなり、人間は超越されなければならない。現代の神智学は人間をおしつぶし、人間の個性や、自由な活動などをほろぼすことを表明している。こうして人間は自分の魂を見失った。――そして宇宙の力の満ち干きのなかにそれをもとめなければならない。神智学の知恵は自然のしかばねと人間のしかばねをじっと見ている。」

アインシュタイン

アインシュタインは、これらの講演に友人でもあった人智学者のだれかに誘われていったらしい。しかしシュタイナーと面会することもなく、人智学にもまったく理解を示さなかった（ヴォルフガング・G・ヴェーゲル編『ディ・アンデレ・シュタイナー』二〇〇五年）。

人智学者の一人はこう証言している。

「残念ながら、私はアインシュタインをシュタイナーに紹介しそこねました。彼は講演が終了するとすぐに姿を消してしまったのです。しかし後日、道端でアインシュタインに出会うと、彼は開口一番、こう言い放ちました。

「この間あそこでくだらない話をしていた男に伝えてください！」

そこで私は応えました。

「ハイ、教授。ところが私はそのくだらない話を聞きながら毎日暮らしているのですよ。」

すると教授はこう言いました。

「そりゃけっこうなことですね。しかしあなた、あの馬鹿馬鹿しさについてよく考えてみるべきです。超感覚的経験なるものですよ。私にはもともと見えないし聴こえないにもかかわらず、何かあるものを経験するために、何かひとつの感覚を用いるとは！」等々。」

戦争への誘惑

そして翌一九一二年、ロマン・ロランは『ジャン・クリストフ』（第十巻「新しき日」）に次のような予言的言葉を書き記した。

「ヨーロッパの森にくすぶっていた火事が燃えはじめていた。それを消そうとしてもだめだった。ここでも、向こうの方でも、また燃えていた。煙の渦巻きと火の粉の雨で、一ヵ所から他のところへと飛び火して、乾ききった草むらを焼いた。当方では、すでに、前哨戦が、国と国との大戦争への除幕を切って落としていた。ヨーロッパ全体、昨日までまだ懐疑的で、枯れ木のように無感覚だったヨーロッパが火事の餌食だった。戦闘への欲望がすべての魂をとらえていた。戦争は、たえず、今にも爆発しようとしていた。それを窒息させても、また蘇った。どんなに瑣細な口実でもその栄養になった。世界の運命は一つの偶然にかかっていて、それが紛争をひき起こすだろうと感じていた。世界は待っていた。もっとも平和的な人々の上にも、必然性という気持ちがのしかかっていた。そして観念論者たちは、一眼入道（キュクロープ＝ギリシア神話中の、額に丸い限をもった野蛮な巨人たち）プルードンの巨きな影にかくれて、戦争の中に、人間の高貴さのもっとも美しい称号を讃えていた……。」

ドイツと隣接するロレーヌ地方のシャルムに生まれたモーリス・バレスは、最初は、『自我礼拝』三部作にもみられるように、シュタイナーと同じように熱烈な個人主義者（アナーキスト）だった。バレスは『自由人』（一八八九年初版）冒頭の学生たちへの献詞に、「我が民族の精神、すなわち宗教的精神の持ち主は往々、純感なやからを灼熱した鉄の部屋に閉じ込めた。物質主義者は苦痛に耐え兼ねて片足づつ替わるがわるに飛びあがり、遂には世界観を変えるにいたった神の摂理は我々をイデアリスト（観念論者）たらしめようと、今日でもそれと同じ仕方で働きかける」と書いている。

バレスは自ら情熱的観念論と名づけたこの『自我礼拝』を、「これは心霊的回想記である、また、熱烈な折りによって点綴されたスコラ学派の論考と同じく一種の祈祷でもある」と言い、それを次のように解説している。

「我々の道徳、我々の宗教、我々の国家観はすでに崩壊している。そういうものから生活原理を借りることは不可能である。ある指導者が再び確信を与えてくれるまでは、我々は唯一の実在、すなわち〈自我〉にたよるべきだと、私は認めたのである。

もっともエゴイスムとかエゴチスムとか大文字の自我とかはすでに検討ずみである。多数の青年たちが道徳的混乱に陥って、この救いを熱烈に歓迎したとき、反対の声が、エゴイスムを攻撃する永遠の叫びがおこった。

しかしこの騒ぎは笑止である。少しでも教養のある人間なら、とっくの昔に心得ているはずの初歩的知識を、またしても繰り返さねばならないのは実に嘆かわしい。一八〇七年サン・シモンはこういう卓見を吐いている。「道徳家が人間にエゴイスムを禁じ愛国主義を認めるのは矛盾している。

愛国主義は国民的利己主義にほかならない。この種の利己主義は個人的利己主義が個人相互の間に犯さしめると同種の不正を、国家相互の間に犯さしめる」と。」

実際、サン・シモンとともにすべての思想家は、有機体の保存がエゴイスムによることを認めている。望み得る最良の道は、個人の利害と全体の利害が同一方向をとるよう人間の利害を組織するにある（「自我礼拝の根拠」）。

「フィリップが「蛮族の眼の下」に生活することを嘆くのは、無教養な人たちや商売人に圧迫を感じるからではない。彼の悲しみは、人生に対して、彼の懐く夢とは反対の夢を持つ人々の間に生きるという点にある。たとえそれが洗練された教養人であっても、彼には異邦人であり敵である。

一個の感性に反対する人の、心の高下は問うところでない。薄弱な、ためらいがちな、己を求めつつある〈自我〉の発展を、阻み歪める異邦人、その圧迫下に青年が自己の運命を破り生きる歓びにもめぐり遇わぬ、その蛮族を私は憎むのである。こうして、蛮族と自我とのこの二つの言葉は、対立されるとき十分その意味を明らかにする。我々の〈自我〉とは、我々の有機体の刺激に対して、〈蛮族〉の妨害下に反抗するその仕方である。この本全体は、自分の姿どおりに歪めようとする〈蛮族〉のただ中、身を護り通そうとするフィリップの闘争なのである。

事実、我々の〈自我〉は不動のものではない。我々は〈自我〉を日々に衛《まも》り、日々に創造しなければならない。この本は、その二つの真理の上に建てられているのである。〈自我〉礼拝とは自己を全的に承認することではない。我々が熱烈なひたむきな愛情をそそぐこの真理は、その奉仕者から不断の努力を要求する。

まず我々のなかから、生活が絶えず導き入れるあらゆる異物を清め去り、次に新しく添加しなければならぬ。では一体阿を添加するか。それはすべて自我と同一なもの、同化し得べきもの。明瞭にいえば、自我が本能の力に無抵抗に身を委ねるとき、自我に付着しきたる一切のものである。」

プルードンは少年時代を回想していう。「自我とは私が手をもって触れ、眼をもって見うる一切、何かに役立ちうる一切であり、非我とは自我をそこない、自我に抵抗する一切のものであった」。青年の本能に駆り立てられるすべての情熱家にとって、世界はまさにこのような単純さをもって現われるのである。ブルゴーニュ州の草原にまろび戯れた村童プルードンが太陽と大気を楽しみ得なかったのは、あらゆる幸福に飢えて色蒼ざめた我々都会の青年が、大パリに向かって開かれた狭い部屋のなかで、バルザックやフィヒテを楽しみ得なかったのと同じである。

彼が物質界について述べていることを、事物の精神的なすがたに当てはめれば、それが「蛮族の眼の下」におけるフィリップの心境となる。〈蛮族〉すなわち非我、すなわち自我を害し、自我に抵抗する一切のものである(「蛮族の眼の下」の主題)。

第二部は、燃えかつ醒めよという、自ら課した掟に副うために、フィリップが設定した体験、実践した宗教を詳述したのである。

「断乎、感激に到達する手段として、あの強力なロヨラの方法を復興したことを私は自らの喜びとしている。これは全然意力によって成った本、公式集のように無味乾燥には見えるが、実際には甚だ高邁な書物である。私はこの書によって、かって本能的に懐いた計画を強化し、それと同時に高めたのである。ミラノを訪れ、ダ・ヴィンチの前で、フィリップは血族観を純化し、ロレーヌ州を訪れて〈自我〉観を純化した。

〈自我〉を集団との関係において探求することによって、フィリップは〈自我〉の真諦を摑んだ。

彼は〈自我〉を、本能がみずからを実現せんがためにする努力と観じたのである。彼はまた、自分が過去に伝統を持たず、一代限りの仕事に没頭して、いたずらに蠢動するゆえに苦しみつつあることを悟ったのである。

こうして、〈自我〉は、拡充することによって、〈無意識〉のなかに溶け入ろうとする。そこに消滅するのではなく、人類の、普遍的生命の、汲めども尽きぬ力によって拡大するのである。そこから第三部『ベレニスの園』が産まれる。これは愛の理論を述べたもので、ショウペンハウエルにその非難を浴びせ彼のなかにわが十八世紀の精神を認めなかったフランスの文筆生産者は、もしこの書物のなかにハルトマンの学説が行動化されていることを看破したら、議論の目先を変えることが出来るであろう（「自由人」の主題）。

「宇宙を創造するは我なり」。これが拙作の各頁を貫く真理である。〈自我〉は世界を広汎かつ誠実に意識すればするほど普遍的調和を発見する、という結論もそこから出るのである。〈自我〉は己にかたどって創造する。これは容易に考え得られることである。したがって、〈自我〉が真に存在し、〈蛮族〉の反影にさえならなければ、思考の全体に他ならぬ宇宙のなかには、麗しい秩序が支配するであろう。そして明徹な頭脳に浮かぶすべての想念は、この秩序に従って必然的に相一致するのである。

〈自我〉は宇宙を創造する前に、まず存在しなければならなかった。冷酷さも否定も、殻を破るための、存在するための努力なのであった。」（「ベレニスの園」の主題）

その後カトリックに傾倒して行った。この戦時においては、「フランス魂と戦争」と題した連作を書き続け、フランス国民を鼓舞していた。

新しい自由

一九一二年十一月、元プリンストン大学教授でニュージャージー州知事のウッドロー・ウィルソンが、共和党のタフト現大統領と指名争いに破れて第三党から立候補したセオドア・ルーズベルトを破って、アメリカ大統領に勝利する。

ウィルソンは翌一三年一月、第二十六代大統領に就任する。この年、大統領選挙戦の演説をまとめた『新しい自由』（The New Freedom）が刊行される。副題には「人々の豊かなエネルギーの解放のための呼びかけ」となっている。ウィルソンはこの『新しい自由』の第二章「進歩とは何か」でこう言っている。

「考えて見れば、合衆国憲法は、実にニュートンの引力説が社会を支配していた時代に編成せられたものである。彼らがいかに忠実に、ニュートンの天体の機械説を手本にしているというような説明を与えたのは、仏人モンテスキューであった

我が憲法の創立者らは真に学問的熱誠をもってモンテスキューを読んだ。彼らはその方法においては科学者であった――その当時にあっては最上な方法を取ったのである――同時に、国民の父祖であったジェファーソンは『自然の諸法則』という書を著わし――それから考え着いたという風で――〈自然の神について〉という論文を出した。かくて彼らは――自然の諸法則を現わすために――太陽系儀を作るがごとく（中央集権的な）政府を組織した。彼らの考えでは、政治や文学（精神生活）は機械の一変態であった。憲法は引力の法則を基礎とするものであった。

この説の難点は、政治は機械ではなくして、一個の生物であるということを見過ごしているからである。その帰するところは宇宙説ではなくして有機的生活論でなければならない。ニュートンに走らずして、ダーウィンに赴くべきものである。

政治はその四囲の環境によって変形せられ、その職分上の必要に迫られて、直接に生活の圧迫を受け、その機能に適合し得るごとく形成せられるのである。（中略）

その反対に、器官相互の迅速なる協力により、それが本能もしくは知力の命令に直ちに応ずることにより、目的のために平和に協同することにより、生命は維持せられるのである。

政府は盲目力を有する団体ではない。現代においては、疑いもなく、共通の職分と目的とのために、専門高等の特別任務を有する人々の団体である。彼らは協力しなければならない。彼らが相争えばすなわち破滅である。

成功せる政治は、彼らの生命と活動との諸機関が、親密に本能的に協力しなくては得難いものである。これは理論ではない、事実である。そして理論はいかに放棄し去られようとも、その力は事実として現われてくるものである。生命ある政治組織は、その構成においてもその実施においても、ダーウィン的でなければならない。

社会は活きた有機的組織である以上、機械学の法則に従わずして、生活の法則に従わねばならない。すなわち発展しなければならない。」

ウィルソンがここで言っているダーウィン主義とは、自然淘汰ではなく、その進化学説のなかで発見されたもう一つの法則、すなわち〈相関の法則〉のことなのである。

この〈相関の法則〉とは次のようなものである（井尻正二『人体の秘密』）。

「ダーウィンによって確立された相関の法則は、森羅万象をつらぬく〈全体と部分の法則〉の生物版にほかならない。つまり、一つ一つの器官は、決して孤立して存在するものでもなければ、存在することもできず、必ず全体としてあい関連し、統一されていること、しかも、一つ一つの器官（部分）と全体は、密接な相関関係にあって、一つの器官（部分）の変化は、全体に影響をおよぼし、その逆もまた真である、というのがそれである。」

これはどちらかというと、ダーウィンの自然淘汰説を批判し、クロポトキンが動物界にあるとして持ち出してきた〈相互扶助論〉の方に近いのである。またこれはシュタイナーの社会有機体三層化論の基底を形成する考えとも通じているのである。

そしてなぜウィルソンがこのように言ったのかは、その前の章「古き秩序は変化する」を読めば一目瞭然である。ウィルソンはこう言っている。

「いかなる国もその繁栄を少数者の統制社会によって創造せしむべきものではない。米国の宝は極めて少数者の専有物になっている、かの大企業を支配する小グループの人々の頭脳の中に横たわっているのではない。我が米国の宝庫は、利益を私する階級の人々の専有物ではなく、実に大望あり、精力ある人々の中に宿っており、そして無名の人々の発明、無名の人々の創造、無名の人々の大望によって維持せられるのである。」

南北戦争後、アメリカ北部では急激な工業化が進み、社会ダーウィン主義（適者生存）を信奉するカーネギーやロックフェラーといった一握りの財閥が、企業の力を通して社会を寡占的に支配するようになっていた。彼らはニューヨークやシカゴなど大都市のボスとして君臨し、ホワイトハウスまでもがその意の下にあった。その結果、企業の労働者たちは何の福利や厚生の権利を受けることなく奴隷のように働かせられ、社会から公正さと活力が失われていった。

第17章　第一次世界大戦

第一次世界大戦――〈一九一四年の思想〉

一九一四年六月二十八日、オーストリア＝ハンガリー帝国に併合されたボスニア州サラエボで、帝位の継承者フランツ・フェルナンド皇太子夫妻が、反オーストリア運動グループのセルビア人青年に暗殺される。激怒したオーストリアは、セルビア政府に一ケ月の期限つきで最後通牒をつきつけ、セルビアがこれを拒否したため、七月二十八日、セルビアに宣戦布告した。

オーストリアを支持するドイツは、八月二日、ただちにセルビアの後ろ盾のロシアに対して宣戦布告をした。しかしドイツは、ロシアではなく、中立国ベルギーを侵犯し、北からフランスに進攻した。これを見たイギリスは、ドイツの国際法違反を理由に、対ドイツ戦争に参加し、東方からはロシアがドイツ領に進攻してきた。

ドイツ、オーストリアと三国同盟を結んでいたイタリアは寝返り、英仏露の協商側についた。バルカン諸国も、トルコ、ブルガリアが同盟側に、ルーマニアが協商側についた。こうしてヨーロッパは真っ二つに切り裂かれ、第一次世界大戦が勃発した。アジアでは日本が、日英同盟に基づき、八月二十四日ドイツに宣戦し、中国におけるドイツの租借地青島や膠州湾を攻撃した。

戦争が勃発するや、ドイツの民衆、すなわちブルジョア階級の内部のナショナリストは言うにおよばず、学者や芸術家、一般市民や労働者階級の大部分、さらには社会民主党の幹部といった国民の総ての階層で、開戦を〈八月の奇蹟〉として歓呼で迎えた。

熱狂した何千もの人々がベルリンなどの街頭に繰り出し、「いざもろびと神に感謝せよ」と唱和し、夜中まで、「ドイツ、世界に冠たるドイツ」と「曙の光、曙の光」を歌い続けた。シュテファン・ゲオルゲは開戦の直前に「盟約の星」という題の詩を発表し、こう歌った。

「私たちにとっていまなお始めであり終りであり
半ばであるあなたよあなたのこの世の軌跡を辿りつつ、
「転回の主」よ、私たちの讃美は立ち昇りあなたの星に至る。（序章）
一万人の人を聖なる狂気が打たねばならぬ
一万人の人を聖なる疫病が攫《さら》わねばならぬ
一万人の人を聖なる戦争が。（第一の書）
星々を讃えるためにおのれを生け贄とする行為へと
私をいつの日かあなたと共に赴くように定めた
「導く人」のおかげで、おお戦いにおける友よ
「神」とあなたと共に勝利へ、「あなた」と共に死へ（第二の書）
新しい聖杯騎士はそれぞれに力を取り出し
彼自身の力は、より大きくなって総ての人のうちに入り

そしてふたたび輪のなかへ胆々と回帰する。
君らは礎《いしずえ》となる考だ、私はかく君らを讃える
各人が自身と私と共にある有り様は、
義務の遂行と敬虔なこころへ向かう衝動だ。（第三の書）
神の道は我らに開かれた
神の国は我らに定められた
神の戦いは我らに点火された
神の閃光は我らを灼熱させた
神の救いは我らに灌《そそ》がれた
神の幸せは我らに花開いた。（終唱）」

ドイツを代表する作家トーマス・マンは、八月七日、兄のハインリヒ・マンに、「かくも偉大な出来事を体験できるという、まったく予期しなかった幸運に感謝しなければならないのではないでしょうか」と書き送っている。しかしフランスへの進攻の途次、ドイツ軍がベルギーのルーヴァンを廃墟とし、多くの文化財が失われたことは、フランスの知識人の猛反発を招き、ベルグソンとメーテルリンクはドイツを「野蛮人」とののしった。

これに対してすぐさま、ドイツのゲルハルト・ハウプトマンが八月二十六日、新聞に「虚偽に抗して」と題する評論を発表して反撃する。

ハウプトマンは、蛮行の責任をベルギーに転化した上で、ベルグソンを「悪哲学者にして表面的な芸術家」と侮蔑し、この戦争は〈宿命〉であって、ドイツは「自由と進歩のために」戦うのだと主張した。

社会学者のマックス・ウエーバーも、この戦争を歴史的に不可避なものとし、国民的な昂揚と犠牲心の沸騰のなか、これを「偉大で素晴らしい体験」として積極的に是認した。

このルーヴァンの破壊は、戦後わかったことだが、実際には町の十分の一程度だったが、ルーヴァン図書館の炎上によってルネッサンス以来の貴重な資料が失われた。戦争の英雄モルトケの甥で、この進攻作戦(これを立案した前陸軍参謀長の名前を取ってシュリーフェン計画と呼ばれていた)を指揮した、参謀総長ヘルムート・フォン・モルトケも、ドイツ協会の聴衆を前に次のように演説した。

「ラテン系諸民族はすでにその発展の盛期を過ぎたと申せましょう。彼らは世界の発展になんの実りももたらさなかった。スラヴ系諸民族、第一にロシアでありますが、彼らはまだ文化では大きな遅れを取っており、人類を指導する立場に立つことはできません。ロシアが主導権を握れば、ヨーロッパは苛酷な支配のもと、精神的な野蛮の状態に後戻りしかねません。イギリスは物質的な目標しか追い求めません。人類がこの先順調に発展するとすれば、それはドイツの手によって成し遂げるしか道はないのであります。であればこそ、ドイツも今次の戦争で負けるわけにはいかない。目下、人類をより高い目標へと導くことができる唯一の民族がドイツ人なのです。……この戦争は新たな一頁を書き加えるでしょう。そしてその結果は全世界に道を示すことになるのです。世界が次の世紀へと進展して行くべき道を示すのです。」

こうした考え方は、スウェーデンの国法学者チェレンによって〈一九一四年の思想〉と名づけられた。そして、この〈一九一四年の思想〉について、神学者・宗教哲学者エルンスト・トレルチは、同じドイツ協会での演説でこう述べた。

「現下の全世界戦争は、ナポレオンとの運命的格闘にある程度まで匹敵する。だからこそわれわれは、今日、かくも深く内的な威力をもって、あの時代や当時の偉大な代弁者ヨーハン・ゴットリープ・フィヒテに目を向けるのである。かような回顧から学びうるのは、偉大な思想というものはまず大きな政治的‐社会的事件の産物であって、理論や主義からではなく、すさまじい体験からおこってくるのである。」

この「偉大な思想」とはいわゆる〈時代精神〉を指しているのだが、それは「理論や主義からではなく」と言っているように、ヘーゲルの言う「思想において捉えられた」時代としての時代精神ではない。「歴史における理性」を説いたヘーゲルにとって思想とは超時代的な永遠のものであり、言わば〈上からの哲学〉だった。それに対してトレルチは「すさまじい体験からおこってくる」〈下からの哲学〉こそが時代精神であるとしたのである。ヘーゲルとは反対に、歴史が哲学を、事実が論理を生むのである。

「カント、ロマン派、およびゲーテの精神が、プロイセン国家の生活闘争と復活とのなかで、当時、自由、生産的な個性と根源性、ドイツ気質の神的な世界使命によせる形而上学的な信仰といった、ドイツ国民的精神の新しい形式をうけとったのだった。」

今日も事情は変わらない。フィヒテの思想は、時代がちがっても適する。

「経済的に考えれば、戦争は、そのさい個々の仲間が得をする見込みがあるにしろ、明らかに狂気の沙汰であった。世間ではこの戦争を名づけて、世界を自分たちのあいだで分割する資本主義の世界戦争といっているが、この場合、やはり資本主義が諸民族や諸国家の、拡張欲や権勢欲の手段であり活動形式なのである。こうして今日いたる処で戦争をみたしているのは、政治的‐道徳的パトスなのであって、商人的打算ではない。わが国ではとくに国民の生活意志であって、利益の期待ではない。大帝国の野心と権勢欲が戦争をおこした。しかしわれわれがこれを戦ったのは、われわれにとって将来と名誉とがあらゆる利益にまさったからなのである。」

とはいえ、こうした一切とともに、形而上学的なものの世界がふたたびわれわれの前で、またわれわれのうちで光輝をはなった。運命と精神との神秘的な関連、感覚的現世的世界のほんとうの力である超感覚的世界の光栄による一切の単に死んだ量や力の克服、がこれである。

戦争の発端に、『ドイツは祈る』という簡単な表題をつけた、あのゴットフリート・トラウブのパンフレットがでた。それは、うそ偽りのない真実だった。ドイツは祈ったのだ、たしかに千差万別な精神と意味において、しばしば言葉ぬきで。だが敬虔と向上、意気消沈と精神的気力の回復といった感情、超感覚的なものの波が国民をおおっていった。

「われわれの自由の思想は、じっさいは西欧民族のそれと別のものである。人権の熱狂的な平等思想とちがうように、英国の君主的人間の個人主義とも意を異にする。ピューリタニズムに根ざすのでもなければルソーに根ざしてもいず、独特にドイツ精神に根ざす。それは超個人的な公共心の自立的意識的な肯定の自由であり、こうした公共心への発剌とした関与とむすびついている。全体にたいする自発的な義務とか全体の内部における個人の人格的に発剌とした独創性とかの自由であり、公共心や訓練の自由である。まぎれもなくここで一九一四年の思想は、一七八九年の思想と、今日するどく、はっきりと、しかしまた前途有望に創造的に対立している。すなわち、一七八九年の思想の廃棄や否定としてではなくて、そういう思想のうちにも含まれている、人格の自由と尊厳、内実と生の深さにたいする努力の、まったく種類を異にした形成として。一七八九年の思想は、孤立した個人およびいたる処で平等な理性のことしか考えず、一九一四年の思想は、国民全体の生活やこの国民全体へ個人を編入することしか考えない。

一九一四年という年は、自由におけるひとつの進歩を意味するにちがいない。が、この自由は、フランスや英国の模倣を脱してドイツ的な自由であろう。ドイツ的自由は、まず第一に意向や生活様式の問題ではあるが、つぎにはわれわれの公的制度のはっきりみとめうる精神でなければならない。こうしたとき、西欧人はこれにたいして何とでもいうがよい。彼らがわれわれを理解せず、うわべや欠陥にしかつかまらなかったこと、だが彼らが理解しなかったものこそわれわれの最良のものであり、われわれも、おそらくはまた彼らも将来の力であることを、学ぶにちがいないだろう。」

両陣営の文章合戦が始まる。八月二十九日、『ジャン・クリストフ』で名高いフランスの作家ロマン・ロランの「ゲルハルト・ハウプトマンへの公開状」が中立国スイスのジュネーブ新聞に掲載される。ロランはこの地で夏期休暇を過ごしていた。

このなかでロランは、「ゲルハルト・ハウプトマン、私はドイツを野蛮人扱いするようなフランス人には属しません。私はあなたたち力強い民族の知的および道徳的偉大さを知っています」と言いながらも、「私はあなたのように、戦争を宿命とはみなしません。フランス人は宿命を信じません。宿命とは、意志をもたない魂の弁解です。戦争は諸民族の弱さと愚かさの結果なのです。彼らに同情するだけで、彼らを怨むことはできません。私は私たちの喪の悲しみゆえにあなたたちを責めるのではありません。あなたたちの悲しみもそれに劣らぬものとなるでしょう。フランスが荒廃に帰するなら、ドイツもやはりそうなるでしょう」と言った。

そしてロランはこう書いた。

「生きたベルギーを攻撃するだけでは満足しないで、あなたたちは死者たちに、幾世紀の栄光に対して戦いを挑んだのです。あなたたちはマリーヌを砲撃し、ルーベンスを焼き払った。ルーヴァンは今や一塊の灰にすぎません。――芸術、科学の宝をもったルーヴァン、この聖都は！　いったいあなたたちは何物なのか？　今やあなたたちは何という名で呼ばれたいのか、ハウプトマンよ、野蛮人という名称を拒否するあなたたちは？　あなたたちはゲーテの孫か、それともアッティラの孫か？　あなたたちは軍隊相手に戦争をしているのか、それとも人間精神にたいしてか？　人間を殺すがいい、しかし作品を尊重したまえ！　それは人類の世襲財産なのです。」

「あなたたちがそれをしないなら、あなたたちは次の二者のいずれかです――あなたたちはそれを是認しているか――それともあなたたちは、あなたたちを支配するフン族に対して反抗の声を立てる力もないかです。それなら、あなたが書いたように、自由と進歩の大義のために戦っているなどと称する権利がどうしてあるでしょうか？　あなたたちは世界の自由を護ることができないばかりか、あなたたちの自由を護ることさえできないことを、ドイツの選良たちは最悪の専制政治の奴隷であり、傑作を損じ、人間の〈精神〉を殺す暴君の奴隷であることを証明しているのです。」

すかさず、カール・ヴォルフスケールとハウプトマンがロランに反論する。ではシュタイナーはこの戦争勃発に対してどのような態度をとったのか。一九一四年九月十二日ミュンヘンで、シュタイナーはこの戦争勃発の「精神的背景」について、ドイツ精神の意味とドイツ民族の使命について精力的に述べたあと、次のように語っている。

「今ここにある事態は、発展へ向けての民族と人類のカルマがもたらしたものです。オカルティストにとって、サラエボの事件は全く特別の帰結を示しているもので、皇太子夫妻の死は他の多くの死とは全く異なった意味を持っています。

私の『哲学の謎』の第一部が七月に出版されました。そして戦争が始まった時、第二部の二〇六ページまでのゲラ刷りが送られてきました。このゲラは、フランスの哲学者ベルグソンの思想からドイツの哲学者プロイスへの思想への変わり目で終わっています。このプロイスという人は、孤独な生涯を送った人で、ドイツではほとんど知られていませんが、私たちの神智学の世界観を準備した人です。私は彼を正当に評価しています。」

『哲学の謎』のその部分（邦訳540‐41頁）を見てみると、シュタイナーはこう書いている。

「それとともにベルグソンは、軽やかに織りなされ、容易に到達できる思索から、すでに一八八二年にヴィルヘルム・ハインリッヒ・プロイスが彼の著書『精神と物質』（一八九九年）において思慮深く述べていたような、進化観（『創造的進化』一九〇七年）を生み出す。」

このシュタイナーの講演の直前、『民族心理学』で知られる哲学者のヴィルヘルム・ヴントは、解放戦争でナポレオンを撃破したライプチヒで〈真の戦争について〉と題して講演し、そのなかでベルグソンをこう痛罵している。

「ドイツでは真面目に物を考える哲学者が、かって真面目にとったこともないかのアンリ・ベルグソン氏が、われわれを野蛮人と罵っても、われわれは何らの痛痒も感じないのであります。

何しろわれわれはこの哲学者がその思想を、ともかくそいつが何か物の役に立つ限りにおいて、さも自分の発明であるかのように世間に送り出すということをよく知っているのであります。」

そしてシュタイナーはこのプロイスについて次のように言っている。

「このプロイスという思想家にとっても、人間はほかの自然存在から生じたものではなく、はじめから、その地上に相応しい形態を自ら与えることができる以前に、まずほかの諸生物のなかにその前段階の形態を放逐せねばならなかった根本的実体なのである。上記の著書のなかに、次のような箇所を目にすることができる。（以下、『哲学の謎』を参照）」

ここでゲラは途切れている。シュタイナーは言う。「この途切れは、フランスからドイツへの思想的な移転が断絶したことを暗示しており、それはまた、たんに私個人にとっての出来事ではなく、人間の魂にとって象徴的な出来事なのです」と。

この時代シュタイナーは、このドイツ精神の意義について積極的に話している。そのうちの主なものを幾つか挙げてみる。

一九一四年十月二十九日（ベルリン、以下同じ）「精神科学的考察による我々の運命の日におけるゲーテの心理とドイツ文化」、同年十一月五日「情神科学的考察によるシラーとゲーテの民族」、同年十一月二十七日「精神科学的考察による民族の魂」、一九一五年一月十四日「精神科学の観点からするゲルマン魂とドイツ精神」、同年二月二十五日「ドイツ精神の根本的な力」、同年十二月四日「ドイツ民族魂の若々しい力」、同年十一月二十八日（ミュンヘン）「我々の運命的時代のためのドイツ理想主義の帰結としての思想の現場」、同年四月二十二日「ドイツ理想主義の世界像—我々の運命的時代のための考察」などである。

これらのものは公開講演ではあるが、シュタイナーの生前には出版物になっていない。

モルトケはシュタイナーと非常に親しい関係にあり、モルトケはドイツ協会での演説でヨーロッパを東欧（ロシア・スラヴ）、西欧（イギリス・フランス）、そして中欧のドイツと三つに分けているが、これはシュタイナーの民族論の受け売りである。

シュタイナーは、すでに三年前に『民族魂の使命』を上梓している。

一九一四年九月二十二日、ジュネーブ新聞に、再びロマン・ローランの「戦いを超えて」という題の檄文が発表される。このなかでロランは、互いに交戦しているフランス、イギリス、ドイツといったヨーロッパ文明の中枢の国々の知識人たちに、互いの憎悪の意識を克服し、平和を取り戻すことを訴えた。

「おお、世界の英雄的な青年たち。なんという浪費的な歓びをもって、彼らはその血潮を飢え渇いた大地にそそいでいることか。なんという犠牲の収穫が、このすばらしい夏の太陽の下で刈りとられたことだろう……。あなたたち一同、すべての国々の青年たち、共通の理想のために悲劇的に争い合っている。敵同士の若い兄弟たち――自己の種族の救援に駆けつけるスラヴ人、名誉と権利のために戦うイギリス人、ドイツの大軍に敢然として刃向い、それに抗して西欧のテルモピュライを防御した不敵なベルギー国民、コサック騎兵の急流に抵抗してカントの思想とその町を護るために戦っているドイツ人、そしてとくにあなたたち、わがフランスの若い仲間たち、数年このかた自分の夢を私に打ち明け、そして戦場に出発するに際しては、崇高な決別の言葉を私に送ってくれたあなたたち、〈革命〉の英雄たちの血統をふたたび花開かせたあなたたち――私にとっていかにあなたたちが愛しいことか、死に赴くあなたたちが……」

このロランの行動についてシュテファン・ツヴァイクはこう書いている。（『ロマン・ロランに』）

「トルストイこそかって自分の祖国のなかで戦争が行われていたさなかに、私はもはや沈黙していることができないというあの有名な叫びとともに奮起して、人類に対抗して人間の権利を擁護し、同胞相互の殺戮をなさしめる命令に対して抗議を発した唯一の人間であった。今はもう彼の澄みわたった声は消え去り、彼に代わってその位置に立つものはいなかった。人類の良心は沈黙していた。そうしてロランは殷々《いんいん》たる砲声よりもむしろこの沈黙を――隷従者たちの喧嘩のなかでの自由精神の無気味なまでの沈黙を、一層恐ろしく思った。彼が協調を求めて呼びかけた人々は彼を見棄てた。

至高の真理、すなわち良心の真理は、もはや誰にでも共通するものでなかった。ヨーロッパ精神の自由のために闘い、虚言の横行するなかで真実を、狂乱した憎悪に対して人道を守って闘おうとする彼に助力するものは、一人もいなかった。彼はふたたびその信念を守って孤立した。その苛酷を極めた孤独の時代よりも更に彼は孤立していた。」

ロランは、かつて『ジャン・クリストフ』に、「……戦闘への欲望がすべての魂をとらえていた。戦争は、たえず、今にも爆発しようとしていた。……世界は待っていた。もっとも平和的な人々の上にも、必然性という気持ちがのしかかっていた。」（「新しき日」一九一二年）と書いていた。

このロランに対して、神秘主義的な観点からゲーテの評伝をものしたゲオルグ派のフリードリヒ・グンドルフが反論を加える。まだこのころはドイツの快進撃が続いていた。

そして十一月、ドイツを代表する作家トーマス・マンがベルリンの『ノイエ・ルントシャウ』の巻頭に「戦時に思う」(Gedanken im Kriege) を発表し、ロランに反撃する。

ロベルト・ムシル、ルドルフ・ボルヒァルト、エルンスト・ベルトラムがこれに続いた。

トーマス・マンは「戦時に思う」のなかで、戦争によって、ドイツの芸術家が味わった法悦、芸術家たちの精神のルネッサンス（デモーニッシュなるものの純化）について語った。マンはこの戦争を「軍国主義に対する文明の闘い」と位置づけ、「戦争は純化であり、解放である」と主張した。そして、返す刀で、フランスやロランらの平和主義を、ブルジョワ的な平穏無事主義として侮蔑し、精神的退廃と罵倒した。マンは言う。「ただドイツの勝利のみが、ヨーロッパに平和をもたらす」と。

ジンメルも赴任先の独仏境界のシュトラースブルクで「ドイツの内的変化」と題して、次のように講演した。

「この戦争の宣戦布告と共に、ドイツにおけるあらゆる人々の心のうちに衝撃が与えられたように思われる。この事実に直面して、これまでわれわれにとって極めて運命的な圧迫と緊張、非運と決意とを要求していたあらゆる事柄が突然希薄なかつ貧弱なものとなってしまった。

すなわちそのなかでわれわれが育てられまたわれわれ自身でもあったドイツは、あたかも見果てられた夢のように沈んでゆき、たとえこの戦争がいかなる結末に達しようとも、われわれは、われわれの将来をば、別個のドイツを根拠とし地盤として体験しなければならなくなったのである。」

「われわれはこの別個のドイツがいかなるものであるかを知らずにそれがやってくることだけを知っているが故に、それだけ強く、またそれだけ一般的にいわば分化されないこの理念がわれわれを支配するのである。

すなわちわれわれがこの戦争に踏み込んだ当時のドイツとは別個のドイツが戦争から生まれるであろう。

このような変化は先ず個人と全民族との間に覚醒した新しい連関として現われた。個人の存在のうち限られた部分だけが真に個人的な、自主的なものであるということは、恐らくわれわれの多くのものが理論的に知っていることであるが、平和な日常時には決定的に意識されていないのである。

何となれば平和な日常時には人々を相互に区別するものだけが実際上関心の的となり効果があるからである。共通の根拠に強い衝撃が加えられてこれを動揺せしめれば、初めて共通の根拠が自明になり、かくして吾人はそれを感じ、知ることができるであろう。すなわち共通の根拠が引き裂かれ更に再び新しい形態に転ぜられれば、汝の個人的存在のある部分が単に他の部分になるというのではなく、汝はただ一つの存在——そこでは個人的なものと最も普遍的なものとがあらゆる点で合体する——を持つだけである。

個人と全民族との間の機械的分離が影を潜めたということは、この偉大なる時代の最大の収穫であり、それはわれわれの存在の有機的性格を再び感ぜしめるものである。共通のものと固有のものとがあたかも空間的に分離しているかのようにそれぞれ独立に存在するという機械的見解を開花せしめるのは、深い振動に揺らされない期間だけである。

生の根拠が動揺することによってこのような抽象的かつ不自然な分離が崩壊する諸々の時期は、生の全体性と大きさとによって充たされている。それらの時期は生の新しい組織化、すなわち生の全体性の変更が行われる転回点を表わすものである。

今日では全く異なった様式の統一がわれわれの感情を捉えるようになっている。すなわち個人はもはや分化された行為または存在という運河を通して全体に結びつくのではなく、個人は全く直接に一挙に全体のなかに突入するのであって、あらゆる思想とあらゆる感情とを貫いて超個人的全体が成長しているのである。

誰も今日、別個のドイツがやってくることだけは予言できるが、それがいかなるものであるかということを予言できない。そしてこのような無知の知こそ、われわれが時代の転回点に立っていることを先ず示すものである。

しかし時代が現実的に新しくなろうとしている場合は、未来の要素が現在のうちに極めて深く存しており、生のメタモルフォーゼにのみ限られる転移——それは誰も計ることかできない——が問題となるのである。

したがってわれわれはすべて極めて強く感動しているので、われわれは今や歴史、すなわち一回的なものを体験している。

　ここ数十年来、ドイツにおける諸々の精神運動は、あたかも遠来からのごとくに、断片的に、多かれ少なかれ意識的に、新しい人間の理想を目指している。私が正当に見たごとく、このような思想形成を発展せしめる層は恐らく一八八〇年から成立し始めている。

　その層の外には、この時代に自己の精神的発展を既に完結してしまったものが存している。しかしまだ可塑的であったものに対してはニーチェと社会主義、自然主義と新しく解釈されたロマン主義、リヒャルト・ワーグナーと近代的労働の技術、形而上学及び宗教心の復興と特に近代的な、外面化と精神化とから織りなされた、生活形成の美学とが働きかけている。

　それぞれの理想形成を求めてみれば、ルートウイッヒ・フランクの新しい人間はシュテファン・ゲオルゲの求める新しい人間と全く異なっており、またオストワルトの求める新しい人間はオイケンの求める新しい人間とも異なっているのである。

　しかし肝要なことは、このような区別ではなく、希望、労働、理想等が一般に新しい人間を目指しているということである。あれやこれやの完全さの獲得が求められるのではなく、一つの時代が新しくつくられるのである。

　ドイツの最も精神的な人々は数えきれないほど多くの意見を発表しているが、それらは極めて複雑であるにも拘わらず常に次のような同じ感情を顕わにしている。すなわちこの戦争はこれまでの戦争とはとにかく異なった意味を持ち、それは一つの、いい得べくんば精神的な内面を有し、その外的出来事は心、希望及び運命の明言し難い、しかもそれ故にまた確かな深奥に根ざし或いはこれを目指しているのである。」

まったくグンドルフらの考えと同じだった。この新ロマン主義と呼ばれたゲオルゲ派は、以前から『芸術草紙』誌上でドイツ精神とドイツ文化の特別な意味について論じていたが、彼らはこの命題をさらに発展させ、〈文明〉の概念を落としめるために、民主主義をポピュリズムと同一視し、〈反文明（反フランス）〉の貴族主義的な目標を吹聴していた。文明は民族を超えた普遍的なものであり、文化は民族の柵《しがらみ》に捕らわれたものだった。

これを読んだロマン・ロランは、「私が今日まで読んだドイツの知識人の書いたものの中でいちばん恐ろしいものである」と日記に記した。

同じ十一月、イエナ大学総長エルンスト・ヘッケルも、「イギリス専制の粉砕。海賊国家イギリスへの進攻、ロンドン占領。ベルギーの分割。フランスはドイツに、東部国境地帯の一部を譲渡する」などの要求を掲げ、進軍ラッパを吹き鳴らす。ドイツの知性は悪しきニーチェ主義、ディオニソスの熱狂に酔いしれていた。

これに対してロランは、「闘いを超えて」のあと、十月から翌年の六月にかけて、「戦争中の慈善」、「偶像」、「私たちの隣人なる」、「選良の殺害」を発表し、同様の主旨を訴える。これらは沈黙している者たちに声を与える試みだった。

一九一五年二月、トーマス・マンは『フリードリヒと一七五六年の大同盟――暗局のための素描』を発表し、一八七〇年の独仏戦争は（フリードリヒ大王の）七年戦争の継続であると呼んだプロイセンの国史編纂者ハインリヒ・フォン・トライチュケを援用し、今回の大戦はフリードリヒ大王の戦いの継続であると主張して、ロランのベルギーの中立侵犯に対する非難に反駁した。

マンは、かってのプロイセンと現在のドイツ帝国の国際法に違反する態度を、トライチュケにならって、次のように理屈づけた。「正義が一つの慣習であり、多数者の判決であり、〈人類〉の声であるかぎりにおいては、フリードリヒ大王は正義に反していた。彼の正義は、台頭しつつある力の正義だった」と。

こうした熱狂の嵐の吹き荒れるベルリンから、一九一五年三月二十二日、ユダヤ系ドイツ人であるアインシュタインは、ロランにこう書き送った。

「拝啓、新聞並びに賞賛に値する〈新祖国同盟〉の報告によって、私は、フランス国民とドイツ国民とを引離しているとても悲しむべき誤解をなくするために、あなたがあえて危険に身を曝しておられる勇気を知ることができました。そのため私はあなたに私の熱烈な尊敬を申し述べなければなりません。今までは確かな方法で考え、健全な感じ方をしていた多くの才能ある人びとを襲った、私にとって理解しがたい盲目状態、そのような悪しき流行病から、ほかの優れた人びとをあなたのお手本が目覚めさせることができますように。……もしあなたが、私が道具としてあなたにお役に立つとお考えの際には、私の地位であろうと、ドイツ及び外国の科学アカデミー会員との関係であろうと、私の微力をご利用下さるようご一任申し上げます。

あなたの心から忠実なA・アインシュタイン」

また、自身の信奉者であった夫人を通してモルトケに重大な影響を与えたとされるシュタイナーは、七月五日、『戦争に想う。ドイツ人と、ドイツ人を憎まねばならないという信仰に与しない人々のために』という小冊子を出版する。これはトーマス・マンの「戦時に思う」を意識してのものである。

冒頭シュタイナーは、戦場の兵士と残された家族に対して、この戦争は人類発展のためのものであり、その目的を達成するためには戦士の血と死の犠牲が避けられないことと、そしてそれは正しいことである、と言う。

続けてシュタイナーは、トライチュケの『十九世紀のドイツ史』のなかの有名な一節、「人は理解するだけではなく、愛する、それと同じすばらしい心だけが、自分が体験した悲しみや幸せのように、内なる真理が歴史叙述に与えてくれた、生国の運命を感受することができる。この完成した形式のみならず、心情の力のなかに古代の歴史家の偉大さがあるのである」を引用し、トライチュケを反ドイツの敵対者たちから擁護している。

ヘルマン・グリムは、このトライチュケを、クルティウスやランケと並ぶ、ドイツの三大史家の一人として讃えている。

そのクルティウスは、シュタイナーによれば、ドイツ人は〈中欧〉を感知し、この戦争を〈すべての存在と生の久遠の最高の真理の根底〉から評価しているのである。

このあとフィヒテの『ドイツ国民に告ぐ』が引用され、シュタイナーは、モルトケ同様、〈西〉のフランスとイギリスの資本主義・物質主義と、〈東〉のロシアの後進性を批判し、ゲーテやシラーに代表される理想を追い求める姿勢や自己犠牲、共同体の精神といったドイツ固有の本質とその使命の崇高さを説いている。

シュタイナーにとってこの戦争は、西と東の中間に位置するドイツが、世界史の法則によって運命づけられた精神的かつ有効な使命を果たすものであり、それはまた没落へ向かっている人類史を転換させるものなのである。これは、マンの言う、世界の憎まれものとなったドイツへの無限の共感と、「文明化された野蛮」フランスと「警察国家」ロシアに対する文明転換のための戦いであるという構図とまったく変わらない。

シュタイナーは、この講演の最後を次の言葉で結んでいる。「ドイツはこの使命を戦争なしに遂行しようと望んでいるので、ヨーロッパの他の諸民族もドイツの使命を理解し、それを自身にとっても必要不可欠なものとして受け入れなければならないし、それができなければ、世界はさらに精神的に没落して行くことになるだろう」と。

アインシュタインは、この年の九月、スイスにロランを訪ねている。また仏領ガボンのランパレネでフランス側に捕らわれていたアルバート・シュヴァイツァーも、八月二十五日、ロランにあてて手紙を出している。

「親愛な友よ、私がここに監禁されていることはおそらくご存じでしょう。……このお手紙も、ただ、あなたがお書きになっているものをときどき拝読していることを申し上げたいためなのです。新聞はこの原始林の孤独のなかまでも届きますが、あなたのお考えは、この悲しむべき時代における慰めをもたらすものの一つです。私についてご存じのことによって、私たちがいかにしばしば一致しているか、あなたはよくお感じのことでしょう。そして、われわれの時代の熱狂した群衆の思想が落ちこんでいる野卑さにたいして、あなたが反対なさっているこの勇気を私がどれほど賞賛しているかを申し上げねばなりませんでした。……私の現在の位置ではご助力できないだけですが、しかし心からあなたと共にあるこの戦いを、どうかよくお戦いください。心からあなたの友。」

そして一九一六年六月、ケンブリッジのトリニティ・カレッジのバートランド・ラッセル教授が、兵役忌避者を擁護する文章を書き配布したかどで起訴される。有罪になり罰金百ポンドを課せられる。その後ラッセルはケンブリッジの学究社会から追放されるが、その直前に、ケンブリッジでの講義をまとめた『社会再生の原理』を出版しようとしたが、周囲の激しい反対に会う。しかし、ミューアヘッド教授の「非常に重要な、哲学的寄与である」という強い推奨によって出版が実現する。

この『社会再生の原理』でラッセルは、人間生活の基本的動因は意識的な意図よりも衝動にあるとし、その衝動には所有衝動と創造衝動の二つがあり、最善の生活は創造衝動の上に築かれねばならないとしている。そして、この創造的精神を自由に解放することが政治や経済改革の原理にならなければならないと言う。その結果選択されるべき社会体制は、マルクス的社会主義でもサンディカリズムでもなく、ギルド社会主義であるとした。

これは、いかにも一元論を否定し二元論の立場をとるラッセルらしく、経験主義的あるいは中立主義な社会論である。

第18章　一九一六年〜一八年――エルンスト・ブロッホ

エルンスト・ブロッホ

この時代、シュタイナーの著作や講演に親しみ、一時は引き込まれた、若き日の哲学者エルンスト・ブロッホ（一八八五〜一九七七）がいる。

ブロッホは、哲学的処女作『ユートピアの精神』（一九一八年）の第一章として収められることになる「音楽の哲学」の最終部分となる「秘儀」の章節を公にしようとして、当時創刊されたばかりの雑誌『王国』の発行人であるアレクサンダー・ベルヌスに接触する。

ベルヌスは、一九〇九年に、ゲオルゲ派の画家メルヒオール・レヒターにブラヴァツキーの著作を紹介し、一九一〇年、ミュンヘンでシュタイナーと運命的な出会いをする。その後ベルヌスは、一九一三年、シュタイナーにオーデンヴァルトの自分の地所にヨハネ館を建てるよう申し出る。

ベルヌスがこの雑誌を創刊した目的は、戦時に「精神的に新しいもの」を「活力にあふれて」登場させようと意図していたからである。この十年代には、ドイツの国民の過半数は三十歳以下の若者によって占められていた。

この雑誌への協力を求められたシュタイナーは、自分や他の人智学派の者たちの協力を約したが、ベルヌスに「人智学協会との関係を強調しすぎないよう」求めた。

当時二十歳を越えたばかりで、シュタイナーに深い関心を持ち、ゲオルゲとシュタイナーを結びつけることに熱中し、またシュタイナーとフッサールの現象学とを関係づけようとしていたブロッホは、当然のことながら、この雑誌に強い期待を持っていた。

しかしベルヌスは、ブロッホから送られてきた原稿には何の反応も見せなかった。ショックを受けたブロッホは、友人のゲオルク・ルカーチに「君はベルヌスを知っているだろう。彼とコネのある人を知らないか」と手紙を書き、斡旋を依頼する。だが結局、この原稿は掲載されることはなかった。ルカーチとブロッホは、一九〇九年にベルリンで出会っている。

この時代、ブロッホやルカーチだけではなく、ヴァルター・ベンヤミンのような才能ある若者の多くがゲオルゲの神秘主義に傾倒していた。そして彼らは、時代の趨勢とともに、一方はマルクス主義へ、他方はナチズムへと流れて行った。

ブロッホの「秘儀」には、「たんにアストラル界の色彩とオーラとは異なるデヴァハーニシュな世界の、太古に予感された音響」という表現に見られるように、「集団魂」「デヴァハーニシュなアストラル界」といった神智学用語が随所に見られる。

この「音楽の哲学」は、その後「カール・マルクス、死および、黙示録」といった章が増補され、一九一六年、『ユートピアの精神』と題して刊行される。ブロッホ自身は『音楽と黙示録』という題名を望んでいた。

この『ユートピアの精神』初版の第五章「今の時代の思考環境について」には、こう書かれている。

「(シュタイナーは) 古き神智学の遺産を再生することのできた、今の時代のただ一人の人物である。輪廻という倫理的に避けがたい思想を、アーカーシャ年代記の印象深い教説による細かい点も含めて、真剣に受け入れることである。」

しかし、ベルヌスの高圧的セクト的な対応が反発を招いたのであろう。ブロッホは、シュタイナーのことを「帰依者、スタイル、教養のレベルによって三重に面目をつぶされた男」であり、「いまや、秘儀を送り出さねばならない哀れな新聞寄稿者」と蔑んでもいる。

そして、最初のゲーテアーヌム消失後の、一九二三年に出された改定新版では、この第五章は総て削除された。以後三十年間、ブロッホは、シュタイナーと人智学に対して罵倒し続けることになる。

失望させたのは、ブロッホだけではない。ツヴァイクはこう書いている。

「それから幾年ものちドルナハにおいて壮大なゲーテ館、彼の弟子たちが彼のために「人智学」のプラトン的アカデミーとして創設したこの「叡智の学校」を見たとき、私はむしろ、彼の影響がこれほどにも広く現実的なもの、時には卑俗なものにさえなっていたことに幻滅を感じたのであった。

私は敢えて人智学に判断をくだそうとは思わない。私は今でも、それが何を欲し、何を意味するものかはっきり分ってはいないからである。本質的に言って、この教説の人を誘うような影響力は、ひとつのイデーとではなくて、ルドルフ・シュタイナーその人の魅惑的な人格と結びついているものだとさえ信じているくらいだ。

ともかくも、こうした磁気のような力を持つ人間に、彼がまだ打ちとけて、独断的にではなく若者たちに自分の思想を伝えていたあの初期の段階において出会ったということは、私にとって評価しきれないような利益であった。彼の幻想的で同時に深遠な知恵を見て、われわれが高校生的な思いあがりからすでに自分のものとしたと考えていたような真の普遍性というものは、かりそめの読書や議論からではなくて、多年の熱烈な努力をまって初めて獲得しうるものである、ということを認識したのであった。」

一九一七年――万人に反対する一人

一九一七年四月、アメリカ合衆国がドイツに宣戦する。その翌月、ロシアで革命が起き、帝政が打倒され、ケレンスキー政権が誕生する。ドイツに動揺が広がる。

これとどんぴしゃりのタイミングで、ロマン・ロランの『クレランボー』が発表される。この本には「万人に反対する一人(L'Un contre Tous)」という副題が付けられていた。ロランは、この本のエピソードとともに、この年の十二月にスイスの諸新聞に発表したはしがきに、この題の由来を明らかにしている。

「この題は、皮肉を伴ってはいるが、ラ・ボエシの『一人に反対して』という書物の題名の意味を逆に用いようとしたのである。ただこの題によって作者が、ただ一人の人間を万人に対抗させるという無法な意図を有すると考えてはならない。ただ群衆に対抗して個人の良心が闘うことが今日の急務だということを想起せしめようとするものである。」

ロランははしがきにこう書いている。

「この作は、戦争の影に覆われているが、戦争を主題としたものではない。この作の主題は、群衆の魂に個人の魂が呑みこまれるということである。それは、私の考えでは、人類の将来にとっては、一国の一時的な主権よりもはるかに重大な出来事である。

私は政治問題を、わざと従属的な地位にのこしおく。それは特別の研究のために保留すべきである。しかし戦争の起源をいかなる原因に帰するにしても、どのような論題や理由が戦争を支持しようとも、世論の前に知性を放棄する理由は絶対にないのである。

化石的遺物たる奇怪きわまる国家理由(国家の目的実現のためには手段を選ばない)と雑種になったデモクラシーの世界的発達は、ヨーロッパの人心を導いて、共同社会の奉仕者となること以上に高い理由はないという信条をいだかせた。そしてこの共同社会がすなわち国家だと定義した。

私はあえて言う。盲目のあるいは目を眩まされた共同社会（今日のすべての国家はみなそうで、もろもろの民族の複雑性を大観する能力をもたない若干の人々が通常、ジャーナリズムの嘘と中央集権的な強引な機構によって、彼らの気まぐれ、彼らの情熱、彼らの利益に都合のよい思想や行為を、民衆に強制するのである)、そういう共同社会の奉仕者は、真に共同社会に奉仕するのでなく、自分とともに、共同社会を奴隷化し、堕落させるのである。他の人々の役に立つことを望むものは、まず自由でなければならない。愛といえども、それが奴隷の愛であっては、何の価値もないのである。

自由な魂、しっかりした性格、それこそは今日の世界にもっとも不足しているものである。ありとあらゆるちがった道——教会の死骸のような服従とか、息の根をとめるような祖国の頑迷不寛容、社会主義の人を愚かにするような中央集権主義など——によって、私たちは群居生活に後戻りするのである。人間は地球の熱い泥から徐々に脱出した。その幾千年の努力が彼を疲れはてさせたかのようである。彼は、ふたたび泥土のなかに落ちこみ、集団的な魂が人間をひっとらえ、胸がわるくなるような深淵の息に呑みこまれる……さあ、しっかり立ち直りたまえ、人間の周期《さだめ》が終わりに達したと信じないものは！　あなたたちを曳きずってゆく獣群《むれ》から思いきって離れたまえ！　真に人間である人は、万人のなかでもひとりでありうること、万人のためにひとりで考え——そして、必要な場合には、万人に反対して考えうることを学び知るべきである。真摯に考えるということは、たとえそれが万人に反対することであっても、やはり万人のためである。人類を愛する人々が、必要な場合には、人類に抵抗し、叛逆するということが人類にとって必要である。あなたたちの良心や、あなたたちの知性を曲げ、人類に媚びへつらうことによって人類に奉仕するのではなく、権力の濫用に対抗して良心と知性の完璧を擁護することによって仕えるのである。けだし良心と知性は人類の声の一つだからである。そしてあなたたちは人類を裏切るのである。もしあなたたちが自己を裏切るならば。」

このロランの「万人に反対する一人」のよびかけは、心ある人々の良心を呼び覚ました。ローザ・マイレーダーは、自戒をこめてこう書いている。

「残念ながら、シュタイナーと同じく私も、私のパンテオン（霊廟）の座に、彼がその論文によって手に入れたものを維持し続けられなかった。なぜならば、次第に、俗世において認められたいという無駄な企てのために才能を用いるようになり、彼は神智学運動に加入し、アニー・ベザントの助手となり、そしてついには、彼の指導の下に母族が際立つ、一つの宗派の頭目になったからだ。」

これは、同じスイスにいるシュタイナーにも届いたことだろう。シュタイナーは、「人智学と大学の学問」と題した講演を行い、社会生活の革新をめざす三層化の理念に初めて言及する。さらに『魂の謎について』を刊行し、そこで初めて人間の身体の三層性について論じる。

シュタイナーは、五月二十日ミュンヘンで、「魂の内的な力の開示の必要性」を訴えた講演を行なっている。

この講演の始めでシュタイナーは、フランスを代表する作家で、当時フランス愛国者同盟の会長でもあったモーリス・バレスを批判している。この戦時においてバレスは、『フランス魂と戦争』と題した連作を書き続け、フランス国民を鼓舞していた。

シュタイナーはこのバレスを批判して、フランス革命の三つの理念（自由・平等・友愛）を、祈り・希望・愛としたり、「キリストの寛大なアナーキズムに近代社会の欲求を捧げる」というように、抽象的恣意的な解釈をしていると言っている。

そしてシュタイナーは、この禁句だった三つの理念の関係を具体的に表わすものとして、それらを『神智学』におけるライプ（身体）、ゼーレ（心・魂）・ガイスト（精神）の人間の三本性と対応させている。

この講演は、この年に書かれた「魂の謎について」とともに、人間の三つの本性とフランス革命の三つの標語を対応させるという社会有機体三層化論構築ための最初期の試みの一つである。

シュタイナーのこの人間の本性の三分説は、プラトンやアリストテレスの三分説の認識法を継承したものである。プラトンは人間の精神現象を「意欲的・激情的・理性的」という三つの基本形に分け、それらを、牧畜民・農民・商人と武士、そして支配階層という三つの社会階級に対応させている。そして理性的な部門は頭部に、激情的な部分は心臓に、そして意欲的な部分は四肢に位置していると仮想している。

さらにこの三分法を受け継いだ弟子のアリストテレスは、これらの精神現象を、栄養と生成と生産の現象のみをもつ「植物的な部分」と、感覚と想像を持つ「感情的な部分」と、意欲と思考を持つ「叡知的なる部分」に分けている。

シュタイナーは、まず最初に、友愛と身体を結びつける根拠についてこう言っている。

「友愛の理念は、人がかつてはっきりと人になった時、初めて正しい仕方の人間性から実感されることができたであろう。人間はそこでその本性の一部分、我々が肉体性と呼んでいるその部分で身体図面を満たした。しかしこの肉体性は、血や他の絆によって全人類史と人間を結びつけている。」「人間は物質界については、我々が身体性と呼んでいる、その本性の一つの部分とだけ関わりを持っている。だがこの身体性はひとを血（や他のきずな）によって人類に結びつけている。古代において人間は、環境のなかの精神的な力を用いて食事や消化、呼吸を行なっていた。それによって人間のなかに、同胞に対するふるまいを律している、感情や感覚、そして表象や概念といったものすべてが本能的に生まれた。」

次に、自由と心との関係についてはこう言っている。「自由は心において認められなければならない、それを身体に認めることはできない。自由とは日々の心と心の間の行き来である」と。そして自由にとって最も基本的なことは言うまでもなく思想の自由である。最後に、平等と精神の関係についてはこう言っている。「死においてすべては等しく対応している。そこですべての精神が生じ、平等の理念もそれにあるのだから、平等の理念は精神に対応している。精神の平等！」と。そして「人間は心においては自由であらねばならないし、身体においては兄弟のようにあらねばならない。そして精神においては等しくあらねばならない」と結んでいる。

十月、レーニンとトロッキーに率いられたボリシェビキがケレンスキーを倒し、社会主義政権が誕生する。ドイツの敗色が濃厚になり、和平への動きが始まる。

この月、『自由の哲学』が再版される。シュタイナーはのちに、ある講演のなかで、この本の再版に関連して、「『自由の哲学』には本来、社会的危機から脱出するためのすべてのインパルスがこめられており、自由を学問的に深く検討する仕事こそ、我々の時代の課題である」と述べている。奇妙な共時性である。

シュタイナーは、一九一七年十一月十四日、チューリッヒで行なった講演で次のようにウィルソンを攻撃した。

「私は当時、つまり戦争という出来事が勃発する前に、ヘリングスオールで示唆したのは、もし単純な自然科学的な観念をもって、人間の共同体を形造っている社会構造を把えようとするならば、どんな誤謬を犯すことになるかということでした。そして最も典型的な意味で、こうした誤謬を犯した人物として、私はウッドロー・ウイルソンの名を挙げました。

ウイルソンは、現代ではニュートン時代とは異なった概念を創らなければならない。つまり社会生活の領域にはダーウイン的な諸観念を適用しなければならない、と言ったのでした。要するに彼がしたこととといえば、以前と全く同じことであって、ただ今日重要と見倣されている自然科学上の諸観念をもってそうした概念を作ったにすぎないのです。」

しかしこれは、とても『自由の哲学』に「自然科学的方法による心の観察の結果」という副題をつけ、また社会有機体三層化の思想をシェフレら生物学者（自然科学者）の説をもとに展開することになる人間の発言とは思えない。あまりの曲解と言わざるをえないだろう。

そしてこれはマルクスがプルードンの『貧困の哲学』を「やっつけた」のとよく似ている。プルードンは自分の持っていたマルクスの『哲学の貧困』にこう書き込みをしている。「マルクスの著作の真に意味するものは、いたるところで私が彼と同じように考え、しかも私がその考えを彼より先に述べたことを、彼がくやしがっているということだ。ほんとうは、マルクスが嫉妬しているのだ。」よくある関係である。

この批判のなかでシュタイナーは、ウィルソンのダーウィニズムの社会への適用について、具体的には何も言及していない。ただ「精神科学でないからだめだ」と言っているだけである。ドイツの敗色が濃厚になり、シュタイナーも反米的感情を押さえられなかったのだろう。なぜならばウイルソンの「新しい自由」は、W・クグラーが言うように、社会ダーウイン主義を主張しているわけではなく、むしろその反対なのである。

一九一八年

一九一八年一月八日、アメリカ大統領ウッドロー・ウィルソンが教書で十四ヶ条に基づく休戦協定を提案する。六月にはアメリカ軍が戦線に登場し、七月半ばにはフランス軍がマルヌを奪回し、八月八日、英仏軍はソンムで大反攻を展開する。戦局は一気にドイツ軍に不利になった。九月、ブルガリア戦線が崩壊、オーストリア＝ハンガリー帝国の降伏も時間の問題なる。

十月三日、バーデン公マックスを首班とし、社会民主党も参加する内閣が成立する。この間、マックス公と再三会談を重ねていたシュタイナーは、マックス公が宰相就任にあたって三層化の理念に言及することを望んでいた。しかしその期待は裏切られた。ハンス・キューンは書いている。

「シュタイナーは革命が起こるまえに新しい首相が就任演説にあたり適切な政策を打ち出す、つまりドイツ国民の衷心からの回心と平和の意思の証明として、三層化の理念を直ちに宣言する勇気を持つよう期待していた。新首相の就任演説を掲載した新聞を手にしたときのシュタイナーは、ことのほか緊張した面持ちだった。それだけにこの時ほど深い失望に打ちひしがれたシュタイナーの姿を、私はいまだかつて見たことがない。シュタイナーの味わった落胆はドイツ国民の没落と苦難の道を指し示していた。」

十一月四日、キール軍港で水兵の反乱が起き、労働者・水兵評議会が市の支配権を握り、皇帝の退位を要求する。翌五日、アメリカの休戦条件がドイツ側に示される。革命の狼火は帝都ベルリンにも飛び火し、ベルリンも労兵ソビエトの手に落ち、十一月九日、帝政が廃止せられる。ドイツ革命である。「巨人」が勝利する。十日早朝、皇帝ヴィルヘルムⅡ世はスパの大本営からオランダに亡命する。首相は社会民主党のエーベルトに代わり、ドイツの未来は憲法制定会議に預けられる。同月十一日、フランスのコンピエーニュの森に置かれた一台の寝台車のなかで、ドイツ代表が休戦条約に調印する。

この革命によって監獄の扉が開かれ、ローザ・ルクセンブルクも自由の身となる。ローザは、創刊されたばかりの『ローテ・フォーネ（赤旗）』第一号に、「出発」と題して次のように書いた。

「資本支配の廃棄と社会主義的社会秩序の実現――これこそが現在の革命の歴史的主題であって、それ以下ではありえない。この偉大な仕事は、上からの二、三の布告によって、小細工的になしうるようなものではなく、都市と農村における労働者大衆の独自な意識的な行動によってよびさまされ、人民大衆の最高の精神的成熟とつきることのない理想主義によってのみ、どんな嵐をものりこえて、港にたどりつく歓びに満たされている。

革命の目標からおのずとその道は明瞭となり、課題からその方法が与えられる……。評議会設立当初の混沌とした衝動的な身振りを、革命の目標、課題、方法の自覚した過程におきかえること……。」

そしてローザ・ルクセンブルクは、一九一八年十一月十八日の『ローテ・フォーネ』への手紙で、こうも書いている。

「血の河がこの四年間、帝国主義の殺戮の期間中、流れつづけました。わたしたちはこの尊い液体のすべてのしずくを、きらめく器のなかに、敬意を表しつつ、まちがいなく受け入れなければなりません。抑えきれない革命的情熱と広い人間感情、これこそが社会主義のほんとうの命なのです。世界のすべてがひっくりかえされなければならないということは真実だとしても、避けられるはずの涙が流されるというのは罪悪です。大切な仕事を果たそうとして急いでいるからといって、路上の一匹の虫を踏んだ人はやはり罪を犯したのです。」

シュタイナーと別れてから、より原理主義に磨きがかかっていたローザは、ベルンシュタインら修正主義派を批判して、「彼ら（修正派）が社会主義精神を労働者大衆に教育するということは次のようなことを意味している。すなわち、大衆に講義すること、リーフレットやパンフレットを彼らのなかにばらまくことである。社会主義プロレタリアの学校には、まったくこんなことは必要ではない。行動それ自体が大衆を教育するのだ」と述べていた。

そしてローザは『ロシア革命論』でもこう言っている。「ただ何の拘束もない、沸きたつような生活だけが、無数の新しい形態を、即興詩を考え出し、創造的な力をもち、あらゆる誤りを自ら正すことができる」と。これは、「はじめに行為があった。」（『ファウスト』）「感覚は誤たない、判断が誤るのである。」（『箴言』）というゲーテ主義の表明と言ってもよいだろう。

こうしたことが影響していたのであろう。この革命的騒乱のなかシュタイナーは、『緑の蛇と百合姫のメールヒェンに開示されたゲーテの精神』を全面改定する。なぜこの記念すべき論文をこんなに大胆に、しかもまったく骨抜きにする必要があったのだろうか。

一九一九年一月十五日、ローザ・ルクセンブルクとカール・リープクネヒトは反革命派の将校に捕らわれ、殺害される。この後何件かの蜂起が起きたが、即座に鎮圧される。

一月十九日、憲法制定のための国民議会選挙が行われ、二月六日、ワイマールに国民議会が招集され、社会民主党のシャイデマンを首相とする内閣が組織され、エーベルトが大統領に選出される。

新しい憲法が制定され、従来の二十五歳以上という年齢制限が廃され、満二十歳に達した男女に選挙権が与えられ、また大統領の公選制度と、社会民主党の綱領にならって、世界に類例のない、国民発議と国民表決という国民投票制度も導入された。マックス・ウェーバーは、指導者の直接選挙権を「民主主義のマグナカルタ」と呼んだ。

ゲーテ『ファウスト』2部第五幕

「あの山の麓に沼がのびていて、
これまで拓いた土地を汚している。
あの汚水の溜《たま》りにはけ口をつけるというのが、
最後の仕事で、また最高の仕事だろう。
そうして己は幾百万の民に土地を拓いてやる。
安全とはいえないが、働いて自由な生活の送れる土地なのだ。
野は緑して、よく肥えて、人も家畜も、
すぐに新開地に居心地よく、
大胆で勤勉な民が盛り上げた

頼もしい丘のまわりに平等に移り住むだろう。
外では海が岸の縁まで荒れ狂おうが、
中の土地は楽土となるのだ。
潮が力づくで土を噛み削ろうとしても、
万人が力を協《あわ》せて急いで穴をふさぐだろう。
そうだ、己はこういう精神にこの身を捧げているのだ。
それは叡知の、最高の結論だが、
「日々に自由と生活とを闘い取らねばならぬ者こそ、
自由と生活を享くるに値する」
そしてこの土地ではそんな風に、危険に取囲まれて、
子供も大人も老人も、まめやかな歳月を送り迎えるのだ。
己はそういう人の群を見たい、
己は自由な土地の上に、自由な民とともに生きたい。
そういう瞬間に向って、己は呼びかけたい、
「とまれ、お前はいかにも美しい」と。
己の地上の生活の痕跡は、
幾世を経ても滅びるということがないだろう――
そういう無上の幸福を想像して、
今、己はこの最高の刹那を味わうのだ。」

たしかに「革命」は最高の刹那、すなわち巨人の影でしかなかった。
そして最後の「神秘の合唱」
「すべて移ろい行くものは、
永遠なるものの比喩にすぎず。
かつて満たされざるもの、
今ここに満たさる。
名状すべからざるもの、
ここに遂げられたり。
永遠にして女性的なるもの、
われらを引きて昇らしむ。(完)」

第19章　社会有機体三層化運動

社会有機体の三層化運動

十九世紀末のドイツ社会学の支配的典型をなしていたのは生物学的社会学で、その代表者はリリエンフェルトとシェフレの社会有機体説だった。リリエンフェルトは『将来の社会学に関する諸考察』（一八七三―八一年）で、社会を結合された神経組織として精密に体系化し、きわめて極端な社会有機体説を主張した。

これに対してシェフレは、『社会体の構造と生活』（一八七五―七八）のなかで、ドイツ哲学の思想をも継承して精神主義的な色彩を帯びた社会有機体説を展開した。しかし一八九六年になると、シェフレはその本の第二版で、この有機体的類推はたんに説明のための手段にすぎないと釈明し、さらに一九〇六年の『社会学要綱』では、フランスの生物社会学者エスピナス（『動物社会学』）に拠って社会を生きた意識と規定し、社会の意識的要素を強調するように転換する。

一九一八年十一月、シュトゥットガルトの産業人グループからの要請を受けたシュタイナーは、戦争終結後の紛糾した事態を立て直すために、社会有機体の三層化の理念を提唱し、また自由学校を設立し、この理念を人々が受け入れられるよう、教育活動に着手しなければならないと指摘し、現在のような革命的状況のなかでは少数の人々に目を向けても何の意味もない、目を大衆に向けることが正しい道であると述べる。この「ドイツ国民とその文化界への呼びかけ」も、多くの人々の署名を受けてこそ効力を発揮すると述べる。翌三月、このアピールを公表する。

一二月二十一日、シュトゥットガルトで三層化のための最初の催しが行われる。ベルリンで国民連合が発足し、シュタイナーはベルリン市役所で講演する。

翌四月十九日、二月にチューリヒで行なった講演をまとめて、『現在と将来の生活発展のための社会問題の核心』として刊行する。四月二十二日、最初の公的講演を行い、〈社会有機体の三層化のための同盟〉を設立する。

五月末、三層化同盟はアピールを出し、各企業に経営評議委員をすみやかに選出するよう呼びかけた。このアピールは、ヴュルテンベルク州の労働組合連合の激しい反発を買った。シュタイナーは、新聞でボリシェヴィズムの味方と誹謗されたが、社会主義者グループもシュタイナーには少なからぬ不快感を表明した。社会主義者にとって、経営評議会の設置などの社会改革は、自分たちの影響下にある政党か労働組合が中心になって行うことであり、シュタイナーのこの呼びかけは、テリトリーへの侵犯と映った。

こうした敵対行為に直面しながらも、シュタイナーは、三層化のもう一つの柱である〈精神生活の自由〉を実現するために、文化評議会の設置を求めるアピールを発する。

このアピールは、次の三つの基本要求からなっていた。

1すべての教育施設を国の管理から解放すること、教育内容の自主管理。

2 国家による許認可制度の撤廃、国家による試験と成績評価の廃止。
3 大学の自律。

しかし、この文化評議会を要望するアピールは、ほとんど見るべき成果を収めなかった。シュタイナーは、この運動の失敗を認めた上で、なお次のような希望を吐露した。

「私たちはこのような試みに繰り返し挑戦しなければならない。私たちは同時代に生きる人々に、君たちは自由な精神生活を欲しないのか、君たちは自由な精神生活を保証する基盤を求めていないのかと、何度でも問いかけなければならない。いつ何時であれ、こうした運動は必要なのだ」（六月二十二日）と。

六月二十八日、講和条約が結ばれ、ドイツは過大な賠償金の支払いを課せられる。

七月、最初の三層化のための雑誌『社会有機体の三層化』が発行される。このころになると、シュタイナーは再び労働者たちの前で人智学についてかみ砕いた形で語り始める。シュタイナーは、雑誌が一日も早く日刊紙へと成長することを望んでいたが、これが彼の期待に反して、友人たちからさえも正しく理解されていないことがわかると、強い衝撃に悩まされた。

八月始めまで、シュタイナーは、三層化のための講演と公的活動を行うが、左右からの攻撃の激化のため、八月末、三層化同盟は外部的な政治活動を中断せざるをえなくなる。しかし経営評議会を支援する活動は続けられ、ヴュルテンベルク州では新しい経営評議会を設立するまでにこぎつけた。

八月末から九月初旬にかけて、シュタイナーは新たに設立される自由学校の教員になることを望む人々のために、何回かの連続講演を行う。その最初の講演「社会問題としての教育問題」で、シュタイナーは次のように述べた。

「私たちにとって、将来の最も重要な課題は、子供たちが最善の形で社会的、民主主義的、そして自由な意識を持った成人になるように教育するためには、子供たちにどうすればよいのかということです。」

九月七日、シュトゥトガルトのヴァルドルフ・アストリア煙草工場内に、最初の自由学校が設立される。この自由学校（ヴァルドルフ学校）の開講記念講演で、シュタイナーは、「もしあと三ケ月以内に、この種の学校が十校ないしそれ以上作られなければ、どうかこの学校は設立されなかったも同然と考えていただきたい」と述べた。

そして、一九一九年十一月、ロンドンで発行された『タイムズ』が、「科学の革命、宇宙の新理論、ニュートンの考えが覆される」とセンセーショナルに報じる。

イギリスの日食観測遠征隊が、アインシュタインの一般相対性理論の予言の一つであった、太陽のような大質量の星の近くでは、遠くの星から来る光の径路がその重力によって曲げられるという予想を、実際に確認することに成功し、学会で正式に承認された、というものだった。

一九二〇年、ナトルプは『社会理想主義』を刊行する。ナトルプはその序文にこう書いている。

「社会－理想主義、この言葉が言い表わそうとするのは、理念と社会というこの両者が人類の中で今後なお存立するためには、ふたたび理念が社会と提携しなければならぬということである……。理想主義という言葉はどれほどさまざまに濫用されたにしてもやはり好ましい響きをもち続けていて、これはなお、最も内深い生の源泉に発する徹底的な回心と革新という放胆な冒険、「実現性を越えた要求を持して現実を覆す」――フリートリヒ・アルベルト・ランゲの忘れられぬ語によれば――という冒険を意味する。また社会主義という言葉がうつろな空辞に堕していない人、その人にとっては、この言葉の中に徹底的な革新という同様の衝迫があり、この言葉は理想主義に、ただ、革新が発しなければならぬ点への、即ち経済、国家および教育における人間社会の建設は社会的に、社会主義は理想的にならねばならぬ。」

「一切の第一の前提は〈精神の自律であって〉、〈教育の真実の有機化が必要であって〉、この基礎の上に次に社会的統一学校が全面的に、自由な協同的な共働として成立することができるであろう。こうしてはじめて各人が自らの仕事、およびこれに要求される訓練を事実見出して、この訓練が自らの場にあって最善をつくし、自らの満足と全体の福祉を等しく豊かに招来する能力を賦与するというこの学校の意図がみたされる。」

第一章　精神の自律

「精神労働の中央評議会

社会有機体のこれら三基本機能、すなわち経済、政治組織、社会的教育は、どこでもみな完全にかつ厳密に計算されてかみ合っていなければならぬ。

経済、政治が精神に命令すべきではなくて、精神がそれらに命令すべきである。

教育制度は、中央集権的に組織されてはならぬ。

すべてこれは唯全く一つの同じ基礎、すなわち協同体（Genossenschaft）という基礎の上に建設されるべきであろうが、それも最初は消費者協同体、すなわち生活および教育協同体という意味のものであり、これは漸次にしかし物質生産をもとりあげねばならぬであろうし、またそうなるであろう。」

第二章　社会改革

「可能なありうる国家形態を、一人かあるいは少数かあるいは多数かあるいはすべてが支配するかによって分けて、人間の共同生活を計算問題に帰するようなプラトン的－アリストテレス的国家論の陳腐な範囲で仕事をすることはもはや許されない……あまりに直線的に、またいわばユークリッド的に構成する合理主義の根本誤謬は改められない。生きた自然の中に幾何学者のいう直線がほとんど存在しないと同様、共同生活には法の硬化した直線は存在しない。

一切の伝承の政治的範疇を覆し、無数のありうる誤った秩序にかえて、概念から言って本質的にただ一つの社会的秩序をおくのであるが、この秩序はところであたかもこれによって、人々がこの秩序を見做してきたような硬直したユークリッド－デカルト的直線の体系から、無限に自由に動きうる、あたかもこうしてしかし社会的有機体の充実した生に順応することのできる、いわばガウスの座標系になるのである。

これこそほとんどすべての人々に誤認され、無理解に攻撃されたが、革命によってしかしほとんど常に本能的に間違いなくつかまれた「自由」と「平等」の合致のただ一つの明晰な意味である。人々は言った。両概念は相克するのであり、のみならず両概念がやはりよりどころとする人間の社会生活の「自然」と矛盾する。というのは、本来人間社会の中での人間は自由でも平等でもなく、またいつかそうなることもないであろう、と。社会を中から成長するものと考えず、外から、しかも算定可能という意味で合理的に（私はこれをユークリッド的と言った）構成しようする人はもちろんこの結果に到達するほかない。

これはもちろん従来支配的である社会主義の概念に、すなわち、物質的、いいかえれば経済的下部構造と精神的、いいかえれば政治的－および社会的－教育的上部構造を説くものに真っ向から衝突する。しかしこの考え方は事実もはや維持できないのであって、これと徹底的に絶縁しなければならぬ。

むしろ解決は中心的および周辺的（静的および動的、保守的および進歩的）傾向がただ単に互いに均衡を保つ、換言すれば、外延的にプラスとマイナスのように相殺するといったことにとどまらないで、全面的に相互に浸透し、かくて内包的に一つとなる生きた交互関係の中に見出される。

すなわちカント的な（本来は革命の理念からくみとられた）自由の超有限態であって、法秩序にとっては平等を生み、経済という原点まで還帰してはしかし完成して友愛（共同の労働と生活との）となる。

一七八九年のフランス革命は……、全く道をふみ誤り、やがて全然の逆に向かった……。「自由」は忽ち経済的搾取、換言すれば、他者の自由の事実的剥奪、「平等」はすべての人々の――不平等化の平等の権利に変質した。こうしていわんや「友愛」は――一般に対する友愛を拒否する友睦になった。

彼ら（ドイツ人）はわれわれの運命に警《いまし》められて手遅れにならぬ中に反省し、苦難がすでに今日われわれに向かわせるほかなかった宛もその道に、自由意志に発して――さすれば必然にわれわれと共に――踏み入るであろう。どういう道か、第三の道にであって、すなわち社会主義という道である。これはしかしほかならぬ教育の社会主義という道である。」

一九二二年、ウイーンでの西東会議開催期間中、シュタイナーは三層化運動を改めて総括し、『社会問題の核心』についてこう語っている。

「三年前、私は戦争終結直後の混乱した社会情勢の渦中にあった友人たちとはからい、『社会問題の核心』を出版しましたが、当時私が直接体験した出来事からあえて言わせていただくなら、本書の出版は根本的なところで誤解されてしまった、それも私を擁護してきた人たちをも含むすべての人々から誤解されてしまった、と言わざるをえません。つまり、私の支持者たちの理解によれば、本書は近代社会がその発展の過程で生起せしめた社会的混乱に対する一種の救済策を、著者が幾分ユートピア的方法で論じた類いの著作とみなされたのです。しかし私の著作は、既存の社会システムすべてについて再検討を求めるアピールではなく、人間性そのものに訴えたアピールだったのです。本来私が主題の添え物として述べたにすぎない話が、一般には主題そのものであるかのように受けとめられてしまったのです」と。

シュタイナーは、『自由の哲学』の再版のさいに、「『自由の哲学』には本来、社会的危機から脱出するためのすべてのインパルスがこめられており、自由を学問的に深く検討する仕事こそ、まさに我々の時代の課題である」（一九一九年）と述べていた。

アインシュタインは、エルンスト・マッハを追悼した文章でこう言っている。

「現代の自然科学者たちの認識論的方向づけに絶大な影響を与えたこの人物は、希有な自立的判断の持ち主であった。彼には洞観し把握することの直截な悦び、スピノザのいわゆる「神への知的愛」が強く、高齢に達しても、子供のように好奇心の強い眼で世界の深部を見きわめ、（中略）無心の喜びを味わっていた。授業で出会う最も優秀な学生達、すなわち、明敏なだけでなく、判断の自立性で際立っている学生達は、私のみるところ、きまって認識論を気にかけている。彼らは諸学の目標や方法について好んで議論を始め、自説を一歩も譲ろうとしない。このことから、彼らが認識論的主題を重視していることがはっきりとみてとれる。それも一向に不思議なことではない。

しかも、金銭を稼ごうとか、名誉を得ようとかいう外的な理由からでなく、少なくとも単にそのためではなく、身をもって学問に向かう以上、学問の途につこうとしている者はどのような問題に関心をいだかざるをえないのか――私の献身する学問はどのような目標に到達しようとしているのか、また、それに到達できるのか？　この学問の一般的成果はどの程度「真」であるのか？　どこまで本質的なものであり、どこからが発展途上の偶然にもとづくものなのか？」

認識論の重要性〈意識が変わらなければ何事も変わらない〉のである。

『自由の哲学』再版（一九一八年四月）序文。

「当時の初稿では、私は最も狭い意味でここに挙げた二つの基本問題と関連している以上のことは発言しないように抑制していた。」「私が当時提供しようとしたものは、霊的な探求の成果ではなくて、このような成果が基づくことのできる基盤を先ず設けることであった。」「本書では、霊的経験に入り込む以前の霊（精神）の領域の認識を正当化する試みがなされている。」

また『神秘学概論』の第五章「高次世界の認識」の追加説明（たぶん一九二〇年か二五年）でも、「その（思考を感覚から解き放つ）方法は、拙著『ゲーテの世界観の認識論要綱』と『自由の哲学』の中で述べられている。」「これらの著作は、感覚世界の認識と霊的世界の認識との間にある、極めて重要な中間段階を表わしている。また、これらの著作は、感覚的観察を超越しているものの、しかしまだ敢えて霊的探求へ踏み入ることをしないでいる思考が獲得しうる事柄を、提示している。」

この戦争勃発と相対性原理の衝撃は、シュタイナーにも大きな変化をもたらす。

シュタイナーは『哲学の謎』一九二四年版の第七章「現代人とその世界観」の最後に、アインシュタインの項を追加し、こう書いた。

「新たな思想傾向が、アインシュタインによって試みられた物理学の基礎概念の変更によって励起された。この試みは、世界観の発展にとって重要なものである……。この見解にしたがえば、それ自体において自らの存在の意義を与える実体的なものに基づくいかなる思考も、人間の自然に対する関係から閉め出される。すべては、他との関係のなかにのみ存在する。

人間が自然の諸物と自然の諸過程の内部で自らを考察するかぎり、この相対性理論の結論から免れることはできないだろう。――しかし、もし人間が、自らの本質の体験を必要とするゆえに、心魂的な無力さを表わすと言ってもよいような、単なる相対性の内に自らを見失うことを欲しないとすれば、今後、〈自らの内部の実体性〉を自然の領域に求めてはならず、自然を超えた精神の領域への上昇に求める必要がある。

ひとは物理学的世界に関しては、相対性理論から逃れられないだろう。しかし、まさにそのことによって、ひとは精神－認識に駆りたてられる。自然観察から独立して精神的な方法で探求される精神－認識の必然性を証明することに、相対性理論の意義は存している。相対性理論がそのように考えることを強いるということが、それを世界観的発展の内部で価値あらしめているのである。」

シュタイナーは、同じ年に出された『ゲーテ的世界観の認識論要綱』新版の注Aに、「物理的世界観から出発したアインシュタインの思考過程のようなものもほとんど当たり前の会話の内容となり、また文学的な主題として取り上げられるようになった」と書いている。

これは相対性理論を相対主義と誤解する危険を助長する言い方である。バートランド・ラッセルは、「〝相対性〟を越える相対性理論」として次のように言っている。

「ある種のえらぶった人は、すべてが相対的である、といいきるのがお好きのようです。もちろんそういうことはナンセンスです。というのはすべてのものが相対的なら、すべてのものがそれに対して相対的になるべき基準そのものも、存在しないことになるからです。しかし形而上学的な不条理に陥ちこむことなしに、物理的世界では、すべてのものが観察者に対して相対的である、と主張することはできます。この見方が正しいかどうかはともかくとして、〝相対性理論〟によって採用されたものではありません。

おそらく相対性という名前が具合悪いからで、そのため、哲学や教育を受けてない人たちを混乱させているきらいが、確かにあります。そういう人たちは、新しい理論が物理的世界のすべてのものが相対的であることを証明している、と考えています。ところが実は反対で、いわゆる相対的であることを拒み、観測者の状況などにはけっして左右されない物理法則を語ることに、新しい理論は関心があるのです。

観測者の状況は、観測者に見えるものに対して、これまで考えられてきたよりもはるかに大きな影響を与えることがわかってきたのは確かです。が同時に、アインシュタインはこの影響を完全に帳消しにする方法を示しました。この方法が、彼の理論で驚くべきことの、ほとんどすべてを産み出す源泉になったのです。」

社会有機体の三層化（理論）　貨幣とは何か

一九一六年一月、ゲオルク・ジンメルはウイーンで〈文化の危機〉と題して講演を行なった。

「ここに見られるものは、成熟しかつ円熟した文化のもつ、二つのもっともはなはだしい危険である。

すなわち、一方では、生の手段は生の目標をおおい、それでやむをえず多くのたんなる手段を終局目的のもつ心理的品位に上昇させ、他方では、客観的諸文化形象は純即物的な規範に柔順な、独立した成長を経験し、それでもってたんに主観的文化とはなはだしく疎遠になるばかりでなく、主観的文化がまったくもとめることのできない進捗のテンポをえるのである。

わたしの見るかぎりでは、われわれにたいしてすでにしばらく前からわれわれの文化の迫りくる危機の感情をあたえたすべての現象は、これら二つの根本的動機に帰着する。すなわち、技術的進歩がただちに文化の進歩とおもわれているということ、精神的諸領域においてもろもろの方法がしばしばなんらか聖なるものとして、また内容上の諸成果より以上に重要なものとして通用するということ、物の獲得手段である貨幣を欲する意志が、物を欲する意志を凌駕するということ――これらすべては、もろもろの手段と道程によってもろもろの目的と目標が次第に無視されることを示すものである。

このことがいまこそ病気にかかった文化の徴候であるとすれば、戦争は、このような危機を全治できることを示しているのであろうか。

こんにちのもろもろの体験は文化の別の発展、つまり、たんなる手段から自己目的にいたる成長を、よりいっそう重大に取り扱っているようにおもわれる。目的論的体系の修正は、とりわけ、世界史的な例を提供する領域、つまり経済的領域でおこなわれる。

このような例は交換および価値調整の手段――貨幣であり、これはこうした媒介作用を抜きにすれば、なんの価値も意味もない、まったくとるに足りないものである。

そして貨幣こそは多くの文化人にとってはあらゆる目標の目標となっており、適切な理性が弁護することが少ないにもせよ、これら多くのひとびとの目的追求が結びつくのをならわしとする財産である。

つまり、近代人の意識からすれば、欠乏とは物の欠乏ではなく、物を買う貨幣の欠乏にすぎないわけである。

世界市場は、いつもならば、消費の問題をたんなる貨幣の問題とするどんな大きな商品量をもドイツに供給するのであるが、いまでは、ドイツが世界市場から締め出されたために、まったく革命的な変化が生ずるにいたった。

いつもならば、貨幣さえもっていれば、すぐに手に入る食料品が欠乏して、入手がむずかしくなり、そのためにまたもやその最終的な価値性格をもつようになった。これに反して、貨幣はすくなくともそのこれまでの無制限な給付能力を奪われ、それ自体まったく無力な手段となっている。

このような発展がけっして完成されてはいないにせよ、すくなくともパン切符は、富も富豪も効果のないことを象徴化している。以前には倹約と浪費が、一定の物にかんしては、もともとつねにその貨幣価値だけが考えられていたが、いまではこのような貨幣価値はまったく減退し、ついに、またもや肉とバター、パンと毛糸がそれ自身のために節約されるべきである。

そしてこのような方向転換は、どんなに単純にみえるとしても、文化界で数世紀間育てられてきた経済的価値感情を完全にひっくりかえすものである。

ほんとうに価値あるものを手段によって途方もなく仮装することは、文化史の認めるところであって、こうして仮装することのなかに孔が開けられるにいたった。

貨幣に価値があるのではなく、物に価値があるのである。

しかし、貨幣が問題でなく、貨幣そのものは現在のわれわれにはなんの効果もないというわれわれの体験は、もちろん、多くのひとびとに異常な驚きと自省とを与えるであろう。

一般に貨幣価値の絶対性がついに崩壊するようになり、経済的な物の価値がひとたび貨幣によって代えられないものと感じられるようになったということは、心のなかでの大きな収穫であるようにおもわれる。

そして、日常消費する物にたいする、より繊細な、より敏感な、あえていえば、よりうやうやしい態度は、物を一度その直接的な意味で観察し、貨幣を無意味と見る心をとおして行かなければならないのであって、貨幣は、もはや媒介作用をになえなくなれば、すぐにまったく無意味となるわけである。」

貨幣の心理学のために

「それ自体ではどうでもよいようなたんなる手段が意識の前にただきわめて長いこと存在しているだけのときに、あるいはそれでもって達成される目的がはるかに遠くにあるときに、そのような手段が一つの目的になり、ついには意識にとってそれ自体決定的な目的にまでなってしまうということは、人間の精神の著しい諸特徴のうちの一つである。

つまり、このような手段が元来はこれによって達成される生活上の目的のためにのみもっていた価値が自立化して、この価値が、間接的にではなく、心理上直接的にもそのような手段に付着してしまうのである。

人間の目的行為によってつくり上げられる織物全体において、手段が目的になるさいにみられる右の心理的な特徴が貨幣におけるほど純粋にあらわれる媒介物は、おそらく存在しないであろう。ある事物が別の決定的に価値あるさまざまな事物に転化されうることによってのみもつ価値がまたその事物それ自体へこのように完全に移されてしまうといったようなものは、けっして存在しないからである。

貨幣の歴史的発展において、貨幣が最初にそれ自体で価値あるものであったにちがいないということは、理由のあることである。なぜなら、国家による貨幣鋳造事業が、ある品物と引き換えに個人が受け取った謝礼の再使用をまだ個人に保障してはいなかったかぎり、その品物を、これと引き換えに現実に価値あるものを受け取ることなく手放してしまうほどだれも愚かではなかったであろうからである。

あらゆる事物はそれに付与される価値をもつのではあるが、たとえこの価値付与ということについては十分な意見の一致が得られたとしても、いかなる具体的な価値も担保されてはいない一枚の印刷紙幣がなぜ一定の交換価値を永遠にもってはならないのかということについては、みきわめることができない――それというのも、価値付与でもってそのような一枚の紙幣に客観的価値という一属性が与えられるかのようにみえ、この一属性でもってその紙幣が他の同じ価値をもった諸事物と対等になるからというのではなく、これらの諸事物もまたまさに人間の意志の過程以外のいかなる過程によっても価値とはならないからである。」

近代文化における貨幣（一八九六年）

ジンメル『貨幣の哲学』

ロバート・オウエン〈労働貨幣〉

「労働貨幣の概念によれば、ひとえに価値を形成する要因として果たされた労働のみが、他者の労働の労働生産物を要求する権利をあたえ、そのために人々はまさに一定の労働量の象徴と承認とを貨幣と呼ぶこと以外は、他のいかなる形式をも知らない。」

プルードン

「第三章所有権の有効原因としての労働について

第四節労働について――労働はそれだけでは自然物に対していかなる専有能力も有しないこと

第八節正義の秩序においては、労働は所有を破壊すること

孤立した人間は彼の欲求のきわめて僅かな一部に応ずることしかできない。彼のすべては社会および普遍的な努力の賢明な結合のうちにある。分業と協業は生産物の量と多様性とを増大する。機能の専門化が消費の量を増加する。

したがって何千ものさまざまな産業の生産物で生活しない者は一人としていない。社会全体から消費物資を受け、これと共に再生産の手段を受けいれない労働者は一人としていない。実際、誰があえてこういうであろうか。私は私が消費する物を独りで生産している。誰の助けをも必要としない、と。昔の経済学者が唯一の真の生産者とみなした農夫、石工、大工、仕立屋、製粉業者、パン

屋、肉屋、香料商人、鍛冶屋等々のお陰で住居があり、家具を備え、衣服を着、身を養い、助力されている農夫。この農夫は独りで生産していると自慢することができるであろうか。

各人の消費はあらゆる人々から与えられている。同じ理由で各人の生産は万人の生産を含んでいる。一つの生産物は必ず他の生産物をともなう。孤立した生業など不可能事である。農夫の収穫も、ほかの人たちが彼のために納屋や車やすきや衣服などを造ってくれなかったら、どうなるだろう。出版社がなかったら、学者はどうなるだろう。鋳物師と機械技師がいなかったら、どうなるか。彼らもまたほかの多くの産業がなかったら、どうなるだろう……これ以上列挙するのことはやめよう。

労働者は彼の労働の所有者ですらなく、それを絶対的に処分することもできない。われわれは誤った正義にくらまされないようにしよう。労働者にその生産物の代わりとして認められるものは、果たした労働の報酬として与えられるのではなく、これから果たすべき労働に対する支給および前払いとして与えられるのである。労働者は、一日の仕事が終わったとき、こう言ってよかろう。私は昨日の費用を払った。今日の分は明日払うだろう、と。彼の生活の一瞬一瞬に社会は現在勘定で前払いをしている。彼はそれを返さないで死んでいく。どうしたら彼は僅かな貯えをすることができるであろうか。

（第四章所有は不可能であること　第五の命題　所有は不可能である。なぜなら、社会は所有によって己れを食い尽くすからである）。

生産者が生活するためには、彼の賃金で自分の生産物を買い戻すことができなければならない。

(1)稀有な天才は、造物主の意図では、社会が卓越した能力を賦与された人に跪くための理由ではなく、各職能が万人の最大利益になるように果たされるための摂理の手段なのである。

⑵才能は自然の賜物以上に社会の創造である。それは蓄積された資本であり、それを受け取る者はその受託者たるにすぎない。社会がなく、社会が授ける教育とその強力な援助がなかったら、最もすぐれた天性も、それを名誉とすべき人々のなかでさえ、ごく凡庸な能力以下たるに止まるであろう。

⑶能力を比較する物差しは存在しない。才能の不平等は、発展の等しい条件では、才能の特殊性でしかない。

⑷給与の不平等は不労収得権と同じく経済的には不可能である。私は最も有利な場合、すなわちすべての労働者が彼らの最大限の生産を供給した場合を仮定しよう。彼らの間で生産物の分配が公正であるためには、各自の分け前が生産を労働者数で割った商に等しくなければならない。こうした計算をしたあとで、なお高額の給与制を実施するために何が残っているであろうか。絶対に何一つ残らないのだ。

（第二部第一節われわれの誤謬の原因について。所有の起源）。所有はエゴイズムから生まれ、エゴイズムは専制政治と理性とに直接由来する私意識から生じたのである。

（第三節第三の社会形態の確定。結論）。われわれの生産物を他の生産物と交換することは必要である。この交換が等価で行なわれることは権利である。そしてわれわれは生産する前に消費するのであるから、そのことがわれわれにかかっているならば、最後の生産物が最後の消費に続くことは義務である。われわれには、理性の光にしたがってわれわれの仕事を完成する欲求がある。われわれの自由意志を保持することは権利である。他人の自由意志を尊重することは義務である。

われわれには仲間の者たちから尊重されたいという欲求がある。彼らの称讃に値することは義務である。われわれの業績について批判されるのは権利である。共同体と所有の綜合であるこの第三の社会形態を、われわれは自由と名づけよう。

一、個人的所有は社会生活の必要条件である。所有の五千年がこのことを証明している。これに対して私的所有は社会の自殺である。個人的所有は当然の権利に属する。私的所有は権利に反する。個人的所有を維持し、私的所有を廃止せよ。……

四、人間の労働はすべて必然的に集合力の結果であるが故に、一切の所有もその同じ理由で集合的かつ不分割となる。もっと正確に言えば、労働は所有を破壊する。」

クロポトキンが「プルードンは、ロバート・オウエンによって提案された〈労働券〉紙幣の制度を基礎として、〈相互主義〉の観念を展開した」（『近代科学とアナーキズム』）と言っているように、巨大なる国立銀行を設立し、各人が貨物（財貨）を生産してこれを銀行に持って来た時、銀行はその生産物と引き換えに紙幣を支払うのである。この紙幣は貨物を生産するに費やした労働時間を記載した一種の労働手形（権利書）であって、この手形の持参人は手形面に記載する労働時間に相当する他の貨物と交換し得ることにするから、その間に鞘取りの外商人の奸策が行われる余地がなく、各労働者は意欲するままにその労働高に相当するだけの報酬を享受することができる。ことにこの銀行組織による時は、労働者は無利息の資本を銀行より借り受けて生産に使用し得るから、何人も地主・資本家に地代や利子を支払う者がなくなる。よって他人の労働によって暖衣飽食する資本家・地主はその存在を保ち得なくなり、私有財産は消滅し、人は威《ことごとく》自己の労働による正当なる報酬を享受し得るようになる。

未来社会は〈自由の原則〉に従わねばならない。

シュタイナー『社会問題の核心』

「健全な社会組織においては、貨幣は、他人の生産した財貨の〈小切手〉にすぎないのである。その〈小切手〉が、経済領域において、どのような財貨とも交換し得るのは、その小切手所有者が、社会の生産部門における労働の結果、生産物を社会に供給する責任を果たしているからである。

貨幣は、真に価値の尺度となる。このような体制下における貨幣や紙幣は、社会における人間の生産活動の象徴であり、貨幣や紙幣の所有は、ただ、そこにかかっているのである。」

そしてシュタイナーは、

「したがって、貨幣が生産活動の象徴としての機能を失った時、同時に貨幣を、その所有者に対して持たなくなる方法を講ずべきであろう。それについては、貨幣所有者が一定の時日を経過した後、何らかの手段で社会に還付されるようにする。」

「分業生産方式においては、労働者は自身の労働のみからその収入を得ているのではなく、その生産に関与している全労働から得ているのである。

分業的な社会においては、人は直接自身のためには労働し得ず、他者のために労働し、他人をして、自分のために労働せしめることはできる。

分業的な社会における労働の本質。

分業はエゴイズムとは相容いれない。

しかしながらこの分業的な社会体制に、特定の階級や個人のエゴイズム・私有が持ち込まれた場合、分業的な社会全体がその階級や個人に奉仕する体制となり、重大な社会不満が発生し深刻な社会混乱が生ずるであろう。」

ここから〈労働と収入の分離〉という原則が出てくる。

この『貨幣の哲学』は、その題名から形而上学的な著作と誤解され、長い間、社会学との関連では注目されなかった。これに注目した、シュタイナーは慧眼というべきであろう。

未来の社会

ドイツの敗色が濃厚となり、講和が話題になり始めたころ（一九一七年八月二十一日）、アインシュタインはロランへの手紙にこう書いている。「ドイツにおける社会の一般を支配している帝国主義の波は少し退いたとさえ私は考えます。しかし今日の状態のままのドイツと和解することはきわめて危険なことだろうと私は今もやはり思っています。この国は一八七〇年の戦争の勝利と、商業、工業の分野における勝利の結果、一種の力の宗教に到達致しました。それはトライチュケに完全な表現を見たのであって、決して誇張ではありません。この宗教はほとんどすべての知識人を支配していて、ゲーテやシラーの時代の理想をほとんど完全に奪い去りました」と。

ラッセルは、その後も反戦活動を続けたため、ついに逮捕され、六ケ月の禁固の判決を受け、一九一八年五月入獄することになるが、その前日に、『自由への道』を脱稿する。

この『自由への道』でも、フェビアン協会の第二世代と言われるラッセルは、マルクスの社会主義、バクーニンの無政府主義、サンディカリズムを検討し、〈来るべき社会〉として、労働者による経済支配を主張するギルド社会主義を推奨する。

劇作家のバーナード・ショウや第一次世界大戦後に大臣になるシドニー・ウェッブらによって結成さ

れたフェビアン協会（一八八四年）の社会主義理論では、資本主義の自由放任の個人主義的経済においては、利潤を生むもののみが生産され、社会が真に必要とするものの生産が無視されており不合理であると弾劾し、合理的経済秩序（社会主義）を、マルクス主義のように暴力による権力奪取ではなく、国民の道徳感情に配した知識の普及によって実現すると主張される。

ラッセルが思い描くギルド社会主義の経済生活とは次のようなものである。

「人の生活が自身に対しても、周囲に対しても、また社会に対しても豊潤であるためには、（他人から奪われるのではないかという）恐怖の感情ではなく、希望によって鼓舞され、歓喜によって支持されなければならない。社会の成員はまさに期待されるべき事柄や、よってもって彼らの生活すべき方法を洞察しなければならない。彼らはその個人関係においても彼らのまさに受くべき愛情や尊敬を失いはせぬかというような心配に心を満たされていてはならない。

彼らは自ら進んで、自由に他者に愛情と尊敬を与えるべきであり、報酬は自ら求めなくとも、自ずからそのこと自体から生じてくる。彼らはその仕事に際して、競争者の嫉妬に心を痛めてはならない。ただ特になすべき実際の事柄それ自身を念とすべきである。

政治においても、彼らはその階級なり国民なりの不当なる特権を防止するために、その時間と感情を浪費してはならない。ただ全体としての世界を、より幸福なものにすることを目的とすべきである。

すなわち残忍の少ない、競争者間の貪欲的葛藤の少ない、しかも圧迫によってその生を歪められ妨げられなかった人々に満ちた、幸福なる世界の創造を目的としなければならない。」

そのためには、「所有することよりも、むしろ創造することを目的とする精神」に基づいた生活をしなければならないという。これは一九六八年の学生反乱のさいに、エーリッヒ・フロムによって「もつことよりもあることを」と継承された。

そして、「多くの仕事が不愉快に行われているような社会が、経済問題の真の解決を見出し得たと言われるような場合は、決してあるものではない」と言い、社会問題の最重要課題である経済（労働と賃金）問題について、次のような思いを描いている。

「新社会の人々は、今日のように、ただ一つの仕事やあるいはさらにその一小部分を教えられるばかりでなく、種々の仕事を教わって、季節やまたは要求の変化に応じて、その職業を変えられることができるであろう。

各工場はその内部のすべての事件に関しては自治的であり、また各々の工場も、そこに働いている人々に関しては、万事に自決的になるであろう。そこには、現在のごとき資本家的経営はなくなって、今日政治上に見るごとき選出代表者による経営が行われよう。生産者の各国家間の関係はギルド会議で決定され、またある地方の住民を成員とする社会に関する事柄は、今日と同様議会によって決せられる。そして議会とギルド会議との間におけるすべての論議は、双方からの同数の選出者よりなる一種の団体によって決せられることになるのである。」

そして、

「賃金の支払いは、現在におけるごとく、たんに実際要求せられ、あるいは仕上げられた仕事に対して行われるばかりでなく、仕事の快諾そのものに対しても行われる。すなわち、ある者はある一定の位置を占めていて、しばしば為すべき仕事がほとんどなくなった場合にも、その地位に留まっていて賃金がもらえる。解雇の恐れや生活の道を失う恐れが、夢魔のごとく人々を襲うことはもはやなくなる。」

「我々の想像する社会においては、いずれにしても貨幣またはそれに類したものは、なお存在するであろう。労働の全生産を平等に分配するという無政府主義者の計画も、交換価値のある標準の必要は免れない。大体ある者は、その分配を彼の好きな形で選び、他の者はまた別の形で選ぶからである。例えば警沢品の分配の出来日が来た場合に、老年の婦人は、巻タバコの分け前を欲しないだろうし、また青年はチン（犬）の同じ分け前を欲しないであろう。こうした場合に、どれだけのタバコが一匹のチンと同価であるかということを知る必要が起こってくる。そして、その最も簡単なる方法は、収入を現在のごとくにして支払いかつ要求に応じて調節される相対価値を許すことである。」

「しかしもしも正貨を支払うとすれば、ある者はそれを蓄積して、あるいは資本家となるかも知れない。これを防ぐ方法としては、例えば、発行の日から一年間というように、ある期間のみ有効な手形を用いるのか最善の策である。」

ここにはシュタイナーが『社会問題の核心』で述べているもののほとんどがある。

シェフレ『社会体の構造と生活』

シュタイナーは『社会問題の核心』で、「この社会有機体三層化の構想の基となる〈人体三領域〉に関しては、すでに、『魂の謎』（一九一七年）において簡単に触れている」と言い、「シェフレが『四社会体の構造と生活』（一八八一年）にその見解を発表して以来、人体組織と人間社会の相似性を論ずる様々な人間社会論が現われてきた」と前置きして、次のように述べている。

「最近、メレイが『世界の変遷』において、「人間社会は、明らかに自然科学の様々な事実や原則の反映である」と主張している。

けれども、自然的有機体を考察するには、充分に通用する方法論を単純に人間の社会組織に移して、社会問題の解明を試みるだけでは、決して問題解決の鍵は得られない。我々は、自然的有機体について観察し、そこから得られる様々な事実を、人間社会の考察に援用する方法こそ採るべきである。

自然科学研究者が、その研究対象を考察するように、社会的有機体を研究し、社会が支配されている原理を発見しようとして、社会自体を一個の客観的な実在として捉えて考察しようとするならば、単純な比較的方法などは採り得ないからである。」

たしかにこの通りであるが、シェフレに続けてメレイを例に出すというやり方はあまり感心しない。なぜならば、こうした生物学的社会学はすでに失効しており、また「けれども」以下の立場はシェフレによってすでに主張されているものだからである。

シェフレの社会有機体説の特徴は、それを生物体と同一視しないところにあり、彼は社会有機体の精神的性質を強調し、社会有機体説を心理学的社会学へと転換した。社会現象は、自然界の何物とも比較されない現象（言語、法律、慣習、相互関係など）によって特徴づけられ、社会体は個人的精神的活動と同様に、集合的な事実によって媒介されるがゆえに、人間社会を、植物の集団および動物界と同一視するのは誤りである。

社会体とその生活の特徴は内的経験、心的諸力、観念、感情、努力などが現象統一の原因として強い意義を有する点にある。社会の本質の建設されている超有機的王国は、それゆえシェフレにとっては、内的経験の世界であり、人間精神の世界である。ここから社会学的方法の基礎が生まれねばならない。

シェフレの考えによれば、社会学は、社会現象の全体性を有機的全体として観察する場合にのみ有効な結果に到達する。すなわち、すでになされている個々の研究も、社会有機体の統一的見地の下に観察されなければならない、と。したがって彼の社会学は普遍的科学とならなければならないである。

そのためにシェフレは三つの障害を解決する。第一に、個人の心的生活の学以外に社会の学は不用であるという考えに対し、彼は共同生活から抽象された人間は考えられないと言う。第二に、一般的社会学は特殊的社会学の機能を拒否するという考えに対しては、一般的社会学の発展に関心を抱くことこそ特殊的社会学の発展を助成せしめ発展せしめる、と言う。第三に、特殊的社会科学の全体に対する哲学は無用であるという説に対しては、社会に関する一般的哲学は、各々割拠しつつある特殊的社会科学を互いに関係せしめるために必要である、と主張している。

そして次にシェフレは、社会の観察は二つの範疇によって導かれなければならないと言う。第一の範疇は、社会体とその機能を絶えざる変化、成長消滅の事実より抽象して考察し、社会の形態学、生理学、心理学を樹立しようとするものであり、第二の範疇は、社会体とその機能を過去、将来を通じて、進化の過程において考察し、社会的進化の学を建設しようというものである。シェフレは言う。

「社会体は人々のなかにおいて人間個人の肉体を有し、民族財のなかには多数の植物的、動物的機関が含まれている。共同社会自体はしかしながら純粋に心的にして、個人相互の意識された観念に作用され、表徴を構成し人工的に一致する。それゆえ〈社会的〉であって、決して有機体ではない。

それが有機体と呼ばれるのは、我々が特に有機体の概念を拡張し、社会体を倫理的有機体とし、有機的体を動物学的有機体として包括する場合のみである。社会体が他の動物などと異なる点はその構造、その生活が有機的個人の〈観念的関係〉を有し、人間的芸術本能が、強度に多様に創造する財を有することである。」

社会体は決して有機的体でないから、また決して有機的発生をしない。ゆえに社会の有機的形式は物質的自然科学的動物学ではない。有機体の本質を個々の有機的形式に見ずして、むしろ内容的原理において見ることによって、シェフレは有機体なる名称を社会体にも適用したのである。

シェフレの有機体説では類推がもちろん重大な役割を演じているが、その類推法は社会と自然において厳密に区別されている。すなわち社会有機体を支配するものは道徳的性質であって、動物体を支配するものは自然性をもって構成される法則性である。したがって社会制度と動物有機体の個々の形式を厳密に比較することは困難である。

シュタイナー

「問題は、今、人間精神の基底を考察するにあたり、自然科学的考察法を援用しようとしていることである。これは、我々の思考習慣や世界の現状を洞察しようとする方法が、人間の精神領域を考察するためには不十分な段階にあることを意味している。もちろん、やがては、満足すべき方法が創り出されるであろう。」

第一次世界大戦における敗戦は独墺両国に深刻な社会的動揺をもたらすと同時に、普仏戦後のフランスが社会の再組織の問題に直面して社会学の発達を誘発したように、中欧（ドイツ語圏）でも社会学への要求が異常に昂進した。テンニエス、ジンメルが新たな装いの下に復活し、マックス・ウエーバー、フィアカント、マックス・シェーラーなどが輩出した。

シュタイナーもこの社会学ブームに、社会有機体三層化論を引っ提げて参戦する。

新しい社会への胎動

終戦と共に、ドイツでは自由主義の機運が高まると、社会学がにわかに注目され、その黄金時代が現出する。とくにテンニエスの説くゲマインシャフトは、祖国復興を願う国民の琴線に強く触れた。「ゲマインシャフトへ還れ！」と。

そして、「ゲマインシャフトは古く、ゲゼルシャフトは新しく」、ゲマインシャフトはゲゼルシャフトに解消されるとするテンニエスの構想に対して、悲観主義という批判が高まってくると、テンニエスは『人類と民族』（一九一八年）でこれに修正を加え、ゲマインシャフトの「生産能力あり、したがって発展能力のある原理」は「協同組合的自己供給の理念」のなかに生きており、ゲマインシャフトの復興は可能であるとした。テンニエスはそれをゲノッセンシャフトと呼んだ。

シュタイナーはこのゲノッセンシャフトとジンメルの貨幣論を総合し発展させ、社会有機体三層化論（一九一九年『社会問題の核心』）を提示した。

シュタイナー（一九二一年二月十五日、シュトットガルト）

「そして社会的芸術の本質は次の点にあるだろう。つまり私たちを外的に囲んでいるものが徐々に変えられていって、人間の個性の中から湧きあがってくるもののように取り扱うことが可能になるということの中に。」

シラー「動物的性質と人間的性質の違いについて」（一七八〇年）

「もし人間の生存のための手段が、社会（Gesellschaft）の建設によっていっそう豊富になるならば、彼がその調達のために自分の時間と力を用いなくてすみ、それ以上のものを自ら見つけるようになり、またそれと同時に彼に理想が伝わり啓発されるならば、彼は自分の行為の最終目的を自分自身のなかに発見しようとする。」

シラー『カリアス書簡』（一七九三年二月二十三日「（一）現象における自由は美と同一である」）

「技術家（Mechanikus）が楽器を作る場合は、まだ純粋に技巧的であって、美は要求されていません。もしすべてのものが同一の形式を有しているならば、すなわちもしその形式を規定するものが、常に概念だけであって、決して素材や技術家（Künstler）の側の性癖でないなら、それは純粋に技巧的です。自発性を、ここでは、まったく純粋に立法的であって、素材に打ち克った思想と解するならば、われわれはこの楽器についてもまた、それは自律性をもつ、と言うことができるでしょう。たとえ技巧が素材の側からも、技術家の側からも、なんら強制を受けていないとしても――われわれが物を、論理的な物（概念）に仕えることを余儀なくされている自然物と考える限り――技巧はその物の固有の自然に対して、強制を加えているのです。

完全なものの本質は、多様が合致して一者となることにある。（多様性における統一＝Einheit in der Mannigfalt）

完全なものは、自由をもって表現される場合は、すぐに美しいものに変ずる。物の自然が、その技巧と一致して現われる場合には、すなわち、あたかも技巧が物自身から自発的に流れ出るかのように見える場合には、完全なものは自由をもって表現されます。」

「良い作法（交際の美）が、私の美の概念から説明されるということは、注目に値いすることです。礼儀作法の第一の法則は、他人の自由をいたわれ（Schone fremde Freiheit）、ということであり、第二の法則は、自らが自由を示せ（Zeige selbst Freiheit）、ということです。

私は美わしい交際の理想を示す譬喩としては、錯綜した振りから構成されたイギリスの舞踊が、巧妙に踊られる場合ほど、適切なものを知りません。観客席から観客の観るものは、非常に複雑に交錯し、運動の線が、あるいは生けるがごとく、あるいは意の赴くままに変化し、しかも決して衝突しないような、無数の運動です。一人のものは他のものがくるとき、すでにその場所を空けておくように、すべてのものが整えられている。一切は、各々のものがただ、自己の考えにだけ従って動いているように見え、しかも決して他のものを妨げることのないように巧みに按配せられ、かつ無技巧的に交合しているのです。それは自己のものであると主張される自由と、われわれが尊重しなければならない他人の自由とのもっとも適切な象徴なのです。」

第20章　晩年（一九二一年～二二年）

レーニンに代えてシュタイナーを

ロマン・ロランとアンリ・バルビュスとの論争　ロマン・ロラン（一九二一年十二月十四日、バルビュスへの第一回公開状）

「あなたの論説のなかで「〈クラルテ〉の一般的諸原則が制限し枠づけているこの革命的社会幾何学のうちに、誤算はありえない」とするところを読むとき、わたしが友人らしい微笑みを浮かべるのをお許しください。……意識下のエネルギー、原始的な力、宇宙的な光輝の湧出する源泉である、人間についてなんという抽象的な考え方でしょう！

王様以上に王党派であるあなたは、自分と比較しておられる現代の学者以上の合理主義者です。ところがそういう学者たちは、なかなか《基本的諸法則の無謬性》など断定したりしないのです……。

それはともかく、親愛なるバルビュス、このわたしはあなたの《社会幾何学》なるものを信じません。また、わたしはけっしてそんなものに荷担しません。

一、なぜなら、理論上――(しかし、政治問題や社会問題では理論とは何でしょう? 実現がすべてです)――理論上、新(ネオ)マルクス主義学説は(現にそれがとっている絶対的形態のもとでは)人類の進歩にはほとんど適合しないようにわたしには見えるからです。

二、なぜなら、じじつロシアにおけるこの学説の実践が忌まわしくて残酷な過誤によって汚されたばかりでなく、新秩序の指導者たちがそれを実行するために故意に人間性、自由、ならびにもっとも貴重な価値――真理など、至高の精神的価値をしばしば犠牲にしすぎたからです。

ロシア革命の指導的人物の大部分にとっては、ヨーロッパの他の諸国でと同じく、一切が国家理由に従属させられていることは、不幸にしてあまりにも確かです。

わたしは一つの国家理由に反対しながら、もう一つの国家理由に奉仕するようなことはしません。「暴力の介入は一つの細事、しかも一時的な細事にすぎない」とあなたが言われるのを聞くのはつらいことです。というのも、国防大臣兼ブルジョワ秩序大臣でも同じ文句を使ったかも知れないとわたしは考えるからです。暴力の介入は両者いずれの場合にも根本的な誤りです。

生きている有機体は、どれほど微細な印象も記録されるような過度に敏感な実体であって、暴力はそこに消しがたい痕跡を残すのです。

しかも精神伏態が前ほど不安の念をおこさせなくなったわけではありません。というのも、暴力の新たな習慣が古い習慣の上に重ねられ、宿命的に人びとの心構えを、将来における暴力の拡大強化の素地を作っているからです。

わたしはこういう意味合いでこそ『クレランボー』に次のように書いたのです――(これまで以上にそう考えていますす)――《目的が手段を正当化するということは真実ではない。手段は真の進歩にとっては目的よりさらに重要である》——というのは、目的は（稀れに、しかもつねに不完全に達せられるにすぎません）人間相互の外的関係をしか変更しないからです。しかし手段は人間の精神を、あるいは正義のリズムに従って、あるいは暴力のリズムに従って、造型します。そしてもし後者に従うならば、いかなる統治形態も強者による弱者の抑圧をけっして妨げないでしょう。

それゆえわたしは、革命に際してはおそらく平時より以上にさまざまの精神的価値を擁護することが肝要である、と見なすのです。なぜならば、革命は脱皮の時期であり、この時期には諸国民衆の精神は変わり易くなるからです。

シラーの言葉（それはわたしにとって、あらゆる時代のための金言です）——《in tyrannos!》（スベテノ暴君ニ抗シテ！）

アンリ・バルビュス（一八七三－一九三五）は第一次世界大戦勃発と同時に、「世界平和の敵ドイツ軍国主義」打倒のため、四十一歳という年で、多くの友人の諫止をしりぞけて、一兵卒として出征する。その体験を書いた小説『砲火』（一九一七年）でゴンクール賞を受けるが、それによって年来の同志ロマン・ロランと袂をわかつ。

翌年バルビュスは、ロシア革命に刺激されて『クラルテ（光）』を発表する。バルビュスは、「戦争の唯一の原因は己が肉体をもって戦争をする人々の奴隷根性と黄金の王者たち（すなわち資本家たち）の打算である。」「眼をさませ、己を理解しろ、眼をこらして見ろ。そして、奴隷根性にあやまられた君の良心をやりなおしたあとで、すべてをやりなおさなければならないと決心しろ。」「根底からやりなおすのだ。そうだ、それが第一だ。人間憲章はすべてをつくりなおすのでなかったら、何もつくりなおさないことになる」と、旧体制の全面的打倒、すなわち共産主義革命の惹起を叫ぶ。

『砲火』と『クラルテ』を読み、深い感銘を受けたレーニンは次のように言ったという。

「われわれはアンリ・バルビュスの小説『砲火』および『クラルテ』を、いたるところに見うる民衆の革命的良心の極めて説得力ある確証だとみとめることができる。知識をもたず、ブルジョワ的思想と偏見によってまったく圧倒されていた平凡な小ブルジョワジーの一代表が、まさしく戦争の影響により、革命家として変貌する顚末は、才能の力により、異常な真実性をもって示されている。」

第一次大戦後、バルビュスは他の同志とともに、一九一九年、「知識人のインターナショナル」と銘うった雑誌『クラルテ』を創刊し、これを中心に国際的な〈クラルテ運動〉を展開する。日本でも小林多喜二らが同名の雑誌を刊行している。

これに対して『クレランボー』は、ロランの第一次世界大戦の体験から生まれたものであり、ここに引用されている言葉《目的が手段を正当化するということは真実ではない。手段は真の進歩にとっては目的よりさらに重要である。》は、一九七〇年代末に勃興した「緑の政治運動」の基本的姿勢となった。

ロラン（一九二二年二月二日の第二回公開状の追伸）

「お説のとおり、「脆弱で偶然的なものは、経験科学が容認する形而上学的仮説であるが、経験科学が外観の間に確定する恒常的な関係ではない」ということは全く真実です。

そうです、わたしたちがわたしたちの感覚のおかげで認識するのは、わたしたちが現象と呼ぶもろもろの関係にほかなりません。なぜならば、わたしたちは比較の基礎である一つの単位に関連してのみ判断し、また知覚するにすぎないからです。その単位の選択は、わたしたちがどういう観察の尺度に身をおくかを示しています。そういうわけで、科学は事実しか認識しません。そしてこの認識は与えられたある尺度では真実です。

けれどもあなたは科学的事実の真実性を法則に移し及ぼすことによって、前者と後者を混同しておられるように見えます。さまざまな事実から一つの法則を演繹することは、一群の事実の上に一つの抽象的構成を重ねることであって、そういう構成はいくつかの基本的な形而上学的仮説に依存しているのです。

じっさい、一つの法則を確立するために、人は与えられた一つの総体のなかで、若干の関係を捨象して、他の若干の関係だけを考察するのです。そしてこういう捨象は、専断的ではなくて正統なものであるとはいえ、やはり現実に追加されるわたしたちの頭脳の一作用です。

したがって、「空間・時間あるいは物質のごとき諸要素の本性について優勢な学説がどのようなものであれ、物理的あるいは化学的諸法則の現実性はそのために損なわれはしない」と言うことは誤りです。――その証拠に、引力の法則および熱力学のすべての法則は、アインシュタインの学説によって修正されました。あなたは、そのことはそれらの法則の現実性にかかわりがないとおっしゃるのでしょうか？――しかし法則の現実性とはどんなものでしょう？

自然のなかに法則はありません。自然はわたしたちに事実の間の関係しか証してくれません。そして法則はわたしたちに、わたしたちにのみ由来するものです。もしあなたが、自然法則は自然という書物に刻まれた一つの具体的存在をもつ、と信じておいでになるとすれば、バルビュス、あなたはそうとは知らず神秘家です。」

「わたしが述べたことはこのことにほかならない。わたしはこのことを断定すると同時に、社会学と他の応用諸科学との同一性の関係についてわたしが抱いている概念をあくまでも断定するものである。」

「ここで、あなたは一足飛びに、純粋科学から応用科学に飛躍をお始めになる。そして、再び、あなたがおそらく過度の信頼の念をもって前者に帰せられているあの真実性を後者に移し及ぼされるのです。物理学的法則（すべての法則中もっとも精緻なもの）が正確に現実と合致することを承認しましょう。わたしたちがそういう法則の一つを応用するとき、わたしたちはわたしたちの法則に依存しない環境のすべての作用を、とるにたりないものとみなすでしょう。したがってわたしたちは、確かに弁護されるべきものとはいえ、またもう一つの抽象の誤りを犯すことになるでしょう。しかし応用されるわたしたちの法則は、一定の近似性をもって応用されるでしょう。（実験の誤謬については語らないとして！）

もう一飛びして、わたしたちがあなたとともに理化学諸部門から社会学に移るに及んでは、もはや何をかいわんやです！　もし物理・化学の諸法則が個々の分散した生物にはすでに非常に適用しにくいとすれば、心理的要素が巨大な役割を演じる生物の集落に、そういう法則をどのように適用すればいいのでしょう？

しかも、その役割を確定することは、わたしたちにはまだ不可能なのです。社会学では、大ざっぱな近似値である頻度の法則しかもっていません。しかもそういう場合には普通わずかに適用しうる数学の諸法則も……確率計算の法則なのです！

わたしたちは、《社会幾何学》から遠く離れてしまいましたね！……」

ロラン「革命と知識人――共産党員の友人たちへの手紙」（一九二二年三月）

「暴力政治、とりわけこのような政治をほめそやすための拙い試みが、ロシア革命からヨーロッパの自由主義的思想家の選良――バートランド・ラッセルやゲオルグ・ブランデスのような人々、あるいは昨日までのアナトール・フランス――を引き離すという不可避の結果を招来しました。ちょうどフランス革命当時の虐殺がワーズワース、コールリッジ、シラーのような人々を革命から決定的に遠ざけたように。

あなたがたは彼らのうちにある偉大な精神力を失うのです。そのような力が、多くの人々の精神におよぼす光輝は漠大なものです。私の意見では、これがフランス革命の破滅の一因だったのです。ロシア革命が、このことに注意するように！　心情の力を軽んずる者に災いあれ！

精神の独立は人類の本来的な力です。この力を抑えることはけっしてできないでしょう。賢明な政治家とは、ただ一冊の書物にこりかたまり、自分の教条《ドグマ》を自然におしつけようとする人間ではありません。彼は自然のさまざまな相矛盾する要素を見わけようと専念し、それらを理解しかつ調和させようと努めます。

現在の問題は、経済的＝社会的「革命」の正当な要求と、精神的自由のそれに劣らず正当な要求とが合致するような調和を見出すことです。

あなたたちの新参者数人はマルクス主義の律法板によりかかって、わたしたちの反対を軽蔑してこれをまったく否定的だと言い、そして彼らの解決策だけが首尾一貫した理論的体系を形づくっている唯一の策であるから、これに服従する以外にとるべき道はないと主張しています。――しかしまず第一に、もしわたしが森で道に迷い、明らかに沼地に通じるただ一つの道を人が教えてくれるなら、他の道は知らないからという口実のもとに、わたしはどうしてもその道を行かなければならないでしょうか？　よくない道を知っていればこそ、わたしはそこを通りたくないのです。

ところで、そういう他の道をわたしたちがまだ見つけなかったにしても、わたしたちはどの方角にそれを探さなければならないかを知っています。そしてわたしたちの行動がたんに否定的であるというのは正確ではありません。わたしたちの行動は、あなたたちの体系がなおざりにしているように見える一つの主要な事実をわたしたちに認識させてくれました。それは人間の本性と社会とのうちに、数個の異なる秩序が共存していることです。

ルドルフ・シュタイナーの興味ある小冊子『社会有機体の三層化』(一九一九年)は、人間の有機体は三つの系統(脳髄・呼吸・消化)の合成体であり、この三つは相並びながら互いに独立して機能を果たしているということを思い起こさせつつ、社会の全体もまた調和をもって協同する三つの有機体に細分することが必要であると信じています。

すなわち、経済生活、とくに国家に帰属する部分をなす政治生活、最後に、個人(肉体または精神)に生得の素質や、社会有機体にたいする人間個性の寄与に関するものをことごとく包含する知的生活(Geist)です。――ここでこの体系を検討するには当たりません。それはそれと対立する諸体系と同じく一つの体系であるゆえに誤っており、またその解決策にわたしは決して満足しません。*

しかし少なくとも、この体系はマルクス主義的独断論の狭い門戸をひろげ、社会建設者たちのさまざまの理論のなかに生命のしなやかな複雑性をもう少し多く入らせるという美点をもっています。この複雑性を今日の革命精神は充分に重んじていません。

その視野は経済的唯物論によってあまりにも局限されています。機械主義と資本主義とのめざましく急速な進展は、これに劣らずめまぐるしい精神生活の進展のあとを革命精神が追うことを妨げたのです。わたしたちは百科全書派のまったく安全な合理主義にも、さらにはオーギュスト・コントの実証主義にもとどまっていないのです。

〈精神〉は一つの自然力として顕現しました。わが革命家たちは、その力が大したものであることに思い当たらないのです。彼らの時計とわたしたちの時計とは同じ時間に針を合わされてはいません。彼らは、他の有機体を吸収しようとする政治＝社会的一元論に固執していますが、有機体がなければ社会全体は停滞するでしょう。

これらの有機体のうちでおそらくもっとも貴重なもの、人類進歩の主要な要因、それは〈精神〉、それ自身の法則をもち、また人類の共同生活に協力しながらも、つねに自律性を保持すべき、この自己自身の世界なのです。結び合うもろもろの力の自由な働きのなかにこそ、未来の革命方式を探さなければなりません。

しかし、その力のおのおのにそれぞれ適役をあなたたちが与えない限り、侵犯された自然は、あなたたちの嵩《かさ》ばってがたびしした建物を破壊することによって、あなたたちに復讐するでしょう。」

＊このロランの「一つの体系であるがゆえに誤っており」という言葉は、「自然のなかに法則性はありません」（第二回公開状）と同様、相対性理論を相対主義と誤解しているように見受けられる。

このロランの理解を補足する意味があったのであろう。バートランド・ラッセルは、翌年に刊行した『相対性理論のＡＢＣ』（一九二三年「〈相対性〉を越える相対性理論」）で、この問題を次のように解説している。

「ある種のえらぶった人は、〈すべてが相対的である〉といいきるのがお好きのようです。もちろんそういうことはナンセンスです。というのはすべてのものが相対的なら、すべてのものがそれに対して相対的になる基準そのものも、存在しないことになるからです。しかし形而上学的な不条理に陥ちこむことなしに、物理的世界では、すべてのものが観察者に対して相対的である、と主張することはできます。この見方が正しいかどうかはともかくとして、〈相対性理論〉によって採用されたものではありません。

おそらく相対性という名前が具合悪いからで、そのため、哲学や教育を受けていない人たちを混乱させているきらいが、確かにあります。そういう人たちは、新しい理論が物理的世界のすべてのものが相対的であることを証明している、と考えます。ところが実は反対で、いわゆる相対的であることを拒み、観測者の状況などにはけっして左右されない物理法則を語ることに、新しい理論は関心があるのです。

太陽系に関するニュートンの理論では、太陽は、惑星たちがその命令に従わねばならない君主のように思われます。アインシュタインの世界には、ニュートンの世界よりも個性が多く、支配は少ないのです。また押し合いもはるかに少なく、なまけ惰性がアインシュタインの宇宙の基本法則であることは見てきたとおりです。

私たちが何をなすべきかに関して、議論を自然の法則から引き出すのが人びとの習いとなっています。このような議論は私には誤りだと思われます。自然を真似るのは単なる奴隷根性でしょう。だがもし自然がアインシュタインの描いたように、私たちのモデルになっているのなら、無政府主義者（アナーキスト）たちの議論が最上のもののように思われましょう。

物理的な宇宙が秩序立っているのは、中央政府があるからではなく、すべての物体が自分のことだけを考えているからです。いかなる二つの物質も、かつて接触したためしはありません。粒子が近づきすぎると、両方とも離れます。」

（一九二三年、イギリスのG・H・ダグラスが『社会的信用論』を発表する。ダグラスは数年前からギルド社会主義の啓蒙誌*New Age*に論文を発表し、一九二〇年に『経済民主主義』と『信用力と民主主義』を上梓している。ラッセルの著作の影響もあったのであろう、これらの著作でダグラスは、基本収入（所得）構想や信用論で、シュタイナーと同趣旨の内容を展開している。）

しかし、この時代、アナーキストたちは有効な社会（革命）理論と実践を提示できなかった。バーバラ・タックマンは、『世紀末のヨーロッパ』（「理念と行為——アナーキスト」）で、こう書いている。

「大衆が自分の要求と力に目ざめる魔法の瞬間は、ついに訪れなかった。パリ・コンミューンは一八七一年に束の間の炎を燃えあがらせただけで消え去り、全面的反乱の引き金とはならなかった。「われわれは、自らの自由への情熱をかきたてられるのを望まない大衆というのを、考えに入れていなかった」と、バクーニンは幻滅して妻に書き送った。「この情熱が欠けていては、理論的にいかに正しかろうと何になる？　われわれは無力だった。」彼は世界は救えないと絶望し、一八七六年失意のうちに死んだ、アレクサンドル・ゲルツェンの言うように、アメリカを発見できなかったコロンブスとして。

バクーニンの時代にアナキズムを目ざす実践的企画が挫折したのがもとで、アナキストの理論と実践は地上ではなく雲の彼方へと方向を転じた。九〇年代に始まる新しい時期には、つねに牧歌的だったその目的はますますユートピア的になり、その行為はこれまでにもまして現実とのつながりを失っていく。」

ちょうどこれに合わせるかのように、シュタイナーは八つのドイツの大都市への講演旅行を計画する。その手初めに、五月、ミュンヘンのホテル〈四季〉で「人智学と霊性の認識」と題した講演を行うが、国粋主義の暴漢に襲われ、以後の講演活動を中止せざるをえなくなった。このミュンヘンではルーデンドルフ将軍とヒトラーをリーダーとする国粋主義者がこの年の春、ミュンヘンのホッフブロイハウスに集結し、一揆を起こしていた。

その代わりということではないだろうが、六月一日から十二日まで、ウィーンで「西東会議」を開催する。これに対してベルリンでは武装した左派が街頭示威行動を繰り返し、発砲騒ぎもまれではなかった。

シュヴァイツァーとの再会

シュヴァイツァーは、一九六〇年に、音楽家のブルーノ・ヴァルターの依頼によって書いた「ルドルフ・シュタイナーとの出会い」で書いている。

「こうした共通意識を抱いて私たちは別れ、再び会う機会は来なかった。しかし、あの共通の意識は残り、互いに相手の活動を見守ったのだった。ルドルフ・シュタイナーの思考の高翔に参加する途は私にとってまだ失われていないが、彼がこの高翔によって多くの人々を高みへと引き上げ、彼らを新しい人間に変えたことを私は知っている。彼の弟子たちによって、様々な分野における傑出した業績が達成されている。

私は絶えず、心からの共感のうちに、彼の生を辿ってきた。第一次大戦までの成功、その戦果がもたらした幾多の困難と危機、戦後の狂気の時代にあって社会有機体三層化の理論を唱えることによって秩序を回復させようとした勇敢な努力、彼の思考世界の故郷とも言えるドルナハ・ゲーテアヌムの設立、一九二二年から二三年の大晦日に火災によってそのゲーテアヌムが無に帰すという哀痛、再び再建にとり組んだ勇気、そして最後に、彼がこの地上を去る最後の数ヶ月の苦しみの時に為した、弛まぬ指導と創造が証しているその魂の偉大さ。

彼の方もまた、私を見失うことがなかった。一九二三年に私の『文化の頽廃と再建』、『文化と倫理』の両著が出版された時、彼はそのことについて承知し、ある講演の中でそこに提示されている文化の問題について賛同しながら意見を述べている。もちろんその際、彼は同情から何かを隠すようなことはせず、私が問題の解決に、ただ深い倫理的な思考のみによってあたり、精神科学の助けを採り上げていないことを指摘した。」

彼と面した時の、その驚異的な眼差しを持つ容貌から受けた印象が、私には忘れ難い。（ランバレネにて）」

エミール・ボックの回想によれば、シュタイナーとシュヴァイツァーの会見は以下のようだったという。

「一九二二年。私たちが丁度キリスト者共同体の設立の準備をしている時、私は幾つかの相談があってシュタイナー博士を訪れる機会を得たが、博士は目を輝かせて私を迎え、〈あなた、今日私のところにはアルベルト・シュヴァイツァーが居るのですよ！　それは実に偉大な人物です。〉と言った。」

一九二一年四月、パイプオルガン演奏と文筆で生計を立てることを決意したシュヴァイツァーは、文化哲学の仕事に没頭するため、シュトラースブルクにおける医師と牧師の双方の職務を辞し、故郷ギュンズバッハの父親の牧師館に移った。この演奏会や講演のために、シュヴァイツァーはスイス、スウェーデン、イギリスなどを訪れた。そして一九二二年には、三月にスウェーデンへ、そのあとスイスに帰り、夏には妨げられずに文化哲学の仕事をした。秋には再びスイスに行っている。このときシュタイナーを訪ねたのであろう。

ボックは、そのときのシュタイナーの様子を、一九五一年八月三日、シュヴァイツァーにあてて、「シュタイナー博士が自分からあなた様との出会いについて物語られ、また、ほとんど彼からは聞くことができないような言葉で、あなた様の作品の知識や、とりわけあなた様の人格の直接の印象から汲み取られた意味について語られたことは、私にとって何にもまして感銘深いことでした」と書いている。このあとシュタイナーは、「アルベルト・シュヴァイツァーはきっと人智学へは進まないだろう。」と語ったという。

しかしシュヴァイツアーは、前出の、音楽家のブルーノ・ワルターの勧めで書いた「ルドルフ・シュタイナーとの出会い」（一九六〇年）で、「……私たちは別れ、再び会う機会は来なかった」と、ボックの手紙を読みながらも、このドルナハ訪問を否定している。

出会いは、老齢のシュヴァイツアーのたんなる忘失なのか、それともシュタイナーの幻覚だったのか？シュタイナーはシュヴァイツアーとの最初の出会いも、『自伝』には書いていない。シュヴァイツアーもまた、自伝でシュタイナーにはまったく触れていない。このときシュタイナーとシュヴァイツァーの間では、表面的な和やかさの裏で、本質的な対立が鮮明化していた。この年の大晦日、ゲーテアヌムが消失する。

翌年の二月、シュヴァイツァーは文化哲学の第一部として『文化の頽廃と再建』を刊行する。この表題はシュペングラーの『西洋の没落』に抗議するために選ばれた。この『文化の頽廃と再建』は、表題からもうかがえるように、告発調になっており、文章も第二部の『文化と倫理』と比べるとあまり実質的でなくくどくどしく、序論的なものに留まっている。その『文化の頽廃と再建』の序言でシュヴァイツァーは、強い調子でこう書いている。

「用心深い講壇の「形而上学」も野心的な幻想的な「形而上学」も、真の世界観をわれわれに与えることはできない。世界観への道は「形而上学」を通じてゆかなければならないというのは、わがヨーロッパ的思考においてすでに十分に跳梁した、禍するところの多い迷妄である。われわれの精神的物質的悲惨の基礎をなしている世界観喪失からなんとか脱却しようという際に、かかる迷妄をふたたび繰り返すのは悲劇的であろう。伝統的な、見込みのない途で、亜流者的な、もしくは冒険者的な旅をつづけるのでは、われわれは救われない。」

この「野心的な幻想的な〈形而上学〉」や「亜流者的」「冒険者的」は、直接的表現は避けているものの、明らかにシュタイナーの人智学を指している。これに対して、七月に刊行された『文化と倫理』は、シュヴァイツァーの総ての著作中、白眉というべき名編である。全編にシュタイナーの「自由の哲学」が躍動している。この二つの著作でシュヴァイツァーはこう言っている。

「世界観は、文化世界観となりうるためには、どのような条件をみたさなければならないか？　なによりもまず、そしてごく一般的にいうと、世界観は思考する世界観でなければならない。

思考から生まれ、思考をよりどころとするものだけが、全人類にとっての精神的な力となることができる。多くの人びとの思考によって考えなおされ、しかも真理とみなされるものだけが、自然につたわる持続的な説得力を持つ。思考する世界観をもとめる気持ちが絶えず活発に働いている場合だけ、人間のあらゆる精神的能力が呼びさまされる。」（『文化の頽廃と再建』序言）

「十九世紀はじめの反動運動であるロマン主義の合理主義攻撃は、多くの点で正しかった。それにもかかわらず、それが、きわめて不完全でありながらも人類の精神生活におけるもっとも大きな、もっとも貴重な一般現象であったところのものを、軽蔑し破壊したということは、まちがいない。

当時においては、教養のある人たちから教養のない人たちまで、思考への信頼と真理への畏敬とをつよく持っていた。その理由だけからしても、当時の時代はそれ以前のどの時代よりも高く、私たちの時代よりもはるかに高い。

私たちの世代は、ロマン主義的な感情や文句に絶対につられず、理性とはいったい何であるかということを考えてみなければならない。理性は、私たちの心的生活の多彩な動きを封じてしまうような、無味乾燥な悟性ではないのであって、私たちの精神のあらゆる機能がいきいきと作用しあっている全体の状態である。理性においては、私たちの認識と私たちの意志とが、私たちの精神的本質を規定する神秘な対話を、たがいにかわしている。理性の生み出す世界観上の思想は、私たちが私たちの使命と人類の使命について、考え感じ予想することのできるすべてをふくみ、私たちの生活に方向と価値とを与えてくれる。思考から生ずる感激は、混乱した感情から成っている感激にくらべると、高い峯の颪が丘のあいだを吹きわたる風とちがうほどちがっている。私たちがふたたび敢えて理性の光をもとめるならば、私たちはもはや感激することのできない人種に萎縮してしまうことなく、大きな深い理想のもたらす大きな深い情熱に燃えるだろう。そして大きな深い理想に心がいっぱいになり、現在の私たちの生活の基準になっている理想は、みすぼらしい興奮にすぎなくなって、私たちから消えうせてしまうだろう。」(『文化の頽廃と再建』「思考する世界観。合理主義と神秘主義」)

「真の神秘主義の道は理性的思考を貫いて、世界及び我々の生きんとする意志の深い体験へと導く。唯一直接的なかつ唯一深奥な世界観であるこの神秘主義に到達せんがためには、すべて我々はいま一度、考える人とならねばならぬ。我等すべては認識が体験へと移り行く日まで、認識の中でその境地に近く進まねばならぬ。すべて我等は思考を通じて宗教的にならねばならぬ。この理性的思考は我等の間に支配権を持つ力とならねばならぬ。生を畏敬する神秘主義以外の火の中では、理想主義という折れた剣は決して鍛え直されることは出来ない。」（『倫理と文化』序言）

これらはシュタイナーのものと見まがうほどである。シュヴァイツァーによれば、この『文化哲学』二冊の草案は、一九〇〇年にさかのぼり、一九一四年から一九一七年にわたり、アフリカの原始林において、この草案に手がくわえられたという。

シュヴァイツァーは「シュトラースブルクでの出会いの結果、わたしは心の中では引きつづきシュタイナーに惹かれて、いつも彼の意義を意識してきました」「シュタイナー関係の著作は、大ていはギュンスバッハの文庫に持っています」と言っている。シュヴァイツアーはこの『文化哲学第二部』の序言にこう書いている。

「ここに、我々の思考が、そのどうにも片づけることのできない二元論に到達する理由がある。それは世界観と人生観の二元論、認識と意欲の二元論である。

人間の思考が苦しんできたすべての問題は、結局この二元論に還元される。人類の思考に――哲学ならびに世界宗教に――あらわれたあらゆる世界観は、この二元論を解決しようとする試みである。

これ以上、強引な論理と空想力で深淵に架橋するかわりに、われわれは問題の根底を究め、それが直接に事実としてわれわれに出会うままに、これを受け入れる決意を固めなければならない。二元論の解決は、われわれがその二元論をこの世から除去しようとすることではなく、それがもはやわれわれに何の危害も加え得ないものとして、われわれの裡に体験することである。

われわれの人生観にとって決定的なものは、われわれの世界認識ではなくて、われわれの生きんとする意志のなかに与えられている意欲の確実さである。自然のなかでわれわれは、謎のごとく創造的な力としての無限的精神に出会う。

《生への畏敬》こそ、わが生きんとする意志の最も直接的で、しかも同時に最も深い所為である。生への畏敬において、私の認識は体験に移行する。

かかる意味は、私の生きんとする意志のなかにあらわれる最高のイデー、すなわち生への畏敬のイデーを私が生きることにある。これによって、私は私の生命と、己をとりまくすべての生きんとする意志に価値を与え、自己自身を活動せしめ、諸価値を創造する。」

前出のシュタイナーの言葉と比べてほしい。まったく同じであろう。シュタイナーはあの文章を、このシュヴァイツアーの文章を読んだあとに書いているのである。

しかしシュタイナーは、七月四日、シュトゥットガルトで反論の講演を行ない、「中途半端な考え」と批判した。それは、シュヴァイツァーが思考生活（活動）を「眠りと覚醒、そして死後の存在を貫くもの」としていなかったからである。

シュタイナーにとって、「世界観と人生観との相互関係を、思考が明確につかむとき、それは認識の断念ということと世界人生肯定の確保ということを結びつけることができる。」「われわれの人生観にとって決定的なものは、われわれの世界認識ではなくて、われわれの生きんとする意志の中に与えられている意欲の確実さである。自然のなかでわれわれは、われわれの謎のごとく創造的な力としての無限的精神に出会う。」「新しい理性的思考は、世界の意味を悟得しようとするような幻影を追わない。それは世界の認識を、われわれには永遠に到達すべからざるものとしてそのままにしておき、われわれの裡の生きんとする意志の方を明らかにしようとつとめる。」としてヨーロッパ思考の「破壊的な結果」を強調するシュヴァイツァー（『文化と倫理』）は、悪しきゲーテ主義であり、ショーペンハウアーの再版であり、神智学協会の〈東方の星〉やシュペングラーの〈西洋の没落〉の「亜流者的な」「繰り返し」にすぎず「迷妄」そのものでしかなかった。

それはシュヴァイツァーが次のように言うとき、よりはっきりとする。（『文化と倫理』）

「私の問題の解決は、世界の楽観論的－倫理的解釈をあらゆる意味で断念せよ、ということである。世界をそのあるがままに取れば、それに人間と人類の活動の目的や目標が有意味となるような一つの意味を与えることは不可能である。世界人生肯定も倫理も、われわれの認識が世界について何を述べようとも、それらからは基礎づけることができない。世界の中には、われわれの活動が一個の意義を帯びてくるような有意味な進化というものは皆目発見されない。倫理的なものも世界生起（宇宙現象）の中にはあらわれない。認識の唯一の進歩は世界を成している諸現象とその経過を、われわれがただいよいよ詳細に記述しうるということだけである！　全体の意味を理解すること――これが世界観の問題とするところである！――は、われわれには不可能である。」

「われわれの世界観の革新は、容赦なく誠実で、ひたむきに果敢な思考によるほかない。理性的なものがぎりぎりまで考えぬかれるとき、必然的に非理性的なものに移るということを、体験するときはじめてこの思考は成熟する。世界人生肯定と倫理は非理性的である。」

この結果、シュヴァイツァーは、一九五一年、シュトラースブルクにおけるカミール・シュナイダーとの対話で、「私たち二人の目的は同一のものであったが、私たち二人の道のりは外見上違っていた。ルドルフ・シュタイナーが霊の探求者として、行の問題や思考、あるいはキリスト体験に肉薄する神秘主義の道を行ったのに対し、私は思想家としての認識により、終末論的なイエスの教えの内容の内でキリスト・イエスに会おうと試みた。また私は、アフリカの黒人の間の日々の仕事の内でもキリスト・イエスに会う。この二重の体験から、私は生の倫理の基礎を取り出した。私の場合、この生の倫理に総てが懸かっている」と収拾した。

この後シュタイナーは、人智学と三層化のための国際週刊誌『ゲーテアーヌム』を発刊し、十二月九日号から「わが人生の歩み」の連載をスタートさせる。この自伝執筆の動機は次のようなものだった。

「私の育成してきた人智学が公に議論される際、私自身の人生の歩みについての指摘や批評が、こうした議論の中に紛れ込む傾向が、しばらく以前から現われている。そして私の実人生の歩みを詮索して、私の精神的な歩みには変節が認められるとしたうえで、その原因について、あれこれ憶測しようとする人々がいる。このような傾向を憂慮した私の友人たちは、私が自らの手で私の生涯について語るよう勧めてくれたのである。」

シュタイナーが社会有機体三層化の理念を形成しその普及を始めた一九一八年ごろには、それまで絶版だったシュタイナーの学者時代の初期の著作、『自由の哲学』や『ゲーテの世界観』などが次々とシュタイナー派の出版社から再刊されている。このことによって、矛盾が露呈したのである。これらの批判に対しては、シュタイナーの反論講演を付けた、『ゲーテアーヌムに対する中傷』（ローマン・ボス、一九二〇年）が刊行されている。

「私がこのような記録を書くことに決心したのは、一つには、私の人生と私の行動との関連について述べられている多くの偏見を、客観的な記述によって正す義務があると思うからであり、いま一つには、このような偏見がある以上、私に好意的な人々の勧めにも道理があると思われるからである」と。

私のこれまでの記述は、シュタイナーのこの『自伝』の内容をそのまま鵜呑みにするというようなことはせず、疑問や矛盾があると思われた箇所については、「偏見」ではなく、その当時のシュタイナーの書いたものを採用することによって、客観性を高めようとしてきた。これは最後まで変わらない。

シュヴァイツァー「ブルーノ・ヴァルターへの手紙」一九六〇年十一月八日

「シュタイナー関係の著作を送って下さってありがとうございました。わたしにとっていちばん値打ちがあったのは『自叙伝』（邦訳『シュタイナー自伝』）でした。これをよめば初めて本当に彼を知ることができます。死によって彼の手からペンがおちたことは、とても残念です。

そこでシュトラースブルクにおける出会いの話しをしますと、わたしたちが知り会ったのはアニー・ベザントのおかげです。当時の会話をよくおぼえていますが、その結果わたしは心の中では引きつづきシュタイナーに惹かれて、いつも彼の意義を意識してきました。似て非なる文化の代りに真の文化を登場させたいことでわたしたちは共通でした。この連帯感はシュトラースブルクで生まれました。彼は倫理的思考と精神科学の諸認識とから文化を期待したし、わたしはその際私の性質に従って文化をば、倫理の真の本質への沈潜から純粋に成立せしめることにこだわったのでした。そこでわたしは生命への畏敬の倫理に至り、この倫理から文化の成立のための刺戟を期待しました。ルドルフ・シュタイナーがわたしの古い考え方へのこだわりを遺憾としたことをわたしは知っていますが、しかしわたしたち二人は、人間をふたたび真の文化へみちびくべき同じ義務を体験したのです。わたしは彼の偉大な人格と彼の人間性が世界で果たしたことをよろこんでいます。人はめいめい自分の道をゆかねばなりません。」

この年の十一月十五日、ゲアハルト・ハウプトマンは六十歳の誕生日を迎える。生地のブレスラウやベルリンで盛大な祝賀行事が行われる。とりわけベルリン大学新講堂で催された祝賀会は盛会をきわめた。当日は、霧がむせび雨もしとしと降る薄ら寒い日であったが、会場とその周辺の熱気はまるで法王か予言者でも迎えるような異様な熱気に満ちあふれていた。講堂の正面には、百数十年前フィヒテが獅子吼した壁画が高く掲げられて、雰囲気をいやおうなしに盛り上げていた。来賓席にはエーベルト大統領をはじめ大臣、有力政治家や有名学者、芸術家、思想家が並び、会場は青年学生たちで立錐の余地もなく埋め尽くされ、入れない聴衆は会場を十重二十重に取り囲んでいた。まるで国民の祝祭のようだった。

この年、ヘルマン・ヘッセは、ロマン・ロランに捧げた『シッダールタ…インドの詩』を刊行する。ヘッセはこの書の最終章「目ざめ」にこう書いている。

「思索する男は歩みをゆるめつゝ、自分にたずねた。『さてしかし、お前が教えや師から学ぼうとしたことは何であったか。お前に多く教えた彼らがお前に教えることのできなかったものは何か。』そして彼は気づいた。『自我こそ自分がその意味と本質を学ぼうと欲したものだ。自我こそ自分がそれからのがれんと欲したもの、自分が克服せんと欲したものであった。しかしそれを克服することができず、それを嘆き、それからのがれ、隠れることができるだけだった。まことに、この世のいかなるものも、この自我ほど、自分が生きており、一個の人間であって、ほかのすべてのものから分離独立しており、自分がシッダールタであるという、このなぞほど、自分の思いを悩ましたものはない。この世のあらゆるものの中で、自分について、シッダールタについて知るところが最も少ないのだ。』

この考えから別な考えが、新しい考えが飛び出した。それはこういうのだった。『自分が自分について何も知らないこと、シッダールタが自分にとって終始他人であり未知であったのは、一つの原因、ただ一つの原因から来ている。つまり、自分は自分に対して不安を抱いていた、自分から逃げていた！　ということから来ている。真我を、生命を、神性を、究極なものを見いだすために、自我をこまかく切り刻み、殼をばらばらにはごうと欲した。しかしそのため自分自身は失われてしまった。』

シッダールタは目を開いて、あたりを見まわした。微笑みが彼の顔にあふれた。彼は初めて世界を見るかのように、あたりを見まわした。世界は美しかった！　世界は多彩だった！　世界は珍しくなぞに満ちていた！　こゝには青が、黄が、緑があった。空と川が流れ、森と山々がじっとしていた。すべては美しくなぞに満ち、魔術的だった。そのただ中で、彼シッダールタ、目ざめたものは、自分自身への道を進んでいた。このすべてが、この黄と青が、川と森が初めて目を通ってシッダールタの中にはいった。それはもはやマーラ（魔羅）の魔法ではなかった。マーヤ（迷い）の薄ぎぬではなかった。多様をさげすみ、統一を求めて深く思索するバラモンのけいべつする、現象界の無意味な偶然な多様ではなかった。青は青であった。川は川であった。シッダールタの中に青と川には、神性を有する一つのものがひそんで生きていたとはいえ、こゝは黄であり、青であり、かしこは空であり、これはシッダールタであるということこそ、神性を有するもののありようであり、意味であった。意味と本質はどこか物の背後にあるのではなく、その中に、一切のものの中にあった。

男は言った。『本を読んで、その意味をさぐろうと欲する時、人は記号や文字をけいべつせず、それをまやかし、偶然、無価値な殼とは呼ばず、一字一字それを読み、研究し、愛する。ところが、世界の本を、自分自身の本質を読もうと欲した自分は、あらかじめ予想した意味のために、記号と文字をけいべつして来た。現象の世界をまやかしと呼んだ。自分の目と舌を偶然な無価値な現象と呼んだ。いや、それも過去となった。自分は目ざめた。自分はほんとうに目ざめた。きょう初めて生まれた。』

次のことも突然彼に明らかになった。ほんとうに目ざめたもの、あるいは新しく生まれたものとして、生活を新しく完全に初めから始めなければならなかった。

次のような悟りにも目ざめた。『自分はほんとうにもはや過去の自分ではない。自分はもはや苦行者ではない。僧ではない。バラモンではない。自分はいったい家で、父のもとで何をなすべきか。学問をすべきか。いけにえを勧めるべきか。冥想にいそしむべきか。それらはすべて過去のものとなった。それらすべてはもはや自分の途上にない。』

今は彼はただシッダールタであり、目ざめたものであり、そのほかの何ものでもなかった……。彼ほど孤独なものはなかった。貴族仲間に属さない貴族、職人仲間に属さない職人、それぞれの仲間に逃げ場を見いだし、仲間の生活を共にし、仲間のことばを語ることをしない。そんな貴族や職人はいなかった。バラモンの仲間に数えられず、仲間と生活を共にしないようなバラモンはいなかった。沙門の階級に逃げ場を見いださないような苦行者はいなかった。森の中の最も寄るべない隠者でも、ひとりぼっちではなかった。彼も仲間に取り囲まれていた。彼も階級に属し、それが彼の故郷になっていた。ゴーヴィンダは僧となった。幾千の僧が彼の兄弟であり、同じ衣をまとい、同じ信仰を信じ、同じことばを話した。彼シッダールタはしかしどこに属していたか。だれと生活を共にするだろうか。だれのことばを語るだろうか。

周囲の世界が彼から溶け去り、彼ひとり空の星のように孤立したこの瞬間、冷たく気落ちしたこの瞬間から、シッダールタは浮かびあがった。前より以上に自我となり、堅く凝りかたまって。これが目ざめの最後の身震い、出生の最後の戦いだ、と彼は感じた。すぐに彼はまた足を踏み出した。足ばやに、せっかちに歩き出した。もはや家の方にではなく、父のもとにではなく、帰るのではなく。」

一九二二年から三年にかけての冬、ハウプトマンは、「それではあなたは霊魂の不滅を信じていらっしゃるのでしょうか。神のことをあまり仰しゃらないこのあなたが？」と聞かれて、

「私ならなぜまた霊魂の不滅を信じてはいけないのです？　この概念は神とどういう関係があります？　我々が普通一般に、そして便宜上頭に描いている神は、あれは我々がそう教えられて描いているのでして、つまりこれは教育の結果ですよ。もっとも私は教育によって、いろいろなことを達成し得るものと確信しています。我々が芸術、神、宗教、自然を見る眼は、我々の教養がそう見るように仕向けたのであり、またそう仕向けるのが教育の標準ですが、私にいわせると霊魂の不滅、永遠の生活もやはり自然科学的に根拠を求めることが出来るように思う。」

ロラン（一九三〇年六月十九日、ジャン・ゲーノ宛手紙）

「ゲーテは抽象的なもの、偽客観的なもの、有機体や人間精神から分離した学問を憎んでいます。（それゆえ、天才的特徴なしとしないあのほら吹き、ルドルフ・シュタイナーは、《神智学》に対立させて《人智学》を創始したとき、彼を引き合いに出したのでした。つねにぺてん師たちが天才の上に彼らの幼虫を産みにやって来なければならないとは！）」

オットー・シリー（緑の党連邦議員団団長）は、ヨーゼフ・ボイス追悼、一九八六年三月十三日、西ドイツ連邦議会での演説で、

「約七〇年前に、ルドルフ・シュタイナーは、社会を文化、国家、経済の三領域に機能的に編成す

る考えを示したのであります。この考えは、未来の社会に対する青写真であり、安易な思考に自足することを望まず、人間の存在の危機を意識している人間にとっての青写真となりうるものであります（緑の党拍手）。

ルドルフ・シュタイナーは、すでに二十年代に深い自然認識にもとづいて、生態的動的農業の方法を開発したのであります。この農法の意義は、ようやく半世紀余を経てからその輪郭が認識されるようになったのです。

知的な傲慢、頑迷な講壇科学、権力のうぬぼれ、さらには人智学者たちの党派的態度なども与かって、シュタイナーの思想が社会に生産的に受け入れられることが阻まれてきたのであります。

今日では、以前より偏見なしにかれの思想を語ることができます。二十年代にかれの思想が社会的な対話に建設的に取り入れられていたとしたら――歴史的に回顧すれば敢えてこう主張することができる――いずれにせよナチのテロ支配や第二次大戦を避ける助けとなったことであろう（緑の党に同感の声）。

以前の世代が、自らの盲目性により背負うことになった重い罪が、われわれに警告しているのは、われわれの子供たちのために、子供たちとともに、自由な、エコロジー的な、連帯的な、平和な民主主義社会を築くことなのであります（緑の党活発な拍手）。」

ロシアの哲学者ベルジャーエフもこう書いている。（「ヒューマニズムの終末」）

「シュタイナーとか、そのほかこんにち神智学者たちは人智学者と呼ばれているが、あきらかに人間を宇宙の進化に従属させている。（それは誰にも理解できないものである。）そしてみずから企てた人間完成の方法は創造的体系ではなかった。神智学は神を否定し、人智学は人間を否定する。人間は宇宙進化におけるつかのまの存在にすぎなくなり、人間は超越されなければならない。現代の神智学は人間をおしつぶし、人間の個性や、自由な活動などをほろぼすことを表明している。こうして人間は自分の魂を見失った。――そして宇宙の力の満ち干きのなかにそれをもとめなければならない。神智学の知恵は自然のしかばねと人間のしかばねをじっと見ている。」

第21章　死後の反響

ルドルフ・シュタムラー『唯物史観批判』（「社会有機体の三層化について」一九二七年）

「近時、独自な方法をもって経済の、そしてまた法律（法制）の分離が試みられている。すなわちそれは、シュタイナーによって提議され、彼の門弟によって熱心に主張されている有名な〈社会有機体の三層化〉のうちにあらわれている。

シュタイナーは、彼の考察のうちにおいては単に自然的有機体と社会的有機体との間の類推が行われているにすぎないという非難に対して弁論している。すなわち、自然科学的事実に適合する真理はいかなるものも社会有機体に移植されてはならない。『我々は、自然有機体について観察し、そこから得られるさまざまな事実を人間社会の考察に援用する方法をこそ採ること』が重要なのである。

事実、共通な考え方として常に存続しているものは、無制約的に確固たる根本計画に従って一切の体験を秩序づけるべき目的としての科学なる思想のみである。我々がこれから外的印象に対しても——自然科学——また欲望の内容にしても——目的料学——行わなければならないのは、考察のかような特性なのである。

この意味において、シュタイナーもまた、『社会の全事象の根底に存在する〈始原思想（Urgedanke）〉」に回帰することなくしては、事実に適せる判断が得られない、ということを看破する』ことが必要である、と言っているのは、極めて正当である。」

ユング「現代人の魂の問題」（一九二八年）『ヨーロッパ評論』に掲載された講演。

「現代人の魂の問題は、その現代性のゆえに、かえって見通しの利きにくくなっている問題の一つであります。

現代の意識は、世界大戦が生みだしたはかり知れぬ悲惨な結果によって深刻な打撃をうけました。われわれは、中世の人々がもっていた形而上的なよりどころをすっかりうしなっています。

心理学に対する関心が、最近の二十年間におどろくべく増大し、かつ普及したことは、現代的な意識が、物質的な外面の世界から若干身をひいて、主体的な内面の世界へとむかったことの動かしがたい証拠です。

私が心理学に対する関心というばあい、それは学問としての心理学に対する興味ばかりを、いわんや、さらに範囲のせまいフロイト流の精神分析学に対する関心のみを指すのではなく、もっとひろく一般に、交霊術・占星術・神智学・似而非心理学等々、およそ心的現象にならなになにでもしめされる関心の異常な高まりを指すのです。

ドイツにも私の知るかぎりではみずからグノーシス派なることを標榜している流派が二つあります。この種の運動のうち数からいってもっとも重要なものは、疑いもなく、英国にうまれた神智学と、その大陸版であり、インド臭を加味した直系グノーシス派である人智学とであります。

この種の関心を満足させるために注ぎこまれた情熱は、疑いもなく、古臭い形式の宗教から逆流してきた心的エネルギーです。それゆえ、これらのものはたとえいわゆる学問の粉飾をまとい、たとえばシュタイナーがみずからの創唱した人智学を〈精神科学〉とよぼうとも、その実質は純宗教的性格のものなのです。このような粉飾の試みがなされるということは、宗教一般が政治や世界改造計画と同様いかに信用を失墜してしまったかを証明していることなのであります。」

「もろもろの心的事実を認識するに必要なだけの内省と知性とはすでに数世紀以来存在していたにもかかわらず、人間の心そのものは最近の十数年にいたってようやく発見された。最近の一世紀間におこなわれた未曾有の分業と職業分化の結果、はじめて生じてきました。」

ユングによればこれは、「現代の意識は十九世紀の意識とはいちじるしく異なり、人間の心に対して切なる最大の期待を寄せており、それは科学、すなわち客観的な認識であろうとし、信仰を忌避し、したがってまた信仰の上にきずかれる宗教というものも忌避する」からだからという。

ハンス・ライゼガング『二十世紀のドイツ哲学』（一九二七年）

「我々の文化にはすべてを総合する統一的なそしてただ一つの世界観があるのでないということを我々は熟知している。無数種の世界観が互いに相搏ちつつあるか、或いは――甚だしきは同一の頭脳の中においてすら、――それらが相並んで存続している。宗教生活は分裂している。新教、正教、ユダヤ教、そしてそれらの各分派と相並んでドイッチラント一国内にさえ三百以上の宗教宗派がある。諸々の宗教団体と並んで秘密互助組合、その他神智学、人智学、種々の立場の心霊論者の集団がある。哲学もまた幾多の学派的集団を作った。我々は現在カント協会、フィヒテ協会、ショーペンハウアー協会、ニーチェ協会、一元論同盟、ケプラー同盟、無宗教論者の多数の同盟、オイケン同盟、ドイツ哲学協会、悟道学園、その他一定の哲学的世界観を懐抱する各種の集団。なおその上批判哲学、観念論、経験論、実証哲学、現象学、価値哲学、文化哲学、新スコラ哲学、その他何々論何々哲学等、それぞれの哲学的傾向を同じくして集まった学派の形をなすものが多数ある。」

「中世においては文化と名づけうるものはただ一つの世界観すなわち正教的キリスト教説に支えられる一色の文化を見出す。」

「中世では時代の精神を索め出すことは容易である。反対に我々の時代の世界観の錯綜の中に時代の精神を索め出すことは一見不可能にさえ思われる。それにもかかわらずあえてその試みがなされねばならぬ。」

「新しき発展の転回——我々は今その新転回の初頭に立っている——はヘーゲル思想の尊重と哲学における一切のロマン的なるものの軽視をもって始まりつつある。『カントへの復帰』なる叫びは同時に、数学および物理学の範に従って純粋科学としての哲学への復帰を意味する。論理学は科学的方法論となり、心理学は実験的自然科学となり、倫理学は民族心理学社会学となり、形而上学は、それがいやしくも認容せられるかぎり、科学的な諸々の憶説の一種の集編となる。しかるに明け離れ行く二十世紀の特質は実に人生に対して科学がいかなる独自の価値を持つかについて愈《いよ》々切実に益々挑戦的に現われて来る疑惑であり、また、我々の科学化されたるこの生活に忍び得べき何等かの意味を与える世界観の樹立に対して、科学がいかなる独自の価値を持つかの疑惑である。」

「三、科学
　生の哲学者たちは諸々の科学をその究極的かつ非合理的なるものの中に存在する源泉へと引き戻すことを企画した。総ての〈創造的認識〉は論理的な論証的な思考の領域には、決して存在するものではない……。新しい科学には新しい人間性が付随する。この科学は大学では習得されるものでなく、ただ〈完成への途〉を行く心構えのできた人によってのみ創り出される。さてこの道がカイゼリングの慧智を重んずる学派で求められつつあるにしても、あるいはシュテファン・ゲオルグを続《めぐ》る一群の人々によって求められつつあるにしても、或いはまたルドルフ・シュタイナーのゲーテ研究集団によって求められつつあるにしても、ことの性質上帰するところは同じである……。高められた精神生活が、科学として沈殿せしめられる時、この科学は芸術と宗教の近くに帰来する――いな、芸術及び宗教と一致する。かかる科学の中に躍動し、かかる科学を貫くものは実に神秘的な美である。」
「五、宗教
「科学と芸術を持つ者はまた宗教を持つ」ということが、ゲーテは勿論として、一般に生の哲学者たちについて言われる……。ニーチェが自ら予言者と名乗って「われ蝋印を押すがごとく幾千年に賭けて誓わん」と言おうと、シュペングラーが西洋の没落を予言しようと、ヴァルター・ラーテナウが「来たるべきもの」の燭光が現われるのを見ようとも、或いはまたゲオルグが新しい精神の布告者を養成しようとも、さては、リッテルマイヤーがシュタイナーの所謂天なるキリストとそれの現代への降来を説教しようと、要するにこれら多種多様な装いの背後には同一の宗教調がある。それを我々は〈世界終末思想〉調と呼んでも恐らく誤りはあるまい。」

訳者の若井林一はシュタイナーにあえて訳注を付けこう記している。「思想から言えばヘーゲルの一元論から神秘主義、神智学、人智学（彼の創唱にかかる）と転々、活動から言えばゲーテ、ニーチェの研究著述の他に多種多様な著書。生涯から言えば編集者、実業家（例えば〈来るべき日〉社という出版社）文化宣伝家（世によくある！）等々々。リッテルマイヤーはその後継者。」

若井については詳しい経歴は解らないが、この他にもハウスホーファーの『大日本』やカイザーリングの『ある哲学者の旅』などかなり癖のあるものを訳出している。

さらに、シュタイナー没後のナチス時代に亡命先のスイスで書かれた『この時代の遺産』（一九三五）となると、人智学への批判の言葉は「狂ったオカルトの小径」など激しさを増していく。

ブロッホは言う。

「両性をそなえた年老いた女たち、貴族と小市民、要するに、沈みゆく諸階級が、とりわけシュタイナーの世界をにぎわしている。

これは、もっとも広く普及した、もっとも不潔な世界である。明らかに、この人智学運動にたいする他の国々の強い関与だけが、この運動が一致団結してヒトラーのほうへ移って行くのを妨げているにすぎない。

さまざまな社会的ディレッタンティズム（「三分法」）だけが、この運動がこうなるうえで有用だったわけではなく、その中心にある〈ミカエル本体〉もまたそうだった。

要するに、無媒介的な見かたをすれば、オカルト的な亡霊は、もちろん市民階級のファシズム化でしかなく、役に立たなくなってしまったかれらのリベラリズムが権威的で非合理的な陣営に移行していくことでしかない。

ブルジョワ階級のような未来をもたない階級は、たしかに、現実をとらえるために、ましてや現実の本当に隠された「限界的問題」（ルカーチの表現による）をとらえるための、新しい思想を創出することなどない。

もっとも広く流布した現象としてのオカルト主義は、雑草によって緩和された反動である。怠惰な、そしてまた活動的でもある魔法は、それが神話的に革新する囲いと呪縛をこえて、乱雑に花咲きつづけるのである。」（「オカルト的な空想と異教主義」）

「勇敢なまなざしがまったく遠くまでとどくように見えるところでは、さらにいっそう乱雑である。そこではシュタイナーが支配的で、無駄なおしゃべりと四分の一の教養をもちながら、秘密のことを発送しようとする。

ほかでもないいわゆる「キリスト教」が、ここでは完全に、幽霊じみた本性にまで下落させられており、同時にまた（なぜならこの秘密科学は近代的なものだから）ヘッケル派の世界の謎の一種のグノーシス派的な埋め草となってしまっている。

この太陽存在たるキリストは、それが地球のなかへと下落し、短いあいだ埋葬される太陽によって地球を染めるとき、異教精神復興主義者たちや「ドイツ・キリスト者」たちなどよりずっと以前に、北方型ファシズムのためのひとつの自然神を準備したのだった。そこから、イエスをジークフリートに、聖書を北方ゲルマン的な「奥義の伝授」に、適用することがなされたのである。

ところが、このかれらの陣営もまた、じつに多面的なのだ。絵画あり、色彩論あり、舞踏術あり、農業における「農業神（デーメーテル）運動」あり、作劇法あり、植物学あり、物理学あり、占星術あり、体液医学あり、精神医学あり、冶金学あり、社会政策あり、アリストテレスあり、原始時代史あり、天体物理学あり――要するに、ありとあらゆる精神部門の小枝と魔女の灯心草の月次さとが、ここで、まさしく百科全書的な混乱のままむしりとられ、ひとつの花束にたばねられるのである。

ここで働いているのは、迷信をおそれぬ勇気によって、ばらばらに分解されたさまざまな神話の一斉展示によって、カリョストロであろうがエリファス・レーヴィであろうが、とにかくどんな競争者でも打ち負かすような、先祖返り的・国際的大企業である。」(「大企業としての秘密小売業」)

こうしたブロッホの批判は、シュタイナー死後の人智学運動の有り様からすると、ナチスに抵抗しえなかったことも含めて、かなり妥当なものと言わざるをえないだろう。

戦後の人智学

戦後、シュタイナー学校などの人智学施設は活動を再開することになるが、ブロッホのシュタイナー批判は、衰えるどころかさらに激烈さを増していく。主著と言われる『希望の原理』(一九五四-五九年)では、「またしても狂者、オカルト術」として、シュタイナーをこう攻撃している。

「まったく野生化しているが先祖返り的におもしろいのがブラヴァツキーの『ヴェールをとったイシス』、そして「より高次の世界を認識すること」の最先端の地位を確立したのはオカルト・ジャーナリスト、ルードルフ・シュタイナーであったが、これこそそれ自体がひとつの不思議であった。

この種の変人、ブラヴァツキーやシュタイナーのような陳腐な人魚や、三脚とジャーナリズム精神の並存からなるミノタウルスは、ときとして意識のなかに、無意識なものを、すなわちすでに過去となっているのにまだ過ぎ去っていないものを吸い上げる吸水管を備えもっていた。あるいは、みにくく歪み、押しつぶされて偏平になった深海魚のように、とはいえ相変らず神話研究ではなかなか接近できない薄明の形式をとって、下部世界、中間世界、背後世界などの古い世界が朽ち果てた姿で浮かび上がってきた。そこには世界を縦断する異常な交信が混入してきていた。いわば狂気へと境界石を移動させることによって、通常の連絡線を止揚しているのであった。

もちろん、そこで語られる世界の発展だとかそのなかでの神々の仕事だとかについてのナンセンスな説明は、精神的感応性は少なく、むしろ文学的な意味での寄せ集めであるように思われる。

そうしたものは所々で文学でいういわゆる通俗文学に対応している。ちょうど通俗文学が、まだその準備ができていないところで、純文学にはほとんど登場してこないもろもろの意味を生かしつづけてきたように、神智学的通俗文学は緊張、中間世界、さらにはこれまで見過ごされてきたような祖型までも提供する。つまり神智学的通俗文学には、予見的な手法、いわばシュルレアリスム的な手法を用いていることによって、少なくともそれが可能なのである。それはまさしく、神智学的先祖返りが先祖返りであるからであり、その限りである。

神智学的通俗文学には古代の神秘的人物たち、さらにはキリスト教の神秘思想家たちと真に共通するものは一点もない。しかしながらこうした文学は、ありとあらゆる策略に通じており、幾多の人間の思いあがりがどの地点から自分たちのために作られていない構造のなかに侵入したかを示すことができる。」

ブロッホのこのような執拗な罵倒は、シュタイナー信奉者たちにとっては耐え難いものであろう。

しかし、ブロッホのいう、「精神感応性は少なく、むしろ文学的な意味での寄せ集めであ」り、「推測としてのみ存在する『対応関係』をかぎだすこのような（結局は依然としてパラケルスス的な）臭覚」

という指摘は、的を射ているものと言わざるをえないだろう。それは、シュタイナーの透視世界が、他のいわゆる霊能者のものとは違って、個人臭さがなく、科学的知識からしても「それらしく」思われるからである。

当然のことである。なぜならば、シュタイナーの世界観は、自ら精神科学といっているように、当時の精神科学的成果、民族心理学や人種学、社会学、そして天文学の諸発見などに依拠しているからである。たとえば、シュタイナーは、「子供の教育」では個人の発達を言い、それを『アーカーシャ年代記より』や『神秘学概論』における人類と地球の宇宙的進化と結びつけている。

これについて、『民族心理学』（一九〇〇年～）のヴントは、「歴史は民族の自然環境の如何や他の文化との関係およびその心理的特性や、さらに進んで歴史上に活動する諸個人の天稟《りん》や行動を全体として見て行かなければならない」とし、「民族の歴史は個人心理学に対する伝記のようなものである」と言っている。ヴントはさらに、子供の想像（ファンタジー）や言語は、周囲からの学習の結果であるとして、子供固有の「不思議な精神力」の世界を否定している。

また『アーカーシャ年代記より』には、レムリア期に起きたとされる「月の地球からの離出」が描かれているが、これは、当時広く知られていた天文学者のジョージ・ハワード・ダーウィン（進化論のダーウィンの子）の説の借用である。しかし、現代の天文学では、これが起きたとされる時代は四十数億年前とされ、シュタイナーが主張するような数万年前ではない。

またシュタイナーは、「ヘッケルの系統発生的思想は、あらゆるドイツ哲学、あらゆるドイツ的教養に負けず劣らず、十九世紀後半のドイツ人の精神生活の中で、最も優れた偉業と言わなければならない。

彼の学説より優れたオカルティズムの科学的基礎づけは存在しない。その学説は偉大である」（一九〇七年）と言っている。レムリアの期の人間として描かれている「卵型人間」にしても、ようは、ヘッケルの『自然創造史』（一八六六年）からのイメージの借用である。これらは、他も含めて、総てアナロジー（ブロッホはそれを「寄せ集め」と言っている）の結果なのであり、当然のことながら、「当たった」ものもあり「外れた」ものもある。

だから、現在においては、破棄しなければならないものも多々生じている。

ブロッホがここまでシュタイナーに執着したのは、ブロッホの「オカルト的要素への関心には二重の側面があって、ひとつにはファシズム的な陶酔の露払いという面があると同時に、他方では機械化してゆく資本主義的世界に対して有機的自然を擁護しようとする小市民の側のはかない抵抗という性格を持っている」（好村冨士彦『エルンスト・ブロッホ』一九八六年）と見ていたからである。

正統マルクス主義者からは「グノーシス主義者」と名指されていたブロッホは、「これら小市民階級の意識の内部の空洞をファシズムのイデオロギー的な感染にまかせておくのでなく、非同時性のモメントに内在する二重性に着目して、『正統』マルクス主義が軽視し、タブー視している〈非合理性（イラーチオ）〉の領域に踏み込んで、表面的には反動的な衣をまとっているこれら諸階層の意識の動きの底にひそむよりよい世界への夢を目覚めさせ、活性化させることで、ファシズムの支えから反対に反ファシズムの力に転化さすことを考えていた」（前出書）のである。

ロマン・ロランは、一九一八年八月二十三日、アインシュタインへあてて、「ごらんなさい、私たちは世界でほんの少数にすぎないだろうということを私はまったく確信しています。現実の面では私たちは常に敗北者でしょう。でもそれが何でしょう？　精神は自ら敗北を認めないかぎりは、決して敗北はしません。精神は幾世紀も先に立って進みます」と書いている。

一九八九年――ベルリンの壁の崩壊

ライプツィヒの日曜デモ、「我々が国民だ！」（Wir sind das Volk!）

『ヴィルヘルム・テル』第二幕第二場（リュートリ場面）の誓いの言葉、「我々は同胞の、ただ一つの、国民となろう」（Wir wollen sein ein einziges Volk von Brüdern）

ロルフ・ヘンリヒ『後見国家』

この「後見国家」という言葉は、カントの「《啓蒙とは何か？》という問いへの答え」の冒頭の言葉、「啓蒙とは人間が自ら招いた未成年状態から抜け出ることである。未成年状態とは、他人の指導なしには自分の悟性を用いる能力がないことである」から来ている。

《ヴァルドルフ学校の目的は達成されていない！》

このヴァルドルフ学校の卒業生たちがテロリストグループ・西ドイツ赤軍（バーダー＝マインホフ・グループ）の中核を形成していたことは、この五十年間で、この教育の目的がいかに歪んだものになってしまっていたかを証明するものであった。女首領のウルリケ・マインホフには、どこかローザ・ルクセンブルクの面影と重なるものがあった。

ヨーゼフ・ボイスは、「この学校の使命は達成されていません」と言った。この三層化運動の先頭に立っていたボイスの子供をシュタイナー学校は、入学させなかったのである。

《結論――〈考え方を変える（代える）〉》

出発点――〈個人の自由な発展（自己実現）〉と〈全人類の幸福〉との融合を二重螺旋《らせん》構造としてイメージする。この二重螺旋の〈二重〉には人間の本性の二重性、すなわち精神的（脱身体性）部分と身体的（動物的）部分とが、未来へと向かうベクトルとそれに反発し過去へ退行しようとするベクトルが絡み合っているという意味もある。

それゆえこの出発点にあっては、各個人の立つ位置は各自が置かれた（民族的・宗教的・個人的な）状況によってそれぞれ異なるが、それらは〈個人の自由な発展〉と〈全人類の幸福〉という方向性において一つにならなければならない。

そしてこの方向性を強力に推進するものとして人類が獲得した現在までの最高の理念は、ルドルフ・シュタイナーによって発見された社会有機体三層化の理念なのである。

この理念は、フランス革命において掲げられた近代市民社会の基本原理〈自由・平等・友愛〉を、自由を社会全体、すなわち政治・経済・文化に一律に適用した資本主義の失敗と、これとは反対に、平等を一律に社会全体に適用した社会主義の失敗の反省を、人間本性の在り方から考え（捉らえ）直したものである。

この結果、社会は、〈精神生活には自由を〉〈法（政治）生活においては平等を〉〈経済生活には友愛を〉という、これまでの資本主義と社会主義の二つの社会においてのような、国家を絶対的な中心とする硬直かつ抑圧的な体制ではなく、人類の三つの理想〈自由・平等・友愛〉を互いに損なうことなく調和したものとして構想されることになったのである。

（シュタイナーはこれを十字架に絡まる七つの赤い薔薇《ばら》の象徴としてイメージした。（『神智学』の「認識の小途」）しかしこれは、……。

《あとがき》

オウエン・バーフィールド、「人智学徒となり、魂のヒエラルキーを事実として認めることは、歌劇ヘンゼルとグレーテル第二幕の結末のように、外部にある一種の神聖な階段を信じることを意味するのではない。」

「もし我々が真の人智学徒であり、単に考慮するにあたらぬ秘教的些事に飛び付くような人間ではないとするなら」

ローザ・マイレーダーは、自戒をこめてこう書いている。

「残念ながら、シュタイナーと同じく私も、私のパンテオン（霊廟）の座に、彼がその論文によって手に入れたものを維持し続けられなかった。なぜならば、次第に、俗世において認められたいという無駄な企てのために才能を用いるようになり、彼は神智学運動に加入し、アニー・ベザントの助手となり、そしてついには、彼の指導の下に母族が際立つ、一つの宗派の頭目になったからだ。」

あとがき

以下に、著者である河西善治氏の略歴や業績、また本書の成立の背景について、あとがきのかたちで多少の説明をすることとしたい。

一　略歴と著作

河西善治氏は、一九四六年に東京に生まれた。中央大学時代は学生運動のリーダーでもあったが、すでに在学中より自己の活動に疑問を抱き、次第に思想史、とりわけルドルフ・シュタイナーの思想に関心をむけるようになった。戦前期の日本のシュタイナー受容については、のちに外ならぬ河西氏が明らかにすることとなったが、戦後の一九七〇年代のこの時期は、ようやくシュタイナーの名が知られはじめたばかりのころであった。やがて河西氏は、自ら人智学研究会を組織し、近現代の神秘思想を紹介・研究する雑誌、『現代神秘学』を刊行した（全四号、一九七六〜一九七八）。その後河西氏は、シュタイナーの思想と実践をさらに日本に根付かせるべく、人智学出版社を設立した。同出版社からは、後出のリストにあるように、雑誌『人智学研究』（全三号、一九八〇〜一九八二）、『ルドルフ・シュタイナー研究』（全四号、一九七八〜一九七九）、『第三の道』（全七号、一九八四〜一九八九）が刊行されたほか、シュタイナーの翻訳書も次々と刊行されていった。河西氏は、もともと日本でのシュタイナー受容のあり方に疑問を抱いていた。すなわち一方にはシュタイナー思想の過度の神秘化や、あるいはその審美主義的な享受の傾向が、他方には教育のみに特化した一面的な傾向があり、これによってシュタイナーの思想と実践の核となる部分は取り逃がされていると、河西氏は考えた。そのためにも、シュタイナーの諸分野の著作と講演が偏りなく紹介されるべきであると河西氏は判断した。人智学出版社のシュタイナー翻訳書の幅広いラインナップ（後述目録を参照）は、こうした意図のもとに企画されていた。

河西氏は出版人であるとともに、またアクティヴィストでもあった。それまで日本ではまったく知られていなかったが、ドイツの人智学運動のなかには、シュタイナーの政治的・経済学的理念を研究し、また実践に移すことを試みるグループが活発な活動を行っていること、さらにこうした潮流が当時勢いを増しつつあったドイツ緑の党に影響を与えており、また両者の間には直接的な人脈上のつながりもあることを、河西氏はいち早くつきとめていた。こうした発見は、文字通りの政治的アクションへとつながり、一九八三年に河西氏は、日本で最初の環境主義政治グループである「東京緑派」を結成し、同年の参院選に、東京選挙区より出馬した。当選には至らなかったが、河西氏はこれをきっかけに人智学系のドイツ緑の党員とのつながりを求めて、八〇年代なかばから、再三渡独した。いわゆるアッハベルガー・クライスに属する「第三の道」の提唱者ヴィルフリート・ハイト、著名な芸術家であり、シュタイナー信奉者であったヨーゼフ・ボイスとその弟子たちのグループ、やはりシュタイナーを信奉していた作家ミヒャエル・エンデ、その他幾人もの人智学系の緑の党所属議員などと、河西氏はコンタクトを取り、会見と対話を重ねていった。こうした会見や研究の成果は、八四年から八九年にわたって刊行された雑誌『第三の道』に発表されている。またシュタイナーの政治理念を現代に生かそうとする思想家や活動家の著作、さらにドイツ緑の党関連の著作の翻訳も、この時期から人智学出版社より続々と刊行されていった。

九〇年代になると河西氏の関心は、現代日本の社会と文化の問題に向けられるようになる。まずいじめ問題に対するラディカルな処方箋を社会に問う「いじめバスターズ」の活動があげられる。テレビ出演などもこなし、河西氏の提言は少なからぬ反響を得た。実体験にもとづき、親としての覚悟を説いた『いじめ逆襲マニュアル　殺されるぐらいなら殺せ』（二〇〇一年刊）は、現在も参照されることの多い著作である。また一九九七年の神戸児童連続殺傷事件では、新聞紙上で犯人像を的確に予想し、話題となった。『1968ナルチシズム革命』（一九九八年刊）は、同事件や宮﨑勤事件、さらに当時話題となっていた「新世紀エヴァンゲリオン」などを扱い、日本社会の深層に迫った作品である。

二〇〇〇年代に入ると、河西氏の活動に新たな一面が加わる。すなわち日本におけるシュタイナー受容の歴史的研究である。この面でも、河西氏のオリジナリティは際立っていた。その端緒となったのは、教育者・天文学者であるとともに、日本で最初の本格的な占星術師であり、また最初のシュタイナー紹介者であった隈元有尚《くまもとありたか》（一八六〇〜一九四三）の発見である。まったく忘却の淵に沈んでいたこの極めてユニークな人物に関わる資料を、河西氏は掘り起こしていった。隈元は、二〇世紀初頭の在外研究時にシュタイナーの思想にふれ（河西氏は、隈元がシュタイナーと直接面会した可能性を示唆している）、日本でのシュタイナー紹介者となっていった。『坊ちゃんとシュタイナー』（二〇〇〇年刊）は、その隈元の生涯を活写した伝記である。

隈元に続いて、河西氏はさらにもうひとりの、歴史に埋もれた、これも極めてユニークな人物を発掘する。戦前期の日本でさまざまな話題を振りまいた文筆家・相場師の伊東ハンニ（一八九八〜

一九六九）である。河西氏による評伝『昭和の天一坊　伊東ハンニ伝』（二〇〇三年刊）は、この人物の生涯を、大正・昭和の日本社会の変転を背景としつつ描いたものである。そこで描かれたハンニの生涯も極めて興味深いものであるが、河西氏によればハンニは隈元有尚と接触があったのみならず、隈元より影響を受け、シュタイナーの社会三分節化運動の構想を実現する野望をも持っていたという。いずれにせよ、資料の博捜によりこの忘れられた人物を明るみに出した河西氏の功績は大きい。

河西氏のシュタイナー受容史の第三の主題は、京都学派の哲学、とりわけ西田幾多郎や和辻哲郎へのシュタイナーの影響をめぐる探求で、これらは『京都学派の誕生とシュタイナー　「純粋経験」から大東亜戦争へ』（二〇〇四年刊）および『西田幾多郎の真実　「独創的」哲学者の剽窃と戦争協力の構図』（二〇〇五年刊）にまとめられている。河西氏は、シュタイナーのゲーテ論や『自由の哲学』、さらに第三の道の社会構想が日本の哲学界に投げかけた影響の大きさを、テクストの比較検討を通じて明らかにしようとする。さらに諸資料の検討を通じて、河西氏は西田幾多郎の戦争への思想的関与を強く批判する。日本の哲学史におけるシュタイナーの影響については、より厳密な検討が必要であり、異論もあると思われるが、日本のシュタイナー受容をめぐって重大な問題提起がなされていることは確かである。

二　本書の背景

シュタイナーの日本での受容を跡づけたのち、河西氏は再びシュタイナーそのものの考究に、関心を向けるようになった。そうしたなかで浮上してきたのが、シュタイナーの伝記執筆の構想である。正確な起稿の時期は定かではないが、おそらく二〇〇〇年代の中頃から、草稿とメモの蓄積がなされたと考えられる。二〇〇九年の九月に河西氏は、夫人と連れ立って、オーストリアおよびドイツを旅して、シュタイナーの足跡をたどった。ところが帰国直後より体調の不良を覚えた河西氏は、一一月に検査を受けたが、そのときにはすでに癌が全身に転移している状態であった。私事ながら、筆者が河西氏の危篤の報を受けて急遽病院に駆けつけたのが一二月一八日の夜のことであるが、河西氏の意識はすでに乱れており、身の置きどころのない様子で、それでも書きかけのシュタイナー伝についてよろしくという趣旨のことを筆者に伝えようとされた。河西氏が亡くなられたのはその数時間後、一二月一九日の早朝であった。

河西氏の遺稿となったシュタイナー伝は、ワープロ原稿のかたちで残されていた。各章は、シュタイナーの生涯の流れに従ったタイトルが付されており、全体としてシュタイナーの生誕から死後の反響までを追う構成になっている。内容もそれに準じているが、原稿そのものは完成体とは言いがたく、なお加筆と推敲を予想させるものとなっている。ことに後半は、参考とされる文献の引用がテクストの多くの部分を占め、生の資料の集積のようになものとなっている。刊行にあたっては、極力原形のままにとどめたが、明確に誤記と分かるものを改めたほか、前後のつながりで不整合と思われる文献引用の一部を省略した。本書のこうした性格のゆえに、タイトルには〈未定稿〉の語を付した。

このように未完成のかたちで残されたとはいえ、本書では随所に河西氏のシュタイナー理解の特徴が表れているように見える。『自由の哲学』を重視する河西氏は、シュタイナーの過度のオカルト的理解への批判をしばしば語っていたが、本書にもそうしたことばが散見される。またシュタイナーそのものを批判的に相対化する姿勢もまた、本書には見いだされる。加えて資料の博捜と貴重資料の発見という河西氏の持ち味は、本書に見られる豊富な引用にも表れている。このように、未完成のかたちで残されたとは言え、本書はシュタイナーの思想と生涯、またシュタイナーの時代背景を理解するための貴重な示唆を数多く含むものと言うことができよう。折しも一昨年（二〇一一年）ドイツでは、シュタイナー研究者Helmut Sander氏の浩瀚なシュタイナー伝が出版された（*Rudolf Steiner: Die Biografie*）。これは人智学の信奉者ならぬ著者によるはじめての本格的なシュタイナー伝であるが、河西氏のシュタイナー伝も、完成を見ていれば、同様の包括的な評伝として注目を浴びたことであろう。その意味で、河西氏の急逝は惜しみても余りあるが、読者は本書の各所に、これからのシュタイナー理解のための重要なヒントを見いだすに違いない。

河西さんの遺志を生かすべく、微力ながら編集作業にあたったが、種々の困難があり、思いがけない時日を費やしまった。このことを亡き河西さんと、ミチ代夫人には、大変申し訳なく思っている。またこうした未定稿の形での原稿の刊行に快くご協力下さったぱる出版の奥沢邦成さんに、深く感謝申し上げる次第である。

二〇一三年一月一五日

深澤　英隆

◆参考文献

序章《父ヨハン―自由への鉄路》

ルドルフ・シュタイナー『シュタイナー自伝I』（二〇〇一年、ぱる出版、伊藤勉、中村康二訳）以下省略。

今来陸郎『中欧史』（一九七二年、山川出版）

江村洋『ハプスブルク家』（一九九〇年、講談社現代新書）

ジョルジュ・カステラン／ガブリエラ・ヴィダン『クロアチア』（二〇〇〇年、文庫クセジュ、千田善・湧口清隆訳）

ゲアハルト・ハウプトマン『ソアーナの異教徒　附　線路番ティール』（一九四〇年、岩波文庫、奥津彦重訳）

ヨゼフ・カピロ『ハウプトマン随想抄』（一九四七年、郁文堂、角英祐訳）

イマニュエル・カント「啓蒙とは何か」（一九六六年、『カント全集14』、岩波書店、福喜一郎訳）

フリードリヒ・シラー『ヴィルヘルム・テル』（一九七二年、『新集世界の文学』5、中央公論社、小宮曠三訳）

パウル・ナトルプ『社会的教育学』（一九六五年、玉川大学出版部、篠原陽二訳）

岩間徹・山上正太郎『教養人の世界史（下）』（一九六四年、教養文庫）

井上正蔵『ハインリヒ・ハイネ』（一九六九年、岩波新書）

野田又夫『自由思想の歴史』（一九五六年、河出新書）

竹中幸史『フランス革命と結社』（二〇〇五年、昭和堂）

ヴォルフガング・シベルブシュ『鉄道旅行の歴史』（一九八二年、法政大学出版局、加藤次郎訳）

ヴィルヘルム・ヴント『体験と認識―ヴィルヘルム・ヴント自伝―』（二〇〇二年、東北大学出版会、川村宣

元・石田幸平訳）

第1章《幼年時代》

クロポトキン「近代科学とアナーキズム」（『クロポトキン全集8』、一九二八年、春陽堂、麻生義訳）
久米邦武編著『現代語訳　特命全権大使欧米回覧実記』（二〇〇五年、慶応義塾大学出版会）
長真弓『オーストリア＝鉄道旅物語』（一九九八年、東京書籍）
望田幸男『ドイツ統一戦争』（一九七九年、教育社歴史新書）
ハインリヒ・ハイネ「ルテーツィア」（筑摩書房『世界文学大系』78、一九六四年）
ヨースト・ヘルマント『理想郷としての第三帝国』（二〇〇二年、柏書房、識名章喜訳）
ミハイル・アレクサンドロヴィチ・バクーニン「神と国家」（勝田吉太郎訳、一九七〇年、アナキズム叢書『バクーニンI』、三一書房）
ヨハネス・ヘムレーベン「ルドルフ・シュタイナーの生涯」（ぱる出版『シュタイナー入門』、二〇〇一年、川合増太郎・定方明夫訳）
由木康『パスカル伝』（一九四二年、白水社）
ヘルムホルツ『大学の自由・回想』（一九五八年、大学書林、三好助三郎訳）
アルバート・アインシュタイン「新自伝ノート」（『未知への旅立ち―アインシュタイン新自伝ノート―』（小学館、一九九一年）金子努編訳）
ゲーテ『ウィルヘルム・マイステルの遍歴時代』（一九六五年、岩波文庫、関泰祐訳）
エドムント・フッサール『幾何学の起源』（二〇〇三年、青土社、田島節夫訳）

アンリ・ポアンカレ「数学における創造」（一九七五年、ブルースター・ギースリン編『三十八人の天才たち――その創造過程』、新樹社、若林千鶴子訳）
パスカル『完訳パンセ』（一九六八年、角川文庫、田辺保訳）
バートランド・ラッセル『相対性理論の哲学』（一九九一年、白揚社、金子務訳）
野口宏「現代数学者の宇宙観」（『ユリイカ』一九七一年十一月号、青土社）
谷口・福島・福居『ヨーロッパの森から』（一九八一年、ＮＨＫブックス）
シラー『シラー』（筑摩書房「世界文学大系18」、一九五九年）
シラー『菩提樹の下の散歩』（富士出版、一九四九年、野島正城訳）
シラー『オルレアンの乙女』（岩波文庫、一九三八年、佐藤通次訳）
アンデルセン『アンデルセン童話集5』（岩波文庫、一九八四、大畑末吉訳）
シラー『シラー撰集6』（冨山房、一九四六年、新関良三編）

第2章《実科学校》

Mitschuler, Keine müssige Minute. *Der andere Rudolf Steiner*, hrsg. von Wolfgang G. Vogele, Dornach. 2005, S.21-26.
ゲーテ『詩と真実』（『ゲーテ全集9』、潮出版社、一九七九年、山崎章甫・河原勇吉訳）
エドワード・S・リード『魂から心へ』（二〇〇〇年、青土社、村田純一他訳）
ホワイト『科学と宗教との闘争』（一九六八年、岩波新書、森島恒雄訳）
バクーニン「神と国家」（『世界の名著42』、一九六七年、中央公論社）

アインシュタイン「科学と宗教」（湯川秀樹監修『アインシュタイン撰集3』、一九七二年、共立出版）
須藤博忠『オーストリアの歴史と社会民主主義』（一九九五年、信山社）
木村直司「ウィーンにおけるゲーテ・ルネッサンス」（一九九〇年、東洋出版、木村直司編『ウィーン世紀末の文化』）
室井俊通「〈国民〉のプロジェクトとしてのケルン大聖堂」（一九九七年、南窓社、滝田毅編『転換期のヨーロッパと日本』）
シラー『美と芸術の理論―カリアス書簡―』（一九七五年、岩波文庫、草薙正夫訳）

第3章《ウィーンの青春》

W・M・ジョンストン『ウィーン精神』1・2（一九八六年、みすず書房、井上修一他訳）
ヘルムホルツ『大学の自由・回想』（一九五八年、大学書林、三好助三郎訳）
カール・E・ショースキー『世紀末ウィーン』（一九八三年、安井琢磨訳、岩波書店）
ピーター・J・ボウラー『進化思想の歴史』（一九八七年、朝日新聞社、鈴木善次ほか訳）
S・メイスン『科学の歴史』（一九五六年、岩波書店、矢島祐利訳）
八杉竜一『進化と創造』（一九四九年、岩波新書）
八杉竜一『進化論の歴史』（一九六九年、岩波新書）
ルドルフ・シュタイナー「『ゲーテ自然科学論集』解説」①～③（一九八〇～八二年、『人智学研究』一号～三号、小泉進訳、人智学出版社）
カール・マルクス『経済学・哲学草稿』（一九六四年、岩波文庫）

エーリッヒ・フロム『マルクスの人間観』（一九七七年、レグルス文庫、樺俊雄訳）
ゲオルグ・ルカーチ『ゲーテ研究』（一九五四年、青木文庫、菊盛英夫訳）
カール・G・カールス『ゲーテ』（一九四八年、桜井書店、奥津彦重訳）

第7章《原子論》

Rudolf Steiner, Einzig mögliche Kritik der atomistischen Begriff. *Beiträge zur Rudolf Steiner Gesamtausgabe*, Nr. 63, Dornach 1978.
Hella Wiesberger, Die Zeit - Erkenntnis als《Grundnerv》des anthroposophischen Forschungsanfanges, *Beiträge zur Rudolf Steiner Gesamtausgabe*, Nr.49/50, Dornach 1975.
シラー『菩提樹の下の散歩』（一九四九年、富士出版、野島正城訳）
Friedrich Schiller, Philosophische Briefe. *Friedrich Schiller*, 5. Band, München 1980.
シラー「人間の動物的性質と精神的性質との関連について」（『シラー撰集』2巻、一九四一年、冨山房、植田敏郎訳）
Friedrich Schiller, Über den Zusammenhang der Tierischen Natur des Menschen mit der Geistigen. *Friedrich Schiller*, 5. Band, München 1980.
バーネット『プラトン哲学』（一九四四年、河出書房、出隆・宮崎幸三訳）
後藤孝弟『ソクラテス』（一九四八年、弘文堂）
ニュートンムック『宇宙・無からの誕生』（二〇〇六年、ニュートンプレス）
合原一幸『カオス』（一九九三年、講談社）

マルクス・エンゲルス『ドイツ・イデオロギー』（一九七八年、岩波文庫、古在由重訳）
J・F・ノイロール『第三帝国の神話』（一九六三年、未来社、山崎章甫・村田宇兵衛訳）

第8章《ワイマールへ》

Rosa Mayreder, Kaiser von China. *Der anrere Rudolf Steiner*, hrsg.von Wolfgang G. Vogele, Dornach 2005, S.47-51.
Curt Liebich, Mit den Menschen Mensch sein. *Der anrere Rudolf Steiner*, hrsg. von Wolfgang G. Vogele, Dornach 2005, S.59-62.
Max Osborn, Märchenhafte Redaktionsfaulheit. *Der anrere Dudolf Steiner*, hrsg. von Wolfgang G. Vogele, Dornach 2005, S.63-64.
リーマン「幾何学の基礎をなす仮説について」（中央公論社『世界の名著』65、一九七三年、近藤洋逸訳）
D・ラウグヴィッツ『リーマン』（一九九八年、シュプリンガー・フェアラーク東京、山本敦之訳）
アミール・D・アクゼル『相対論がもたらした時空の奇妙な幾何学』（二〇〇二年、早川書房、林一訳）
B・G・クズネツオフ『アインシュタイン』（一九七〇年、合同出版、益子正教・吉田峰夫・渡辺和夫訳）

第9章《『真理と学問』》

木下杢太郎『藝林間歩』（一九三一年、岩波書店）
シュタイナー『芸術と美学』（一九八七年、平河出版社、西川隆範訳）
中村光夫『想像力について』（一九六〇年、新潮社）

三木清『構想力の論理　第二』（一九四六年、岩波書店）
ジョージ・バークリ『人知原理論』（一九五八年、岩波文庫、大槻春彦訳）
バートランド・ラッセル『西洋哲学史Ⅳ』（市井三郎訳、『バートラン・ドラッセル著作集14』、一九五九年、みすず書房）
P・テューイーエ「アインシュタインの場合」（信原幸弘訳、『思想』一九七九年十二月号）
ルドルフ・シュタイナー『ゲーテ的世界観の認識論要綱』（一九九一年、筑摩書房、浅田豊訳）
アルバート・アインシュタイン「宇宙宗教」（一九九一年、たま出版、中森岩夫訳）
アインシュタイン「マッハと私の相対性理論」（板垣良一訳、『思想』一九七九年十二月号）
「コント、スペンサー」（『世界の名著』46、一九七〇年、中央公論社）
「ヘルダー、ゲーテ」（『世界の名著』続7、一九七五年、中央公論社）
クレメンス・ウェッブ『西洋哲学史』（一九四六年、新樹社、瀬沼茂樹訳）
ニール・F・カミンズ『もしも月がなかったら』（一九九九年、東京書籍、竹内均監修・増田まもる訳）
B・ホフマン『アインシュタイン』（一九九一年、河出書房新社、鎮目恭夫・林一訳）
E・シュレーディンガー『生命とは何か』（一九五一年、岩波新書、岡小天・鎮目恭夫訳）
エッカーマン『ゲーテとの対話（下）』（一九九七年、岩波文庫、山下肇訳）
コペルニクス『天体の回転について』（一九八六年、岩波文庫、矢島祐利訳）
パウル・ライマン「マルクス主義とゲーテ」（伊奈信男編『ゲーテ批判』、一九三三年、隆章閣）
パウル・ライマン『独逸古典文学史批判』（一九三二年、木星社書院、岡田光雄訳）
アルベルト・シュヴァイツァー『わが生活と思想より』（一九五六年、『シュヴァイツァー著作集2』、白水社、

竹山道雄訳）
アルベルト・ビルショウスキー『ゲーテ評伝』上（一九四三年、森北書店、渡辺格司訳）
アルベルト・ビルショウスキー『ゲーテ評伝』下一、下二（一九四五〜六年、富士出版、渡辺格司訳）
ヴィルヘルム・ヴィンデルバント『ゲーテの哲学』（一九四七年、現代評論社、陶山務訳）
ウェルナー・ハイゼンベルク『ゲーテの自然像と技術‐自然科学の世界』（一九九八年、人文書院、芦津丈夫編訳）
木村直司『ゲーテ研究』（一九七六年、南窓社）
新明正道『社会学史概説』（一九七七年、岩波全書）
鈴木広・秋元律郎編著『社会学群像』①（一九八五年、アカデミア出版会）
G・ルカーチ『ドイツ文学小史』（一九五一年、岩波現代叢書、道家忠道・小場瀬卓三訳）
ルドルフ・シュタイナー『ゲーテの世界観』（一九九五年、晃洋書房、溝井高志訳）
コリン・ウィルソン『ルドルフ・シュタイナー』（一九八六年、河出書房新社、中村保男・中村正明訳）
ルドルフ・シュタイナー『自由の哲学』（一九八一年、人智学出版社、本間英世訳）
ルドルフ・シュタイナー『自由の哲学』（二〇〇二年、ちくま学芸文庫、高橋巖訳）
ジョン・ティンダル『科学と空想』（一九四八年、創元社、平田寛訳）
フレッド・ホイル『宇宙の本質』（一九七五年、法政大学出版局、鈴木敬信訳）
バグワン・シュリ・ラジニーシー「ルドルフ・シュタイナーは一つの偉大な精神であった」（一九八七年、平沢伸一訳、『第三の道』六号、人智学出版社）

第12章《ベルリン》

ハインリヒ・ハイネ「ルテーツィア」第二部、一八四二年六月二十日(『世界文学大系』78「ハイネ」、一九六四年、筑摩書房)
ツヴァイク『昨日の世界』(『ツヴァイク全集19』、一九七三年、みすず書房、原田義人訳)
Renate Riemeck, Rosa Luxemburg "Die Kampferin mit dem zarten Gemüt", *Info3*, Nr.11/1985 Frankfur/M.
『ローザ・ルクセンブルク』(一九六九年、勁草書房)

第15章《神智学》
新明正道『新明正道著作集』第三巻(一九九二年、誠信書房)
久野昭『近代日本と反近代』(一九七二年、以文社)
カール・グスタフ・ユング「現代人の魂の問題」(『ユング著作集2』、一九五五年、日本教文社、高橋義孝訳)
C・F・フォン・ヴァイツェッカー『自然の歴史』(一九六八年、法律文化社、西川富雄訳)

第16章《カフカとバレル》
シュタイナー『オカルト生理学』(一九八七年、イザラ書房、高橋巌訳)引用にあたってはWeltengeistを「宇宙の霊」とするような不適切な訳語を「世界精神」と変えた。
N・ベルジャーエフ『現代の終末』(一九五八年、現代教養文庫、荒川龍彦訳)
アーサー・S・リンク『ウッドロー・ウィルソン伝』(一九七七年、南窓社、草間秀三郎訳)
ウッドロー・ウィルソン『新自由主義』(一九一三年、勤学社、関和知訳)
Woodrow Wilson, *The New Freedom*, 1913, New York.

第19章《社会有機体の三層化》

ナトルプ『社会理想主義』（一九六九年、明治図書、篠原陽二訳）
ミヒャエル・クルスマン「同時代者、エルンスト・ブロッホとルドルフ・シュタイナー」（一九九三年、『インフォ3』二月号、石井良訳）
好村冨士彦『ブロッホの生涯』（一九八六年、平凡社）
エルンスト・ブロッホ『ユートピアの精神』（一九九七年、白水社、好村冨士彦訳）
ロマン・ロラン『ロマン・ロラン全集18　政治論Ⅰ』（一九八二年、みすず書房、宮本正清他訳）
ロマン・ロラン『ロマン・ロラン全集6〜30　戦時の日記』（一九八〇〜八一年、みすず書房、片山敏彦他訳）
ヘルマン・ヘッセ『内面への道―シッダールタ』（一九五九年、新潮文庫、高橋健二訳）
シュテファン・ツヴァイク『ロマン・ロラン』（一九五三年、創元社、大久保和郎訳）
ヴァルター・クグラー『シュタイナー　危機の時代を生きる』（一九八七年、晩成書房、久松重光訳）
北条喜代治「プルードンの行動と思想」（『思想』一九六七年四月号、岩波書店）
ウッドロー・ウィルソン『新自由主義』（一九一四年、勧学社、関和知訳）
井尻正一『人体の秘密―進化をたどる―』（一九五七年、三一新書）
ウィリアム・グラハム・サムナー『社会進化論』（一九七五年、『アメリカ古典文庫18』、研究社、後藤昭次訳）
バートランド・ラッセル『相対性理論の哲学』（一九九一年、白揚社、金子務・佐竹誠也訳）
アルバート・アインシュタイン「マッハと私の相対性理論」（板垣良一訳、一九七九年、『思想』十二月号）
バートランド・ラッセル『社会改造の原理』（一九一九年、日本評論社、松本悟朗訳）

バートランド・ラッセル『自由への道』（一九二〇年、日本評論社、板橋卓一他訳）
ルドルフ・シュタイナー『哲学の謎』（二〇〇四年、水声社、山田明紀訳）
由良哲次「独逸哲学界の近況」（『理想』一九二九年十一月号、理想社）
ヘルマン・ジーベック『ゲーテの世界観』（一九三四年、理想社、橋本文夫訳）
アルベルト・シュワイツァー『生命への畏敬』（一九九三年、新教出版社、野村実監修）
シュヴァイツァー『文化の頽廃と再建』（『シュヴァイツァー著作集6』、一九五七年、白水社、手塚富雄他訳）
シュヴァイツァー『文化と倫理』（『シュヴァイツァー著作集7』、一九五七年、白水社、氷上英広訳）
シュヴァイツアー「イエス小伝」（『シュヴァイツアー著作集8』、一九五七年、白水社、岸田晩節訳）
ロッテ・ワルター・リント編『ブルーノ・ワルターの手紙』（二〇〇二年、白水社、土田修代訳）
ジョージ・シーバー『シュヴァイツェル』（一九五九年、みすず書房、会津伸訳）
朝永振一郎『鏡のなかの世界』（一九六五年、みすず書房）

河西善治関係書目録

一　著　作

『1968ナルチシズム革命』（一九九八年、人智学出版社）
『坊ちゃんとシュタイナー』（二〇〇〇年、ぱる出版）
『シュタイナー入門』（編著　二〇〇一年、ぱる出版）
『いじめ逆襲マニュアル　殺されるぐらいなら殺せ』（二〇〇一年、データハウス）
『昭和の天一坊　伊東ハンニ伝』（二〇〇三年、論創社）
『京都学派の誕生とシュタイナー　「純粋経験」から大東亜戦争へ』（二〇〇四年、論創社）
『西田幾多郎の真実　「独創的」哲学者の剽窃と戦争協力の構図』（二〇〇五年、ぱる出版）
『精神科学と社会問題』（編著　二〇一一年、みくに出版）

二　人智学出版社刊行物

1　シュタイナーの著作・講演の翻訳

『教育の基礎としての一般人間学』新田義之訳、一九八〇年
『精神科学の立場から見た子供の教育』新田義之監修・大西そよ子訳、一九八〇年

『教育の根底を支える精神的心意的な諸力―オックスフォード講演』新田義之訳、一九八一年
『自己認識への道―八つの瞑想録』佐藤俊夫訳、一九八一年
『自由の哲学』本間英世訳、一九八一年
『社会問題の核心』広嶋準訓訳、一九八一年
『マルコ伝』新田義之監修・市村温司訳、一九八一年
『ニーチェ―同時代との闘争者』樋口純明、一九八一年
『神秘的事実としてのキリスト教と古代密儀』石井良訳、一九八一年
『神秘劇〈1〉』新田義之訳、一九八二年
『神秘学概論』石井良・樋口純明訳、一九八二年
『アーカーシャ年代記より』深沢英隆訳、一九八二年
『シュタイナー自伝〈1〉―わが人生の歩み』伊藤勉・中村康二訳、一九八二年
『シュタイナー自伝〈2〉―わが人生の歩み』伊藤勉・中村康二訳、一九八三年
『メールヒェン・「緑の蛇と百合姫のメールヒェン」に開示されたゲーテの精神』新田貴代・圷正男訳、一九八三年
『現代の教育はどうあるべきか―現代の精神と生活』佐々木正昭訳、一九八五年
『農業講座』新田義之監修・市村温司訳一九八七年

2　シュタイナー・人智学関連図書

F・W・ツァイルマンス・ファン・エミショーベン『ルドルフ・シュタイナー』、伊藤勉・中村康二訳、

一九八〇年
クルト・E・ベッカー／ハンス＝ペーター・シュライナー『人智学の現況―シュタイナー教育から〈緑の党〉まで』新田義之・新田貴代訳、一九八二年
ゲルハルト・ヴェーア『ユングとシュタイナー―対置と共観』石井良・深沢英隆訳、一九八二年
ヨハネス・ヘムレーベン／アンドレイ・ベールイ『シュタイナー入門―ルドルフ・シュタイナーの生涯と人間像』定方昭夫・川合増太郎・鈴木晶訳、一九八二年
ゲルハルト・ヴェーア『シュタイナー教育入門―ヴァルドルフ教育の理論と実践』新田義之・新田貴代訳、一九八三年
ラインハルト・ギーゼ『ルドルフ・シュタイナーの社会変革構想』伊藤勉他訳、一九八六年

3　緑の党関係・その他

オウエン・バーフィールド『言語と意味との出会い―話し手の意味』、朝倉文市・盛田寛一訳、一九八三年
H・W・リュトケ／O・ディネ編『西ドイツ緑の党とは何か―人物・構想・綱領』荒川宗晴他訳、一九八三年
ギュンター・バルチュ『エコロジー・ヒューマニズム―成長妄想からの決別― 地球略奪への対案としての第三の道』石井良他訳、一九八四年
ペーター・ドゥプス他『新しい人間と新しい社会システム―エコロジー的共同体社会をめざして』西尾直樹訳、一九八五年

ライナー・ラップマン他『ヨーゼフ・ボイスの社会彫刻』伊藤勉他訳、一九八六年
ヨハネス・シュトゥットゲン『自由国際大学』中村康二訳、一九八五年
ミヒャエル・エンデ他『ミヒャエル・エンデ　ファンタジー神話と現代』樋口純明訳、一九八六年
ミヒャエル・エンデ『絵本　リルム　ラルム　バルム』樋口純明訳、一九八六年

4　雑　誌

『人智学研究』一〜三号、一九八〇年〜一九八二年
『ルドルフ・シュタイナー研究』一〜四号、一九七八〜一九七九年
『第三の道』一〜七号、一九八四〜一九八九年

河西善治（かさい・よしはる）
1946年12月10日－2009年12月19日
長野県出身。66年中央大学入学、学生運動に参加、後中退。69～70年、麦社の活動に参加。73年「書房かんたんむ」開店、79年人智学出版社を設立し、同社代表。70年代半ばからドイツの思想家ルドルフ・シュタイナーの翻訳出版活動を初め、80年代には西ドイツ緑の党、ミヒヤエル・エンデ、ヨーゼフ・ボイスなどの紹介と出版、雑誌『第三の道』『人智学研究』の刊行などに取り組む。90年代前半には「いじめバスターズ」としていじめ問題に取り組み、97年には神戸酒鬼薔薇事件の犯人像をいち早く的中させ事件の解決に貢献する。
〈著作〉『1968ナルチシズム革命』人智学出版社1998年、『いじめ逆襲マニュアル』データハウス2001年、『坊ちやんとシュタイナー　隈本有尚とその時代』ぱる出版2000年、『シュタイナー入門』（共著）ぱる出版2001年、『昭和の天一坊　伊東ハンニ伝』論創社2003年、『京都学派の誕生とシュタイナー』論創社2004年、『西田､幾多郎の真実』ぱる出版2005年、『竹内文書はどのようにして作られたか』（『データハウス』1号1巻）

シュタイナー伝＜未定稿＞
2013年10月7日　　初版発行

著　者　　河西善治
発行者　　奥沢邦成
発行所　　株式会社ぱる出版
〒160-0011　東京都新宿区若葉1-9-16
電話 03（3353）2835（代表）　振替　東京　00100-3-131586
FAX　03（3353）2826　　印刷・製本　中央精版印刷㈱

ISBN 978-4-8272-0733-0　C3036